清史论丛

中国社会科学院
历史研究所清史研究室 编

二〇一八年 第一辑

总第三十五辑

社会科学文献出版社
SOCIAL SCIENCES ACADEMIC PRESS (CHINA)

《清史论丛》编委会

卷首语

  《清史论丛》是由中国社会科学院历史研究所清史研究室主办的专业集刊，创刊于1979年，是国内清史学界历史最为悠久的学术刊物。在历任主编杨向奎、王戎笙、张捷夫等先生的主持下，我们走过了艰辛的历程，即使在学术著作出版困难的岁月里也从未放弃。其间，得到海内外学术界的支持和保护，得以基本保持每年出版一辑，主要探讨清代政治、经济、社会、文化、思想、学术、中外关系等问题，每辑篇幅约30万字，努力展示历代学人潜心治学的成果，因而在海内外清史学界具有良好影响，也为欧、美、日、韩、东南亚及中国港、台许多大学的图书馆和研究所所收藏。不看作者出身，只重论文质量；注重培养青年人，一直是本刊坚守的两大原则。不少清史学者的代表作和成名作均在这里发表，他们用辛勤的汗水浇灌了这个园地。为了适应学术发展需要，本刊从2015年起改由社会科学文献出版社出版，一年两辑，面向海内外一切清史研究及爱好者，栏目有专题研究、学术争鸣、读史札记、书评综述等。文章千古事，得失寸心间。让我们一起走过岁月，沉潜沉醉，沙里拾金。

目录
CONTENTS

专题研究

闽台科举研究

文献研究

读史札记

史家与史评

CONTENTS

Research Articles

3

Researches on the Imperial Examinations in Fujian and Taiwan

Sources and Archives

Research Notes

Book Reviews

专题研究

山阴州山吴氏家藏祖先画像考

杨海英

摘　要：1919 年刻印的《山阴州山吴氏支谱》中，载有"吴郡仇实父英手笔抚绘"的"家传图像二十四帧，名大阅图"，描绘浙江绍兴州山吴氏的中心人物吴兑的生平事迹。因仇英生卒年代不详，伪作又多，辨析吴氏家传祖先画像是否真为仇英手绘，成为问题。通过梳理支谱所载画像的按语，分析其历史背景和流传环节，或对辨析画像作者有参考意义；而画像本身也可看作以图证史的材料，借之加深对明清之际政治、社会、文化史的认识，进而管窥前近代以来江南世家变迁的历史轨迹。

关键词：山阴州山　祖先画像　仇英　吴兑

一　吴氏祖先画像简介

1919 年刻印的《山阴州山吴氏支谱》[①] 中，载有"吴郡仇实父英手笔抚绘"的"家传图像二十四帧，名大阅图"，刻画的是浙江绍兴山阴吴氏家族的中心人物吴兑的事迹。

吴兑（1525~1596），字君泽，号环洲，浙江山阴州山人，嘉靖三十八年（1559）中进士，授兵部主事。隆庆三年由郎中迁湖广参议，调河南，迁蓟州兵备副使（霸州兵备道），五年秋擢金都御史，巡抚宣府（万历六年任宣大总督），主持过俺答封贡，九年始任蓟辽总督，终以兵部尚书加太子少保致仕。娶妻骆氏、妾王氏及某，育有二子八女，是浙江绍兴山阴州山吴氏家族中最重要的名臣。"八世从祖明大司马环洲公《明史》有传，又有中极殿大学士孙承宗所撰传，祭酒陶望龄撰行状，大学士钱象

---

①　此谱纂修者为吴善庆，中国社会科学院历史研究所图书馆藏 1919 年石印本。

坤撰墓志铭。一代重臣生平行实记载甚详。"① 是一支大分第八世的标杆人物。作为浙东名臣世家的绍兴州山吴氏，近年来已逐渐引起学界注意，并有初步研究作品问世。②

吴氏支谱中这 6 帧画像，分别题为"绩懋邻封""三陲耀武""九貊同春""剑履朝天""经筵日讲""陪耕秉耒"，均以吴兑为主人公。由州山吴氏"11 世从孙善庆"以"泰西珂罗版印行"③ 方式，刷印于支谱之中，图像仅有题名而无作者署名或题跋。这批图像共有 24 帧，未见著录于支谱之外任何一部明清文集乃至近代名家书画题跋中涉及仇英的画目。④ 这些图像是否真的是仇英手绘，确实难以盖棺定论。

根据支谱编印者吴善庆的交代，这些画作的具体来历是："家传图像二十四帧，名大阅图，吴郡仇实父英手笔抚绘。精审图中不尽属大阅时事，举其事之大者名之耳。吾族先世□公，分支粤东，奉斯图往，尊藏三百余年。□年，其裔孙回籍省墓。载图行匧，冀昭示里中族姓，俾遂瞻仰之诚。讵途次遗失六帧，寻访久之，无从返璧，亦唯拊衷歉仄而已。不知若何转徙，乃在沪滨匋肆中，丙辰（1916）冬月，从祖石潜公阅市见之，

① 《明史》卷 222，《列传》110，《吴兑附孙孟明、孟明子邦辅》，中华书局，1974，第 19 册，第 5848～5850 页；参见吴国柱修、吴国梁续《山阴州山县吴氏族谱》第四部，《一支大分第八世·吴兑》，第 23～24 页，道光十九年刊本。

② 参见佘德余《山阴（绍兴县）州山吴氏家族研究》对该家族的概述性研究，中国社会科学出版社，2015。

③ 按：珂罗版印刷技术是 1869 年德国人阿尔贝托发明的，通过对原件拍照，在玻璃版基本上涂上明胶印刷质，再以相片制版将绘画、碑帖、书法等图像反映到胶质上，经过照相、制版、修版、印刷四道工序后，利用水墨相斥的原理将古画印出，再手工上色。最大的优点是无"网点"，几乎可以假乱真，在当时上海土山湾印书馆即可印制，是 1875 年由法国传教士创办的徐家汇天主教堂所设，采用铅印、石印、珂罗版技术，印刷圣母像及图书。1894 年，照相制版部成立，最先把石印术、珂罗版印刷和照相铜锌版设备、技术引入上海，是中国天主教最早、最大的出版机构，也是上海当时少有的几大印刷厂之一。

④ 如明汪砢玉撰《珊瑚网》、王世贞《弇州山人四部续稿》、张丑《清河书画舫》《真迹日录》、清孙岳颁《佩文斋书画谱》、官修《秘殿珠林》、高士奇《江村消夏录》、卞永誉《式古堂书画汇考》、张英《渊鉴类函》、张照《石渠宝笈》等，及孙矿《书画题跋》、安岐《墨缘汇观录》之《法书》及《名画》）、吴升辑《大观录》《沈唐文仇四家名画》、陶梁《红豆树馆书画记》、庞元济《虚斋名画录》、陆时化《吴越所见书画录》、孔广陶《岳雪楼书画录》、方濬颐《梦园书画录》、端方《壬寅消夏录》、冯金伯《国朝画识》、胡敬《胡氏书画考三种》、黄钺《一斋集》、陆心源《穰梨馆过眼录》、彭孙贻《茗斋集》、彭蕴璨《历代画史汇传》、吴省钦《白华诗抄》、徐沁《明画录》、张庚《国朝画征录》等均列仇英画作目录，均未见提及有此画像系列。

亟以重价购归，敬谨重装，珍璃什袭。楚弓楚得，吾环洲公濯濯厥灵，冥漠中佑启之矣。越二年，戊午（1918）仲冬，善庆拟增修族谱，请问石潜从祖，得见其所辑支谱，义例甚善，爰亟帅而行之。先辑本房支谱，以为总谱权舆，博采先人事迹，敬备文献之征。此图像六帧，付泰西珂罗版印行，自余十八帧在粤东族人处。它日驰书致之，俾为延津之合。谨当编入总谱，贻之子孙资观感兴起焉。"（其中缺字原本如此）

这段文字写作时间在民国七年（1918）长至日。中间缺字大概是当时需斟酌、查考填补的内容，但因吴善庆 1922 年即去世，故留白至今。其中涉及若干个重要的时间节点。如果从三百余年前"分支粤东"的族人将画带到广东开始算起，那么，绵延三四百年的吴氏祖先画像的流传史本身，就有不少细节值得关注。吴氏谱中的这批祖先画像，产生时间应当在明代万历年间，已被复制到支谱内的 6 帧画像占全部画像的四分之一，其他四分之三（18 帧）民国初年还留在广东吴氏族人家中。如今这些古画原件是否还存在世间？自明清以来乃至近现代的中国历史，经历的翻天覆地大变迁远不止一两次。波澜壮阔的历史背景下画外之意更加引人注目。因此，这批画像是否仇英手绘真迹？如果确是仇英的真品，那这批画像的意义则不言而喻；① 另外，从这批画像的流传史看，经历明清易代、清末民国乃至民国到中华人民共和国的三大历史变迁，这些画像原件的命运终究怎样，也令人好奇。谱牒的传承、断裂与政治、社会、文化变迁的相关度如影相随，令人感慨。

二 画像的性质、特点及疑问

1. 从"陪耕秉耒"图看画像的性质

吴氏祖先画像中的"陪耕秉耒"图，从以图证史的角度，可为考辨画

---

① 按：目前仇英画作在拍卖市场上炙手可热。据香港长风 2009 年春季拍卖会，仇英的《文姬归汉长卷》成交价 1.12 亿美元，买主为香港藏家。2012 年，纽约苏富比拍卖仇英《西园雅集图》，以 5 亿美元起拍，经过 310 轮叫价，最终以 9.5 亿美元（约合人民币 60 亿元）成交，刷新了仇英画作拍卖的世界纪录。北京翰海于 2010 年 6 月 5 日至 7 日在北京嘉里中心饭店举行春季拍卖会，仇英《浮峦暖翠图》以 3.5 亿元起拍，经过几轮千万阶梯的高幅加价，以 7.28 亿元成交。业内人士称，仇英《赤壁图》卷如果再次上拍的话，估计将超 10 亿元，最终成交价或将达到 30 亿元人民币，可见仇英画作的市场定位及受欢迎程度。

像是否"吴郡仇实父英手笔抚绘"提供一种时间参照系。

"陪耕秉耒"图与史实可以互证。吴善庆在该图后的按语云:"《明史·礼志》洪武元年谕廷臣以来春举行耕田礼。于是礼官等议耕籍之日,皇帝躬祀先农礼毕,躬耕耤(籍)田。以仲春择日行事,从之。二年二月,建先农坛于南郊,在籍田北亲祭,以后稷配祀毕,行耕籍礼。御耒耜二具,韬以青绢,御耕牛四被,以青衣礼毕还,大次应天府尹及上元江宁两县令,率庶人终亩。是日宴劳百官、耆老于坛所。此明代亲耕之礼所由昉也。永乐中,建坛京师如南京制。隆庆元年,罢西苑耕种诸祀,皆取之籍田。故当公陪耕之时,斯礼尤极明备。图中绀辕、黛耜、丝鞭、彩仗,冠裳云集,济济跄跄,想见升平文物之盛。吾州山吴氏数百年来以耕读为世业,所谓士食旧德之名,世农服先畴之畎亩,敬观斯图,穆穆皇皇,昭兹来许,敦本务实,如聆彝训矣。"从文意揆度,吴善庆看到的原作是彩色的,青绢、青衣、黛耜、彩仗都是色彩分明的服饰和器物。这一段史实在《明实录》中得到了印证。

《明神宗实录》万历八年二月十八日载:"上亲祀先农坛毕,行耕耤(籍)礼。命定国公徐文璧、彰武伯杨炳、大学士张居正充三公;大学士张四维、兵部尚书方逢时、吏部尚书王国光、户部尚书汪宗伊、礼部尚书潘晟、戎政兵部尚书杨兆、刑部尚书严清、都御史陈炌、吴兑充九卿,各行伍推、九推礼。事竣,赐陪祀执事官宴。"① 次日,因耕耤(籍)礼成,"赐定国公徐文璧、彰武伯杨炳、大学士张居正、张四维、尚书方逢时、王国光、汪宗伊、潘晟、杨兆、严清、都御史陈炌、侍郎吴兑以表里假币及执事官员人等银布各有差"。可见,当时吴兑任职兵部侍郎兼都察院右副都御史,作为九卿之一,与张居正、徐文璧、杨炳等充三公各行五推、九推之礼。由此可以断定:画像诞生的时间当在万历八年(1580)之后。

明代耕籍礼一直维持到其末年,只是细节或稍有变化。如《崇祯实录》已无详细记载的"己丑上躬耕籍田",却在朝鲜史料中找到一些可补充的细节:"崇祯十五年二月,上亲祭先农,行耕籍。礼户部尚书傅淑训进耒耜,顺天府尹张宸极进鞭。上左秉耒,右执鞭三推,步行犁土中,尽

---

① 《明神宗实录》卷96,万历八年二月戊子,台湾中研院历史语言研究所1967年刊本,第1931～1932页。

垄而止。耕时教坊司引红旗两旁唱禾词，老人牵牛二人，扶犁二人，耕毕。户部尚书跪受末耜，置犁亭；府尹跪受鞭，置鞭亭，府尹捧青箱播种，耆老以御牛随而覆之。上御观耕台塙。太学士周延儒、贺逢圣、张四知、谢陞、陈演、吏部尚书李日宣等六人耕于东；定国公徐允祯、恭顺侯吴惟英、清平伯吴遵周、户部尚书傅淑训、兵部尚书陈新甲、工部尚书刘遵宪等六人耕于西。顺天府厅官各执箱播种，太常卿奏耕毕。驾至斋宫，农夫终亩。科臣沈迅以教坊承应歌词俚俗，请改之。上谕礼官凡耕籍，歌豳风之诗。"①

对照前后两则图文资料，可知帝王躬耕籍田这传承千年的古礼，执行的具体程式是皇帝三推、三公五推、九卿九推，分别进行，而三公九卿的队形排列或可不同。如万历八年的籍田礼是三公五推，九卿九推，排成一行演示耕田礼。而崇祯十五年则三公九卿共12人，分成二列，东西对耕，顺天府官播种，教坊司奏乐，太常寺卿奏言。无论如何由皇帝和三公九卿共演亲载末耜，躬耕籍田，行三推、五推、九推礼是中国古代帝王礼仪的常态和基本规矩。

明清政权迭代鼎革后，清帝亲行躬耕籍田礼照旧执行。清顺治十一年（1654）二月，历史学者谈迁就看到北京山川坛的籍田所"设苇殿三楹，连幕十五楹，荫其田。衡十步，田东西各茇舍，以列环卫。直北更衣殿，殿左旗纛，庙右馈殿，祠太岁、风、云、雷、雨、岳镇、海渎。东西二

---

① 〔朝鲜〕成海应：《研经斋全集》卷35，《崇祯逸事》，韩国，民族文化推进会，1991，《韩国文集丛刊》第274册，第262页。

庑，祀山川、月将、城隍之神。正陛九出，西南先农坛。坛北幕次及于神
庖，凡十灶，夹以井。西出宰牲所，二铜釜，可受水数石。驰道松柏挺蔚
者，二百五十余年。太岁殿之东有大松，偃而不拔，搘以柱。行人出其
下，时且耕籍。各役交骛，有汲者云"。①

吴氏祖先图像中，《剑履朝天》图也提供了一个时间参照。吴庆善按
语："图绘殿廷肃穆，黄幄犹垂，两陛侍臣鹄立，公正笏立丹墀下，旁犹
侍臣若齐奏者，手持卷轴。伏阅《谱传》明万历九年，公以兵部右侍郎兼
都察院右金都御史，原官回部扈从。上大阅，进《阵图》、《兵略》。明年，
复以右总督蓟辽。此图所绘，当是回京扈跸陛见时事。齐奏者手持卷轴，
即其所进《阵图》、《兵略》。"陶望龄所作吴兑行状说万历八年"庚辰
（1580）以原官回部，扈从上大阅，进阵图兵略，上嘉悦。"②可见，这批
图像的诞生时间不可能在万历九年前。

吴兑逝世于万历二十三年（1595）。而画像可见内容最晚时事在万历
九、十年间，或可推断画像是吴兑五六十岁时的祝寿作品。按画像内容的
时间顺序，对照他的生平："绩懋邻封""三陲耀武""九貂同春""剑履
朝天""经筵日讲""陪耕秉耒"描绘的正是吴兑从霸州兵备道到兵部尚
书的日常生活画面史。按常理推测，以吴兑在万历年间的声势、影响，推
测这些画作不可能出自无名之辈。从艺术史的角度看，纪功图、行乐图、

① 谈迁：《北游录·纪邮上》，中华书局，1997，第50~51页。
② 陶望龄：《陶文简公集》卷7，《兵部尚书环洲吴公行状》，北京出版社，2000，《四库禁毁书丛刊》集部，第9册，第372页。

高士图、风俗图是现实题材人物纪实绘画的四大系统，州山吴氏祖先画像无疑即属吴兑纪功图。自汉代以来"刻石勒铭，图画其像"这两种主要纪功方式至明代仍然流行，《山阴州山吴氏支谱》所载的这6帧吴兑画像就是例证。从这个角度看，吴兑请仇英（如果还活着的话）或类似其徒弟、传人这样地位的人，手绘自己的纪功图，在逻辑上存在可能性。

2. 吴氏祖先图像的艺术特征

吴氏祖先画像的色彩和空间布局特点在"绩懋邻封"图中有明显表现。

吴庆善按语云："公绯袍立厅事前，有吏跪白事者，二马弁负印轴驰而未至。其东崇山列崎，山半有城，山后距离稍远又有山，山亦有城。有骑队出前山之后，向彼城而驰。伏阅谱传隆庆五年辛未，公由河南参议升山东按察使，饬兵霸州地。粜粢京兆而大盗出没，刘齐之隙犹开。特以公往，以振业贫民。遂严保甲，堑涂布垒，贼屏伏它走，属城数百里无盗。乃以霸州兵备推右金都御史，抚治宣府，此图所绘疑即此事。霸州于山东为邻封，彼山之城，其即霸州城乎？二弁负印轴者，其即抚治宣府之使命乎？考《明史·舆服志》文武官公服一品至四品绯袍，公是时官按察使，秩正三品矣。"从"绯袍"可知原画确是彩色的。

吴庆善认为画像表现的地点或是霸州城，空间布局极有特点。画面中部的群山环绕中有衙门建筑，山后有3队（甚至可能更多）戴斗笠的健儿策马巡逻，右上角安排的是城门，左部当为内衙，设有几桌凳台，5个人物构成主要的中心场景，听跪地者奏言，旁立浅色、深色衣袍幕僚相公2人、廊下站立1位樱帽侍卫。后下部分是两马奔驰，一驰骋者挥舞马鞭，另一驰骋者勒带急行，动感强烈。各个部分通过云雾蔼蔼的道路，加以分割或连接，以平面展示空间的立体形态。设置巧妙别有机心，人物色彩斐然，还可补史事之缺。

最具时代特色的是反映明蒙关系的"九貂同春"图。吴庆善有按语："谨按族谱，明隆庆五年十一月二十四日，公以都察院右金都御史拜巡抚宣府等处地方赞理军务之敕命，边备训练军马。传称是时北部新附，诸边觇叛服以定向背。总督王崇古应代，廷议难其人。咸推公，于是擢金都抚治宣府。乃先减屯额，垦荒土，缮垣瞭台，别筑外十三家边，起滴水崖迄于黑汉岭，烽堠屯埔，咸甓而崇之。图中节堂高敞，群山环崎，公端坐堂上，据案览书册，堂外山麓，席地簇坐者七人，殽核维旅，若幕僚宴集，

然客有吹洞箫者，琴尊册轴，位置楚楚，山外缭以周墙，绵亘萃葎。墙外营帐星罗，寓森严于静谧，中距今三百余年，犹想见雅歌投壶，边尘无惊气象。其标题所称九貊，即当时新附诸北部，其山垣袤亘者，即所谓烽墩屯堡、甓而崇之者乎？尝读明史传赞称公与谭纶、王崇古诸人受任严疆，练达兵备，可与余子俊、秦纮先后比迹。斯语也，即取以赞斯图可也。"

此图反映吴兑任宣大总督时的情景。画面内容分为三大块。左上部分反映的是明蒙关系，城关雄关矗立、群山环绕之外的"营帐星罗"显然是蒙古帐篷，《明史》载"三娘子有盛宠于俺答，辛爱嫉妒，数诇詈之。三娘子入贡，宿兑军中，诉其事。兑赠以八宝冠，百凤云衣，红骨朵云裙。三娘子以此为兑尽力。辛爱、扯力克相继袭王，皆妻三娘子。三娘子主贡市者三世。"① 吴兑与三娘子的密切关系正是俺答封贡成功的产物。在徐渭

---

① 张廷玉等编《明史》卷 222，《列传》第 110，中华书局，1974，第 19 册，第 5848～5849页。

的《边词》廿六首中有形象的体现。三娘子率众入市、演武、射猎等盛况，亦为徐渭杂剧《雌木兰》的原型之一，为后世了解三娘子提供了宝贵的资料。

女郎那复取枭英，此是胡王女外甥。帐底琵琶推第一，更谁红颊倚芦笙。

老胡宠向一人多，窄袖银貂茜巨罗。递与辽东黄鹞子，侧将云鬟打天鹅。

汗血生驹撒手驰，况能妆态学南闺。袜将皂帕穿风去，爱缀银花绰雪飞。

姑姑花帽细银披，两靥腮梨洒练椎。个个菱花不离手，时时站马上胭脂。[1]

徐渭在此明确记载三娘子为"胡王女外甥"，即土默特部首领俺答汗。据蒙古族"族外婚制"和与"塔布囊家族"通婚习俗，蒙古人虽禁止在直系血亲之间通婚，但允许在姻亲之间通婚，故徐渭关于三娘子出身的这一记述，既符合蒙古族的传统婚姻习俗，也符合明清蒙古历史汉籍的相关记载。据薄音湖的研究，她就是袄儿都司部人，很有可能是蒙古文历史文献中被记录的俺答汗唯一的姐姐，即他的孪生姐姐孟衮和其佚名氏塔布囊所生之女，因此被认为"在关于三娘子出身的诸多历史记载中，徐渭的记述是最可靠、最可信的"。[2]

图像左下部分反映幕府中的闲暇生活，友朋六七人，当中或即有徐渭。右边是吴兑读书或处理政务的画面，也是以平面分布展示立体形象的。

在"三陲耀武"图中，吴庆善按语："公衣冠坐堂皇堂下，建大纛，两旁列甲仗，骑兵小队三，环簇而立。谨按：公以兵部右侍郎兼都察院右佥都御史，万历五年拜总督宣大山西等处军务之命，十年拜总督蓟辽之

① 徐渭：《徐文长三集》卷11，《七言绝句·边词廿六首》，中华书局，1983，第361~365页。
② 参见O.达日玛巴斯尔《〈对三娘子系卫拉特人之说的几点质疑〉证补》，载《内蒙古民族大学学报》（社会科学版）2015年第3期，第6~15页。

命。其总督宣大也，以智？俺答以恩结三娘子，皆用策谋。其总督蓟辽也，斩速把亥于镇彝堡，败逞加仰加于曹家峪，则皆用兵力。其以策谋制胜，所谓运筹帷幄之中，决胜千里之外，非画笔所能形容。此图所绘，唯是虎臣坐镇之风度，柳营节制之规模云尔。明高阳孙相国承宗为公撰传，称公'胆识沉雄，性晓兵事'，徐文长尝谓公曰'君文士乃谐武略'。公笑曰：'使它日试某以兵，亦犹是也。'公总制三边，系社稷安危者十数年，方叔元老克壮其猷，于斯图见之矣。"有助于考补史事。

　　画像"经筵日讲"图也补充了吴兑传记之缺。吴庆善按语："公曾直讲筵，史传及谱两传并未载。"他认为"传唯详其要且重者，常识则从略焉。据图可补传文之缺"。《明史·礼志》载："经筵，正统初始著为常制，以月之二日，御文华殿进讲。月三次，寒暑暂免。其制度：勋臣一人知经筵事。内阁学士或知，或同知，尚书、都御史、通政史、大理卿及学士等，侍班翰林院、春坊官及国子监祭酒二员进讲，春坊官二员展书，给事中、御史各二员侍仪，鸿胪寺、锦衣卫堂上官各一员供事，鸣赞一赞，礼序班四举。"查原文即以勋臣或驸马一人领将军侍卫，讲四书五经、史书等，日讲在文华穿殿，止用讲读官、内阁学士侍班，不用侍仪等官。讲官或四或六，每日先书，次经、次史。嘉靖十年，定无逸殿进讲。经筵时礼文繁重且侍臣多，日讲稍简侍臣少。吴兑直讲筵，也当在万历九十年间，"图中侍臣无多，或为日讲。展对兹图，如见经经纬史堂陛都俞之盛矣"。

3. 难以盖棺定论的"仇英"手绘说

　　仇英生活在明中叶，一般认为他生于弘治末或正德初，但无确切的生

卒年，① 字实父，号十洲，江苏太仓籍人，居苏州。与沈周、文徵明、唐寅并称为明代吴门四家，或称"吴门画派"四大家。他擅长画人物，代表作如《职贡图》，② 也擅长画仕女、观音及各种宗教、生活画，工设色，善水墨、白描，能运用多种笔法表现不同对象，婉转流美兼具劲丽艳爽，偶作花鸟亦明丽有致，独步江南二十年，董其昌论其画"为近代高手第一"，③ 谢肇淛称"百年坛坫当属此生矣！"④

目前仇英绘画市场的价格，动辄已达千百万乃至数亿之巨，或与仇英生卒年不确、真迹不多有关。自明代开始已有很多仿制仇英画作的"苏州片"⑤ 生

---

① 《辞海·艺术分册》载仇英生卒年为（？～1552），上海辞书出版社，1980，第 357 页；《中国历史大辞典》的断年为 1506～1555，上海辞书出版社，2003，第 514 页；更宽泛的如潘文协断年为 1502～1552（《仇英年表》，《中国书画》2016 年 01 期）；推断仇英生年可能早到 1490 年、卒年更晚的有何振纪《从漆工到文人画家：仇英的生平及其职业地位的变化》，载《苏州工艺美术职业技术学院学报》2012 年第 3 期，第 73～76 页。徐邦达考订的卒年 1552 年（《历代书画家传记考辨》，上海人民美术出版社，1983，第 40～43 页）及单国霖考订的生年 1498 年（单国霖：《仇英生平活动考》，故宫博物院编《吴门画派研究》，紫禁城出版社，1993，第 219～227 页）接受程度较高。总之，仇英生年有从 1490 年至 1506 年 16 年之差，卒年也难以确认就在嘉靖三十一年（1552）文嘉说其"盛年遂凋落"的这一年。

② 汪亓：《仇英职贡图卷流传考略》，载《沈阳故宫博物院院刊》2016 年第 1 期，第 61～75 页。

③ 董其昌：《容台集》卷 17，《别集》卷 4，《题跋·画旨》，北京出版社，2000，《四库禁毁书丛刊》集部 第 32 册，第 517 页。

④ 谢肇淛撰《五杂组》卷 7，《人部》三，上海书店出版社，2001，第 135 页。

⑤ 即明万历到清嘉庆时期，集中于苏州一带的民间作画高手，专以制作假画为业，所造假画统称为"苏州片"，参见赵阳《仇英〈水仙蜡梅〉真伪考》，载《艺术品》2016 年第 10 期。

产出来，宋荦（1634～1714）《论画绝句》揭示说："辛苦仇生学大李，画时鼓吹不闻喧。怪他小册临摹好，风致超超又宋元。"① 就是因为仇英匠心十足、专精细工的画特别能满足收藏家好古敏求的心理。道光年间的画家兼鉴藏家谢兰生（1769～1831）也说："画之赝本无多于仇实父者，以其画品悦俗，善界画者即可摹仿，故百卷中无一真者。试思画既精细，实父年又不永，一生能作几许画而充满市肆乎？至意笔山水，偶一为之，尤难数见。"② 道光甲午年（1834）杨天璧《题仇实父人物》云："仇十洲画真迹甚少，有衡山跋者赝本亦多。此卷两假俱无款印，其用笔娟妙，布局恬雅，虽极秾艳，而一种俊逸之气，自觉扑人眉宇。衡山书法亦极圆劲。余曩见胡兰川太守及蔡友石廉访所藏仇氏画，与此卷相似，因定为真迹……实父之所以重于当时，与文、沈、唐齐名者，其于古人致力之深，实有得心应手之妙也。"③ 仇英的画神韵风采、俊逸扑面，与古人有得心应手之故，而"无款印"也是一个特征。

明清之际盛行"仇英短命""盛年遂雕（凋）落"的主流说法。如万历六年（1578）仲春，文征明的仲子文嘉（1501～1583）观画见仇英《玉楼春色图》，触景生情所题："仇生负俊才，善得丹青理。盛年遂雕落，遗笔空山水。至今艺苑名，清风满人耳。"④ 惋惜其早逝。作为与仇英年纪相仿的熟人，文嘉在辞世前五年说仇英"盛年遂凋落"应该是有依据的。董其昌《画禅室随笔》亦云："黄子久、沈石田、文征明皆大耋，仇英短命，赵吴兴止六十余，仇与赵，品恪虽不同，皆习老之流。"⑤ 可见，在董其昌眼里六十多岁不到七十就算短命，为造物所役损寿的画家，他举仇英、赵孟頫两人与文徵明等年近九十的大耋作对照组，应该也是特征明显。

好友彭年（1505～1566），字孔嘉，号隆池，推誉仇英不遗余力，曾

① 宋荦：《西陂类稿》卷13，《述麓轩诗·论画绝句》，台湾商务印书馆，1986，影印文渊阁四库全书，第1323册，第137页。

② 庞元济：《虚斋名画录》卷3，题《仇实父临李晞古山水卷》，《四库续修书》第1090册，上海古籍出版社，2003，第367页。

③ 陶梁：《红豆树馆书画记》卷2，《明仇实父人物》，《四库续修书》第1082册，第212页。

④ 卞永誉：《式古堂书画汇考》卷57，《画》27，《中国艺术文献丛刊》第3册，浙江人民美术出版社，2012，第2137页。

⑤ 董其昌：《画禅室随笔》卷2，浙江人民美术出版社，2016，第70页。

题跋称"仇实父绘事为我明第一";① 其题《职贡图》则曰:"实父名英,吴人也,少师东村周君,尽得其法,尤善临摹。东村既殁,独步江南者二十年。而今不可复得矣。此卷画于怀云陈君家。陈君,名官,长洲人,与十洲善,馆之山亭,屡易寒暑不相促迫,由是获尽其心匠之巧,精妙丽密,备极意态,虽人殊国异,而考按图志,略无违谬……使十洲操笔金马之门,亲见百蛮率服,宾贡阙庭,则其所图又岂止于是耶?"② 提示仇英考按图志作此画的"匠心",若能亲见"百蛮率服,宾贡阙庭",成就岂止于此?"而今不可复得"则暗示仇英已逝,故后人从"嘉靖壬子腊月既望沛彭年题"猜测,仇英未活过嘉靖三十一年(1552)。倘其时仇英六十余岁,则其生年当为1490年前后。

但是相反的说法也存在。仇英具体生卒年既缺载,且本人出身寒微,又在画中极少题字,盖棺定论产生困难。比如项元汴题《秋原猎骑图》:"仇十洲先生画,实赵吴兴后一人。讨论余先大父墨林公帏幕中者三四十年,所览宋元名画千有余矣,又得性天之授,餐霞吸露,遂为独绝之品。"③ 项元汴(1525~1590),字子京,号墨林,国子生,浙江嘉兴人,为项忠后裔,是明代著名收藏家和鉴赏家。他辞世于万历十八年,享年65岁。如果自嘉靖二十六年(1547)前后算起,仇英在项府生活长达三四十年,或许万历初年存世的可能性也有,但是孤证且有勉强。若仇英生活在项府,外界何以流传他已辞世?或者是项元汴包圆了仇英的所有画作?若此,吴兑又何来机会请仇英作画呢?总之,这则史料也无助于判断吴氏祖先画像是否仇英"手绘"。

可惜的是,以上两种说法都找不到确切证据来证实或证伪。这大概就是吴氏祖先画像的拥有者、近代杭州西泠印社的创始人之一吴隐石潜(1867~1922)从未言及画像作者是仇英的缘故。至于为州山吴氏家谱题言的朱祖谋在提到这些画时,也谨慎地说其"图本缣素精旧,画法尤工",

① 梁廷枏:《藤花亭书画跋》卷2,《仇实父画西旅贡獒图卷》,载卢辅圣主编《中国书画全书》第17册,上海书画出版社,2009,第133页。
② 吴升:《大观录》卷20,《沈唐文仇四家名画·仇实父职贡图卷》,载《四库续修书》第1066册,第842页。
③ 《大观录》卷20,《沈唐文仇四家名画·仇十洲秋原猎骑图》,载《四库续修书》第1066册,第848页。

就是不提仇英的大名。另外，吴昌硕、周颐、丁仁等人的题序跋语，均未附和吴善庆关于吴氏家谱中的画作为"仇英"手绘的说法，诸家的慎重恐怕也不是没有道理的。

但有意思的是，随着时间的流逝，仇英不为人知的画作不断被发现的事例也在增加，比如"新近发现并入藏中国航海博物馆之仇英早期摹宋本《水军图》"①就是一例。又比如，1982年苏州文物商店征集到的仇英《九歌图》据说是"建国后在芜湖市郊一居民家拆迁的老房子屋檐里发现的"，来历亲民，且根据画风、构图、文徵明题词、落款、印章、纸张、墨气、钤章呈色、《吴越所见书画录》等文献资料鉴定为真品。还有"最重要的一条，此册曾于1982年送京报国家文物鉴定委员会鉴定。据当事人回忆，经徐邦达、刘九庵等先生鉴定，认为《九歌图》为仇英等人墨迹，应为明代珍贵文物。但此册有缺，不全。后请故宫博物院查原故宫收藏档案资料是否在册，经查原为故宫收藏。可能为溥仪出宫前后，赐予仆从或其他原因流失在外"②。

还有国家博物馆所藏的《抗倭图卷》，据说也有可能是仇英或与吴门画派有密切关系的画家所画："从绘画风格上来看，《抗倭图卷》更接近仇英的画法，只是没有仇英所画的精细，显得比较粗简。如果把仇英的《人物故事图册》之一与《抗倭图卷》做一比较，就可以看出《抗倭图卷》与仇英的画法有着更为紧密的关系，因为它与《抗倭图卷》末尾的构图不仅比较相似，而且松树的画法更有几分类同，远山的画法则完全相像。"③

由此推测，若吴氏支谱中的祖先画像不是仇英手绘，或有可能是生活在万历十年至二十年间的仇英门墙或吴门画派的作者所画。据研究仇英的传人有尤求，字子求，号凤丘，江苏长洲（今苏州）人，仇聋子（？～1552）即仇世祥，仇英之孙等，④都有可能是这批画像的作者。而吴兑虽有一位同学徐渭（1521～1593），在中国古代文学、书法、绘画领域都拥

① 徐中锋：《论新发现之仇英摹宋本〈水军图〉——兼论仇英绘画的独特成就》，载《艺苑》2011年第4期。
② 汪平：《仇英〈九歌图〉辨识》，载《文物鉴定与鉴赏》2015年第10期。
③ 陈履生：《纪功与记事：明人〈抗倭图卷〉研究》，载《中国国家博物馆馆刊》2011年第2期。
④ 朱万章：《明清时期仇英作品的鉴藏与影响》，载《美术学报》2016年第5期。

有特殊的地位,但他的画风与吴兑纪功图像的画风差异明显,徐渭为吴兑作画的可能性不大。

三 吴氏祖先画像的流传史

1. 明末清初的历史变迁

这是吴氏家传祖先画像经历的第一个历史大变迁。揆诸史实,当即绍兴山阴州山吴兴祚这支族人,将画作带到广东,其后人在粤东居住了三百余年,一直保存到民国年间。而要了解这个历史背景,则需从画像的主人、明代万历年间的著名族人吴兑开始说起。

万历九年五月,州山吴氏一支大分第八世的吴兑担任蓟辽总督。此后,出现了州山吴氏二支三分第七世的吴大斌(1556~1632),率幼弟吴大圭(1565~1618)、族侄吴廷忠(1591~1651)等,从绍兴远涉辽东,通过结识辽东世家李成梁,谋得出路,站稳脚跟的故事。吴大斌在《山阴州山吴氏族谱》中被称为"东宁镇抚",担任的是管理司法等事务的卫所低级武官。作为绍兴吴氏族人入辽的带头大哥,在明清易代的过程中,最终成为一个殉节者,吴氏族谱中见载吴大斌事迹的《晴川公小传》后被乾隆版的《绍兴府志》基本照抄,显示了吴大斌因父早亡家贫前往辽东谋生,曾为东宁卫镇抚,却因建州女真兴起,辽左失守,浮海流亡山东登州,最终受迫于吴桥兵变后的东江旧将孔有德,绝食自尽,以此脱子侄辈于险境的一生,只不过略去了他担任"东宁镇抚"这个细节。[①] 传文作者是吴大斌的玄外孙、吏部员外郎何天宠。值得注意的是,若无一支大分吴兑任蓟辽总督的背景,二支三分的吴大斌如何起意从江南远涉辽东且能随便拜谒李宁远成梁呢?其中诸多细节或需读者自行脑补。

1616年,建州女真的努尔哈赤势力兴起,并逐步攻占了辽东。吴大斌遂率家人子侄逃亡迁徙山东,却于崇祯五年初死于登州。原因是天启元年建立镇江奇捷后,权势过张的毛文龙于崇祯二年被袁崇焕所杀,毛文龙的部将孔有德等人起兵反叛,原与毛文龙有矛盾的吴氏族人也遭到打击,吴大斌之死就是结果之一。

---

① 《山阴州山吴氏族谱》第30部 吕字集,《叙传记·晴川公小传》,第12~13页;乾隆《绍兴府志》卷55,《人物志》十五,《忠节》一,第48页。

　　吴大斌的幼弟吴大圭则在努尔哈赤后金兵攻破辽东清河时被杀死，时间是 1618 年 7 月。但是，这一点，吴氏族谱并没有记载，而是从葬地清河推断而来；此外，吴大圭之孙吴兴祚（1632～1698）的《谱传》中也透露了一个细节："公姓吴氏，名兴祚，字伯成，号留村。其上世居山阴之州山里，为通门右族。祖大圭教授辽东之清河，值太祖龙兴，遂隶籍正红旗下。"① "太祖龙兴"的内幕，阅读明末清初的相关史籍便可得知，吴兴祚如何隶籍清朝八旗制下的正红旗籍，在其父吴执忠的墓志铭中可得到印证。清初内院翰林黄机撰《中大夫湖广粮储道布政司右参政匪躬吴公墓志铭》："公先世本籍山阴……讳执忠，字匪躬，自始祖慎直公迄六世，皆为绍兴山阴之州山里人，相传为季札裔。五世处士佑，号履素……公之曾大父也，佑生论，论生大圭号越川，明世庙时，以千夫长领兵随征关白，是为公考，寓籍三韩，盖自越川公始……公少颖悟，多读书。岁乙卯（1615）年十四甫游于庠，而我太祖武皇帝师克清河，公时方冲龄，器宇明敏，胆识过人。太祖见之色喜，命侍亲藩，佐理庶务。"② 可见，吴大圭参加过万历朝"三大征"之一的援朝东征战争，墓志铭中说的"世庙"嘉靖，当为万历神宗之误。在东征战争中，吴大圭担任千总之职，归国后成为辽东清河的一名教授，也是卫所系统的低级文官。万历四十六年（1618）七月，清河被女真金兵攻占，清河教授吴大圭一家的命运从此改变：已死子掳，吴执忠被隶于正红旗下，却也成就了孙辈吴兴祚成为清初著名的"辽人"督抚的契机。

　　经历天翻地覆的明清易代之后，康熙二十一年（1682），吴兴祚出任两广总督。正是他将山阴州山吴氏家族已珍藏近百年的 24 帧祖先画像带到了粤东，因为他是那个时代家族内最有权势的一个人。明末清初的易代鼎革，使吴氏家族与中国南北各地所有家族一样，经历了宋元之后又一次家谱记载的断裂，但还不算彻底，至少是打断了骨头还连着筋。具体地说，吴氏家族北上辽东的二支三分吴大斌、吴大圭兄弟子侄，在经历了易代之变后，有部分族人得以生存，并融入了清朝的八旗系统，成为清军定鼎中

---

① 《山阴州山吴氏族谱》第 30 部，《叙传记·都统前总督两广兵部尚书留村吴公传》，第 16 页。
② 《山阴州山吴氏族谱》第 31 部，《赞状志表》，第 67 页。

原的马前卒。只不过他们这些在辽东站稳了脚跟的汉人在清朝体系里成了无源之水、无根之木,与原籍的联系在官方体系中被彻底斩断了。① 吴兴祚父子就是这样的典型代表,他们在帮助清军平定中原及福建、台湾、广东等东南沿海地区立下了汗马功劳。在这个过程中,不少绍兴州山吴氏老家人,甚至不远万里,跟随吴兴祚走南闯北,人数之多甚至可以组建一支族人部队,与抗清的福建郑成功家族的郑氏武装相颉颃。而靠吴兴祚接济生活的族人也有数百家之多,致使他不得不将族人分为三等,按贫穷程度分别救济。据统计他花在周济族人生活上的资金超过七千两银子。因此,吴兴祚要带走家族里已珍藏近百年的祖先画像,自是无人异议,尽管他只是这个家族二支三分的后人。

吴兴祚后来因为"鼓铸浮冒"② 而去职。据清朝不成文的规定,中国东南沿海地区的各类官职肥缺,往往都是皇帝照顾自己的爱臣家奴担任。吴兴祚究竟为何失宠,还需另寻原因。总之,在康熙三十五年(1696),当吴兴祚64岁时,他还随军征讨噶尔丹,可以说年近古稀、垂垂老矣的吴兴祚,在效力沙克舒尔塘后"未几,复原秩",③ 但次年即死在口外。而他的家人及后代子孙似乎依旧留居粤东,并连同这些祖先画像一直度过了三百余年的悠悠岁月。这是谈到这些古画时,首先不能不了解的一个重大历史背景。

2. 清末民初的历史变迁

在这个时期内,明末清初吴兴祚留在粤东的后代族人,曾回浙江绍兴州山省墓,"载图行匦,冀昭示里中族姓,俾遂瞻仰之诚"。结果在路上"遗失六帧"祖先图像,或是被贼人盯上偷走了。虽然吴氏族人寻访久之,

---

① 按:在清官修《八旗满洲氏族通谱》中载世居铁岭的辽人吴氏"吴伦,正红旗包衣人,世居铁岭地方。国初来归,其子达奎原任千总"云云,就完全隔断了他们与原籍绍兴山阴的联系。八旗通谱中的"吴伦"就是《山阴州山吴氏族谱》中的"吴论",生于1506年,卒于隆庆四年(1570),享年65岁,葬于山阴"本里"宋家山。"吴论"变身为清朝"国初来归"的正红旗包衣人"吴伦",且在死后多年被隔空挪腾到东北铁岭,正是因明清易代鼎革和清朝存在历史忌讳的书写所致,具体阐述参见待刊拙文《山阴世家与明清易代》。

② 《清圣祖实录》卷141,康熙二十八年六月戊子,中华书局,1985,第5册,第549页。

③ 《清史稿》卷260,《列传》第47,《吴兴祚》,中华书局,1976,第33册,第9862~9864页。

但祖先画像却无从返璧。在这期间，遗失的吴氏祖先图像，曾经多少人手，又经历了怎样的转徙过程，我们不得而知。但后来的结果却颇出人意料。在1916年的冬月，这6帧一度遗失的吴氏祖先画像，出现在上海的古董市场，被参与创建西泠印社的吴隐遇见。正所谓楚弓楚得，吴隐即为州山吴氏一支大分第十七世孙，遂以重价亟购归返，并敬谨重装，祖先图像重返上海。

吴隐（1867～1922），原名金培，字石潜，号潜泉、遁庵，"家贫客杭，习镌碑板，擅刻印，治六书甚勤"，光绪甲辰（1904）与叶铭、丁仁、王褆"创西泠印社，不辞劳瘁，以董其成社。西有堂曰遁庵，渠曰潜泉，斥私财营之，举舍于社而不自私"，① 曾捐赠创社大洋490元，印谱31卷，被誉为创社四君子之一，② 社长则"交推昌老"吴昌硕（《西泠印社成立启》）。叶铭《西泠印社小志》曰："印社建筑始自甲辰，讫工癸丑。经营缔造，吴君石潜之力最多。"③ 1918年，由吴隐谋划，从孙吴善庆（1872～1922）出资，在遁庵上方建"岁青岩"，以表彰其祖崇祯进士长安知县吴从义的殉节之举，所撰《岁青岩记》由吴昌硕书，镌于崖壁，至今犹存。1923年，吴隐次子吴熊捐资，于遁庵左侧建"阿弥陀经幢"一座、释迦石像一尊，均存。吴善庆还在孤山修建观乐楼、还朴精庐、鉴亭等建筑捐给印社，壮大规模。

西泠印社内保存吴隐所刻作品，一为仰贤亭内正面壁间丁敬像，无铭文；一为亭内石圆桌上铭文："宣统二年（1910），王寿祺（王褆）三十五岁篆书，丁仁撰铭，叶铭监造，吴隐刻石。"是印社中唯一保存完好的创社四君子合力之作。此外，还有一些碑刻作品如《葛府君家传》等散落外地。④ 他精制的印泥称潜泉印泥，还编印《遁庵印存》《印泥阐秘》《遁庵印学丛书》《遁庵秦汉印选》《苦铁碎金》《古陶存古》《古砖存》《古泉

① 秦康祥编纂，余正点注本《西泠印社志稿》卷2，《志人，印人及收藏家小传》，浙江古籍出版社，2003，第10页。
② 叶莹、郭超英：《吴隐综述》载《西泠印社创始人吴隐研究·西泠印社己丑春季雅集专辑》，第7页，《西泠印社》总第22辑，西泠印社出版社，2009。
③ 蒋频：《印人逸事》，北京人民美术出版社，2015，第230页。
④ 参葛贤圹：《更收佳胜入清吟——追溯吴隐与平湖葛氏二三事》，载《西泠印社早期社员社史研讨会论文集》下册，杭州，西泠印社出版社，2006，第143～145页。

存》等，裨益艺林尤巨。从现有资料看，在杭州西泠印社成立前一年，吴隐已在上海创办了西泠印社，最初的地址在老闸桥北归仁里 5 弄，上海宁波路渭水坊 2 号开设三间门面（连楼三上三下）的西泠印社门市部，作为经营性的实业机构，经营书画篆刻用品，编辑出版印谱，与妻孙锦研制的"潜泉印泥"风行一时，吴昌硕赐名为"美丽朱砂印泥"。上海西泠印社的活动对杭州西泠印社的成立也有促进作用。

1918 年，州山吴氏二支二分十九世孙、上海近代著名实业家吴善庆拟增修族谱，从族祖吴隐处得见支谱，觉得义例甚善，决定仿而行之，遂将"此图像六帧，付泰西珂罗版印行"收入谱中，其余 18 帧在粤东族人处的画像，则希望在适当的时候编入总谱，"贻之子孙，资观感兴起焉"。可见当时吴氏祖先画像还完璧存在人间。清末民初之际，州山吴氏故里家族和流寓粤东的家族间仍通过续修家谱、祭拜祖先图像等行为，维系着历史和血脉的联系，时空穿越了明朝、清朝、中华民国三个历史阶段。而吴隐家藏的 6 帧祖先图像，因被吴庆善印入《山阴州山吴氏支谱》中，使我们今天还能窥见古画真容之一斑。

3. 从民国到中华人民共和国的历史变迁

在吴善庆编印完支谱之后，吴氏祖先画像是否回到吴隐家中？后来去向如何？如果没有社会调查的材料，这个问题当不容易得到答案。1922 年吴隐谢世后，印谱业务交由次子吴熊（幼潜）经营，印泥业务交三子吴珑（振平）经营，也都是西泠印社成员及"海上题襟馆金石书画会"的成员。

1934 年 6 月 1 日[1]，"因双方意见不合"[2]，吴熊、吴珑二兄弟分家。当时吴氏家藏的 6 帧祖先画像在何处？若为吴隐所藏，又是如何处理的？学佛的吴熊似乎因世道艰难去世较早；而改行做了教师和编辑的吴珑则熬到了改革开放。

---

[1] 沈慧兴编《吴隐印学活动年表》，载陈振濂主编《西泠印社》总第 22 辑，《西泠印社创始人吴隐研究·西泠印社己丑春季雅集专辑》，第 63 页。

[2] 参见茅子良《吴隐父子与上海西泠印社诸问题新考察》，载陈振濂主编《西泠印社》总第 22 辑《吴隐研究》，第 28～33 页。其中吴熊（1902～1971）、吴珑（1907～1979），生卒年与浙江西泠印社志不同。

　　“隐次子”吴熊（1902~1967）原名熊生，一名德光，字幼潜，一字蟠蜚，号持华，后学佛，因号右旋居士，能刻印，擅镌碑。曾为鲁迅刻名印一方，这方“鲁迅”两个字的白文印颇受喜爱，鲁迅将它盖在正式的书上，称为“西泠印社中人所刻，比较的好”。[1] 两兄弟分家后，吴熊接任经理，在上海西泠印社总部原址渭水坊经营“西泠印社书店”，并以“中国印学社”名义出版印谱和印学著作，还曾把分店开到了南京，却被日寇战火所毁，“他自己则染上了嗜好”，[2] “抗战胜利后，吴熊在南京等地增设西泠印社分店，元气渐复，然不久即因赌博吸毒，赔本负债，家败业隳，沦落为吃救济粮的难民，后居家由其子女抚养。”[3] 不久上海书店也歇业了。

　　“隐三子”吴珑（1907~1977）原名锦生，字振平，一字儃生，号和庵，从吴征游，工画山水，能篆刻，善鼓琴，得虞山派指法。“绍父业，主上海西泠印社，精制潜泉印泥，不陨家声”，[4] 1934年后迁址河南路棋盘街即后来的广东路239号（今上海文物商店对面），开设“上海西泠印社潜泉印泥发行所”，与妻子丁卓英携孙锦及两名伙计，改进印泥配方和制作技艺，发展出“特制珍品朱砂印泥”“特制上品朱磦印泥”“箭镞朱砂印泥”等高档印泥，同时以“墨缘堂”名义出版印谱和印学书籍。1956年实行公私合营，吴珑改行做教师和编辑，丁卓英出任私方代理人，并由女徒李耘萍、汪定怡接班，为第三代传人。企业一度改名“上海印泥厂”，后恢复“上海西泠印社”。1996年因市政建设，上海西泠印社业务部、门市部分别迁址江西中路105号和河南中路279号，出版过《现代篆刻》共9集及《伏庐选藏玺印汇存》等书籍。[5]

　　无论6帧吴氏祖先画像在何处，在从民国迈进中华人民共和国的这个阶段，这些古画（包括广东族人处的18帧画像），都需要经历民国风云、

① 1933年鲁迅致郑振铎信中语，引自茅子良《上海西泠印社社史补证》，香港《大公报》艺林周刊；陈朴：《鲁迅与篆刻》，载《鲁迅研究月刊》1995年第7期，第58页。
② 参见茅子良、潘德熙《吴隐和西泠印社》，载《书法》1993年第4期，第2~4页，入选《当代中国书法论文选·印学卷》，北京荣宝斋出版社，2010，第512~516页；秦康祥编纂《西泠印社志稿》卷2，《志人，印人及收藏家小传》，浙江古籍出版社，2006，第16页。
③ 茅子良：《艺林类稿》卷3《旧史新志》，上海书画出版社，2009，第161页。
④ 《西泠印社志稿》卷2，第16页。
⑤ 参见茅子良《艺林类稿》卷3《旧史新志》，上海书画出版社，2009，第158~178页。

抗战烽火乃至新中国成立后的历次历史动荡。从 20 世纪三四十年代起，中华民族命运多舛，多灾多难，中日战争及接踵而至的国共内战及改朝换代，留存上海与广东两地的吴氏祖先画像，能否逃得过多年战火以及 1949 年以后的历次政治运动而幸存下来，实在是难以悬猜。按照 20 世纪中后期的动荡程度及国民文化财产损失的一般情况推测，安然无恙的可能性不大。① 若此，则吴氏家谱中印行的 6 帧珂罗版画已成绝唱。在吴昌硕题名的《山阴州山吴氏支谱》印行 4 年后，吴善庆即病逝上海，尚来不及将这些画像及广东的 18 帧祖先像合编纂入总谱，支谱所谓的"续谱嗣出"也就落空了。

另外，印行画像入谱的吴善庆，所居的州山陈家湾，今仍存青公里台门。其子吴性栽（1904～1979）在中国电影史上占有重要地位。② 1923 年，吴性栽开始在上海经营颜料生意，先后创办过上海百合影片公司、大中华百合影片公司、联华影业公司、文华影业公司、华艺影片公司等，拍

---

① 此问尚需求解于吴隐先生的后人。按：茅子良曾访问吴隐三子吴振平子女吴东棣、吴东芳，谈及兄弟分家情形并未涉及祖先图像。另据上海文艺出版社存吴振平自传，其兄幼泉尚有一子云戈，其妹华英，适广平丁璟。吴云戈或即 1953 年中科院华东检查组第二组组员（参见薛攀皋、季楚卿《中国科学院史事汇要》第 45 页，中国科学院史文物征集委员会办公室，1996 年版）。吴华英或即 1938 年燕京大学中文系的学生，后为河北大学老师（参见赵林涛、顾之京编《驼庵学记——顾随的生平与学术》，吴华英撰《在与顾师相处的日子里》，生活·读书·新知三联书店，2016，第 149～152 页），均有待求证。另"吴振平擅长珂罗版印书……在伯父分家挑选了书店做生意时，父母改搞印泥业务，其生母孙锦随行。当时只有"潜泉印泥"的经营权，并无产权和多少资本，全仗在成康润颜料行为股东之一兼任经理的舅父资助建房开店，始得以研制印泥，经营产销。（茅子良：《艺林类稿》，上海书画出版社，2009，第 166 页）线索可资参考。吴东棣，名列庄毅主编，中华人民共和国人事部专家司编《中华人民共和国享受政府特殊津贴专家、学者、技术人员名录》（1992 年卷第 2 分册，中国国际广播出版社，1996，第 61 页）及中外名人研究中心编《中国当代名人录》（上海人民出版社，1991，第 354 页），若有机缘，当拜访以求教。

② 学界对吴性栽及其创办电影公司的研究有李璠玎《联华（公司）现象研究》（西南大学 2006 年硕士学位论文）、王强：《文华影业公司探究》（山东师范大学 2007 年硕士论文）、付丽丽：《90 年代以来中国电影人力资源政策研究》（2009 年湖南大学硕士学位论文）、王冉：《〈陆洁日记摘存〉中的陆洁及其电影活动研究（1920—1949）》（2015 年南京艺术学院硕士学位论文）；另可参见陆弘石《中国电影史 1905—1949：早期中国电影的叙述与记忆》提到陆洁与吴性栽二十多年相知合作，令人印象深刻（《陆洁日记摘存》，中国电影资料馆 1962 年编印）。张骏祥等主编《中国电影大辞典》（上海辞书出版社，1995，第 13 页），钟大丰、舒晓鸣：《中国电影史》（中国广播电视出版社，1995）等均肯定吴性栽的重要性。

摄过《茶花女》《小城之春》等数十部有影响的电影。其中,《渔光曲》是中国第一部获国际声誉的影片,由梅兰芳主演的戏曲片《生死恨》则是中国第一部彩色电影。吴性栽 1973 年退休,晚年研究佛学,"著有《京剧见闻录》"。①

吴性栽其人,不仅有眼光、有魄力,执行力也很强。1947 年,他找到梅兰芳,提出制作彩色电影计划。为录制梅兰芳排练演出的资料,他给梅家带去一台刻录机,成为梅葆玖的挚爱,记录过许姬传的呼噜声,② 还撰有《在〈舞台生活四十年〉以外谈梅兰芳》,③ 谈到与梅兰芳的交往和对其为人、艺术的理解及评价。1948 年底,吴性栽迁居香港,与朱石麟、费穆等创办了龙马影业公司,1952 年改组为凤凰公司,1982 年与长城、新联、中原等合并为"银都机构有限公司",为中国电影在境外的唯一一家大型国有电影企业,下辖二十多家分公司,资产总额近 30 亿港币。

吴性栽之子吴仲生,事迹不详。或许参加过民国十四年(1925)创建于昆山县角直镇的昆山业余昆曲社紫云曲社的活动,出演"小生"。④

(作者单位:中国社会科学院历史研究所)

---

① 林吕建编《浙江民国人物大辞典》,《吴性栽》,浙江大学出版社,2013,第 209 页。
② 《京剧大师文革遭迫害　梅葆玖 15 年未开口唱戏》,凤凰网,http://phtv.ifeng.com/a/20160509/41605679_1.shtml。
③ 载曹其敏、李鸣春编《民国文人的京剧记忆》京剧卷,《外史篇·春秋部》一,《槛外人忆》,中国戏剧出版社,2013,第 27~48 页。
④ 参见苏州文化局编《苏州戏曲志》,《紫云曲社》,古吴轩出版社,1998,第 335 页。

从徭役征银到摊丁入亩：清一条鞭法
在苏州府的展开

侯官响

摘　要： 自唐后期以降，苏州因其富庶成为国家财赋中心，同时也是赋役繁重之所。明中后期，苏州成为赋役改革的肇始之地，一条鞭法也在苏州得到推行和深入。明一条鞭法处在试行阶段，名为一条鞭，实为多条鞭，未能克服长期以来田赋、差役和丁银三项分征的现象。清代一条鞭法，田赋、差役和丁银逐步合一，一切归于田赋。从明至清，一条鞭法的展开在苏州府有明晰的轨迹。文章在前人研究基础上，通过梳理、考察一条鞭法在苏州府的演进脉络，进一步揭示了中国税制从实物税到货币税、力役之征归于土地税的发展历程。

关键词： 一条鞭法　摊丁入亩　实物税　货币税　苏州府

唐代后期中国经济重心南移，苏州逐渐成为国家财赋中心。迨至明代"洪武中，天下夏税秋粮，以石计者，总二千九百四十三万余，苏州府二百八十九万九千余"，[①] 从苏州征收的税粮，几乎占全国税粮的十分之一，"赢于浙江全省"。[②] 与重赋息息相关的是重役问题，苏州民户承担的徭役主要有里甲正役、杂泛差役和岁贡之役。明朝政府实行鱼鳞图册、赋役黄册制度，以保障国家徭役之征收，而随着上述制度的破坏，赋役不均的现象十分严重。税粮"轻重悬殊，相去有十倍者"，[③] 并且"田连阡陌者许诸

---

① 邱濬：《大学衍义补》卷24《制国用·经制之义下》，京华出版社，1999，第236页。
② 叶梦珠：《阅世编》，《历代史料笔记丛刊·清代史料笔记》，中华书局，2007，第153页。
③ 同治《苏州府志》卷146《杂记三》，《中国地方志集成·江苏府县志辑》第10册，江苏古籍出版社，1991，第703页。

科不兴，室如悬磬者无差不至"。① 于是从宣德时期（1426～1435）开始，苏州地方官员率先开展了漫长的赋役改革之路。赋役改革以一条鞭法为中心，以摊丁入亩的完全实现为完成标志，一直持续到清雍正时期（1723～1735），时间跨越三个世纪。

前人对明代苏州的赋役改革给予了不同程度的关注，② 笔者亦曾撰写专论，论述了明代苏州府的徭役编银、赋税结构。③ 总体而言，对明代一条鞭法在苏州府的实施情况，现有论著之讨论已较为深入，而对于清代一条鞭法的考察，则相对阙如。实际上，明一条鞭法处在试行阶段，名为一条鞭，实为多条鞭。由于各地执行情况不一，未能克服长期以来田赋、差役和丁银三项分征的现象。而清一条鞭法，将田赋、差役和丁银三项逐步合一，一切出于田赋，真正实现了一条鞭法。④

一　明代苏州府一条鞭法的演化脉络

宣德时期，鉴于苏州府赋役繁重的现实，明宣宗任命周忱巡抚江南，会同苏州知府况钟进行赋役改革。首先采取"以粮补丁"的加耗法，将按

① 罗伦：《与府县言上中户书》，《罗文毅公集》，《皇明经世文编》卷84，中华书局，1962，第747页。
② 梁方仲：《明代粮长制度》，上海人民出版社，2001；《梁方仲经济史论文集》，中华书局，1989；伍丹戈：《明代均田均粮运动的发展：欧阳铎的赋税改革及其征一法》，《中国古代史论丛》，1981；《明代周忱赋役改革的作用和影响》，《明史研究论丛》第3辑，江苏古籍出版社，1985；伍丹戈：《明代土地制度和赋役制度的发展》，福建人民出版社，1982；唐文基：《明代赋役制度史》，中国社会科学出版社，1991；赖惠敏：《明代南直隶赋役制度的研究》，台湾大学出版委员会，1982；赖惠敏《明代南直隶赋税徭役与地方经费》，《史原》（台北）1982年第12期；郁维明：《明代周忱对江南地区经济社会的改革》，台北商务印书馆，1990；樊树志：《一条鞭法的由来和发展——试论役法变革》，《明史研究论丛》第1辑，江苏古籍出版社，1982；王毓铨：《明朝徭役审编与土地》，《历史研究》1988年第1期；〔日〕山根幸夫：《明代徭役制度的展开》，东京女大学会，1966；〔日〕岩见宏：《明代徭役制度的研究》，京都同朋舍，1986；〔日〕森正夫：《十五世纪前半期苏州府徭役制的改革》，《名古屋大学文学部研究论集》第41期，1966；〔日〕森正夫《明代江南土地制度的研究》，京都同朋舍，1988；〔日〕谷口规矩雄：《明代徭役制度史研究》，京都同朋舍，1998；〔日〕滨岛敦俊：《明末南直隶苏、松、常三府的均田均役法》，《东洋学报》第57卷第3、4期。
③ 侯官响：《明代苏州府徭役折银考论》，《明史研究论丛》（第十二辑），中国广播电视大学出版社，2014；《明代万历时期苏州府的赋税结构》，《地方财政研究》2017年第1期。
④ 袁良义：《从明一条鞭法到清一条鞭法》，《中国社会科学院研究生院学报》1993年第3期。

户丁负担的丁役、杂役问题用田赋加耗来解决。其次采用里甲役折银的方式，进行"以银补丁"。"往周文襄巡抚时，以丁银不足支用，复唱（倡）'劝借'之说，以粮补丁。于是税粮之外，每石加征若干，以支供办，名'里甲银'"。① 三是对于官民田畸轻畸重、逋赋严重的问题，同样以银为媒，实行折征法。凡是科则重的官田，让其承担较轻的折色。而嘉靖以降逐渐推行的一条鞭法，赋役征银，丁身役和人头税摊入田亩是其主要特征，周忱赋役改革之重要性可见一斑。

嘉靖九年（1530），户部尚书梁材提出一条鞭法的最初构想，"合将十甲丁、粮总于一里，各里丁、粮总于一州一县，各州、县丁、粮总于一府，各府丁、粮总于一布政司，布政司通将一省丁、粮，均派一省徭役，内量除优免之数，每粮一石编银若干，每丁审银若干，斟酌繁简，通融科派"。② 同年，明世宗诏"令各该司府县级审编徭役，先查岁额各项差役若干，该用银若干。黄册实在丁粮，除应免品官监生、生员、吏典、贫难下户外，其应役丁粮若干，以所用役银酌量，每人一丁，由几亩该出银若干，尽数分派"。③ 嘉靖十年三月，御史傅汉臣把这种"通将一省丁、粮，均派一省徭役"的方法称为"一条编法"。

"通将一省丁粮，均派一省徭役"，这是一种赋役合一、统一征银的理想状态。一省之内各州县间差别悬殊，殊难一致。因为"一县丁粮，均派一县徭役"，终明世尚难以完成。"每粮一石，审银若干，每丁审银若干"，其编审前提是均田，田不均则难以达到均役之目的。嘉靖十六年，苏州知府王仪在进行官民田一则起科的同时，借鉴常州府的改革经验，在苏州进行了归并里甲、均徭，按丁田征收的尝试。

嘉靖十七年，苏州府一州七县里甲、均徭按丁田编银。"明初，惟税粮为正赋"，至此，整个苏州府"以里甲、均徭银编入正赋"。④ 苏州府吴县在成化十五年（1479）即尝试摊丁入亩，嘉靖十七年则在整个苏州府展开。从丁田摊派比重来看，丁的比重在减少，田的比重在增加。⑤

---

① 顾起元：《客座赘语》卷 2《条鞭始末》，中华书局，1987，第 61 页。
② 《古今图书集成·食货典》卷 142《赋役部·总论五》，巴蜀书社、中华书局，1985。
③ 万历《明会典》卷 20《续修四库全书》，上海古籍出版社，1995。
④ 光绪《嘉定县志》卷 3《赋法沿革》，《中国地方志集成·上海府县志辑》第 8 册，1991。
⑤ 侯官响：《明代苏州府徭役折银考论》，《明史研究论丛》（第十二辑），2014。

万历清丈之后，一条鞭法在全国范围内得到推广，并准确地被谈迁概括为"总括一县之赋役，量地计丁，一概征银，官为分解，雇役应付"。①万历四十五年（1617），嘉定、崇明完全照田编银，而太仓、吴江、常熟、昆山与嘉靖十七年编银相比，按丁编银的比例均有所提升，则依田编银的比例皆有不同程度的下降。

致力于明代一条鞭法研究的梁方仲先生指出：

> 明代嘉靖万历间开始推行的一条鞭法，为田赋史上一绝大枢纽。它的设立，可以说是现代田赋制度的开始。自从一条鞭法施行以后，田赋的缴纳才以银子为主体，打破二三千年来的实物田赋制度。这里包含的意义，不仅限于田赋制度的本身，其实乃代表一般社会经济状况的各方面。②

尽管摊丁入亩总的趋势不容改变，但反复、停滞甚至倒退都是可能发生的。万历后期直至明亡，在苏州，反摊丁入亩的逆流一直存在。如豪强势力之花分、诡寄之嚣张，比嘉、万以前更甚。万历三十八年，应天巡抚徐民式清查出长洲、吴江、常熟三县花诡、当差田 160 余万亩，为原来当差田的数倍。③ 又比如优免特权的存在。天启五年（1625），昆山一县人丁51365，优免 1118 丁，实编 50247 丁。田地 1117013 亩，优免 47258 亩，实编 1069755 亩。④ 这是官方优免数字，实际可能更多。再如国家财政大厦将倾前的疯狂加征。摊入田亩的三饷加派，并非摊丁入亩的深化，实是国家财政崩溃的征象。"苏州则八万三千六百六十余两……其加与他省同也，而原额之重则与他省异。所谓不揣其本而齐其末者也"。⑤ 田亩上的花分、诡寄，赋税上的优免与加派，差役上的增多与滥用，昭示着明代赋役

---

① 《明神宗实录》卷 220，万历十八年二月戊子。

② 梁方仲：《一条鞭法》，《梁方仲经济史论文集》，中华书局，1989，第 36 页。

③ 彭雨新：《明清赋役改革与官绅地主阶层的逆流》，《中国史研究》1989 年第 1 期。

④ 顾炎武：《天下郡国利病书》原编第 7 册《苏松》，《四部丛刊》三编史部，第 57 页。

⑤ 顾炎武：《天下郡国利病书》原编第 7 册《苏松》，引王象恒《东南赋役独重疏》，《四部丛刊》三编史部，第 48 页。

改革深化的物质条件和社会条件已不复存在了。[1]

二 清初对明代赋税政策的承继

明王朝未能完成一条鞭法的彻底实现，袁良义先生总结了四点原因，一是明一条鞭法推行于农村和一般市镇，而在城市中仍实行两税法；二是除田赋改革外，明一条鞭法解决的是四差银，但没有妥善解决其他差役；三是没有废除里甲制度，里长、大户明罢实存；四是罢大户而设柜守，增加了一项重役而没有使赋役均平。[2]彭雨新则断言："优免制度不除，一条鞭法基本上停留于赋役统征银两的低级水平，均田均役也不可能达到全部役转于赋的目的。"[3]上述赋役不均问题，因一条鞭法推进不够彻底而产生，其实质在于差役未能尽数折银，丁银又未能尽数与地银合一，即丁银未完全摊入地亩，部分仍征诸人丁。此种情况在全国范围内广泛存在，只是差役折银的比例、摊丁入亩的程度不同而已。

明人邱濬对此见解颇深，指出田土应是征收赋税的唯一对象：

> 赋税必视田亩，乃古今不易之法。三代之贡助彻，亦只是视田而赋之，未尝别有户口之赋。盖授人以田而未尝别有户赋者，三代也。不授人以田而轻其户赋者，两汉也。因授田之名而重其户赋，田之授否不常。而赋之重者已不可复轻，遂至重为民病，则自魏至唐之中叶是也。自两税之法行而此弊革矣，岂可以其出于杨炎而少之乎？由马氏斯言观之，则是两税之法，实得古人之意，后世徒以陆贽之言而非之。贽之言，盖不欲苟变当时之法，故极言其法之弊耳。

> 臣窃以谓土地万世而不变，丁口有时而盛衰。定税以丁，稽考为难；定税以亩，检核为易。两税以资产为宗，未必全非也。但立法之初，谓两税之外，不许分毫科率，然兵兴费广，不能不于税外别有征求耳。此时之弊，非法之弊也。自唐立法之后，至今行之，遂为百世不易之制。

---

① 侯官响：《明代苏州府徭役折银考论》，《明史研究论丛》（第十二辑），2014。
② 袁良义：《清一条鞭法》，北京大学出版社，1995，第11页。
③ 彭雨新：《明清赋役改革与官绅地主阶层的逆流》，《中国史研究》1989年第1期。

我朝稽古定制，以天下之垦田，定天下之赋税。因其地宜，立为等则。征之以夏者谓之税，征之以秋者谓之粮。岁有定额，家有常数。非若唐人遇有百役之费，先度其数而赋于人也。随其田之宽狭，取其税之多寡。①

万历时江宁人顾起元同样认为："今日赋税之法，密于田土而疏于户口，故土无不科之税，而册多不占之丁。"② 明史学者伍丹戈认为"因田定赋"的主张，只有在私有土地权力得到充分承认，生产者的独立人格获得保障，雇佣关系相当发展的前提下，才能真正实现。③ 这当然是正确的，然不可忽视的是，上述要件完备的前提，即商品货币经济的充分发展和里甲制度的不断削弱。而商品货币经济发展的过程，即是小农经济衰落和破产的过程。唐文基先生说："拥有一定数量的土地，是里甲制度的经济基础；稳定的小农经济——佃农和自耕农，是里甲制度的社会基础。一旦这两个基础削弱了，里甲制度就要败坏。"④

清代建立伊始，"核实天下户口，具载版籍，立编审法，无一定之限。丁增，赋亦随之"。⑤ 由于赋税政策多沿明代之旧，因而苏州重赋程度有增无减。"考康熙年间会计，合之万历初年全书，其额大增矣。即以苏州平米论，万历初年止二百三万石有零，现今增至二百四十五万……且以折色银论，亦大浮于明季矣。万历四十七年，加过兵饷、辽饷及户部、工部、兵部加编银后，苏府折银止六十六万余两。今查苏府折色银竟至一百十七万有余矣。"⑥ 彼时，"三吴之田赋十倍于他省，而徭役困苦莫甚于今日"，致使赋税"无一官曾经征足，无一县可以全完，无一岁偶能及额"。⑦ 故顺治、康熙两朝，主政江南省、苏州府者，解决重赋之道，无不以申请蠲免为务，其中尤以江南巡抚韩世琦奏疏最为恳切：

① 邱濬：《大学衍义补》卷22《贡赋之常》，第214页。
② 顾起元：《客座赘语》卷2《户口》，中华书局，1987，第60页。
③ 伍丹戈：《明代土地制度和赋役制度的发展》，福建人民出版社，1982，第125页。
④ 唐文基：《明代赋役制度史》，中国社会科学出版社，1991，第328页。
⑤ 雍正《清会典》卷30《户部八·户口》。
⑥ 《苏松历代财赋考》，《四库全书存目丛书》史部，第276册。
⑦ 乾隆《苏州府志》卷10《田赋三》。

顺治二年至康熙元年岁岁压欠，积逋之数动盈千万，守令人铨授斯土者，往往席未暇暖，褫削旋加，日怀参奏处分之惧，莫展催科抚字之长。百姓之生于其地者，茕茕仅存皮骨，衣食不谋，惨受追呼敲扑之苦，而无安土乐生之心……伏念我皇上仁覆如天，明见万里，去年察旧欠之难追，悯（悯）民生之困苦，特降谕旨宽免顺治十五年以前逋赋矣。今又因星变，复颁旨尽捐顺治十八年以前钱粮矣。臣之愚昧，窃敢推广计度，与其民力弗胜逃亡莫保，议蠲于催征不得之后，孰若预涣恩纶，施惠于浮赋当减之先，将苏松二府钱粮仿佛元时制赋旧额，兼照各省见征大例，准与酌量，大赐减省。如以目前军国多需势难多减，则亦乞依常州接壤之科则，再若万万不能，亦祈于十分之中稍减其二三。庶皇上子惠元元，率土同观，苏民因而召天麻，永培国本于亿万斯年矣。①

康熙二十四年（1685），苏州巡抚汤斌疏曰："臣惟财赋为国家根本之计，而苏松尤为财赋最重之乡。臣以庸碌谬抚兹土，见钱粮累年逋欠，每当奏销之期，多者尝欠至五十余万，最少者亦不下三四十万。"②

明初，对于苏州重赋问题，采取的措施不外乎蠲免和折征。其中宣德时蠲免苏州赋税七十余万石。"从兹以后，主计者但曰东南财赋之乡，减之则国用不足，勿可易也。自万历迄于明末，惟有不时额外之浮征，而无宽省之恩泽矣"。③ 当然，此并非事实。④ 不过，自明中后期以降，解决赋役不均，主要是靠均田均役来推动。"均田役之行，则按年值役之外，俱可自谋身家，以生以养，均田役之法不行，则田不可为恒业，而小民之业田者苦矣"。⑤

清初以蠲免为解决重赋之政策，实与明代立国之初无异。顺治十一年

---

① 韩世琦：《苏松浮粮疏》，贺长龄：《清经世文编》卷32《户政七·赋役四》，中华书局，1992，第800页。
② 同治《苏州府志》卷12，光绪八年江苏书局刊本，第27页。
③ 韩世琦：《苏松浮粮疏》，第800页上。
④ 张兆裕曾对万历时期的蠲免此数进行过统计，在48年中，共蠲免155次，其中南直隶最多，达到32次。对苏州的蠲免亦不鲜见，如万历七年，苏松遭遇水灾，共蠲免两府拖欠之七十余万。见《明代万历时期灾荒中的蠲免》，《中国经济史研究》1999年第3期。
⑤ 赵锡孝：《徭役议》，《清经世文编》卷33《户政八·赋役五》，第809页。

（1654），因江宁等属州县卫所旱涝灾害，"免江宁、安、徽、苏、松、常、镇、庐、凤、淮、徐、滁等属五十州县，江宁等二十六卫所十年分旱涝租赋"。①康熙前期，由于"江苏所属各郡县为财赋重地，额征钱粮甲于他省，且累岁输将供亿，效力惟勤，兹用大沛恩膏，除漕项钱粮外，所有康熙二十七年应征地丁各项钱粮，俱令蠲免，二十六年未完钱粮亦悉与豁除"。②康熙五十年，清圣祖又恩蠲江苏地区亏空无著钱粮，共十万八千两有奇。据罗仑、范金民计算，顺治朝地丁钱粮蠲免比例为 20%，而康熙朝此比例则有 25% 之多。③

除对逋赋进行蠲免外，清政府还继续沿用明代漕粮改折政策，以此来减少百姓负担，也使赋税征收能够顺利进行。虽然清政府多次强调，只许照价改折，但在改折过程中还是不可避免地遇到科索加派、折价过高、劳民伤财的情况。对此，清政府就着令征收本色。如康熙五年，"户部议覆：漕运总督林起龙疏言，江南苏、松、常三府，浙江嘉、湖二府，白粮折征每石二两。今民间谷价止七八钱，民力不堪，请改征本色。得旨：白粮改折既称苦民，俱着征本色"。④

另外从征收程序和管理方面，江南苏松巡按秦世祯以江南赋重差烦，征解失宜，提出应从八个方面进行整理："一、田地令业主自相丈量，明注印册，以清花诡。一、额定粮数俱填易知由单，设有增减，另给小单一纸，则奸胥不得籍口。一、由单详开钱粮总撒数目及花户姓名，先给后征以便磨对。一、催科不许差人，设立滚单以次追比，则法简而事易办。一、收粮听里户自纳，簿柜俱加司府封印，以防奸弊。一、解放先急后缓，勒限掣销完验，不得分毫存留衙役之手。一、民差查田均派排门册对，庶不至苦乐不均。一、备用银两每事节省，额外不得透支。布政司将征解原册按季提查，年终报部，扶同容隐者，按律议处，庶无那（挪）移侵欺。"⑤

上述举措，无论是蠲免、折征，还是征收管理上的修修补补，并不能

---

① 《清世祖实录》卷 80，顺治十一年正月戊申。
② 《清圣祖实录》卷 131，康熙二十六年八月辛丑。
③ 罗仑、范金民：《清前期苏松钱粮蠲免述论》，《中国农史》1991 年第 2 期。
④ 《清圣祖实录》卷 20，康熙五年十月戊辰。
⑤ 《清世祖实录》卷 59，顺治八年八月丙寅。

从根本上解决千百年来形成的赋役不均，也无助于一条鞭法的实施和深化。

三 苏州府摊丁入亩的实现

顺治十四年（1657），吴江县"通计一县田亩，按图均配，旧五百五十七图半，裁并为五百有七图，每图二千亩，每甲田二百亩"，[①] 以通县为单位而重新编制区划。此时，"江南奏销案"[②] 尚未发生，官儒户仍享有优免特权，因而规定"今自优免外，无田不役"，特将官户、庠户之田另行列出。[③] 吴县"每图田地九百六十亩零，充一图里役"，[④] 昆山县七十二区，"田亩分为三百六十图，图分十甲，每甲收田三百二三十亩不等"，[⑤] 均仿照吴江县成例。

顺治十八年二月，"江南奏销案"爆发，先是江宁巡抚朱国治奏称："吴县钱粮历年逋欠，沿成旧例，稍加严比，便肆毒螫，若不显示大法，窃恐诸邑效尤，有司丧气，催征无心，甘受参罚，苟全所家而已，断不敢再行追比，撄此恶锋，以性命为尝试也"。[⑥] 由于苏州赋税定额最重，逋欠数量最多，若足额征税，既能满足官员钱粮考成之需，同时又能起震慑作用。因而追征税粮之严，对绅衿打击之重，世所罕见。[⑦] "凡绅衿欠粮者，无论多寡，一概奏请褫革，名曰：奏销"。[⑧] 此后，苏州等府绅衿地主遭到沉重打击，其优免特权已名存实亡。

同年十月，韩世琦继任江宁巡抚，"履任后，即将所属江宁、苏、松、

---

① 康熙《吴江县志》卷7《徭役》；乾隆《吴江县志》卷一六《徭役》。
② "江南奏销案"是清廷对江南省苏、松、常、镇四府绅衿、衙役欠赋的处分案。四府在全国田赋中占有重要地位，但欠赋数额巨大。顺治十五年，户部派员查绅衿地主欠赋情况，至十八年，共处理乡绅2071名，生员11346名。参见《清圣祖实录》卷3，顺治十八年六月庚辰。
③ 乾隆《吴江县志》卷44《均田荡赋役》。
④ 康熙《吴县志》卷19《役法》。
⑤ 乾隆《昆山新阳合志》卷7《徭役》。
⑥ 《哭庙记略》，《痛史》，上海商务印书馆铅印本，1917，第3页。
⑦ 参见范金民《鼎革与变迁——明清之际江南士人行为方式的转向》，《清华大学学报》2010年第2期。
⑧ 顾公燮：《丹午笔记》224"哭庙异闻"条，《江苏地方文献丛书》，江苏古籍出版社，1985，第154页。

常、镇五府顺治十八年未完钱粮严督催征，仍一面将绅衿三户有无挂欠，责令各道府确查，造册遵例奏销"。① 说明奏销案后，督征赋税仍作为官员的重要职责而力行不辍。不过，只是一味追征税粮，终非治本之策。

康熙元年，江苏巡抚饬行苏、松等地均田均役，通令如下：

> 照得三吴田赋十倍于他省，而徭役困苦莫甚于今日，豪强兼并之家，膏腴满野，力能花诡避役，以致富者日富；贫弱无告之民，役累随身，每至流离逋负，将见贫者益贫。近奉旨均编，当亟遵条例，通计合邑田亩，和盘扣算，按图衰益，品搭停匀，务将图外官库自兑、附户花诡等项，尽行删汰，一惟论田起役，纤毫不许躲闪，俾户无无田之役，田无不役之人，庶几积弊顿除，穷檐稍可苏息。②

"通计合邑田亩，和盘打算，按图衰益，品搭停匀"，"即将所属各县统计合邑田亩若干，分配区图，逐里均平"，③ "每图若干顷亩，编为定制，办粮当差"。④ 在均田的基础上，所有差役，一律按田起派，官绅大户概莫能外。"一惟论田起役，纤毫不许躲闪"，实行均役的地区已不再顾及优免制度，优免特权被否定了。常熟县采取的办法甚是具体，全县共 490 图，图分十甲，每甲均田 337 亩。所有差役之经费，"通计合邑田亩"均摊。⑤

康熙十三年，江苏布政使慕天颜行均田均役之法："苏松等属仿照均编……通计该州县田地总额与里甲之数，将田地均分，每图若干顷，编为定制办粮当差，田地既均，则赋役自平……请敕行嗣后推收编审，悉照均田均役，听民自相品搭，充足里甲之数，不许田多少役，则隐占、诡寄、包揽诸弊可以永清，实有益于人民矣。"⑥

---

① 韩世琦：《抚吴疏草》卷 6《顺治十八年三欠奏销印结疏》，《四库未收书辑刊》第 8 辑第 5 册，北京出版社，1997，第 527 页。

② 嘉庆《松江府志》卷 27《田赋志·役法》，《续修四库全书》史部六八八，上海古籍出版社，第 13 页。

③ 嘉庆《松江府志》卷 27《田赋志·役法》，《续修四库全书》史部六八八，第 13 页。

④ 同治《苏州府志》卷 13《田赋二》，《中国地方志集成·江苏府县志辑》第 7 册，第 352 页上。

⑤ 乾隆《苏州府志》卷 10《田赋三》，乾隆十三年刻本。

⑥ 乾隆《苏州府志》卷 11《田赋四》。

由于"业户之田散在各图，钱粮不能归户，花分弊生"，① 经过数十年均田均役，仍无法杜绝诡寄、花分等弊端。因而，富户之差徭仍然散派各户，劣衿蠹棍则与不肖官吏沆瀣一气，不仅多勒耗费，而且中饱贴银。可见"俾户无无田之役，田无不役之人"这一目标是难以达到的。

而且就全国范围而言：

> 国家正赋，田地与人丁并重，今天下州县有丁随田办者，亦有丁田分办者。丁随田办，则计亩分丁，赋均而民易为力，丁田分办，则家无寸土之贫民，亦与田连阡陌者一样照丁科派，未免苦乐不均。查新例五年一编审，核实增减，法非不善，但不肖官吏每以审丁为利薮，富民有钱使用，丁虽多而不增，穷民揩钱不遂，丁虽少而不减，弊有不可胜言者。②

"丁随田办"，或曰"计亩分丁""丁随地起"，其实即是摊丁入亩的不同表述。"昔杨炎并租庸调为两税，而丁口之庸钱并入焉；明嘉靖后行一条鞭，均徭、里甲与两税为一，丁随地起非权舆于今日"。③ 从力役、庸发展而来的丁赋，或曰丁税、丁银是中国古代王朝重要的财政收入，为确保"赋额不亏"，任何放弃丁税银额，皆是不被允许的。因而，废除丁银制度，唯有通过摊丁入亩的方式来进行。成化十五年（1479），王恕于苏州吴县所行徭役编银，是一种摊丁入亩的尝试，此后苏州所行徭役编金，大多以此为底本。嘉靖十七年（1538）以后，苏州府所行徭役编银，丁银所占比重逐渐减少，甚至个别属县、个别年份丁银全部摊入田亩，计亩征收，但却不能成为定制。

清初"计丁征银"，其所掌握的人丁数，据以征收的丁银额，亦沿袭了明末旧册。清代前期编审的丁数，亦并非全部人丁，只是政府为维持一

---

① 光绪《嘉定县志》卷3《赋法沿革》，《中国地方志集成·上海府县志辑》第8册，1991，第81页。
② 《王澍奏折》（雍正元年二月初八日），《宫中档雍正朝奏折》第一辑，台北故宫博物院编，1977，第54页。
③ 王庆云：《石渠馀纪》卷3《纪丁随地起》，沈云龙主编《近代中国史料丛刊》第八辑，文海出版社，第255页。

定的丁税收入，而必须保证的一定"丁额"。① 由于耕地面积的增加速度，远不及人口的增加速度，随着人口的增加，一条鞭法下的赋税负担不仅有不断加重之势，而且会造成新的不均。因而，随着人身依附关系的松弛和商品货币经济的发展，以编审人丁来征收丁银，越来越没有存在的必要了。康熙五十一年，清政府颁布诏令："今国帑充裕，屡岁蠲免，辄至千万，而国用所需，并无不足，故将见征钱粮册内有名人丁，永为定数，嗣后所生人丁，免其加增。"② 此之谓"盛世滋丁，永不加赋"。永不加赋的积极作用在于，不仅减除了民户对续生人丁的丁银负担，而且固定了丁银数目，为摊丁入亩提供了必备条件。③ "自康熙五十年定丁额之后，滋生者，皆无赋之丁。凡旧时额，丁之开除既难，必本户新添可补，则转移除补易致不公，惟均之于田，可以无额外之多取，而催科易集。其派丁多者，必其田多者也；派丁少者，亦必有田者也。保甲无减匿，里户不逃亡，贫穷免敲扑，一举而数善备焉。所不便者，独家止数丁，而田连阡陌者耳"。④

此后，为使人丁与田地一一对应，又实施版图法。雍正三年（1725），太仓直隶州率先推行，翌年，行于苏州府各州县。版图法的特征是"以户归田，以田归丘，以丘归圩，以圩归图"，⑤ 自此"按图征粮，里之名遂就湮，都之下不系以里，系以图圩"。⑥ 版图法的实施，是因为人丁失去了徭役征发的意义。雍正五年，两江总督范时绎题请次年实行"摊丁入地"，苏州府以银或粮作为摊入标准。吴县每平米一石，摊征人丁银二分六厘四毫有奇；太仓州每石摊征人丁银四厘有奇。⑦

江南数府，自康熙五十一年至雍正四年，钱粮积欠多达一千余万两。

---

① 史志宏：《关于摊丁入地评价的几个问题》，《中国社会科学院研究生院学报》1986 年第 4 期。

② 《清朝通典》卷 9《食货九》，王云五主编《万有文库》第二集，上海商务印书馆，1935，第 2070 页上。

③ 袁良义：《清一条鞭法》，第 397 页。

④ 王庆云：《石渠馀纪》卷 3《纪丁随地起》，第 255～256 页。

⑤ 乾隆《震泽县志》卷 30《清田粮》，《中国地方志集成·江苏府县志辑》第 16 册，第 272 页。

⑥ 宣统《太仓州志》卷 7《赋役》，《中国地方志集成·江苏府县志辑》第 18 册，第 97 页。

⑦ 乾隆《江南通志》卷 69《食货志·田赋三》，卷 71《食货志·田赋五》。

雍正五年，朝廷派遣户部侍郎彭维新赴江苏清查。彭在两江总督尹继善等人配合下，只查拖欠，不管催征，"悉心查察，一一得实，俾官侵不混入吏蚀，吏蚀不混入民欠，民欠不混入官侵吏蚀"。[1] 雍正初年大规模清查积欠钱粮后，江南士绅才进一步意识到问题的严重性，更加遵守法度，率先输纳。"迨我世宗宪皇帝整纲饬纪，一洗从前积习，绅衿皆知敛迹。非公不至，绝无坐大轿者矣"。[2]

清代一条鞭法，将田赋、差役和丁银三项逐步合一，一切出于田赋。在全国性的摊丁入亩风起云涌之时，苏州府终于完成了完全的摊丁入亩，将差役、丁银完全摊入地亩征收。摊丁入亩的过程，是一条鞭法深化和完成的过程，亦是实物税变成货币税、人头税归于土地税的过程，意味着数千年来的力役之征，在国家法律层面的消亡。

（作者单位：楚雄师范学院）

---

[1] 彭维新：《与马虞樽少司空书》，《清经世文编》卷 27《户政三》，中华书局，1992，第 674 页。

[2] 顾公燮：《消夏闲记摘抄》卷上"明季绅衿之横"条，《涵芬楼秘笈》第 2 集，上海商务印书馆，1917。

试论清代云南的公件银两制度

林崔宏

摘　要： 康雍之际云南公件银两制度的创造与推行是清代财税改革中具有重大意义的事件。公件银两制度由云南巡抚杨名时于康熙六十年正月起首先在云南府昆明县推行，以后逐步向周边州县推广，至雍正二年七月，已在云南省除边远土司区之外的所有州县施行，至雍正六年六月鄂尔泰再次酌定后，云南公件银两制度化基本完成。公件银两征收后用于云南官吏养廉和地方公用经费支出。公件银两制度化实现后，作为一项重要的地方经费征收制度，一直推行到清末。公件银两的制度化是一次成功的改革，为雍正朝实行耗羡归公等一系列财税改革和吏治整顿提供了某些启示和经验。

关键词： 清代　云南　公件银两　财税改革

　　一般认为，清代大规模整顿陋规、清除私征滥派的吏治整顿、推行耗羡归公、设置养廉银制度是从雍正朝开始的。事实上，公件银两制度的推行具有明显的整顿陋规、整顿吏治的目的和推行耗羡归公、养廉银制度的基本特征。二者从内容、形式和实质上都极其相似。耗羡，又称火耗，是以征收和运输赋税时会产生损耗为名，额外征收一定量的附加，作为损耗的补充。实际上除了弥补损耗之外，往往有很多剩余，明清两代府州县的额外收入主要来源于此，用于弥补俸禄不足和作为地方公务经费，也用于馈送上司。公件银两，也是"照粮均派"，来自地丁田粮，是州县以公务经费不足为由，在征收耗羡之外的再度征收，是耗外之耗。其用途也是俸禄和地方公务经费。二者的区别仅在于耗羡是正赋之外的附加税，而公件是耗羡附加税之外的"加耗"；此外，公件银两制度是地方大吏创办并推行于云南一省，而雍正财政改革则是皇帝自上而下在全国的推行。鉴于此，清代大规模整治陋规、清除私征滥派的整饬吏治实践和耗羡归公和养廉银制度推行，并非肇始于雍正朝，而是于康熙六十年（1721）在云南开端的实施公件银两制度。

所谓"公件银两"，云贵总督鄂尔泰解释说："从前各府、州、县薪水日用以及夫马并一切公事，俱派民间办应，官派一分，衙役数倍之，地方乡保又数倍之，群蠹分肥，每年私派不下三四十万，小民困苦异常。此滇省向来之陋规也。迨杨名时到任，于康熙六十一年间，将各属公事，核其应需者，每年照粮均派，随正完纳，勒石晓谕，名曰公件银两，此外不许再加派扰，使小民知有定额，不受书役之苛索。"① 可见，公件银两是指云南巡抚杨名时对云南各州县以公事名义私征滥派进行整顿后，审核并保留其中因养廉银和地方公务开支的需要而必须继续征收的一部分，并按粮赋的缴纳比例平均分派给农户，与农业税一起征收的银两。杨名时对各府州县公件银两征收的项目、数量和方式进行了认真的酌定，保留应需部分，以"勒石晓谕"的方式公之于众，令官民共遵。这项改革开始于康熙六十年正月，至雍正五年（1727）、六年，以鄂尔泰再次修订公件的专折为标志基本完成制度化，这个过程就是云南的公件归公。

公件银两制度的推行与雍正财政改革和吏治整顿的内容、形式和实质高度一致，其起始时间却比雍正耗羡归公正式启动早了四年多，是康雍之际清朝财税体制改革的一个重大事件，也是一项巨大的创新。研究公件银两制度有益于深化对清代财政改革的理解。本文仅就公件银两制度的形成、征收与支用、清廷对公件银两制度的态度三个方面进行介绍，旨在还原清代云南公件银两制度的概貌。

一

顺治、康熙两朝明令禁止陋规、私征滥派等腐败行为，并不时告诫内外官吏遵纪守法、革除陋规和禁止私征滥派。但由于律例禁止与现实需要之间形成矛盾，律例与皇帝的态度之间在此问题上也常常发生脱节，官场违规违纪，私征滥派和需索、馈送之陋规屡禁不止，尤其到康熙中、晚

---

① 《云贵总督臣鄂尔泰谨奏：为奏明酌均公件耗羡，以昭画一事》（雍正五年十月初八日），《雍正朝汉文朱批奏折汇编》第 10 册，江苏古籍出版社，1989，第 780 页。

期，皇帝更倾向于采取包容、隐忍其至放纵的态度，默认陋规，同情耗羡。因而，私征滥派、亏空、馈送乃至侵渔腐败等现象不断蔓延、加剧，吏治乱象愈演愈烈。到康熙末年，在盛世的华丽外表遮掩下，各种官场陋弊导致的危机已对帝国的稳定形成了严重威胁。私征滥派加深了官民矛盾，陋规和贪腐侵蚀着整个官僚系统，亏空动摇了统治基础的稳固……一场彻底的整顿和改革势在必行。虽然皇帝倾向于宽容，但也有一些官员有着强烈的忧患意识和整饬一番的决心，以图改变颓势，造就一新。杨名时就是其中之一。

康熙五十九年九月，云贵总督蒋陈锡、云南巡抚甘国璧因运送进藏用兵粮草贻误军机之罪遭到革职。上谕由贵州布政使杨名时署理云南巡抚事务，令其即刻赴任。① 十一月，"升贵州布政使杨名时为云南巡抚"②，杨名时奏报其"于康熙六十年正月十七日到任"。③ 到任后，杨名时目睹了云南吏治混乱的状况。私征滥派问题上，其最先了解的是省城所在地云南府昆明县的情况，"昆明县向设五塘，金立头人，一应公事，按粮派银，每石至三、四两不等"。④ 实际上全省皆然，且剥削程度相当严重："从前各府、州、县薪水日用以及夫马并一切公事，俱派民间办应，官派一分，衙役数倍之，地方乡保又数倍之，群蠹分肥，每年私派不下三四十万，小民困苦异常。此滇省向来之陋规也。"⑤

杨名时外放前历任翰林院检讨、翰林院侍读、顺天学政、直隶巡道等职，其主要工作与教育有关。外任贵州布政使仅有一年即前往云南署理云南巡抚事务，⑥ 担任地方官的历练较少，未被官场陋习浸染。私征滥派等自入清以来即为朝廷明令禁止的犯罪行为，当刚到任的杨名时了解到昆明

---

① 《清圣祖实录》卷289，康熙五十九年戊寅。
② 《清圣祖实录》卷290，康熙五十九年壬午。
③ 《云南巡抚臣杨名时谨奏：为奏明事》（雍正元年七月初六日），《雍正朝汉文朱批奏折汇编》第1册，第623页。
④ 《云南巡抚臣杨名时谨奏：为奏明事》（雍正元年七月初六日），《雍正朝汉文朱批奏折汇编》第1册，第623页。
⑤ 《云贵总督臣鄂尔泰谨奏：为奏明酌均公件耗羡，以昭画一事》（雍正五年十月初八日），《雍正朝汉文朱批奏折汇编》第10册，第780页。
⑥ 参见《清圣祖实录》卷202，康熙三十九年十二月己巳；卷207，康熙四十一年正月戊申；卷259，康熙五十三年五月辛丑；卷286，康熙五十八年十月丙寅；卷289，康熙五十九年九月戊寅；卷290，康熙五十九年十一月壬午。

县如此严酷的官逼民怨现状时，与其熟读经书、出身科甲、从事教育、学术的为官经历，以及谨守礼义廉耻、崇信忠君爱民的思想观念形成了尖锐的冲突，难以与其道德标准和为官之道相容，所以决心纠以猛药，振作一番。

杨名时认为昆明县以公事为名私征滥派，"每石至三、四两不等"的原因是"官收一分"，则被称为"头人"的衙役在乡村征收时"数倍之"的结果。任意苛索百姓的首恶是"头人"，"云南民夷杂处，最为民害者官点头人催粮，以致征少派多，入己分肥，仍欠正供不纳，更有不肖绅衿派发包揽"。因此，改革的第一步是"尽革头人"，"臣到任后，于康熙六十年、六十一年禁革头人"，① 把经手钱粮征收、为虎作伥的胥吏全部革除。州县官于钱粮事项假手于胥吏，胥吏经手钱粮则有机会私征滥派，随意加征。这实际上在全国都是长期存在的弊病。杨名时尽革胥吏之举，根除了陋规弊病的一线实施者，斩断弊源。其第二步是对征收事项、数目进行审核，州县于养廉、公务支出的需要而必须征收的项目、数量"俱令开出，入清单，痛加裁减，核定成数"。② 对审核通过的项目和数量进行裁减，征收的方式变为按农户缴纳粮赋的比例均摊，"按粮均徭，民粮一石止出银四钱，屯粮一石止出银二钱"，③ "随正完纳"，即农民缴纳正赋钱粮时，一并征收公件银两。如此改革，极大地减少了征收项目和数量，减轻了农民的负担，"民咸欢悦"。④ 新政策推行的利好消息向四周传播，邻近"各州县之民闻之，共赴臣衙门，求为立法均徭"，杨名时顺应民愿，为各州县"一一详为酌定"公件，"核定成数，不许丝毫少加"。⑤ 经过整顿，

---

① 《云南巡抚杨名时奏覆两年内奉到密谕逐一办理情形折》（雍正二年十一月十五日），《雍正朝汉文朱批奏折汇编》第 4 册，第 11 页。

② 《云贵总督臣高其倬谨奏：为遵旨奏闻事》（雍正三年正月二十六日），《雍正朝汉文朱批奏折汇编》第 4 册，第 363 页。

③ 《云南巡抚臣杨名时谨奏：为奏明事》（雍正元年七月初六日），《雍正朝汉文朱批奏折汇编》第 1 册，第 623 页。

④ 《云南巡抚臣杨名时谨奏：为奏明事》（雍正元年七月初六日），《雍正朝汉文朱批奏折汇编》第 1 册，第 623 页。

⑤ 《云贵总督臣高其倬谨奏：为遵旨奏闻事》（雍正三年正月二十六日），《雍正朝汉文朱批奏折汇编》第 4 册，第 363 页。

云南百姓的负担"比之从前,颇为轻减",① 达到了"滥派清除"② 的
效果。

　　然而,并非所有州县官员都能诚实地遵行上司号令,据实开出公件清
单。由于官员品行不一、观念不同,让州县官自行开出清单的做法必然出
现很多造假虚报情况,"州县开单之时,未尽据实,或有杂税出息,以足
以养廉,不行尽数开出者;或有将数目浮开,预留裁减之地者。再各员居
心做官,人各不同,谨慎遵守固多,阳奉阴违者亦有"。③ 种种阳奉阴违,
固然有为中饱私囊留有余地者,但更主要的原因在于清代实行低俸制度,
除俸禄外,官吏养家糊口的补助,聘请幕僚、书吏、衙役,应酬花销,地
方公务经费,接济贫困等所有公私事务开销则全靠自筹,耗羡就成为州县
官的重要额外收入来源。时人对此状况多有描述,如康熙初年御史赵璟清
楚地揭示了清代官吏难以用低廉的俸禄维持生计和公务的情形:"查顺治
四年所定官员经费银内,各官俸薪心红等项,比今俸银数倍之多,犹为不
足,一旦裁减,至总督每年支俸一百五十五两,巡抚一百三十两,知州八十
两,知县四十五两,计每月支俸三两零,一家一日,粗食安饱,兼喂马匹,
亦得费银五六钱,一月俸不足五六日之费,尚有二十余日将忍饥不食乎?
不取之百姓,势必饥寒,若督抚势必取之下属,所以禁贪而愈贪也。夫初任
不得已略贪下赃,赖赃以足日用,及日久赃多,自知罪已莫赎,反恣大贪。
下官贿以塞上司之口,上司受赃以庇下官之贪,上下相蒙,打成一片。臣
以为俸禄不增,贪风不息,下情不达,廉吏难支。"④ 公件的酌定和制度化
改革,裁减了大部分原有额外收入,必然导致公私事务用度紧张、官员生
活质量下降等情况。因此,州县官为了增加收入,必然在自行开单时增加
项目和数量。杨名时酌定时则需要仔细核对,去伪存真。

　　此外,杨名时的改革还未扩展到边远州县。杨名时"于康熙六十年、

---

① 《云贵总督臣高其倬谨奏:为奏闻清查裁禁云南公件事》(雍正元年九月二十日),《雍正
　　朝汉文朱批奏折汇编》第2册,第1页。
② 《云南巡抚臣杨名时谨奏:为奏明事》(雍正元年七月初六日),《雍正朝汉文朱批奏折汇
　　编》第1册,第623页。
③ 《云贵总督臣高其倬谨奏:为奏闻清查裁禁云南公件事》(雍正元年九月二十日),《雍正
　　朝汉文朱批奏折汇编》第2册,第1页。
④ (清)蒋良骐:《东华录》卷9,康熙八年六月,中华书局,1980,第151~152页。

六十一年禁革头人，先于腹里近地清厘整饬，而远府边州夷人群聚之处，余风未殄"，① 因此也就不能去这些远府边州推行整饬陋规、酌定公件的政策。总之，杨名时于康熙六十年内所推行的公件银两制度还有待于反复核查和进一步推广。新任云贵总督高其倬的到来，给杨名时推行公件银两制度带来了极大的支持。

康熙六十一年正月，上谕："署理云贵总督事务提督张文焕着来京陛见，总督事务着广西巡抚高其倬驰驿速往署理。"② 十二月，实授高其倬为云贵总督。③ 高其倬到任后即与杨名时一同致力于公件酌定事宜："臣与抚臣熟商，州县之地方辽阔，一时耳目难周，州县开单之时，未尽据实，或有杂税出息，以足以养廉，不行尽数开出者；或有将数目浮开，预留裁减之地者。再各员居心做官，人各不同，谨慎遵守固多，阳奉阴违者亦有。"督抚二人共同对州县公件清单仔细清查，同时也究办官员劣迹："臣现与抚臣一一详细清查，其阳奉阴违、多行派取者，立即严参拿问，以惩贪墨；其杂税出息以足养廉者，将公件一概全革；其开数浮多者，尽行裁减，查清一处即办一处，现在料理。"④ 云贵督抚反复核查和酌定公件，避免错讹的最终目的是要将其制度化并固定下来，使得经办官吏和衙役都受到所定条目和数量的严格制约，不能在酌定项目数量之外再多收取；勒石晓谕，公之于众，实现信息公开化，使得缴纳公件银两的百姓也清楚自己所应缴纳的项目和数额。形成官民共同遵守的准则。而将其刻在石头上是为经久不坏，行之永远。

杨名时自康熙六十年正月到云南巡抚任后即从昆明县开始试点推行公件归公制度改革。从高其倬的奏报中"一一详细清查""清查一处即办一处""惟有钱粮甚少之州县"等表述和鄂尔泰"迨杨名时到任，于康熙六十一年间，将各属公事，核其应需者，每年照粮均派，随正完纳，勒石晓谕，名曰公件银两，此外不许再加派扰，使小民知有定额，不受书役之苛

---

① 《云南巡抚臣杨名时谨奏：为钦奉上谕事》（雍正二年十一月十五日），《雍正朝汉文朱批奏折汇编》第 4 册，第 11 页。
② 《清圣祖实录》卷 296，康熙六十一年二月庚午。
③ 《清世宗实录》卷 2，康熙六十一年十二月壬戌。
④ 《云贵总督臣高其倬谨奏：为奏闻清查裁禁云南公件事》（雍正元年九月二十日），《雍正朝汉文朱批奏折汇编》第 2 册，第 1 页。

索。在有田之百姓，因向有隐射，或侵占无粮之田，亦乐于完纳。数年以来，百姓安之，已视同正额。但各属粮额多寡不一，在当日酌定亦仍有不均"① 的追述来看，至高其倬雍正元年九月奏报之时，公件酌定已在全省各州县铺开，并在不久后大体上完成。鄂尔泰于雍正五年十月初八日所请"酌均公件耗羡，以昭画一"奏折中酌定的内容仅是在杨名时、高其倬的基础上的完善和少量调整，所涉及地区已包含全省除未实行改土归流的土司地区外的所有府州县，② 说明云南的公件归公改革由杨名时初定纲目并在昆明县实施，继而由督抚共同逐一核酌确定府州县公件银两征收条目、数量，制定随粮征收规则，形成制度，"勒石晓谕"，公之于众。

按高其倬奏报"现在举行"的奏折写作日期"雍正元年九月二十日"推断，上述工作很可能在雍正元年内已经完成。雍正四年二月初一日，新任云南巡抚管云贵总督事鄂尔泰到任，③ 于雍正五年、六年两次酌定公件银两和修订公件银两制度，④ 此后直至清末，公件银两制度在云南一直得以认真执行，其间仅做了些微订正。⑤

<h2 style="text-align:center">二</h2>

公件银两是核酌、裁减"从前各府、州、县薪水日用以及夫马并一切公事，俱派民间办应"的"滇省向来之陋规"⑥ 基础上形成并命名的。因

---

① 《云贵总督臣鄂尔泰谨奏：为奏明酌均公件耗羡，以昭画一事》（雍正五年十月初八日），《雍正朝汉文朱批奏折汇编》第 10 册，第 780 页。
② 《云贵总督臣鄂尔泰谨奏：为奏明酌均公件耗羡，以昭画一事》（雍正五年十月初八日），《雍正朝汉文朱批奏折汇编》第 10 册，第 780 页。
③ 《云南巡抚管云贵总督事鄂尔泰谨奏：为恭谢圣恩事》（雍正四年二月二十四日），《朱批谕旨》第 25 册，日本东京大藏株式会社，第 9 页。
④ 《云贵总督臣鄂尔泰谨奏：为奏明酌均公件耗羡，以昭画一事》（雍正五年十月初八日），《雍正朝汉文朱批奏折汇编》第 10 册，第 780 页；《云南总督鄂尔泰奏覆酌匀公件、耗羡情由折》（雍正六年六月十二日），《雍正朝汉文朱批奏折汇编》第 12 册，第 663 页。
⑤ 《清高宗实录》卷 23、卷 99、卷 413：乾隆元年七月，云南布政使陈宏谋奏："凡酌减公件……将各项应裁应减之处，各就地方情形悉心筹酌。"；乾隆四年谕："云南黑、白、琅等盐井，旧有规礼银二千八百余两，归入公件项下。"乾隆十三年正式编订《公件章程》，避免无序支销。此后无酌改公件的记载。
⑥ 《云贵总督臣鄂尔泰谨奏：为奏明酌均公件耗羡，以昭画一事》（雍正五年十月初八日），《雍正朝汉文朱批奏折汇编》第 10 册，第 780 页。

此，"公件"一词的含义应是公用经费。杨名时说公件银两是"按粮均徭，民粮一石止出银四钱，屯粮一石止出银二钱"，① 则公件银两来源于民、屯粮，按鄂尔泰"照粮均派，随正完纳"② 的说法，就是按照农民田赋的缴纳比例均摊，农民缴纳田赋时一并征收。

高其倬与杨名时再次核酌公件银两时注意到州县之间的差异，因而进行差异化的处理，"其杂税出息以足养廉者，将公件一概全革；其开数浮多者，尽行裁减"。③ 由于部分州县可以用如杂税余息、关税盈余等收入承担官员养廉银和公费，这些地方的公件或被革除，或被裁减，在一定程度上减轻了农民负担。高其倬"行令司道将通省各府州县所有税课赢（盈）余实数逐一查清……分别应归、应存，使可永行"，④ 增加了官员养廉和公务经费归公的统筹份额，减少了州县管理、胥吏隐匿、侵渔的渊薮。

鄂尔泰上任后，再度核酌云南公件，统筹安排公用经费，此时，除公件银两外，纳入公费统筹的还有粮条火耗、税秋羡余、找支马价等多个盈余收入项目。财源的扩大提供了更多的收入，相对地为酌减公件创造了条件。鄂尔泰再次酌定公件过程中又裁减了一部分公件银两，进一步减轻了缴纳条丁钱粮的农民的负担。云南公务经费的构成也从单一来自条丁粮赋扩大到将其他盈余收入项纳入，公件银两的内涵扩大。乾隆四年谕："云南黑、白、琅等盐井，旧有规礼银二千八百余两，归入公件项下"⑤ 后，云南公件项再无更改，行至清末。表1展示了鄂尔泰酌定公件银两后云南公用经费的收入情况。

---

① 《云南巡抚臣杨名时谨奏：为奏明事》（雍正元年七月初六日），《雍正朝汉文朱批奏折汇编》第1册，第623页。

② 《云贵总督臣鄂尔泰谨奏：为奏明酌均公件耗羡，以昭画一事》（雍正五年十月初八日），《雍正朝汉文朱批奏折汇编》第10册，第780页。

③ 《云贵总督臣高其倬谨奏：为奏闻清查裁禁云南公件事》（雍正元年九月二十日），《雍正朝汉文朱批奏折汇编》第2册，第1页。

④ 《云贵总督高其倬奏酌定税规、羡余充饷折》（雍正二年五月二十八日），《雍正朝汉文朱批奏折汇编》第3册，第108页。

⑤ 《清高宗实录》卷99，乾隆四年八月戊戌。

表1　鄂尔泰酌定云南省公件银两收入明细和用途

公用经费收入项目	收入数量（两）		合计（两）	用途
公件银	116802			
粮条火耗	14756			
税秋羡余	15555			
找支马价余银	1918			
溢额商税、牙贴、厂课等项余银	2204	53855	170657	归公统筹
各州县销盐羡余银	12226			全省各官养廉银、办公经费
黑、白、琅三井节礼归公银	3696			
保山等九府州县盐内养廉	3500			
正杂钱粮平头羡余	8400			布政司养廉
税秋款费存银	4900			粮道养廉
折征坐平银	1000		不入归公统筹	
镇沅府、威远同知、云龙州、恩乐县盐余	?			镇沅府、威远同知、云龙州、恩乐县养廉银
普洱通判秋粮羡余	?			普洱通判养廉
个旧锡厂税银等项余银	5000余			补银厂缺额
金厂课余金	金50—60			

注：据《云南总督鄂尔泰奏覆酌匀公件、耗羡情由折》雍正六年六月十二日奏折整理，《雍正朝汉文朱批奏折汇编》第12册，第663页。为便于统计，省去"两"以下零头，因此合计数与各项相加之和只是约相等。"?"为未载数量的项目。

自杨名时酌定公件之初，养廉就作为公件银两的重要开支项，高其倬"与抚臣熟商，州县之地方辽阔，一时耳目难周，州县开单之时，未尽据实，或有杂税出息，以足以养廉，不行尽数开"。[1] 说明公件开出的目的之一就是支付养廉银。杨名时酌定公件银两的第二大用途是作为公用经费，各州县公件银两经"一一详为酌定，滥派清除。自臣及司道以下修理备办

————————

[1] 《云贵总督臣高其倬谨奏：为奏闻清查裁禁云南公件事》（雍正元年九月二十日），《雍正朝汉文朱批奏折汇编》第2册，第1页。

等事，悉发现银，毫无派扰"。①

杨名时和高其倬是按各府州县养廉银和公用经费支出的需要量来酌定各府州县的公件银两应收项目和数量，并勒石晓谕，颁布为章程。各府州县按照章程征收，百姓按章程缴纳。在省中督抚的监督下，各府州县将按章程征收上来的公件银两则统一收储于府州县府库中，并按照所开清单支用公用经费和养廉。鄂尔泰根据各府州县具体情况的差异，安排将纳入统筹的公件银两和其他公用经费收入统一起解，留存府州县库或运送省中，统收统支，进一步规范了公件银两的收支，加强了管理。表2清楚地展示了鄂尔泰酌定后全省公用经费的开支情况。

表2　鄂尔泰酌定按察司以下各官养廉银及办公经费
归公统筹支出明细②

	职级	衙门	养廉银数（两）	合计（两）	
养廉银	按察使	按察司	5000	102140	170654
	永昌道	永昌道	3500		
	知府	云南府	2000		
	知府	曲靖、元江、大理、永昌、楚雄、广南、开化、顺宁	1600×8＝12800		
	知府	临安、鹤庆、丽江、东川、乌蒙	1400×5＝7000		
	知府、同知	澄江、广西、永北、姚安、武定、景东同知、蒙化同知	1200×7＝8400		
	同知	云南、曲靖、临安、大理、永昌、楚雄、开化、永北、武定	400×9＝3600		
	通判	云南、曲靖、澄江、广西、开化、大理、鹤庆、顺宁	400×8＝3200		
	知县	昆明县	1200		
	知州、知县	太和、安宁、嵩明、寻甸、建水、南宁、平夷、保山、楚雄、沾益、马龙	1000×11＝11000		

① 《云南巡抚臣杨名时谨奏：为奏明事》（雍正元年七月初六日），《雍正朝汉文朱批奏折汇编》第1册，第623页。

② 《云南总督鄂尔泰奏覆酌匀公件、耗羡情由折》（雍正六年六月十二日），《雍正朝汉文朱批奏折汇编》第12册，第663页。为便于统计，省去"两"以下零头。

职级	衙门	养廉银数（两）	合计（两）
养廉银 知州、知县	晋宁、昆阳、陆凉、罗平、师宗、弥勒、石屏、阿迷、宁州、新兴、赵州、邓川、腾越、剑川、镇南、和曲、云州、姚州、禄丰、河阳、云南、广通、路南	900×28＝25200	
知州、知县、乌蒙通判	易门、呈贡、宜良、罗次、富民、通海、河西、嶍峨、蒙自、新平、江川、浪穹、定远、大姚、元谋、定边、永平、永善、会泽、乌蒙通判	800×20＝16000	
州同、州判	彝良州同、威信州判、中甸州判	240×3＝720	
巡检、典史（非同城）	母享巡检、鲁甸巡检、盐井渡巡检、者海典史、则补巡检、歹补巡检、猛班巡检	160×7＝1120	
经历、知事、教授、学政、教谕、司狱、吏目、典史等佐杂（同城）	乌蒙经历、乌蒙知事、东川经历、威远经历、镇沅经历、东川教授、乌蒙教授、镇雄学政、永善教谕、乌蒙司狱、镇雄吏目、宣慰吏目、永善典史、恩乐典史	100×14＝1400	
办公银	留给各属办公银	35348	68514
	留办省中各项公事银	20000	
	备紧要公事之用余银	13166	

从前述云南公用经费的构成和公件银两收支情况看，云南从康熙六十年正月起开始施行公件银两归公的制度化改革，目的是为了整饬吏治、革除陋规、减轻百姓负担。从内容上看，占据全省公用经费统筹部分68.4%的公件银两来源于田赋和条丁，是条丁钱粮耗羡之外的额外附加税，具有明显的耗羡性质。但因云南地丁钱粮已经收取了耗羡一项，公件银两或可称为"耗外之耗"。另外又陆续有如杂税余息等其他杂项收入归入其中，有明显的盈余归公性质。就公件银两的用途而言，杨名时酌定公件银两的初衷就是解决地方官养廉和地方公用经费的来源问题，可以明显看出耗羡归公，设置养廉银的基本特征。从形式上看，起初酌定公件银两就注重核查条目、数量，仅对实在"应需"的条目和数量进行保留，其余则或革除、或裁减。对征收的数量、征收方式和征收规则制度化，勒石晓谕，

向社会公布；支用方面则按酌定的"应需"条目、数量进行管理，具有明显的制度化倾向。杨名时、高其倬之时，公件和盈余留存于州县府库进行分配和使用，有一定程度的归公再分配性质。鄂尔泰酌定之后，统筹部分或起解、或留存，按章程管理，制度化基本完成，已经是完全归公管理了。总之，公件银两改革的实质就是对养廉银和公用经费征收、归公统筹和再分配，与雍正时期推行的耗羡归公和养廉银制度改革具有相同的基本特征。

三

清代律例禁止耗羡的征收，"顺治元年，禁天下毋得正赋外再加火耗"。顺治三年（1646），又谕户部："国计民生首重财赋，明季私征滥派，民不聊生。朕救民水火，蠲者蠲，革者革，庶几轻徭薄赋，与民休息。"六年，"颁行易知由单……以杜滥派"。[①] 康熙七年，谕户部："向因地方官员滥征私派，苦累小民。屡经严饬，而积习未改，每于正项钱粮外加增火耗，或将易知由单不行晓示，设立名色，恣意科敛。或入私囊，或贿上官，致小民脂膏竭尽，困苦已极，朕甚悯之。督抚原为察吏安民而设，布政使职司钱粮，厘剔奸弊，乃其专责。道府各官于州县尤为亲切，州县如有私派滥征，枉法婪赃情弊，督抚各官断无不知之理，乃频年以来纠防甚少，此皆受贿徇情故为隐蔽，即间有纠举，非已经革职，即物故之员。其见任贪恶害民者，反不行纠举。甚至已经发觉之事，又为朦混完结，此等情弊深可痛恨。嗣后督抚司道等官如有前弊，或经体访察出，或被科道纠举，或被百姓告发，严处不贷。"[②] 康熙初年的大臣任源祥也说："以律言之，职官自俸给外，但有所取，分毫皆赃。"[③] 即如雍正帝也曾说："钱粮之加耗羡，原非应有之项。"[④]

耗羡是在田赋基础上额外征收的附加税，云南历来也征收耗羡，鄂尔泰说：云南"通省民屯额赋每年仅征银一十九万余两，秋粮止二十余万

---

① 《皇朝文献通考》卷1《田赋考一》。
② 《皇朝文献通考》卷2《田赋考二》。
③ 贺长龄等：《清经世文编》卷18《吏政四·制禄议》，中华书局，1992，第435页。
④ 《皇朝文献通考》卷42《国用四》。

石，各属条粮、秋粮、火耗，除起解司道二库平奏款费之外，余剩无几"。① 又说："计通省粮条、火耗，除去解费，实余银一万四千七百五十六两九钱九分八厘五毫；税秋羡余，除去道款，实余银一万五千五百五十五两三钱六分七厘。"② 可知云南耗羡总收入为每年白银约30312两。按清朝律例，此项已属违法。但由于清代实行低俸制度，官员俸禄过低而难以生存，所以耗羡征收历来是被默许的，康熙帝曾对州县征收一定量的耗羡持理解的态度，如他曾对近臣言道："所谓廉吏者，亦非一文不取之谓。若纤毫无所资给，则居官日用及家人、胥役何以为生？如州县官只取一分火耗，此外不取，便称好官。"③ 雍正帝也说："州县火耗原非应有之项，因通省公费及各官养廉有不得不取给于此者。朕非不愿天下州县丝毫不取于民，而其势有所不能。"④ 因此云南征收耗用于官员养廉和公务经费也是通行全国的做法，受到朝廷默许。

但加耗或在耗羡之外再加收，则是被严行禁止之事。如康熙十三年正月，各省朝觐布政使徐国相、按察使陈秉直等朝见，谕曰："尔等朝觐官员，各有职掌。俱宜实心任事，洁己爱民，安辑地方，消弭盗贼，钱粮不得加派，刑名务期明允，赈济蠲免必使民沾实惠，以副朕察吏安民之意。如不遵行，国法具在。"⑤ 也有因加征火耗而获罪者，如康熙五十九年，"刑部议覆：'原任布政使卞永式，征收钱粮每两加派银一钱二分，除送原任四川巡抚能泰等银二万二百两外，共计入已（己）银二万七千四百两有奇。应将原任布政使卞永式照律拟绞。已经病故，毋庸议。原任巡抚能泰，身为巡抚，属官私派，不行觉察。又身受赃银。应照律拟绞监候，秋后处决。'从之"。⑥ 雍正帝也屡屡严申加耗禁令，如雍正元年正月谕布政司曰："今钱粮火耗日渐加增，重者每两加至四、五钱，民脂民膏，朘剥何堪！至州县差徭，巧立名色，恣其苛派。竭小民衣食之资，供官司奴隶之用……私派横征，谁任其咎？……

---

① 《云贵总督臣鄂尔泰谨奏：为奏明酌均公件耗羡，以昭画一事》（雍正五年十月初八日），《雍正朝汉文朱批奏折汇编》第10册，第780页。
② 《云南总督鄂尔泰奏覆酌匀公件、耗羡情由折》（雍正六年六月十二日），《雍正朝汉文朱批奏折汇编》第12册，第663页。
③ 《清圣祖实录》卷240，康熙四十八年十一月丙子。
④ 《清世宗实录》卷22，雍正二年七月丁未。
⑤ 《清圣祖实录》卷45，康熙十三年正月庚辰。
⑥ 《清圣祖实录》卷247，康熙五十年九月癸卯。

耗蠹公帑，视为泛常，尤为不法。宜严革前弊，永杜侵那。"又谕知府曰："近闻州县火耗任意加增，罔知顾忌。以小民之脂膏，饱贪吏之溪壑。"又谕知州、知县曰："前有请暂加火耗抵补亏空帑项者，皇考示谕在廷，不允其请，尔诸臣共闻之矣。今州县火耗任意加增，视为成例，民何以堪乎？嗣后断宜禁止。或被上司察劾，或被科道纠参。必从重治罪，决不宽贷。"① 可见，加耗或者额外征收的行为，在康熙、雍正二朝都是被严厉禁止的。

既然加耗或者额外征收非法，而公件银两是"照粮均派，随正完纳"的条丁钱粮附加税，是在火耗之外再额外征收，则应属于禁止之列。而且征收"公件……银一十一万六千八百二两四钱九厘九毫"，② 是耗羡的3.85倍，应是极严重的额外加征了。清廷对云南公件银两的态度如何呢？

杨名时第一次奏报公件银两之事是雍正元年七月初六日，讲述的是康熙六十年之事："昆明县向设五塘，金立头人，一应公事，按粮派银，每石至三四两不等。臣尽革头人，按粮均徭，民粮一石止出银四钱，屯粮一石止出银二钱，民咸欢悦。各州县之民闻之，共赴臣衙门，求为立法均徭，臣一一详为酌定，滥派清除。"③ 雍正帝对此未做专门批示。雍正元年九月二十日，高其倬专折奏报裁禁云南公件银两之事，"窃查云南各州县，于火耗之外，历来有名曰公件一项，取之于民间，随事收派，甚为民累。巡抚杨名时到任之后，令州县开单呈查，斟酌裁减，俾州县遵照，不许此外多取，比之从前，颇为轻减。但臣与抚臣熟商，州县之地方辽阔，一时耳目难周，州县开单之时，未尽据实，或有杂税出息，以足以养廉，不行尽数开出者；或有将数目浮开，预留裁减之地者。再各员居心做官，人各不同，谨慎遵守固多，（夹批：少有。）阳奉阴违的亦有。（夹批：颇多。）臣现与抚臣一一详细清查，其阳奉阴违、多行派取者，立即严参拿问，以惩贪墨；其杂税出息以足养廉者，将公件一概全革；其开数浮多者，尽行裁减，（夹批：革黜贪官污吏，最为地方要政。若欲参一官又虑其父兄子弟怀恨结怨，畏首畏尾，岂只知有图，而不知有身之公忠大臣耶。贪虐之

---

① 《清世宗实录》卷3，雍正元年正月辛巳。
② 《云南总督鄂尔泰奏覆酌匀公件、耗羡情由折》（雍正六年六月十二日），《雍正朝汉文朱批奏折汇编》第12册，第663页。
③ 《云南巡抚臣杨名时谨奏：为奏明事》（雍正元年七月初六日），《雍正朝汉文朱批奏折汇编》第1册，第623页。

员，汝等姑容一日，百姓一日如在汤火之中。念及此，须当秉公竭力，整饬一番。）查清一处即办一处，现在料理。此内惟有钱粮甚少之州县，火耗甚微，又无别项出息，用度实属不足。不得不仰恳圣恩，于详加裁减之中斟酌量留，以为养廉之资。"雍正帝的批示说："似此细微处，朕安能代尔等逐一指示？"认为这些事完全可以由地方督抚斟酌而行，"尔等封疆大吏，但肯屏除私心，进贤，退不肖，举错（措）合宜，不数人而官箴严肃，吏治洁清矣。若一味宽厚容隐，以博取名誉，不过全身苟禄而已，实属辜负朝廷之任用也。"言下之意就是不要包庇下属侵渔，要任用廉，罢黜贪。雍正帝强调的是吏治清洁，认为只要清正廉洁，以有余来补不足，则云南经费就能自给。同时申明加重百姓负担不符合雍正帝的愿望，"如果督抚实心任事，为国计民生周详筹画，将官吏之侵渔各项尽情搜剔，酌盈剂虚，即滇省已自敷用，奚必远籍他省之助？然必正色执法，毫无假借，非左瞻右顾，欲为从前讳饰者之所能。设或因此反致加累百姓，则又与朕意大相径庭。"① 雍正帝虽未直接评判公件银两，但至少可以认为是默许，而只要求凡事"举错（措）合宜"。

雍正五年，杨名时因冒犯雍正而被革职查办。此时雍正帝评价杨名时公件改革"原系杨名时沽名钓誉之举，可行与否，暂沽一时之名，而又纵容属员设法巧取，置之不问，以取悦于属员，令感其宽厚，无实心惠民之处，乃大巧大诈之作用耳"。② 雍正帝派朱纲接替杨名时任云南巡抚，负责查办杨名时。朱纲为逢迎皇帝，尽力罗织杨名时的罪名，其到任后，即开始查办公件银两，随后在奏报称："又闻滇南有公件之说，臣检查案卷，始知滇南从前私派甚多，每年不下三四十万两。至杨名时到任，额定各属公件银两，统计通省约十一万有零，照粮均派，随征完纳，勒石晓谕，禁止加派，名曰公件，民困较前少苏，杨名时因此亦甚得名。但臣思此等大事，杨名时当日理应察奏圣祖睿鉴，请旨禁革，使边徼之地感颂皇恩，方为得体。杨名时读书明礼，岂不知此不应专擅沽名？彼时酌定仍有不均，亦不知所留之公件果否悉办公事。其康熙六十年正月内杨名时为云南巡

---

① 《云贵总督臣高其倬谨奏：为奏闻清查裁禁云南公件事》（雍正元年九月二十日），《雍正朝汉文朱批奏折汇编》第 2 册，第 1 页。
② 《云贵总督鄂尔泰奏覆：为杨名时所愚缘由并舒愚悃折》（雍正六年二月初八日），《雍正朝汉文朱批奏折汇编》第 11 册，第 859 页。

抚，以至雍正三年，此五年之内，每年以十一万计之，应有五十余万两。臣愚以为，此项并非火耗，杨名时虽取名'公件'，未曾奏明，与私派无异。应将此五年之内各府州县所得公件银两是否办公，彻底清查，将应销者准销，应追者追还，如有应开恩之处，恭请皇上开恩。"雍正帝批道："此议好，应如是，钦此。"①雍正帝将杨名时公件银两改革贬为"沽名钓誉"之举，是为"取悦属员"，"无实心惠民之处"等评语，其实并非真正针对公件银两制度，而是为了整治杨名时。

朱纲查办公件银两一事没有发现任何瑕疵，结果罗织了些子虚乌有的罪名算是交差了。②朱纲查办清官杨名时引来的是云南人民的舆论讨伐，以至于朱纲在云南待不下去了。③查办杨名时的结果不仅证明了杨名时的清廉，而且证明了公件银两制度的实行不仅不违背雍正一朝的政策，而且是减轻云南百姓负担的惠民之举，因而受到百姓的欢迎和拥戴。

从雍正帝对公件改革的态度来看，清代对待耗羡、加耗、陋规等吏治问题并非严格按照律例办事，而更着重于考虑地方实情和具体的统治需要。公件银两是具有"并非火耗""与私派无异"嫌疑的耗外之耗，是加征。但由于公件银两的酌定，与以往"官派一分，衙役数倍之，地方乡保又数倍之，群蠹分肥，每年私派不下三四十万"的情形相比，是一种减耗之举，云南百姓的负担"比之从前，颇为轻减"。④"在有田之百姓，因向有隐射，或侵占无粮之田，亦乐于完纳。数年以来，百姓安之，已视同正额"。⑤此外，公件银两制度的制定也是为了禁革私征滥派和陋规，对吏治整顿是有益的。再者，云南田赋有限，耗羡极少，光凭耗羡难以支付官员养廉和云南地方公务经费，因此需要有额外的收入作为补充，高其倬、鄂

① 《云南巡抚朱纲参奏杨名时禁派公件专擅沽名折》（雍正五年十一月二十日），《雍正朝汉文朱批奏折汇编》第11册，第63页。
② 《云南巡抚朱纲奏谢上谕嘉奖折》（雍正六年三月十二日），《雍正朝汉文朱批奏折汇编》第11册，第895页。
③ 《云贵总督鄂尔泰奏覆：为杨名时所愚缘由并舒愚悃折》（雍正六年二月初八日），《雍正朝汉文朱批奏折汇编》第11册，第859页。
④ 《云贵总督臣高其倬谨奏：为奏闻清查裁禁云南公件事》（雍正元年九月二十日），《雍正朝汉文朱批奏折汇编》第2册，第1页。
⑤ 《云南总督鄂尔泰奏覆酌匀公件、耗羡情由折》（雍正六年六月十二日），《雍正朝汉文朱批奏折汇编》第12册，第663页。

尔泰都清楚地作了解释，高其倬在酌定州县公件时说："此内惟有钱粮甚少之州县，火耗甚微，又无别项出息，用度实属不足。不得不仰恳圣恩，于详加裁减之中斟酌量留，以为养廉之资。"①"各属条粮、秋粮、火耗，除起解司道二库平奏款费之外，余剩无几，而衙役工食等项原无额设，俱系自给，故从前各府、州、县薪水日用以及夫马并一切公事，俱派民间办应……若将此公件银两概行革除，滇省火耗无几，各项公事难以应办，转恐不肖有司复开私派之渐。若照旧听其自收自用，弊端百出，实无以善后。"②总之，公件银两制度既符合减耗、革除私征、整饬吏治的雍正改革需求，也符合轻徭薄赋的封建王朝统治理念，更是为筹措云南地方行政公务经费的现实需要，得到雍正朝及以后各代的许可和承认也是理所当然之事了。

杨名时创办公件银两后，从雍正之初的默许，经鄂尔泰酌定为制度，到乾隆十三年（1748）正式编订《公件章程》，③以法律的形式将公件制度固定下来。公件银两归公与雍正朝创立的耗羡归公制度并行不悖，甚至可以说是同出一辙。

在实行七年之后，虽然杨名时发起的公件银两归公制度化改革因雍正帝对杨名时的偏见曾被斥为"沽名钓誉之举"，④但杨名时启动于康熙六十年的改革内容、形式和内涵都未曾因雍正帝的偏见而被革除或更改，而是纳入了雍正耗羡归公、养廉银制度改革的体系，并一直沿用至清末。在此意义上，公件银两的制度化是一次成功的改革。康雍之际，整饬吏治、革除陋规、耗羡归公、养廉银制度推行等一系列重大财政改革以"公件银两"为名发端于云南，并为雍正朝实行耗羡归公等一系列财税改革和吏治整顿提供了某些启示和经验。

（作者单位：丽江师范高等专科学校）

① 《云贵总督臣高其倬谨奏：为奏闻清查裁禁云南公件事》（雍正元年九月二十日），《雍正朝汉文朱批奏折汇编》第 2 册，第 1 页。
② 《云南总督鄂尔泰奏覆酌匀公件、耗羡情由折》（雍正六年六月十二日），《雍正朝汉文朱批奏折汇编》第 12 册，第 663 页。
③ 《清高宗实录》卷 413，乾隆十七年四月庚申。
④ 《云贵总督臣鄂尔泰谨奏：为奏明酌均公件耗羡，以昭画一事》（雍正五年十月初八日），《雍正朝汉文朱批奏折汇编》第 10 册，第 780 页。

清代贵州的"汉奸"问题与清政府的应对

黄 梅

摘 要: 自雍正朝起,"汉奸"成为清政府认定的导致贵州苗疆变乱的首要因素。"汉奸"充当苗人叛乱的策划者、诈取苗民钱财和侵占苗民田地、参与苗民起事,极大地危害了贵州苗疆的安定。清政府颁行了一系列解决"汉奸"问题的措施,直接措施包括严惩汉奸,将稽查汉奸列入官员考成,颁行保护苗民田地的条例;间接措施包括防止官兵欺压苗民、发展教育,实行民、苗隔离等内容。但土地产权和保甲等重要政策的缺失,以及夸大"汉奸"危害等缺陷,限制了清政府"汉奸"治策的成效。

关键词: 清代 贵州 汉奸 危害 治理

贵州地区的"汉奸"问题在明代已开始显现。在平定水西土司叛乱后,兵部尚书杨嗣昌指出土司叛乱的原因之一为"汉奸"挑唆:"遐荒万里,未沾圣化,易动难静,自其恒态,而又有汉奸拨之,则鹿骇豕突,便难为端。"① 这里所称之"汉奸"指的是在土司政权中担任幕僚,为土司反叛出谋划策的外来汉人。明政府虽然看到这一问题,但却无力对贵州地区的"汉奸"危害予以解决。

清顺治和康熙两朝为了实现统一全国和恢复社会经济的任务,对贵州的土司和苗民实行以抚为主的政策。在清政府与土司和苗人的直接对抗较少的情况下,清朝皇帝对外来汉人教唆土司和苗民不法之事也相应关注较少,官方也未使用"汉奸"一词称呼教唆苗民的不法汉人。随着政权的稳

---

① 本文为国家社科基金 2012 年度重大招标项目"中国土司制度资料编纂整理与研究(12&ZD135)的阶段性成果。杨嗣昌:《酌采小西善后疏》,《续修四库全书》集部·别集,第 1372 卷。

固和国家实力的增强，雍正朝在贵州进行了大规模开辟苗疆的军事行动，将数十万处于"化外"的生苗纳入"王化"。清政府开辟苗疆的举动遭到了苗民的激烈反抗。对于西南地区的苗民，清朝皇帝和地方督抚多认为其愚昧无知，不具有与清政府对抗的知识和能力。清朝皇帝和边疆大吏将苗民反抗清政府的原因归于汉人奸民的教唆，"汉奸"一词在清雍正朝开始被官方大量使用，汉奸也成为统治者认定的导致贵州苗疆动乱的主要因素。

开辟苗疆改变了当地的民族构成和社会治理格局，苗疆地区出现了新的社会矛盾，这就是"汉奸"危害的出现。改土归流和开辟苗疆为外来移民大量进入创造了条件，加之清政府在新辟苗疆大量安设屯军，贵州苗疆的民族构成逐渐由此前的苗多汉少转变为汉多苗少。移民进入导致的资源短缺、外来民人对苗人的欺凌及官兵对苗民的压迫成为苗疆的主要社会矛盾。不法汉民利用苗民商品交换知识缺乏和对国家律法认识较少之机，侵占苗民田地和财产，极大地威胁了苗民的生计，成为清政府重点打击的"汉奸"。苗民为争取生存条件的斗争使得苗疆变乱不息，"汉奸"成为清朝统治者眼中影响苗疆安定的主要因素。

一　"汉奸"的危害

清朝皇帝和地方官员对"汉奸"深恶痛绝，力陈其恶行。如雍正帝指出："朕思苗猓本属蠢然无知，其肆恶抗横、扰害地方之处，俱系汉奸从中勾引。"① 鄂尔泰奏称："边境逞凶，莫如顽苗，而顽苗肆恶，专仗汉奸。"② 贵州巡抚方世俊也指出："苗人生性愚蠢，非有汉奸引诱决不敢滋生事端。"③ 嘉庆帝亦称："夷民滋事，总由汉奸多方盘剥，并从中簸弄。"④ 道光帝更是多次指出，历来夷民起衅，"大率皆汉奸盘剥教唆，书

---

① 《云贵、广西总督鄂尔泰谨奏：为报明剿抚阿驴，夷蛮已靖，现在撤师回汛事》（雍正七年正月二十五日），张书才主编《雍正朝汉文朱批奏折汇编》第十四辑，江苏古籍出版社，1989，第 441～443 页。

② 《云贵总督臣鄂尔泰谨奏：为覆奏事》（雍正五年正月二十五日），《雍正朝汉文朱批奏折汇编》第八辑，第 923～925 页。

③ 《清高宗实录》卷 706，乾隆三十一年五月辛巳。

④ 《清仁宗实录》卷 353，嘉庆二十四年正月乙卯。

吏勒收苛索所致"。① 从以上表述可见,"汉奸"的危害主要体现在教唆、参与苗民变乱和盘剥苗民三个方面。

(一) 充当苗人叛乱的策划者和教唆者

在雍正朝开辟苗疆的过程中,众多策划苗民反抗清政府行动的汉人被定为"汉奸"。雍正帝和地方督抚均认为苗民不断反抗的主要原因在于汉奸的教唆。

在清政府开辟贵州苗疆的过程中,常年往返于苗疆和内地从事人口贩卖的贩棍为保证其继续非法获利,教唆苗民抵抗清军,成为鄂尔泰首先关注和打击的"汉奸"。鄂尔泰曾言"黔省大害,阳恶莫甚于苗猓,阴恶莫甚于汉奸川贩。盖夷人愚蠢,虽性好劫掠,而于内地之事不能熟悉。权谋巧诈,非其所有,惟一等汉奸潜往野寨,互相依附,向导引诱,指使横行,始则以百姓为利,劫杀捆掳,以便其私,继复以苗猓为利,佯首阴庇,以估其财。是虐百姓者苗猓,而助苗猓者汉奸,虐苗猓者亦汉奸也",② 明确指出了汉奸欺压苗民和教唆苗匪不法行为的双重恶行。在长寨苗民阻碍清军修建营房的事件中,鄂尔泰在审讯相关人犯后指出,"大抵抗拒建营之罪始于川贩,成于仲苗,而拨制于汉奸",③ 强调了"汉奸"在这一事件中的主使作用。

在平定贵州丹江、古州和八万等处苗民反抗斗争的过程中,湖广总督迈柱提出苗蛮"性愚而野",所以难以征服的原因在于"因有汉奸六七十人在内,教令狡狯负固",只有"大加剿戮"后才能再议招抚。而且各寨汉奸不在招抚之列,只有将汉奸"穷究擒获",方"足以净根株而永除后患矣"。④

雍正七年(1729),贵州清水江公鹅寨、柳利寨和鸡摆尾大寨等寨苗

---

① 《清宣宗实录》卷187,道光十一年四月辛卯。
② 《管云贵总督事鄂尔泰奏报缉拿汉奸暨四川人贩情形折》(雍正四年八月初六日),《雍正朝汉文朱批奏折》第七辑,第835页。
③ 《云贵总督鄂尔泰奏报审讯抗阻官兵建营仲苗暨川贩汉奸情由折》(雍正四年十二月二十一日),《雍正朝汉文朱批奏折》第八辑,第699~700页。
④ 《迈柱奏各寨汉奸务令穷究以净根株折》(雍正六年十二月初二),《朱批谕旨》,中国第一历史档案馆、中国人民大学清史研究所、贵州省档案馆合编《清代前期苗民起义档案史料汇编》上册,光明报出版社,1987,第30页。

民联合起事，被官兵重创。苗寨头人赴军营投诚，供称："苗寨等原割了木刻，要来投降"，只因汉奸曾文登挑唆说"你们不要去见，不要上粮，若今年上一两，明年就要上十两，还要丈田当差。所以听了他的话，被他误了"。在听了鄂尔泰关于开辟苗疆是为了开通清水江河道，方便商贾往来，使苗民受益的劝告后，苗民"始知自古汉兵不渡河，孔明曾立石为信之说"皆是汉奸编造。丹江松绕大寨苗民也"因有汉奸老杨、老许以鬼师之说煽惑愚苗，复萌叛念"。苗民在汉奸的教唆下将前往开导的头人阿豹杀害，并聚众攻击清军营地。①

在雍正十三年爆发的雍乾苗变中，湖广总督迈柱再次指出汉奸是苗变的主使者："历来苗人滋事，不过抢劫民村，拒敌官兵而止。今则汉奸、熟苗假装僧道、算命、打卦、师巫、乞丐等类，潜入各地方，打听虚实，指引路径，放火为号，从中指挥调度，攻陷城垣，抢劫仓库，占踞要路，阻塞要路，阻塞驿站等事，无所不至。"② 因此，苗变难以平息的主要原因在于汉奸的指挥和出谋划策。

（二）诈取苗民钱财和侵占苗民田地

自乾隆朝起，"汉奸"与苗民的关系发生了重要变化，由以合作为主变为对立为主。"汉奸"通过各种手段骗取苗民财产和侵占苗民田地，成为苗民滋事的主要根源。

开辟苗疆后，大量奸民违法潜入，通过售卖符咒和挖窖寻财等形式骗取苗民银钱。因苗民本就倾信"书符念咒"和"卜卦降神"之说，在多次起事被清政府重创后，更希图利用符咒等方法为"自卫之计"，因而"崇奉愈笃"。一些"负罪潜逃"或"穷极无赖"的本地和外来"汉奸"以贸易为名潜入苗寨，利用苗民笃信符咒之说的心理，编造"无影妖言"哄骗苗民"银钱酒食"，甚至煽惑滋事。③ "汉奸"也在苗民中散布其寻知古窖

---

① 《鄂尔泰奏公鹅等苗寨俱已就抚折》（雍正七年六月十八日），《朱批谕旨》，《清代前期苗民起义档案史料汇编》上册，第39页。

② 《迈柱奏近日黔苗情形折》（雍正十三年七月二十九日），《朱批奏折》，《清代前期苗民起义档案史料汇编》上册，第91页。

③ 《那苏图奏陈治理苗疆之道折》（乾隆六年五月十六日），《朱批奏折》，《清代前期苗民起义档案史料汇编》中册，第40页。

的谣言，哄骗苗民拿出银钱作挖窖之用。贵州总督张广泗奏称："近年黔、楚、粤西叛苗各案，多由汉奸假托妖言煽惑。"① 云贵总督张允随也多次奏报贵州苗民叛复不常，"率由不法汉奸动以书符、挖窖为名肆行煽诱，愚苗易惑难晓，遂致滋生事端"。②

汉民大量进入苗疆租种田地，其中多有奸民通过酒食引诱，进而发放高利贷的方式侵占苗民土地。云贵总督张允随奏报，川、黔、粤各省流民"赴滇、黔租种苗人田地，与之贸易，诱以酒食衣锦，俾入不敷出，乃重利借与银两，将田典质，继而加价作抵，而苗人所与佃种之地，悉归客民、流民。至土司遇有互争案件，客民为之包揽词讼，借贷银两，皆以田土抵债"。③

雍乾苗变中，苗民被大量屠杀、安插外地或变卖为奴。各寨苗民"有十有去其二三者，有十有去其五六，并有十去其八九者"。为了将苗民堵御在苗疆，清政府在苗疆安插屯军，没收"绝苗"分配给屯丁，幸存的苗民只分得山头地角的贫瘠土地赖以谋生。人口的增长加剧了其与土地有限的矛盾，再加上"汉奸"的盘剥，苗民已无法维持生计。为了从客民手中夺回田地，贵州在乾隆六十年（1795）爆发了大规模的苗变。参与起事的苗人首领所供滋事原因，均为土地被民人盘剥，生计无依而被迫反抗。起事首领石柳邓之侄石老唐在被擒后供称："因苗子地方多被汉人占去耕种，心里不服，是以纠约起事。"④ 嘉庆元年（1796）六月，起义首领之一石三保被擒，供认："小的们苗子都是穷苦的，如小的同吴陇登、吴八月们就算是有饭吃的，也没有什么银钱。苗子的土地都不完钱粮，也不当什么差使，地方官如何克剥呢？实在为的是客家们渐渐把田地诓买去了，这是大家心里不服的，所以小的们前年起义造反，就借抢回田地为名。"⑤ 起事首

---

① 《清高宗实录》卷141，乾隆六年四月癸亥。

② 《云贵总督臣张允随谨奏：为恭谢天恩事》（乾隆十二年四月二十日），《宫中档乾隆朝奏折》，台北故宫博物院编，1982。

③ 《署云南总督云南巡抚臣张允随谨奏：为奏明事》（乾隆七年二月十七日），《宫中档乾隆朝奏折》。

④ 《谕福康安等于事定后严查客民扰累苗民诸情》（乾隆六十年闰二月十八日），《上谕档》，《清代前期苗民起义档案史料汇编》中册，第322页。

⑤ 《军机大臣奏提审吴天半讯问石三保所供情节是否属实片》（嘉庆元年六月初四日），《苗民起义档》，《清代前期苗民起义档案史料汇编》下册，第230页。

领吴半月之子吴廷义供称："向来各寨峒田地，都是不纳钱粮，也不派差使的，皇上恩典，待我们实与平民无异。只因苗子一年多一年，田亩不够耕种养活，又被客民盘算穷苦，所以发起癫来，焚抢客民。"①

雍乾苗变后，"汉奸"侵占苗民财产的行为仍在继续，甚至恶化。道光年间，贵州兴义苗民因"汉奸盘剥"而"生计日益不支"。②"汉奸"的重利盘剥加上官吏的残酷勒索，使得苗民无法存活，以致在咸丰年间再次爆发大规模的苗乱。参与平定苗变的徐家干记录了汉奸盘剥苗民的恶劣行为："苗疆向有汉奸，往往乘机盘剥。凡遇青黄不接之时，则以己所有者贷之，如借谷一石，议限秋收归还则二石、三石不等，名曰断头谷。借钱借米亦皆准此折算。甚有一酒一食积至多时，变抵田产数十百金者。"③

（三）参与和追随苗民起事

在乾嘉苗变中，"汉奸"的作用发生了重要变化。他们不再是苗变的主使者，而是跟随和听从苗人指挥，乃至被逼参与者。

汉奸或跟随苗人放火抢劫，或听从苗人指使，混入军队和城内为其打探消息。乾隆六十年二月，兵役和乡勇在贵州松桃厅"拿获汉奸杨兴农、张胜禄二人"，经严刑审讯，两犯供认了跟"从石柳邓在楚黔连界各村寨放火"的罪行。同年闰二月，官兵又在贵州思南府"拿获汉奸唐士益、张宗才、田仁达、许路保等四名"，知府袁纯德令"严讯办理"，④ 该四名"汉奸"供认了其"从贼烧抢，戕害居民"的罪行。⑤ 乾隆六十年闰二月，黔、楚两省的苗人窜入四川秀山县等地"焚掠边界村庄"，"秀山县知县路云瞻及署将何元卿等，带领兵役，在各隘口盘获苗匪、汉奸二十七名"。四川总督孙士毅赴秀山后又查出"假充难民之奸细五名，统计共有七十一名口"，"或随同焚抢，自一、二次至四、五次不等，或先后入伙，差探虚

---

① 《军机大臣奏审鞫吴廷义等片》（嘉庆二年二月十七日），《苗民起义档》，《清代前期苗民起义档案史料汇编》下册，第410页。
② 《清宣宗实录》卷106，道光六年九月丙午。
③ （清）徐家干：《苗疆闻见录》，光绪四年刻本。
④ 《冯光熊奏松桃等城防守无虞折》（乾隆六十年二月三十日），《军机处录副奏折》，《清代前期苗民起义档案史料汇编》中册，第252页。
⑤ 《冯光熊奏将汉民唐士益等斩首枭示片》（乾隆六十年闰二月二十三日），《军机处录副奏折》，《清代前期苗民起义档案史料汇编》中册，第252页。

实，旋被官兵盘获，非系汉奸，即属苗匪"。

因贪图利益或为逃避罪行，少数贵州民人和一些流寓的外省民人也主动参与了苗人起事。乾隆六十年，清军在贵州高村拿获"汉奸"邹老三。邹老三供称其跟随龙五爷投顺贵州苗人，先"烧箭塘"，"引路放火烧镇箪城外房子，与官兵打仗"，继而"烧白岩、龙里桥一带"，又在"杀牛坪附近山村放火"。因攻打镇箪城受阻，邹老三听从苗首吴珑登的指示，"到高村探听路径，若无官兵，就来高村放火"，苗人即趁官兵出城救援之机攻占镇箪，事成后予其总爷之职。因高村无法下手，邹老三又"转到登云寨放火"，① 在高村被拿获。乾隆六十年六月，广西怀远县把总莫继仁在稽查边界时拿获"汉奸"郑善。郑善供称其"平日与县民黄文忠、王文瑞、黄连升、黄连奎等伙同诱赌偷窃，经县访拿，正在无处逃匿"，因有熟识的苗人邀黄文忠等入伙，许诺"将来分给田地房产"，"既可安身，又可得财物"。郑善遂与黄文忠、王文瑞、黄连升、黄连奎、李槐、陈启元、陈启科、白七、廖泳受、廖高水、段胡子、许开祥、许占祥、刘占梅、张占惠、徐学、李诰、龚和等二十人"在九麻营同见石兴保，一同吃血"。二十人跟随苗人先在"鸭保寨放火掳掠"，后又围攻乾州城，抢劫"城外铺户居民"，"同兵民打仗两次"，在进入乾州城后，"一面焚烧，一面杀抢"，出城后又"到各处烧抢"，退至镇箪，"仍旧焚抢各处村庄"。②

因苗首石柳邓"声言各寨苗民，如有将苗疆种地之汉人房舍烧毁者，即以其地分给。如汉人内有肯从入伙者，方免杀害"，③ 定居在苗寨的汉人也主动或被迫参与了苗人起事。四川总兵袁国璜于嘉庆元年在隆团的"营卡附近盘获杨正纹、张吉、张其生三名，讯系汉奸，久住苗寨。现因探听官兵信息，伪充乡勇潜来"。④ 苗民首领吴半生被擒后也供称："小的们起事后，在小的寨里的共有汉人五十余人，有王姓、张姓、吴姓，小的实不

① 《陇久生等供词笔录》（乾隆六十年闰二月二十三日），《军机处录副奏折》，《清代前期苗民起义档案史料汇编》中册，第 337 页。
② 《成林奏盘获随同起事之汉民郑善折》（乾隆六十年六月初六日批），《军机处录副奏折》，《清代前期苗民起义档案史料汇编》中册，第 549 页。
③ 《孙士毅奏拿获苗首石老唐等人折》（乾隆六十年闰二月十八日），《军机处录副奏折》，《清代前期苗民起义档案史料汇编》中册，第 312 页。
④ 《福康安奏隆团一带防堵情形片》（嘉庆元年四月十一日批），《军机处录副奏折》，《清代前期苗民起义档案史料汇编》下册，第 201 页。

记得他们的名字。这张老方或者见面认识，此时实不能记忆。至那五十余名汉人，他们入伙后，也有留在寨里的，也有送回到铜仁一带他们旧住地方的。"①

二　清政府对"汉奸"的治策

"汉奸"的查禁与边疆的稳定密切相关，清朝统治者在对"汉奸"危害深入分析的基础上，充分挖掘了"汉奸"在边疆地区从事各种非法活动的社会根源，从直接根除和清除根源两方面制定了一系列预防"汉奸"产生和惩治"汉奸"作恶的措施。

（一）直接措施

为了根除"汉奸"，清政府采取了严惩、严查和限制苗民之间的田土交易等一系列直接针对"汉奸"的措施。

1. 严惩"汉奸"

因为清政府认为汉奸危害极大，所以历代统治者对拿获的"汉奸"，特别是从逆不法者均处于重刑。

雍正四年的长寨苗民阻建营房案内有川棍李奇、杨世臣、汪子谦、贵州武举厉绍远和州役黄应甲，鄂尔泰认为以上5人均为"汉奸"，系"凶苗主谋"，将其全部依法处决。② 在贵州嗅脑拿获的"汉奸"刘得农在审讯后被"正法枭示"。③

脔割和寸磔即清代凌迟酷刑，清政府对乾嘉苗变中拿获的"汉奸"头目多处于此类极刑。王秀民、龙济民二人与"逆苗商谋不法，情殊可恶"，乾隆帝认为"二犯寸磔不足蔽辜"，并要求"务须擒拿解京正法，以昭炯戒"。④ "汉奸"杨老陇"系吴八月助逆之犯，曾与吴八月写发传帖，邀集

---

① 《军机大臣奏提讯吴半生片》（嘉庆二年正月二十一日），《苗民起义档》，《清代前期苗民起义档案史料汇编》下册，第394页。
② 《云贵广西总督臣鄂尔泰谨奏：为奏明事》（雍正七年正月二十五日），《雍正朝汉文朱批奏折汇编》第十四辑，第448页。
③ 《福康安奏嗅脑战况及攻占石城木栅等情折》（乾隆六十年闰二月二十三日），《军机处录副奏折》，《清代前期苗民起义档案史料汇编》中册，第334页。
④ 《谕福康安等将何时会合直趋楚境速奏》（乾隆六十年闰二月二十日），《上谕档》，《清代前期苗民起义档案史料汇编》中册，第327页。

众苗",被定为"紧要贼目",经"质讯明确"后被"脔割示众"。① "汉奸"李瑾珍和张洪进因"研讯供极狡猾",被"立即寸磔枭示"。②

有时寸磔仍不足以平息清朝皇帝对"汉奸"的痛恨,乾隆帝曾下令"凡属从逆汉奸,不论原籍寄居地方,如有该犯等应行缘坐家属,俱当查明严办,以昭炯戒",③通过连坐之刑震慑"汉奸"。"汉奸"田应乔因"曾受吴廷礼伪封职官",经"讯明之后,即于军前寸磔枭示"。④ 乾隆帝认为"此汉奸现与苗匪勾结滋事,实属可恶。尤非苗匪可比,其家属必当严查,缘坐示惩"。⑤

2. 将稽查和捉拿"汉奸"列入官员考成

雍正五年,鄂尔泰奏请将拿禁汉奸列入对官吏的考成中,并制定了能提高官员捉拿汉奸积极性的考成办法:"嗣后凡有擒获川贩汉奸,审明实有通同苗夷劫杀案件,每擒获一起,即加纪录一次,一切劫杀等事俱不得外结。有能告首川贩汉奸情实罪当者,其应加纪录之官,每获一人,赏出首人银五两,但不得挟仇射利,如虚,反坐。将不待三年,而川贩汉奸或可绝迹矣。"此考成之法获得雍正"甚合情理"的赞许。⑥

雍正朝的考成办法侧重于对有功官员的奖励,清政府在乾隆年间又制定了一系列处分失职官员的规定和律例。乾隆十四年五月,兵部议定了对失职而致使"汉奸"进入土司辖区官员的惩处规定:"汉奸潜入土蛮地方,文武各官如失察者,该管官降一级调用,该管上司罚俸一年。徇纵者,该管官革职,失察之上司降一级调用,兼辖之上司降一级留任,统辖之上司罚俸一年。"⑦乾隆二十七年,吏部又批准了贵州巡抚乔光烈将汉奸送回原

---

① 《清仁宗实录》卷328,嘉庆二十二年三月己未。

② 《福康安等奏进剿土空各苗寨及迅翦永绥城围折》(乾隆六十年三月二十八日),《军机处录副奏折》,《清代前期苗民起义档案史料汇编》中册,第458页。

③ 《谕福康安当奋勇进攻速将石柳邓等擒获》(乾隆六十年三月二十八日),《上谕档》,《清代前期苗民起义档案史料汇编》中册,第465页。

④ 《和琳奏官兵夺险深入渐近平陇折》(嘉庆元年八月十二日批),《钦定平苗纪略》卷三十一,《清代前期苗民起义档案史料汇编》下册,第251页。

⑤ 《谕和琳当专心办理湖南军务不必急赴湖北》(嘉庆元年八月十二日),《上谕档》,《清代前期苗民起义档案史料汇编》下册,第280页。

⑥ 《云贵总督臣鄂尔泰谨奏:为覆奏事》(雍正五年正月二十五日),《雍正朝汉文朱批奏折汇编》第八辑,第923~925页。

⑦ 《清高宗实录》卷363,乾隆十五年四月庚子。

籍的奏议，提出"嗣后黔省拿获汉奸应徒罪枷杖者递回原籍，通饬各属备案"。同时要求贵州和原籍地官员同时加强对被遣汉奸的管理，规定被遣回者"如私逃入黔，将本犯及窝留之人从重究拟，原籍、黔省失察各地方官照私逃入川之例议处"。①

3. 颁行保护苗民田地的条例

苗疆生产方式单一，田地是苗民维持生计的基本生产资料。为了维持苗民的生计，清政府通过禁止汉民典买苗地，划清民、苗地界和禁止民、苗之间的钱债交易等措施来保护苗民的土地所有权。

乾隆十五年，云贵总督张允随请准禁止汉人在新辟苗疆购置田产："其归化未久与新疆一带各苗寨，令地方官稽查，不得听汉人置产，亦不许潜处其地。"② 但这一政策并未得到严格执行，乾嘉苗变后，鄂辉和冯光熊在苗疆善后事宜中再次提出禁止汉民典买夷地。清政府遂令地方官和苗弁逐寨清查田地，"除年代久远无人取赎之田，仍令汉民照旧管业外，其有近年田产，无论杜绝典买，即系冒禁私售，勒令苗民取赎"。同时规定："自此番查办之后，申明例禁，汉民永远不许典买苗田，苗人亦不得承买民地。倘有违犯，一经查出，即将田地给还原主，追价入官，仍从重治以应得之罪。"③《钦定户部则例》中也明确记载了禁止民、苗田地交易的规定："贵州省汉苗呈控典卖田土事件，该地方官查其卖业年分（份）远近，是否盘剥折，责秉公定断，仍查禁汉、苗不许交易田产，倘有汉民再行引诱侵欺，一经告发，田地还给苗人，追价入官并治以应得之罪，查禁不力之地方官严参究办。"④《大清律例》也规定了对强占苗田的汉民的惩处律法："黔省汉民如有强占苗人田产致令失业酿命之案，俱照棍徒扰害例问拟，其未经酿命者仍照常例科断。"⑤

乾隆帝认为划清民、苗地界是杜绝争端的前题，明确提出"今欲杜争竞之端，惟先严汉苗之界"。并下令苗变平息后逐一清查民、苗田产，客

---

① 《清高宗实录》卷669，乾隆二十七年八月己未。
② 《清高宗实录》卷363，乾隆十五年四月庚子。
③ 《鄂辉等奏苗疆善后事宜折》（嘉庆二年三月二十三日），《钦定平苗纪略》卷五十二，《清代前期苗民起义档案史料汇编》下册，第428页。
④ 《钦定户部则例》卷四《户口》。
⑤ （乾隆）官修《大清律例·律93·盗卖田宅》，嘉庆间殿本。

民田地如"本系民产，仍归民种"，如"本系苗产，为客民所占，竟给良苗耕种，以清界址，而杜后患"；"黔省正大、松桃、嗅脑等处，本属民苗杂处，其原系民村，亦准汉民复业"；苗寨内被汉人侵占的"插花地亩"，酌量赏给降苗耕种。①

因民、苗之间的借贷经常以田地抵债，清政府下令禁止民、苗之间借贷及货物交易以田地抵债，并规定了借贷利息的上限，要求"苗寨内外及肩挑贸易开店客民，将钱米货物借给苗民，止许取利三分，如有重利盘剥准折田土子女者，将田土子女给还苗民，钱债追给入官。放债之客民仍照盘剥准折例加等治罪，家口驱逐出境"。②

（二）间接措施

在严惩"汉奸"的基础上，清朝统治者深入分析了"汉奸"之所以能进行挑唆或欺压苗夷民众的原因，从严格吏治、民苗隔离和发展教育等方面制定了预防、根除"汉奸"危害的相关措施。

1. 禁止官吏兵役欺压苗民的行为

官吏的摊派和兵役的滋扰使苗众的生存受到严重威胁，给了"汉奸"教唆苗民的机会。因而清朝皇帝和地方官员均认为如果能"尽去摊派之习，严禁兵役之扰，则苗人得安耕凿之业，自不改其愿朴之素。上下之情，欢忻交通，虽有汉奸，无由煽惑"。③

针对兵役和吏目借公事滋扰苗民的弊病，乾隆帝通过"苗事照苗例完结"和"免除苗人税赋"二项措施，禁止兵役和胥吏进入苗寨滋事。如在陈时夏有关治理苗疆的奏折中批示：嗣后"苗众一切之事，俱照苗例完结，文武官弁无得生事滋扰"。④针对古州等地"从前所定粮额本属至轻至微，不过略表其向化输租之意"，乾隆帝指出，"苗人纳粮一事正额虽少，

① 《和琳奏陈酌拟苗疆紧要善后章程折》（嘉庆元年七月二十六日批），《军机处录副奏折》，《清代前期苗民起义档案史料汇编》下册，第260页。
② 《钦定户部则例》卷四《户口》。
③ 《孙嘉淦奏陈抚绥苗瑶之法以靖边围折》（乾隆七年五月十一日），《军机处录副奏折》，《清代前期苗民起义档案史料汇编》中册，第94页。
④ 《陈时夏奏陈治理苗疆事务折》（乾隆元年八月初一日），《朱批奏折》，《清代前期苗民起义档案史料汇编》上册，第185页。

而征之于官、收之于吏，其间经手重垒，恐繁杂之费，或转多于正额亦未可知。惟有将正赋悉行豁除，使苗民与胥吏终岁无交涉之处，则彼此各安本分，虽欲生事滋扰，其衅无由"，遂下令"将古州等处新设钱粮。尽行豁免。永不征收"。①

清政府还通过以夷治夷的策略，力求减少汉官与苗民接触的机会，规定：苗疆地区缉拿凶犯，禁止府、州、县直接派官差进入苗寨，应交由土司和土弁办理。云贵总督张允随到任后，"即通行严饬，凡遇缉逃查凶取结事件，各府厅州县不许滥差出票。俱交承办之土司、土舍及土目、土弁等勒限拿缴。或遇密拿要犯以及提审案件，慎选差役。票内注明协同该土司、土目等会拿字样，并按程定限回销"。②乾嘉苗变后，清政府在贵州苗疆设立苗弁，凡有苗寨地方的"地方官勾摄公事，皆当责令苗弁传唤，毋许差役前往，致滋扰累"，各府、厅、州、县"一概照此奉行"并按季查报，"倘有故违，官则立予严参，民则从重治罪"。③对于违例进入苗寨，欺凌苗人的书吏和民人，《大清律例》规定："凡附近番苗地方吏、民人等擅入苗境，藉差欺陵（凌），或强奸妇女，或抢劫财物，以及讹诈不遂，聚众凶殴杀死人命等案。将所犯查照定例，如原系斩决绞决之犯，审实具题，俟命下之日将该犯押赴犯事处所正法。其例应斩候绞候者，审系藉差欺陵（凌）等项，实在情重，应将监候改为立决，亦于题覆之日押赴原犯地方正法。至寻常案件，虽系民苗交涉，审无前项情节，仍照定例拟罪。至秋审时，有情实勾决之犯，亦于原犯苗地正法，仍将该犯从重治罪正法情由张挂告示，通行晓谕。该管官员有纵差骚扰激动番蛮者，仍援照引惹边衅例治罪，若止于失察，交部议处。"④

对在苗疆苛派苗民的官史，清政府制定律法处以重罪，规定："苗、蛮、黎、僮等僻处外地之人并改土归流地方，如该管官员有差遣兵役骚扰、逼勒、科派供应等弊，因而激动番蛮者，照引惹边衅例从重治罪。"⑤

---

① 《清高宗实录》卷22，乾隆元年七月辛丑。
② 《清高宗实录》卷363，乾隆十五年四月庚子。
③ 《鄂辉等奏苗疆善后事宜折》（嘉庆二年三月二十三日），《钦定平苗纪略》卷五十二，《清代前期苗民起义档案史料汇编》下册，第428页。
④ （乾隆）官修《大清律例·律273·恐吓取财》。
⑤ 光绪《大清会典事例》卷798《刑部卷七六·刑律贼盗20·白昼抢夺二》。

2. 发展教育

由于长期处于化外状态，苗民缺少对中央政府的认同，导致其容易在"汉奸"的教唆下做出对抗政府的举动，也缺乏通过国家法律等合法途径来维护自身利益的意识和能力。

为了实现苗疆的长治久安，清政府在苗疆所属州、县设立地方官学，同时大量兴办义学，教化苗童。清政府根据张广泗的建议，"立古州义学二，大小丹江、八寨、清江、旧施秉、安顺之摆贡、镇宁之威远汛各义学一，永丰、册享、罗斛亦各设义学一，令永丰教官董率"。①

在发展基础教育的同时，对于优秀的苗民学子，清政府在科举考试方面也给予特殊照顾，为其提供通过科举进入上层社会的机会，以增强苗民学子对清政府的认同。雍正十二年，贵州学政晏斯盛提出，"黎平府之古州，虽未设学，而苗民繁庶，颇知向学，请择其文理明顺者量取一二名，附入府学苗童之后，以示鼓励"。② 乾隆四年，清政府又议准："凡贵州归化未久之苗，有能读书附考者，即照加额取进。其归化虽经百年，近始知读书者，亦与归化未久之苗童报名应试，于加额内取进。"③ 地方官员对义学教育和科举取士可达到使夷人"薰沐教泽，愈知安分守法，土棍汉奸，末由欺诈"④ 的认识，充分展示了教育在安定边疆和根治"汉奸"中的重要作用。

3. 实行民、苗隔离政策

为了防止民、苗杂处产生的教唆和盘剥等导致苗乱的行为，清政府严格划定民、苗地界，禁止民、苗越界杂居。

规定民、苗地界，即实行所谓民人不入苗寨和苗人不入民地的政策。为此，雍正三年规定："凡湖广沿边苗民，俱以塘汛为界。民人责令有司详查，苗人责令游巡官员详查。民人无故擅入苗地，照私越冒度关津律，杖一百，徒三年。苗人无故擅入民地，亦照民律充徒。该管各官失于觉

---

① 刘显世、谷正伦修，任可澄、杨恩元编纂《贵州通志》，《学校志四·义学》，民国三十七年贵阳书局铅印本。

② 《清世宗实录》卷141，雍正十二年三月丙申。

③ 光绪《大清会典事例》卷380《礼部·学校·贵州学额》。

④ 《清高宗实录》卷137，乾隆六年二月乙丑。

察，照奸细出入境内不能查获例议处，该管上司亦照例议处。"① 此后又规定："民人无故擅入苗地及苗人无故擅入民地，均照越渡沿关边寨律治罪，失察各官议处。民人有往苗地贸易者，令开明所置货物并运往某司某寨贸易行户姓名，自限何日回籍，取具行户邻佑（右）保结报官给照，令塘汛验放，逾期不出，报明文武官弁严查究拟。"贵州汉、苗杂处地方贸易，客民只准居住民村，不得假宿苗寨，其地方官勾摄公事，责令苗弁传唤，毋许差役滋扰，违者严参究办。"②

在处理民、苗关系上，清朝统治者一直存在矛盾心理，既希望通过民、苗杂居加速实现对苗民的教化，又担心民人对苗民的欺凌和教唆而导致的变乱。因而民、苗隔离政策在实施过程中时松时紧，在苗疆安定时较为宽松，在发生变乱后则又得到较为严格的执行。

三 评价

清政府制定的"汉奸"治策针对性较强，在一定程度上起到了保护苗民利益的作用。但"汉奸"治理中一些重要措施的缺失，也导致了汉奸治理的长期性和困难性。

对于苗疆地区，清政府依据"治又相对不治"的思想，以稳定为首要目标，基本不改变其内部治理结构，实行较内地更为宽松的治理政策。而土地所有权法定认可和保甲制度的缺失，又为"汉奸"提供了生存空间。

在苗疆六厅，清政府任用有功头人负责田地在苗民内部的分配，而未建立国家法律保护下的土地产权制度。乾隆三年，鄂弥达奏请"择苗民之稍有知识者设立头人，约束其众。所有苗田尽其种植，即将来人口滋生，而现给头人之绝田仍属苗民同类，可以通融，是田地既有宽余，又无凌虐唆拨之虑"。③ 为了苗疆的安定，清政府同时免除了苗疆地区的赋税。而一些汉民则利用苗疆土地所有权制度上的缺失强占苗民田地，进而为了贪图赋税上的优惠而大量典买苗民田地，因而侵占苗民田地问题始终未能解决。

保甲制度是封建国家直接统治乡里一级基层组织的制度，承担着编查

---

① 光绪《大清会典事例》卷756《刑部五二·兵律关津一·私越冒度关津》。
② 《钦定户部则例》卷四《户口》。
③ 《清高宗实录》卷67，乾隆三年四月辛亥。

户口和稽查盗匪的职能。但清代保甲编查的对象主要是民人、熟苗和熟僮，而"番疆苗界"的户口则"向来不入编审"。^①乾隆四十一年，贵州巡抚裴宗锡提出，在苗疆分别汉、苗，清查户口以清厘"汉奸"。乾隆驳斥了裴宗锡建议，指出"苗性多疑，只应以镇静抚驭为主。伊等箐居崇处，滋息相安，素不知有造报户口之事，忽见地方有司逐户稽查，汉、苗悉登名册，必致猜惧惊惶，罔知所措。甚或吏胥、保长藉此扰累，致滋事端。于绥辑苗疆之道甚有关系，断不可行"。^②显然，保甲的缺失，更使"汉奸"有机可乘。

在"汉奸"治策的实施过程中，清政府更偏重稽查和严惩的直接措施，而对教育等间接措施不仅重视不够，甚至出现倒退的情况，影响了对"汉奸"问题的全面根治。

如设立义学并未能迅速实现清政府教化苗民的目标，雍正十三年，贵州苗疆再次发生大规模的苗乱。乾隆帝对苗疆设学的态度发生了重要转变，苗疆的教育政策由"化苗"转变为"愚苗"。乾隆帝提出："苗、蛮正宜使其不知书文，惟地方官防御不严，致汉奸窜入其地，教之生非，于是有戕其同类，侵及边境之举，今若更令诵习诗书，凿其智巧，是非教之使为汉奸乎。"^③地方督抚的办学政策也随之大为转变。乾隆十六年，贵州布政使温福奏请裁撤义学，提出"苗地遍立设学，并择内地社师训教。无知愚苗，开其智巧，必将奸诈百出。请密饬地方官，将'新疆'各社学之社师已满三年者，徐行裁汰，未满三年者，亦以训迪无成，渐次停撤"。^④清政府同时取消了对苗生的照顾政策，礼部议准："贵州各属苗民岁、科两试，仍与汉童一体合考，不必分立新童加额取进。"^⑤

清朝统治者对"汉奸"危害的夸大，也减弱了其"汉奸"治策的成效。统治者将苗民生存困难的原因归于"汉奸"盘剥，而忽视了安插屯军对苗疆田地的侵占，民、苗隔离政策导致的苗疆生产力水平低下和生产方式单一，都是引起苗民生存困难的重要因素。两广总督鄂弥达在乾隆三年

① 光绪《大清会典事例》卷147《户部六·户口四·编审》。
② 《清高宗实录》卷1011，乾隆四十一年六月丁卯。
③ 《清高宗实录》卷338，乾隆十四年四月辛卯。
④ 《清高宗实录》卷395，乾隆十六年七月己丑。
⑤ 光绪《大清会典事例》卷380《礼部·学校·贵州学额》。

即报奏了对安插屯军的忧虑，指出，"现在杀虏之余，苗民稀少，犹可支持生计。数年之后，生齿日繁，其相沿习俗，刀耕火种之外，非比内地民人别有营运，所赖从前地亩宽余，始获相生相养。迨后地少人多，不能仰事俯育，必致怨生，理势然也"。乾隆帝虽批示"此奏识见甚正，即朕意亦然"，① 但仍为稳定而维持设屯政策。在乾嘉苗变的善后措施中，嘉庆帝指出，"苗人向来不习耕种，皆藉内地民人教之树艺，自此民苗杂处交易，遂有盘剥苗人、侵占苗地之事"，② 下令严格执行民、苗隔离政策，无疑阻碍了苗民通过民、苗杂处学习生产技术的机会。忽视导致苗民生活困难的综合因素，而只以治理"汉奸"作为安定苗疆的主要措施，必然导致"汉奸"问题无法根治。

清代统治者继承了中国传统的"守中治边"和"守在四夷"的治边思想，在边疆地区主要实行羁縻治策，其重稳定、轻发展的思想使得清朝统治者不可能彻底根治汉奸问题。对于苗疆地区，清政府依据"治又相对不治"的思想进行较内地更为宽松的治理，不愿对其进行内地式的开发，基本不改变其内部治理结构。边疆地区社会经济、文化的发展和边疆民族文化水平的提高才是从根源上解决汉奸问题的对策，但清代统治者为追求边疆的稳定而推行的愚民政策和民、苗隔离政策使得汉奸问题无法从根本上得到解决。

鸦片战争爆发后，中国人的民族和国家观念空前增加，传统的"夷"由对边疆少数民族的称谓转为对外来侵略者的称谓。苗疆地区与内地同被视为清朝版图的一个组成部分，由此前的封禁和隔离开始转向与内地一体化的发展进程。贵州地方官员再次提出通过发展苗疆地区教育和"变苗为汉"等措施来解决贵州的"汉奸"问题。虽然这些措施未能得到有力实行，但也证明了清政府在治理"汉奸"问题上的重大转变。清政府解决苗疆"汉奸"问题的得失，对当下我国民族关系的处理也有一定的借鉴意义。

（作者单位：文山学院）

---

① 《清高宗实录》卷67，乾隆三年四月辛亥。
② 《姜晟等奏清厘民苗地界及奖赏出力官员折》（嘉庆五年七月二十九日），《朱折奏折》，《清代前期苗民起义档案史料汇编》下册，第461页。

改土归流后绿营兵的布设与职能研究

——以湖广土家族地区为例[*]

郗玉松

摘　要： 清代湖广土家族地区改土归流，土兵被裁撤，来自省内外的绿营兵进驻到湖广土家族地区，先后成立永顺协、施南协和永绥协，并在基层社会中设置汛塘。绿营兵的进驻，巩固了湖广土家族地区改土归流的成果，有利于民族经贸往来；推动了汉、土文化的互动与交融；维护了社会稳定。到 19 世纪初，绿营兵的战斗力衰退，土家族地区组织乡勇，维护地方社会稳定。从土司时期的土兵，到改土归流后的绿营兵，再到团练乡勇，反映了清代湖广土家族地区基层社会防务的变迁。

关键词： 改土归流　绿营兵　民族经贸　民族融合

从雍正七年（1729）到雍正十三年，湖广土家族地区桑植土司、保靖土司、永顺土司、容美土司等四大土司相继改土归流，众多小土司也随之改土归流。改土归流后，清廷裁撤土兵，在土家族地区派驻绿营兵，设立永顺、施南、永绥三协，并在土家族基层社会中设立汛塘。汛塘是绿营兵的基层组织，分布于场市、交通要道、关口等处，汛塘兵的主要职能为缉捕要案、防守驿道、护卫行人和稽查匪类等，从全国范围来看，汛塘兵大概占绿营兵的三分之一。改土归流后，土家族地区的汛塘兵占到了绿营兵的 60% 以上。改土归流后，湖广土家族基层社会中亟须清除土司势力的影响，维护社会稳定，为此，清廷在湖广土家族地区大量派驻绿营兵，特别重视汛塘兵的派驻。

---

* 基金项目：遵义师范学院博士科研启动基金资助项目"改土归流后湖广土家族社会重构研究"（BS〔2015〕17 号）。

湖广土家族地区绿营兵的进驻，巩固了改土归流的成果，有利于民族间经贸往来；驻防的绿营兵为汉族士兵，他们进驻到土家族地区后，与当地的居民通婚，推动了汉、土文化的交流与民族融合。绿营兵维护了基层社会的稳定，有利于土家族地区的长治久安。到19世纪初期，绿营兵的战斗力已经大大削弱。为维护地方社会稳定，清政府依靠地方士绅和保甲长组织团练乡勇，团练乡勇成为基层社会中的防卫力量。土家族地区基层社会的防卫力量，经历了从土司时期的土兵，到改土归流后的绿营兵，再到19世纪初期团练乡勇的演变。本文就此做一探讨。

一　土家族地区绿营兵分布情况

与传统观念中的"养兵千日、用兵一时"不同，改土归流后，湖广土家族地区的绿营兵所担负的主要任务并非作战，而是守御和弹压地方。从各府、县兵员的结构来看，战兵、马兵所占比例甚小，80%以上的绿营兵为汛塘兵和府、县城中的守兵。① 马兵、战兵、守兵和汛塘兵为绿营兵的等级，虽然战兵有时也负责防守，守兵也参与战斗，但其主要任务还是与其名称一致。永顺协和施南协各存兵1500余名，而汛塘兵达60%以上，再加上府、县城中的守兵，土家族地区的守兵和汛塘兵占绿营兵的比例在80%以上。永顺协、施南协汛塘分布如表1、表2所示。

表1　永顺协汛塘分布②

区域	汛塘	兵额
永顺县	永宁塘、金鱼潭塘、别些坡塘、虎视坪塘、勺哈塘、旁湖塘、牛栏溪塘、小井塘、树坪塘、捧夕岭塘、夹树坪塘、惹毛塘、喇集溪塘（水塘）	以上十三塘，安兵五十五名，系存城把总端防，外委把总协防
	王村汛（水汛）、凤滩汛（水汛）、博古坡塘、倚窝坪塘、小龙村塘、一碗水塘、田家峒塘、王家峝塘、南渭洲塘（水塘）、茅坪塘、水井塘、施溶溪塘（水塘）、桑木滩塘（水塘）	以上十三汛塘，安兵八十四名，系王村千总端汛，凤滩外委协防
	旦武营汛、土蛮坡汛、新寨塘、洗溪塘、山枣溪塘、龙鼻嘴塘	以上六汛塘，安兵七十名，系旦武营把总端汛，土蛮坡外委协防

---

① 见乾隆《永顺府志》卷6《兵制》；道光《施南府志》卷17《武备志·营制》等。
② 据乾隆《永顺府志》卷6《兵制》而作。

区域	汛塘	兵额
永顺县	榔溪旧司治汛、洗坝湖汛、岩门塘、颗砂塘、杉木村塘、万民岗塘、西喇塘、李家坪塘、细砂坝塘、储库坪塘、贺虎塘、龙爪关塘、麻阳坪塘	以上十三汛塘，安兵六十九名，系榔溪旧司治把总端汛，洗坝湖外委协防
保靖县	里耶汛（水汛）、龙马嘴塘（水塘）、誓溪河塘（水塘）、龙溪潭小江口塘（水塘）、扒母寨塘（水塘）、杉木树塘、马老胡塘、普戎塘、昂洞塘	以上九汛塘，安兵五十名，系存城千总端汛，里耶外委协防
	葫芦寨汛、格者乎塘、积谷庄塘、涂乍塘、鱼塘塘、大岩塘、乱岩溪塘、排若塘、白栖关塘、尧洞塘、巴惹塘	以上十一汛塘，安兵六十八名，系葫芦寨把总端汛
	古铜溪汛、西落汛、普溪塘（水塘）、新寨塘、依堵堵塘、清水江塘、桐油坪塘、宝洞河塘	以上八汛塘，安兵五十七名，系古铜溪把总端汛，西落外委协防
	夯沙汛、夯已汛、夯略家塘、两口塘、两河塘、夯不吾塘	以上六汛塘，安兵八十八名，系夯沙千总端汛，夯已外委协防
	苗防：排大方汛、鼻子寨汛、中坝塘、卡大让塘	以上四汛塘，安兵五十一名，系排大方把总端汛，鼻子寨外委协防
	苗防：格若汛、空平塘、阿课塘	以上三汛塘，安兵四十一名，系格若把总端汛

表 2　施南协汛塘分布①

驻防区域	军官	汛塘	兵额
施南协		共十八汛，一百三十塘	汛塘兵共九百一十六名
驻防施南府城	副将一员，都司一员，存城把总一员	下营坝汛、莲花池塘、沿长坡塘、鸡心垄塘、峦山子塘、黄草坡塘、罗针田塘、天桥塘、干溪屯塘、芭蕉塘、桅杆堡塘、天池塘	分防一汛十一塘，每塘兵皆五名
驻防建始县城	把总一员	石门汛（汛兵十二名）、龙溪河塘、河水坪塘、小坝塘、火风口塘、林阳口塘、景阳口塘、清江堡塘、柴陇村塘、红沙溪塘、茶寮塘、上坝铺塘、石白驿塘、蒲潭溪塘、核桃园塘、柴家荒塘、杨柳荒塘	分防一汛十六塘，每塘兵皆五名

---

①　据道光《施南府志》卷16《武备志》而作。

续表

驻防区域	军官	汛塘	兵额
驻防崔家坝汛	把总一员	施州塘汛（汛兵九名）、丫木峪塘、一桶水塘、南里渡塘、滚龙坝塘、三岔口塘、东绕塘、戎角塘、上寨沟塘	分防一汛八塘，每塘兵皆五名
驻防咸丰县城	守备一员、把总一员	梅家山塘、忠堡塘、梅子坪塘、十字路塘、土老坪塘、水车坪塘、张家坪塘、蛮王牌塘、杨峒塘、邢家村塘、头庄塘、地坝寨塘	分防十二塘、每塘兵皆五名
驻防宣恩县城	千总一员	东乡镇汛（汛兵八名）、椒园塘、倒峒塘、黄草坝塘、太坪坝塘、干沟塘、茅坝塘、刘家庄塘、细沙坝塘、杨二溪塘、杉木树塘、万寨村塘、蛾影塘	分防一汛十二塘每塘兵皆五名
驻防来凤县城	千总一员	凉水井汛（汛兵二十一名）、峡口寨塘、红岩堡塘、上寨村塘、东流司塘、散毛司塘、保靖寨塘、革勒车塘、漫水塘、界址沟塘	分防一汛九塘，每塘兵皆五名
驻防唐崖汛	把总一员	活龙坪汛（汛兵十八名）、马家池塘、桅杆坳塘、小水坪塘、七里槽塘、金峒塘、麻地坝塘、中界坡塘、两河口塘、大坝塘	分防一汛九塘，每塘兵皆五名
驻防忠峒汛	把总一员	高罗汛（汛兵十二名）、布袋溪塘、歇骡店塘、玛瑙湖塘、干坝塘、崖脚塘、经历寨塘、冉大河塘、木册塘、板寨塘、头道水塘	分防一汛十塘，每塘兵皆五名
驻防大旺汛	把总一员	纺车溪塘、梯子崖塘、卯洞塘、梅子岭塘、石崖门塘、蜡壁司塘、水田坝塘	分防七塘，每塘兵皆五名
驻防忠路营	把总一员	忠路汛（汛兵三十五名）、干溪坝塘、堰水塘、沙溪塘、杨坡地塘、石灰窑塘、水田坝塘	分防一汛六塘，每塘兵皆五名
驻防利川县城	千总一员	火铺塘、石板场塘、长箐塘、高穴口塘、九渡屯塘、三渡屯塘、大小箐塘、大坡槽塘	分防八塘，每塘兵皆五名
驻防南坪堡汛	把总一员	（汛兵十七名）、孙家坝塘、潭丈沟塘、继长坝塘、张家村塘、烂井坝塘、磁峒沟塘、玛瑙寺塘、老支罗塘、大平屯塘	分防九塘，每塘兵皆五名
驻防建南汛	把总一员	关渡汛（汛兵九名）、白杨坡塘、清滩溪塘、山女箐塘、马槽坝塘、下道子塘、大木峰塘、小谷溪塘、回子坡塘、后乡塘、黑溪塘、沙子溪塘	分防一汛十一塘，每塘兵皆五名

　　永顺协存兵 1500 名、施南协存兵 1577 名，从上述两个表的统计来看，永顺协的汛塘兵有 978 名，施南协的汛塘兵有 916 名，汛塘兵在绿营兵中占比均超过 60%。改土归流后，土家族地区布设的绿营兵以汛塘兵为主，这与当时的社会形势相关。改土归流后，土家族地区的土司被裁撤，土司贵族被异地安插。湖广四大土司，保靖土司彭御彬被安插辽阳，桑植土司

向国栋被安插河南，容美土司田旻如畏罪自缢，其族属分别被安插在陕西、广东、河南，永顺土司彭肇槐主动请求改土归流，也被安插在江西吉水。改土归流后，清廷将土司异地安插，目的是清除土司的影响，维护地方社会稳定，有利于府、州、县官开展对地方社会的管理。土司贵族虽被异地安插，但土司在这些地区已经统治数百年，其影响非常大，土司基层社会中的舍巴、土目、旗长等，他们都是土司在基层社会中的代理，是地方社会的权威。改土归流后，土兵被裁撤，分布于基层社会，带来很多不稳定的因素。为此，清政府在土家族地区派驻绿营兵，特别是派驻了大量的汛塘兵。

汛塘是绿营兵的基层组织，关于汛塘出现的时间，方国瑜认为"康熙朝平定吴三桂的分裂割据势力，并消灭拥兵自雄的大土司武装后，进一步筹划在边远地区和险要山区广设军事据点，加强控制。这些军事据点为汛、塘、关、哨、卡，统称汛塘"。① 塘是汛的分支，"在每一汛地内，一部分绿营兵集中驻扎在该汛的政治、经济、文化中心，其余部分则又被分置于汛地内各交通要充之地，安家驻扎，称为塘"。② 永顺协和施南协的汛兵额少则八九名，多则三五十名不等，而塘的兵额一般为五名。

起初，汛塘多设置在汉族和少数民族交界之处，主要的职能为隔断民、苗，民、苗不能无故往来，来往贸易者凭照交验于汛塘。康熙二十四年，清廷规定，"各省民人无故擅入苗地，及苗人无故擅入民地，均照例治罪。若往来贸易，必取具行户邻右保结，报官给照，令塘汛验放始往"。③ 后来，汛塘成为绿营兵的基层组织，主要负责缉盗安民等事务。

汛塘的职能为缉盗安民，设置汛塘的目的本来是禁止民、苗往来，防止奸细惹事生非。绿营军为世兵制，多为就地招募，但湖广土家族地区的绿营兵却从外地调拨，拖家带口，而所发军饷偏低，难以维持一家的生计。汛塘的兵丁在关卡盘查时多有弊端，"楚南之习，汛防多与民事，凡雀角细故诉之塘汛，名曰投塘。一切事故乡保入城禀县，必与汛兵同。有已获贼匪，汛兵攫赃物而私释者，此由文员稽察不严、听讼不勤，以致汛

---

① 方国瑜、缪鸾和：《清代云南各族劳动人民对山区的开发》，《思想战线》1976 年第 1 期。
② 秦树才：《论清初云南汛塘制度的形成和特点》，《云南社会科学》2004 年第 1 期。
③ 《清史稿》卷 120《食货一》，中华书局，1977，第 3482 页。

弁得分其柄"。① 汛塘的兵丁或参与地方民事，或私放贼匪谋取财物，种种弊端，不一而足。

永顺协、施南协地处山区，居民分散，给社会治理带来不便，且该地为湖广通往四川、贵州、云南的要道，改土归流后，"蛮不出境、汉不入峒"的禁令被废止，人口流动增速，基层社会治理难度加大，因而在该地区广设汛塘，永顺协辖一百四十六汛塘、施南协辖一百四十八汛塘。湖广土家族区域的汛塘发展为汛汛相连、塘塘相接，从而形成了严密的控制网络。汛地由千总、把总、外委等较低级别的军官统率，每汛之下分管若干塘。汛地多设于区域的政治、经济、文化中心，或交通要道，或民、苗往来频繁之区。在重要的水运码头则设置水汛，如永顺县王村汛、凤滩汛均是重要的水汛，王村亦是重要的市场，王村市"上通川黔、下驱辰常，达省会必经于此，乃县属水陆大码头。王村巡检驻扎市上，对河把总一员，同司巡辑。建有仓廒储谷及公馆一所"。② 王村汛和凤滩汛辖十一塘，领兵八十四名，是各汛中较多的，其地位非常重要。保靖县的里耶汛、夯沙汛，桑植县的凉水口汛，龙山县的鲁碧潭汛、大喇汛也类此。民、苗往来频繁之区，则设苗防汛，如保靖县格若汛、空平塘、阿课塘，三汛塘皆为苗防。汛为汛地的中心，设兵八九名到三五十名不等，所辖塘根据区域特点而设，少则一汛两塘，多则一汛十余塘。永顺协所辖十九汛，一百二十七塘，施南协辖十八汛，一百三十塘，平均一汛辖七塘上下。塘兵额则相对固定，每塘兵额一般为五名。

永顺协共有绿营兵1500名，其中永顺800名（含龙山）、保靖400名、桑植300名。施南协共有绿营兵1577名。两协的汛塘兵分别为978人和916人，占所在协兵力的三分之二以上，只有不到三分之一的绿营兵负责守城，由此亦可见清政府对于湖广土家族地区设置汛塘的重视程度。据秦树才统计，云南省"康熙四年以前，用以分汛设塘的云南绿营兵数仅占当时云南绿营兵总数的17%"，康熙四年后进行调整，"设汛分防的绿营兵数也只占调整后云南绿营兵总数的38%"。③ 处于边疆民族区域的云南，布防

① 同治《永顺府志》卷6《兵制》。
② 同治《永顺府志》卷3《坊市》。
③ 秦树才：《论清初云南汛塘制度的形成和特点》，《云南社会科学》2004年第1期。

汛塘兵的比例不过是38%，内地省份的汛塘兵占绿营兵的比例则更低，其绿营兵多用于城防。而湖广土家族地区汛塘兵占当地绿营兵的比例却超过三分之二，主要的原因是湖广土家族地区地处中原通往四川、贵州、云南等地的交通要道。改土归流后，土司统治时期的"蛮不出境、汉不入峒"等政策被废除，大量的内地流民涌入湖广土家族地区，或者通过该地区继续前往四川、贵州等地，民众来往增多，必须设置汛塘给予排查。再者，湖广土家族区域大小土司密布，改土归流后，原来土司统治的区域均要设置汛塘防守，以防备土司的残余势力兴风作浪。永顺县的旧司治汛、桑植县的旧司城塘、宣恩县的椒园塘、来凤县的散毛司塘等，这些汛塘就设置于原土司统治的中心区域即原土司治所。

二　绿营兵的职能

（一）巩固了改土归流的成果，有利于民族经贸往来

改土归流后，湖广土家族地区地区布设绿营军，清廷将土家族地区纳入到全国的军事网络之中。其目的在于弹压地方、维护社会稳定。雍正七年，永顺府爆发了"潘果事件"，[①] 该事件一方面反映了改土归流初期，土家族地方社会重构中基层社会管理问题；另一方面，土司残余势力强势，绿营兵尚未进驻，造成了土目煽动土民围衙殴役事件。此事件造成的直接后果并不严重，但湖广提督岳超龙上报雍正后，引起雍正帝的暴怒。土目、土民围殴衙役，衙役是地方官府的代表，象征了皇权在地方的统治，绝不可冒犯。此事件后，加快了绿营军进驻速度，当年即设置永顺协，调省内各营官兵进驻。

绿营兵的兵员多为就地征募。永顺设协后，官兵却全部由省内其他各营营兵调拨。曾有官员提议就地募集土兵，改土归流后，土兵被裁撤，他们游手好闲，是社会上的动荡因素；另一方面，土兵熟悉地形和人情，可作为军队的向导等等，但此议遭到雍正的驳斥。赵宏恩奏，"永顺土司旧

---

① 改土归流初，永顺府即爆发了震惊朝廷的潘果事件。永顺土舍田尔根等人聚众围衙，殴伤衙役，此事件经过湖南提督岳超龙飞奏朝廷，雍正皇帝暴怒，立即下令尚未就任的湖北巡抚赵弘恩从京城带兵急赴永顺，彻查此案。案件最终的结局以永顺同知潘果被撤职，处死扰民的衙役，流徙带头闹事的土舍而告终。

设土兵，今官兵既设，理应革除。但恐其游手不按（安）本分，似应令其入营当差，此项工食，应于新设额兵内陆续查有守兵逃亡空缺，以一兵之饷，作给土兵两名工食之用。既可安其心，兼获向导之利矣！"① 对于就地招募土兵，雍正并不认可，他认为，"（土兵）倘不乐从，强行无益。若虑此辈不得其所，何难？令议安插之道。且候缺出始行补伍，又能保其安心静听乎，此议殊不妥协"。② 雍正对改土归流后维护地方社会的稳定有信心，如果土兵不安分守己，即可异地安插。"潘果事件"中涉案的土目、土民多被异地安插，处理这些事情并不难。雍正对绿营兵进驻后，地方社会的稳定还是非常有把握的。"潘果事件"加快了绿营兵在永顺的布设，"永顺府土棍聚众控告潘果一案，前经飞报檄镇道，迅往抚谕，有差委员弁持示往抚，旋即解散。土民俱各安业，其从前议拨官兵八百名，已经臣迈柱于改土归流案内接准部咨檄副将朱文华迅带原拨辰协兵丁，赴永驻防，并各标营派拨官兵，立催赴永分防布汛"，绿营兵布设后，"现今兵威整肃，地方安静"。③

　　绿营兵对控制地方、稳定社会起了重要作用。绿营兵"从广度和深度两个方面极大地强化了清政府对地方基层的统治。清政府正是通过将绿营兵'分置兵役'，设立汛塘，来实现'诘奸宄而戒不虞'、'永绝宵小窥伺之萌'"，④ 从而达到了控制地方的目的。具体来说，"绿营设立汛地，其作用有四种：一是缉捕要案，二是防守驿道，三是护卫行人，四是稽察匪类的作用"。⑤ 日本学者太田出认为，绿营兵地方汛塘的设置发挥了类似今天"警察"的职能。⑥ 正如《建始县志》载，"关梁可以利济，塘汛可以察奸"。⑦ 从其装备来看，汛塘兵主要的任务是防守稽查，"塘房二十五处，每处大小木牌二面，木架一座，木棍四根，长矛二杆，钩镰枪二杆，铜锣

　　① 《朱批谕旨》卷216，吉林出版集团有限责任公司，2005，第7823页。

　　② 《朱批谕旨》卷216，第7823页。

　　③ 《朱批谕旨》卷216，第7825页。

　　④ 秦树才：《绿营兵"兵制总册"管窥》，《云南民族大学学报》2009年第7期。

　　⑤ 罗尔纲：《绿营兵制》，中华书局，1984，第264页。

　　⑥ 〔日〕太田出：《清代绿营的管辖区域与区域社会——以江南三角洲为中心》，《清史研究》1997年第2期。

　　⑦ 同治《建始县志》卷2《建置志·城池》。

一面，又每塘塘旗一面"。① 这些装备如铜锣、塘旗等，都是防守所用器械，木棍、长矛和钩镰枪等传统器械，也多具防御功能。汛塘并未配置火药枪等先进器械，说明土家族地区汛塘兵的职责以防御盘查为主。

永顺协所辖的许多汛塘，设置在水陆码头、交通要道，为来往客商提供了安全保障，如永顺所设的"王村汛"，汛所驻扎于王村，对于王村的社会稳定起了重要作用。改土归流后，王村经贸迅速发展，成为繁荣的市场，王村市，"在县南离城九十里，上通川黔，下达辰常。诸处为永郡通衢，水陆码头凡进城货物，必于此处催夫背运"。为保障码头市场的繁荣，"设施溶州巡检一员，并外委一员，驻扎于市。同对岸千总一员，专司巡缉，建有仓廒贮谷，并建有公馆一所"。② 巡检是地方行政官员，《清史稿》载："巡检司巡检，从九品。掌捕盗贼，诘奸宄。凡州县关津险要则置。"③ 作为知县的属官，巡检司设置于州、县的关津险要之处，与绿营兵共同负责地方防务。

（二）推动了汉土文化的互动与交融，有利于民族融合

雍正九年，湖广总督迈柱上奏："今永顺、桑植、保靖三土司地方，已蒙皇恩，改土设流一府四县，布置周备，即与中土无异，自当听其与兵民结姻。"他认为，湘西一府四县已经与内地无异，绿营兵可以与当地土民通婚。绿营兵为外来之民，不论是苗女嫁入民家还是民女嫁入苗家，对"教化"地方都有利，"俾苗女嫁入民家，可以习知事亲长、相夫治家之道。民女嫁入苗家，可以化导叔伯妯娌，熏陶敦睦之风，不便仍以蛮苗外之……土苗地方未经归流者仍遵例禁止外，所有永顺一府四县请驰（弛）结姻之禁"。④ 这一建议得到雍正帝的认可。之后，绿营兵与当地土民通婚增多，兵民往来频繁。

永顺协、施南协每协设兵虽只有一千五百余人，但清代的绿营兵为世兵制，一人当兵，全家随同。绿营兵的妻子儿女要随营，其兄弟也常跟随，如有缺额，随时补充。湘西开辟"六里"苗疆，设置永绥协，兵额近1600名。数年后，湖广提督岳超龙奏称："现今永绥一协兵丁，所支米石

① 道光《鹤峰州志》卷10《兵防》。
② 乾隆《永顺县志》卷1《地舆志·市村》。
③ 《清史稿》卷116《职官三》，中华书局，1977，第3359页。
④ 《朱批谕旨》卷213，吉林出版集团有限责任公司，2005，第7467页。

悉由辰州府转运接济。盖以兵食艰缓，暂为运办，已非久计。况该协额兵一千六百名，皆从各营派拨。其眷口尚未搬移，虽经督抚两臣每兵给与搬家银三两，今领银搬家者仅有二百余人，总因该地无粮可买，其眷口移至，实有枵腹之虞。然查其孤身在营，心忧内顾，拮据之状，情更可悯。"①永顺协、永绥协和施南协的绿营兵均为改土归流后从各营拨调，其到永顺府、施南府等各地分防，必然拖家带口。督抚发给每兵三两搬家银，但绿营兵搬家均不积极。因永顺、永绥、施南等地，缺少粮食，士兵即使有生活费养家，但难以买到粮食。之后，各府县均设置社仓，囤贮军谷。在一些重要的汛塘，设置专仓储存兵谷。除此之外，流官还动员绿营兵开辟荒田，购置土地，以解决军粮问题。

清廷试图通过绿营兵与当地"苗、蛮"通婚，以达到"教化苗蛮"、移风易俗的目的。从历史上看，民族通婚推动了民族融合的进程，不管是带有政治色彩的高层"和亲"，还是民族间普通民众的通婚，都对民族文化、民族习俗产生了重要影响。来自中原地区的汉族兵、民与湖广土家族地区的"蛮、苗"通婚，对在土家族区域传播汉族的生产生活方式和生活习惯发挥了重要作用。与此同时，不少汉族兵、民也接受了土家族的生活习惯和宗教信仰。民族间的"互化"，推动了土家族地区的民族融合。

绿营官弁不仅经营营伍，还积极参与地方事务，如《永顺府志》中记载了永顺协的两位副将，参与地方公益事业，受到土民的爱戴。"许天元，河南孟津县武举。嘉庆间，任永顺副将。治兵严明有法，营伍肃然，尝倡修观音岩，为一郡之胜，又倡建万缘桥，于文昌门外，善文墨，凡创造皆有碑记"；"祥福，满洲正黄旗人，道光初为永顺协副将。治兵有纪律，营制焕然。性慷慨，凡民间善举，每捐赏以攒成之，去后，兵民为之立长生牌以祀焉"。②

（三）维护了基层社会的稳定，有利于土家族地区的长治久安

嘉庆初，白莲教义军波及来凤、龙山、利川、恩施等地，驻防的绿营兵参与防御、会剿。此时，绿营兵的战斗力已经大大削弱，不得不借助乡

---

① 《朱批谕旨》卷81，吉林出版集团有限责任公司，2005，第2810页。
② 同治《永顺府志》卷7（下）《名宦续编》。

勇、团练的力量，镇压义军，《恩施县志》记载了施南协副将樊继祖[①]镇压义军的过程。"樊继祖，四川三台人，以祖荫任参将，升施南协副将。嘉庆元年，教匪扰来凤，公率弁兵驻卯峒，断贼路，不数月而来凤平。二年，教匪扰利川，公率兵会恩施、利川、奉节三县知县合乡勇会剿，贼匪全行扑灭。仰荷谕旨褒嘉，恩赏装铅弹子鱼袋一个，花大荷包一对，小荷包四个。三年升浙江镇总兵，积劳成疾，卒葬于施南。其子孙遂入恩施县籍，次弟之子从典继袭，任宜昌镇中营游击，侄从銮，恩施县庠生"。[②] 施南协副将樊继祖带领绿营兵、会同乡勇镇压了白莲教义军，《施南府志》记载了战事详情："川省奉节贼匪窜入楚北利川境内，经汪新[③]派令副将樊继祖统兵堵截，并令恩施、利川二县约会川省奉节县晓谕'居民同心并力，会合奋剿，旋经各该县尹英图、陈春波、周景福会同千总、外委等共相激劝，督率三县士民于利川县长堰塘、楼子坝等地方，杀死贼匪一千数百余名，生擒贼目四十余名。又因贼分两股奔窜，兵勇亦分两路，追剿杀贼二千余名，生擒二百二十余名，三县地方贼匪全行扑灭。'"[④] 施南协副将樊继祖统帅绿营兵，且借助三县士民力量，镇压了白莲教义军。嘉庆三年（1798），樊继祖升任浙江镇总兵，卒于职，但归葬施南。樊继祖本是四川三台人，卒于浙江，但在施南建功立业，最后归葬施南，其子孙皆入籍恩施。

《永顺府志》记载了永顺协副将张昕率领绿营军御敌的战事："张昕，满洲镶蓝旗人，咸丰间，授永顺副将，时值黔匪寇边，久踞来凤。昕闻警，率兵二百人援龙山城，贼屡攻不能下，继而大兵踵至。次年正月，昕协大兵破黔匪于来凤，贼退归川，是役也，人咸谓昕之功为有云：龙山两遭兵患，前有林龙章，[⑤] 后有张昕。洵后先继美矣！昕性刚直，不喜阿曲，

---

① 道光《施南府志》卷20《官师志·武职官表》载："樊继祖（四川三台一等轻车都尉），乾隆五十二年到嘉庆三年任施南协副将。"

② 同治《恩施县志》卷4《职官志·名宦》。

③ 汪新，浙江仁和人，时任湖北巡抚。

④ 道光《施南府志》卷17《武备·历代兵事》。

⑤ 同治《永顺府志》卷6《兵事》载："嘉庆元年二月，白莲教匪攻龙山县城，知县林龙章督勇击之，贼退踞来凤。"林龙章，乾隆六十年任龙山知县，嘉庆六年升永顺知府。同治《永顺府志》卷20《艺文续编》载其《军中纪事三十首》录二："变生仓卒万家惊，况复无多守土兵。奔走咸思求善地，呼号随处尽哀声。蠢奴趁月皆宵遁，逻卒闻风怕夜行。急草飞书招义勇，且将壮志作长城。""闻道贼兵已渡河，先从僻地远来过。凭谁白战功成盛，苦我苍生死者多。不信文人能御寇，争传武士尽横戈。斜阳红照头颅血，满耳春风听凯歌。"

卒以此去，官人多惜之。"① 龙山县城在嘉庆、咸丰年间，两遭义军冲击，城池均未被攻破，一方面得益于改土归流后，龙山县修筑有较为坚固的石城，义军久攻不下。另一方面则来自于援军的解围。咸丰年间的义军攻打龙山县城，久攻不下，永顺协副将张昕带绿营兵驰援，打退义军。后又追至来凤，在来凤大破义军。

三 基层社会防务的演变

绿营兵的主要职责为镇守疆土，维护社会稳定以及镇压叛乱。清代，湖广土家族地区绿营兵的设置，对促进民族地区经济贸易，推动民族融合，维护社会稳定等方面都发挥了重要作用。而涉及到基层社会中的民事纠纷、人命案件等，则由地方官府负责。永顺府、施南府、鹤峰州为改土新僻区域，不同民族的民众往来频繁，且地处武陵山区，高山深谷，地势险要，河溪纵横，对于该区域的治理，清政府设置典史、巡检、县丞等属官，分防各地，维护了基层社会的稳定。"正因为有了这样散出乡村市镇的县丞、主簿、典史、巡检等的驻防，以及相关地方驻军的配合，地方社会的调控与治安情况，方能更好地为官府所掌握，一旦发生异常情况，也能比较顺利地施行应对措施。"②

19世纪初期，绿营兵的战斗力已经大为削弱。地方官府开始依靠绅士和保甲长，动员基层社会，组织团练乡勇，维护社会稳定。《长乐县志》载：

> 百年关，古为长阳地。改土后，与一炷香、粑粑铺等处皆属长乐坪，一乡关地则设有塘房。咸丰二年，奉各宪谕令，各保士民设卡团练，添棚置栅，袷耆向秀山、向元科、张学舜、邵成珍、冯大林、邵方策等与乡约、保正、甲长颜邦锦、颜邦全、张立道、刘上文协同乡民，捐资于一炷香、粑粑铺设立棚栅，而百年关更于塘房两面置有木栅、哨楼、门扇中开有枪孔，亦以就地势耳。独城汛官兵则以官塘变为民卡之说相争执。③

① 同治《永顺府志》卷7（下）《名宦续编》。
② 冯贤亮：《太平天国战争后江南社会的异动与政府控制》，《"区域、跨区域与文化整合"社会史国际学术研讨会论文集》，天津人民出版社，2012，第610页。
③ 咸丰《长乐县志》卷16《杂纪志》。

绅士和乡约、保甲长等组织乡民，推广团练，捐资设置军事哨卡，清廷的正规军绿营兵与民间绅士、保甲长等组织的团练发生争执，到底是"官塘"还是"民卡"？对此，长乐知县李焕春亲往验收，并记载道：

> 三代而下，以民养兵，以兵卫民，边方多故，官兵无几，民不聊生，其何以堪乎？今奉宪谕，乡民捐资置栅，为自相保卫计，盖惟恐保卫不周，谅非希占官塘矣。因亲往验之，见其与官塘无碍，而且足使官塘益固也，存之。①

最终，民间的防卫设施取得了与绿营兵的"官塘"一样的合法性，并"足使官塘益固"，民间的团练得到官府的认可，成为基层社会中重要的防卫力量。从废除土兵，设置绿营兵，再到委任绅耆兴办团练乡勇，反映了改土归流后湖广土家族基层社会中防务的演变。

（作者单位：遵义师范学院）

---

① 咸丰《长乐县志》卷16《杂纪志》。

圣贤后裔奉祀生初探

王春花

摘　要： 奉祀生一职设于明代，是圣贤地方祭祀的最后一环，清中期开始纳入生员行列。随着圣裔同姓宗族全国范围的联宗，奉祀生除在庙宇祭祀外，在支派宗族组织内部地位升高，是与大宗有着唯一联系的人群。奉祀生制度在圣贤祭祀的成功应用，使得这一制度能够推行到其他地方祭祀的领域。由于奉祀生的设置比较随意，在清中后期已经沦为衍圣公与五经博士发财的工具，而奉祀生的存在也成为滥员。

关键词： 奉祀生制度　圣裔宗族　圣贤地方祭祀系统

　　奉祀生，又称奉祠生、奉祠官，是明清时期政府为圣贤等各类祠庙祭祀而设的八品生员。目前为止，学术界尚未有以奉祀生及其制度为专门研究对象的文章，但很多作品中涉及奉祀生。冯剑辉在其著作《徽州家谱宗族史叙事冲突研究》第五章"徽州胡氏家谱宗族史叙事冲突研究——以婺源二胡争祀案为中心"中，涉及徽州家谱资料中的奉祀生，以及徽州宋元先贤胡方平与胡一桂后裔的两派胡氏为争夺奉祀生与奉祀资格而发生的百年诉讼案件。他认为："这个案件会延续这样长的时间，是因为奉祀资格具有真正的实际利益，而非单纯地关乎宗族声望而已，更因为涉及本案的两大宗族均为徽州望族，既各有凭恃又都缺乏过硬的证据，因此诉讼过程久拖不决，一波三折。"①

　　杜靖在其著作《九族与乡土——一个汉人世界里的喷泉社会》中引用张仲礼的奉祠生概念："奉祠生即为负责祭祀圣贤的圣贤后裔。这些圣贤后裔，也可参加皇帝的巡行接见仪式和国子监听讲授礼仪，他们往往被授

---

① 冯剑辉：《徽州家谱宗族史叙事冲突研究》，合肥工业大学出版社，2014，第183页。

予恩监生。"① 杜靖对奉祀生进行的描述还有："《阙里文献考》卷十八记载，清朝帝国规定，凡有闵子庙的地方都应该设一个奉祀生来负责祭祀。雍正四年全国共有 12 个奉祀生。这说明当时有 12 个闵子祠。从鱼台大闵村、滕州闵楼和费县闵村的情况来看，每一个闵子祠都坐落在一个村子里，这个村子里居住着大部分闵姓人口，另外有少许外姓人口，构成强单主姓村落。在这个家庙周围的几个、十数个甚至数十个村落里散居着部分闵姓人口，他们声称祖先来自这个村落。这样每一年他们就会回到有家庙的村落里去祭祖。显然，有家庙的村落构成了一个核心，周围村落形成了卫星状而环布周围。围绕着一个家庙就构成了一个上位世系群（High—order Lineage）。这说明，在清代初期全国至少就有如闵村这样的 12 个闵子后裔世系群体了。但对于全国而言，12 个世系群当构成一个宗族联盟。"② 杜靖将奉祀生作为宗族的代表，充分肯定了奉祀生的在宗族发展中的作用。魏峰在其著作《宋代迁徙官僚家族研究》中提到了宋代先贤后裔争夺奉祀生的现象。③ 刘永华在其《明清时期的礼生与王朝礼仪》中将奉祀生归类为礼生，"礼生，又称赞礼生、奉祀生、主礼生，是中国传统礼仪生活中一种重要的仪式专家。他们引导吉、嘉、宾、军、凶五礼，参与神明崇拜、祖先祭祀、婚嫁丧葬等礼仪实践，其中尤在祭礼中最为突出。他们在礼仪中承担的职能，最为基本的是赞相礼仪。"④ 很明显，刘永华将奉祀生归类为赞礼生。宋永志在《"圣贤后裔"与宗族建构——河内县两程夫子祠碑刻研究》⑤ 一文中，援引刘永华的研究成果，认为奉祀生是礼生的一种。刘永华等学者将奉祀生作为礼生的一种，只注意到礼生与奉祀生参加礼仪的相同性，而并没有加以区别，掩盖了奉祀生作为圣贤后裔承袭奉祀的本质特征。

本文有必要对奉祀生与礼生的区别加以说明。首先从表象来看，清代"五朝会典"与"会典事例"均将赞礼生与承袭奉祀生分条记录，如嘉庆

① 杜靖：《九族与乡土——一个汉人世界里的喷泉社会》，知识产权出版社，2012，第60页。
② 杜靖：《九族与乡土——一个汉人世界里的喷泉社会》，第71页。
③ 魏峰：《宋代迁徙官僚家族研究》，上海古籍出版社，2010，第166页。
④ 刘永华：《明清时期的礼生与王朝礼仪》，《中国社会历史评论》第9卷，天津古籍出版社，2008，第245页。
⑤ 见郑振满主编《碑铭研究》第2辑，社会科学文献出版社，2014，第530页。

《大清会典事例》卷 314《礼部·学校》内并列优恤诸生、充补赞礼、承袭奉祀、挑选佾舞数项。而且同一间庙宇，奉祀生与礼生相互独立存在。①《续修孟氏宗谱》中将孟子祠庙的奉祀生与礼生列举在一起，其中所记年代等虽有些舛误，但也能反映圣贤祠庙中奉祀生与礼生的区别。"景泰六年（实为景泰二年），诏五十六代孙孟希文授世袭翰林院五经博士，自此始钦设执事官一员、督理林庙家长官一员，绳愆子孙。奉祀生三十二名，主各祠祀。奉祀礼生六十四名，伺岁时祭祀赞相之事"。② 其次，从来源看，文庙礼生多为生员，也可由衍圣公在佃户子弟中拣选。康熙"三十五年覆准，阙里文庙原额设有礼生六十名。雍正年间，复因建立崇圣祠添设二十名。嗣后挑选礼生，除庙佃户子弟四十名外，其余四十名，准将曲阜县俊秀挑选补足。仍造册送部查核"。康熙三十六年，衢州西安孔庙礼生可以在孔氏中拣选。③ 而奉祀生则必须由圣贤后裔承担，而且以嫡裔为主。康熙二十五年议准，圣贤嫡裔有充奉祀生者，给衣顶，并将具体名数报交礼部。奉祀生为有"顶戴"之生员，如想升迁，可放弃八品顶戴的荣誉，参加岁科两试，也可入国子监读书。④ 再次，从二者所隶属的场所来看，礼生可以在任何官方或半官方的庙宇中担任职务，而奉祀生仅在圣贤庙宇中主持祭祀。

一　明清圣贤地方祭祀系统

作为阙里孔子祭祀的孔氏后裔，衍圣公称谓形成于宋仁宗至和二年（1055），宋哲宗元祐元年（1086）被改为奉圣公，宋徽宗崇宁三年（1104）改回衍圣公之后，各朝一直沿用。明代衍圣公，正二品，袍带、诰命、朝

---

① 嘉庆《大清会典事例》卷 314《礼部·学校·承袭奉祀》，《近代中国史料丛刊》（第三辑）0661 - 0670，台湾文海出版社有限公司，1991，第 3867 页。
② 孟宪曾：《安徽熙湖〈续修孟氏宗谱〉序》，现藏国家图书馆，民国二十五年。
③ 嘉庆《大清会典事例》卷 314《礼部·学校·承袭奉祀》，第 3875 ~ 3876 页。康熙三十六年覆准："浙江省西安县孔氏为至圣南宗。所有圣庙岁时祭荐与曲阜同。其大成殿及四配两庑崇圣祠等处，需用礼生四十名，即于本氏族人中尽数选充。如有不敷，将西安附近俊秀挑补足数。仍造册送部查核。"
④ 光绪《大清会典事例》卷 392《礼部·学校·承袭奉祀》，中华书局，1991。嘉庆十一年覆准："广西省泗城府属生员岑明璧，系属八品顶戴奉祀生，若照生员给顶等项开除，未免阻其上进之路。该生如愿应岁科两试，仍归学管束，一体补廪出贡。或止愿顶戴荣身，专袭八品祀生，即免其岁试，于学册内自列一款报部。"

班一品。^① 清代衍圣公为正一品，掌奉至圣阙里庙祀。^② 衍圣公需掌管祭祀孔子祭田、庙田，并承担着收宗睦族的职责，因此下设属官，形成明清时期著名的衍圣公府。

除阙里孔子庙需专人祭祀外，颜子、孟子等圣贤庙宇也不例外。明景泰三年（1452），大修颜庙与孟庙，由于庙宇缺乏祭祀之人，政府择颜、孟二氏的嫡裔子孙奉庙宇祭祀，赐为翰林院世袭五经博士，^③ 正八品。五经博士并没有实权，也没有俸禄，明崇祯十六年（1643）吏部尚书李遇知在奏请加封仲子后裔仲于陛为世袭五经博士时说道："世袭五经博士惟专奉本庙祭祀，不支朝廷之禄，不费公家之帑，无非隆其体统以奉祖庙，钤束子弟以明礼义。实亦重贤有教之意也。"崇祯则批复："世袭翰林院五经博士原系虚衔，惟主庙祀，无非隆贤及后，实谓蒸尝裸献起见，非与民社有司干政食禄之职官可比"。^④ 虽无实权，明、清两朝陆续设立的翰林院世袭五经博士却是各个圣贤后裔宗族稳步发展的关键。正是由于明代仿照衍圣公而设置的世袭翰林院五经博士，使得民间各地方的自称圣贤后裔的各宗族得到政府的认可，并有随之而来的各种优渥。直至嘉庆年间，翰林院世袭五经博士已经形成包括孔氏南、北二宗在内的 20 个姓氏，数量达到 25 个。孔氏北宗一人、南宗一人、东野氏、姬氏、颜氏、曾氏、孟氏、仲氏、闵氏、冉氏（冉子伯牛）、冉氏（冉子仲弓）、端木氏、卜氏、言氏、颛孙氏、有氏、伏氏、韩氏、张氏、邵氏、朱氏二人（徽派与闽派）、关氏三人（洛阳庙祀、解州庙、当阳庙）。^⑤ 衍圣公与翰林院世袭五经博士既是圣贤地方祭祀系统，同样也是圣贤后裔宗族的管理系统。

奉祀生一职设于明代，是圣贤地方祭祀系统的最后一环，清中期开始正式纳入生员行列。乾隆十九年（1754），韩愈三十世裔孙韩有禄在《韩氏家谱》中提到，世袭翰林院五经博士与世袭奉祀生在性质上是相同的，

---

① 《明史》卷 73《职官二·衍圣公》，中华书局，2000，第 1791 页。

② 《清史稿》卷 115《职官二·衍圣公》，中华书局，1976，第 3320～3321 页。

③ "景帝景泰三年（1452）五月，诏颜孟二氏子孙世以嫡长各一人袭翰林院五经博士。"《钦定续文献通考》卷 48《学校考·祠祭褒赠先圣先师录后》，《景印文渊阁四库全书》627－369，台湾商务印书馆，1986。

④ （明）刘天和撰，周鼎重订，赵时雍编次《中华历史人物别传集·仲志》卷 2《实迹》，线装书局，2003，第 560～562 页。

⑤ 《清史稿》卷 115《职官二·衍圣公》，第 3321～3322 页。

都是为了祭祀先贤而设。"乾隆三年，恩赐后裔世袭翰林院五经博士，世袭奉祀生，以飨祭我始祖文公于春秋，斋酬我祖之功德也。"①

明代圣贤祠庙开始设有奉祀生职位，但仅仅局限于衍圣公与各省督抚的半官方行为，并不是朝廷的正式官方行为。弘治十二年（1499），孔氏六十一代世袭衍圣公孔宏泰开始拣选圣贤后裔俊秀者充补奉祀生，给以衣巾，移提举注册，并未订立名额。②清康熙年间已经被朝廷重视，逐渐纳入礼部管辖，"康熙二十五年议准：圣贤嫡裔有充奉祀生者，仍给衣顶，确开名数报部"。③此次提议并没有立刻施行，直到雍正年间才正式纳入礼部管辖范围，并且书面正式确立奉祀生职责，专司一厅或一庙之祭祀，"司庙中奔走执事及先贤先儒祠墓之祭祀"。④

自明代衍圣公设置奉祀生之后，圣贤后裔奉祀生不仅从数量上达到了前所未有的规模，在分布范围上更是遍布全国所有圣裔所在地。尤其清代采取大范围的优礼先贤后裔之后，除山东省大量的奉祀生外，安徽、福建、浙江、四川、广东、贵州、广西等省都有奉祀生的存在。另外，圣裔宗族利用联宗、合族等方式不断扩张，也促使奉祀生制度扩展到全国。

奉祀生设置之初不过由衍圣公及地方大吏自主拣选充补，给冠服，奉祀祠墓而已，无须报礼部批准，是一种"编外"人员。这种"编外"人员在衍圣公管理外地圣裔族人时起到了纽带的作用，同时也把衍圣公的权力扩展到了山东省以外。雍正年间，奉祀生的设置纳入礼部管辖之后，将外省奉祀生的申请与管理交由各省督抚，衍圣公权力扩张受到了限制。

二　清代圣贤后裔奉祀生的设置与管理

《阙里文献考》所记，雍正四年（1726）礼部侍郎巴泰在衍圣公府见有奉祀生，只有奉祀生之名，并没有任何正规手续，于是请礼部正式规范奉祀生，颁发执照。"其见有之奉祀生，部议令衍圣公会同该抚学臣查明，

① 何志利主编《昌黎韩愈文化史料》，中国文史出版社，2014，第144页。
② （清）曾国荃：《宗圣志》卷12《荫袭》，《儒藏·孔孟史志》第8册，四川大学出版社，2005，第565页。
③ 光绪《大清会典事例》卷392《礼部·学校·承袭奉祀》。
④ （清）孔继汾：《阙里文献考》卷18《世爵职官》，《儒藏·孔孟史志》第2册，四川大学出版社，2005，第529页。

果系圣贤嫡裔地方实有祠宇，报部换给印照，嗣后遇有设立之奉祀生关衍圣公者，令会同该抚学查明。"① 此一记载与《大清会典事例》除了时间以外，大体相同。

> 雍正二年议准：先贤有祠宇处，查明嫡裔给予印照为奉祀生。日久弊生，致有假照冒滥等弊。嗣后各处设立奉祀生，关涉衍圣公者，俱令衍圣公会同该抚学政照例查核，报部换照。其各省由督抚学政者，亦严查咨部。②

从雍正年间的规定可以看到，充当奉祀生必须具备两个条件：首先，该地方需有相应圣贤祠庙，其次，该人必须是圣贤后裔。虽然朝廷规定由学政参与选择奉祀生，但奉祀生的拣选首先由五经博士、衍圣公选取，之后交由学政作参考，而学政对于这样微小生员的拣选也不会重视，因此并未起到监督的作用。雍正二年到乾隆二十四年，奉祀生数量一直在增加，同时这一时期奉祀生制度各种弊病频发，因此对奉祀生的规定也越来越多。乾隆五年，全国范围内的奉祀生拣选仍然需要衍圣公同意。

> 各省奉祀生，凡有赴衍圣公处呈请者，令衍圣公详加核定，再行原籍地方取具印甘各结，知会各督抚报部。又议准：奉祀生事故出缺，将从前原颁部照缴销，以杜假冒。

直至乾隆二十七年，各直省奉祀生的拣选不再需要衍圣公参与。

> 直省先贤嫡裔有愿充奉祀生者，由教官核实，加结申送府州县详司，送学政、督抚会衍报部，严加查核，照例给照，封发该学政给

---

① （清）孔继汾：《阙里文献考》卷18《世爵职官》，《儒藏·孔孟史志》第2册，第529页。

② 嘉庆《大清会典事例》卷314《礼部·学校·承袭奉祀》，《近代中国史料丛刊》（第三辑），第3899页。

领。仍责成该管官严行查禁书吏需索等弊。①

此次将衍圣公排除出外省奉祀生的选拔，是衍圣公只能选拔山东一省奉祀生规定的前奏。

> 乾隆三十一年，礼部奏准：山东一省奉祀生缺出，仍令衍圣公会同该抚学政咨部充补。其江浙等六省奉祀生，令该学政会同督抚详选嫡裔顶补。三十五年又奉部文，不许隔省充补。曾氏江西、安徽、河南等省奉祀生五名始改归地方官管理，而本省奉祀生由翰博申送衍圣公，咨部领照者。②

但此规定并没有立即实施，才出现了乾隆三十二年衍圣公私自售卖奉祀生执照从中获利的事情。是年，衍圣公孔昭焕差孔继兖往浙江清查族谱，并让孔继兖携带奉祀生的空白札及执照随意买卖。衍圣公本想像往常一样，以售卖奉祀生执照发笔横财，不料被告发。但朝廷念及衍圣公作为清朝尊崇儒教的重要标志，并没有严厉惩办，以"孔昭焕年幼无知，受人愚惑，孔昭焕着交礼部严加议处"。此次事件后，礼部给各省奉祀生定额控制，不得随意增加奉祀生的数量。同时清政府不得不再次重申乾隆三十一年除山东省外，奉祀生的充补顶替不再受到衍圣公控制的规定。③ 乾隆三十五年礼部清查山东省奉祀生的名额，并规定山东省孔氏奉祀生定额145名，先贤奉祀生定额213名，先儒奉祀生定额十名，共存留368名。均于山东省各圣贤氏族支派内选充。

乾隆五十年六月，私自捐纳奉祀生案再次发生。五经博士东野崇矫将私自捐纳的吴靖臣等25名奉祀生向宣城县移文注册时被揭发。经宣城知县胡鹏云调查，这些人是太平县民人王千尺等，串通东野博士书办李鹏宗，

---

① 嘉庆《大清会典事例》卷314《礼部·学校·承袭奉祀》，《近代中国史料丛刊》（第三辑），第3900~3901页。

② （清）曾国荃：《宗圣志》卷8《祀典下》，《儒藏·孔孟史志》第8册，第566页；嘉庆《大清会典事例》记为乾隆三十二年。

③ 嘉庆《大清会典事例》卷314《礼部·学校·承袭奉祀》，《近代中国史料丛刊》（第三辑），第3901~3902页。

包揽代捐奉祀生。① 此次私捐案件涉及山东、安徽、云贵等省，私捐数量非常大。《孔府档案》中记录了东野崇矫等人的详细口供。据东野崇矫称，从乾隆四十四年到乾隆五十年，共私捐 125 名，每名二两、四两、五两、八两、十两不等。

> 以上捐过祀生一百二十五名，每名银八两至十两五钱不等，俱系家人孔伯仲经手。惟沾化等县王锦章、宋景升、王元撷、孟衍孔等四名，系家人李鹏宗经手交银，伊每名得银五两，共得银六百二十五两。其余银两，均系揽捐之人及经手家人孔伯仲侵用。追四十九年秋间，元圣庙内门墙倒塌，无力修葺。家人李鹏宗言，有安徽泾县人翟守煌等情愿捐银修庙，求充祀生。嗣翟守煌、王丙寅、翟达、王双喜、王燕山，共揽捐管廷耀等四十七名，每名各出银五两、十两不等。计得银三百八十两。又执事官孔君重揽捐王西华等三名，每名银八两，计得银二十四两。两次共得银四百零四两。以三十两备办祭品，余银三百七十四两作为修庙之用。已经委员估勘，俱有账簿可查。此东省查出历次揽捐报捐之情由也。诘以云南祝天脱等捐充年月名数银两，并别省有无报捐之人，据供平日捐充祀生，俱系家人孔伯仲经手，并未向其查询住址，当时不知有云南省捐充祀生，亦未悉别省有无私捐之人。②

早在乾隆四十四年间，在东野氏当差的杨于法因盗用钤记，私捐奉祀生，经直隶清河县查出究审，发遣新疆。而乾隆五十年的案件所涉及之人均得到处分，陈伯常杖九十，徒二年半。李明斋杖八十，徒二年。"均至配折责摆站，所得银两照追入官"。李鹏宗、孔君重等分别杖徒枷号。孔伯仲、李尔玉、孔万和、张国祯、杨景山揽捐得银，查明俱已病故。而这些私捐奉祀生的人则将执照上缴，免于责罚。乾隆为了以儆效尤，从严处罚了东野崇矫。据曲阜孔府档案记载："窃照曲阜县五经博士东野崇矫私捐奉祀生，得受银两，滥给执照一案。经前任抚臣明泰革究审，讯明，东

---

① 《清高宗实录》卷 1233，乾隆五十年六月丁未。
② 《曲阜孔府档案资料选编》第 3 编第 2 册，齐鲁书社，1985，第 57~58 页。

野崇矫听从家人李鹏宗及圣庙执事官孔君重等揽捐祀生，共得银四百零四两，为祭品修庙之用。将东野崇矫照枉法赃八十两绞罪，上量减一等拟流"① 定罪。

以上两个案件都发生在乾隆时期，涉及衍圣公和世袭五经博士。在此期间，朝廷不止一次做出规定，但收效甚微。究其原因，一旦获得奉祀生的执照，便可以不经童试直接获得生员的身份，而且能够享受作为生员优免差徭的权利。在利益的诱惑下，私捐一事屡禁不止。一些人为了得到这些利益，不惜缴纳银两，而五经博士等各类人员也可从中分肥。

道光四年（1824），礼部再次查出程博士私给安徽省六安州贩卖烟草的程保龄札付，乾隆年间下令销毁的执照又一次出现。为了避免奉祀生名额流转造成滥员，清政府规定，奉祀生采取嫡长子继承制："嗣后奉祀生出缺，令现充祀生之嫡长子孙承充。有故，始以嫡次子孙充补。再有故，准以近支同曾祖以下之人充补旨。"道光二十三年，礼部清查奉祀生数量，并查出世袭翰林院五经博士曾纪铨私给奉祀生执照。②

私给奉祀生执照屡禁不止，虽然朝廷规定奉祀生资格需由礼部审核，但仍以五经博士与衍圣公的推荐为主，比较随意。另外，奉祀生即使没有得到礼部正式的执照，仍能为庙办差，甚至糊弄地方胥吏，免除差徭。到光绪年间拥有执照的奉祀生越来越少，并不是奉祀生标准提高了，而是置办奉祀生执照到各衙门所需的费用越来越高，原来的奉祀生生老病死一直减少，新的奉祀生补缺一直在进行，而衍圣公或五经博士并不想为了一个奉祀生上报礼部领取执照，如《宗圣志》所称："今山东圣贤后裔奉祀生请领部照者绝少，推原其故，由各衙门需费，一奉祀生办成，视近时捐纳监生所费为多，故往往贫不克办。此亦各衙门所当体恤而曲为成全者也"。③

为了防止奉祀生制度出现问题，清政府出台了各种规定，甚至细致入微到奉祀生外出不得随身携带执照，"嘉庆十八年议定：嗣后充补祀生有因事他出者，呈明衍圣公定予限期，不准将执照携出。仍饬委同充祀生者代为奉祀。如逾限不归，即将原照送部缴销，另选合例之人咨部充补"。④

① 《曲阜孔府档案资料选编》第 3 编第 2 册，第 53 页。
② 光绪《大清会典事例》卷 392《礼部·学校·承袭奉祀》。
③ （清）曾国荃：《宗圣志》卷 8《祀典下》，《儒藏·孔孟史志》第 8 册，第 566 页。
④ 光绪《大清会典事例》卷 392《礼部·学校·承袭奉祀》。

虽然有这些规定制约着奉祀生、世袭五经博士和衍圣公，但是奉祀生并不经科举考试，而且随着奉祀生个人生老病死，奉祀生数量也难以掌控，弊端层出不穷。衍圣公为了维护外地祠庙的祭祀，将奉祀生制度引入先圣先贤的祭祀行列，实际上是将自己的权力延伸到全国各地。但是随着奉祀生设置制度化，随之带来的利益驱使，又使这一制度弊端丛生。奉祀生制度的规范化过程是循序渐进的，而制度的完善则是清廷对衍圣公权力干预的结果。

三 圣贤后裔奉祀生类型分析与支派圣裔宗族

前面我们分析了奉祀生制度产生、发展的过程，那么奉祀生在圣裔宗族的活动中究竟起到什么作用呢？本节将从奉祀生本身出发，将奉祀生放到特定的生活环境中做进一步的分析。

（一）奉祀生类型分析

作为负责祭祀先贤的生员，所祭祀的庙宇位置直接决定了奉祀生在整个圣裔宗族中的地位。因此，本节按照奉祀生所处地方圣贤庙宇的位置将其进行分类分析。

光绪《大清会典事例》记载了经礼部注册的奉祀生，现列表如下。①

省份	山东	直隶	江苏	山西	江西	河南	安徽	福建	浙江	湖北	湖南	陕西	四川	广东	贵州	广西
数量	286	12	151	18	57	22	19	24	17	7	7	11	2	5	2	1
合计	641															

笔者将这些用表格的形式重新整理后发现，光绪年间注册的奉祀生共有 641 人，其中山东有 286 人，占总数的 44.6%。这一分布情况与孔、颜、孟、曾圣裔宗族的分布、圣裔宗族所承认的流寓族谱的修撰情况相吻合。当然，以上数字并不包含衍圣公等私自发放执照的奉祀生。这些奉祀生分别安置在不同的祭祀场所，以曾氏为例，全国各地的曾子庙都需设奉祀生，雍正四年定额为 18 名，后陆续增加，到乾隆年间有 24 名，清后期

---

① 表格根据光绪《大清会典事例》卷 392《礼部·学校·承袭奉祀》制作；另外参考了（清）孔继汾《阙里文献考》卷 18《世爵职官》，《儒藏·孔孟史志》第 2 册，第 529 页。

增至 41 名。奉祀生分别分布在（嘉祥曾子庙）专庙东西两庑各一，寝殿一；先贤正殿二，东西两庑各一，寝殿一，三省堂二。在城书院正殿二，东西庑各一。三省亭一，影堂、耘瓜堂一。济宁祠一，滕县祠一，费县祠一，城武祠一，郯城祠二。六十八代曾兴列又请设郓城祠二，临朐祠二，江西永丰县之木塘祠二，河南上蔡祠一，江南怀宁祠、舒城祠各一。六十九代曾毓墫又请设宗圣墓、先贤曾氏祠各一，二世先儒曾元、先儒曾申、先儒曾华、三世先儒西各一，聊城祠一，新旧通共四十一名。①

笔者把衍圣公在圣贤庙宇中所设奉祀生按照所在祭祀场所分为三种类型。

第一类，祖先被列入到先贤、先儒行列，但后裔并未被赐予世袭五经博士的家族，政府在先圣先贤庙宇内设置一名或多名奉祀生祭祀先贤先儒，并以司管理本家族。例如，东野氏在康熙二十三年以前，其嫡长子为奉祀生，负责祭祀。福建省的奉祀生多为这一类：连江县宋李弥逊祠、明吴文华祠墓、莆田县宋李宏祠、柯潜祠、明郑岳祠、陈彦回祠、陈俊祠、将乐县宋杨时祠、归化县杨时祠、尤溪县朱子祠、浦城县宋真德秀祠、松溪县真德秀祠、光泽县李方子祠、顺昌县宋廖德明祠、闽县宋祝穆祠、古田县宋林允中祠、林用中墓、李侗祠、明林英祠墓、福清县宋林栗祠墓、漳浦县宋高登祠、仙游县宋陆秀夫祠、沙县罗从彦祠，各一名奉祀生。②宁阳县有先贤高子祠，但先贤高子嫡系后裔不是翰林院世袭五经博士。明崇祯元年知县张子恭创建于县衙前街东，祭期为春秋二仲上丁日。康熙三年知县赵缵移建城东南隅，康熙二十七年知县陈学燮移建南关外路东，以高子裔孙高美为奉祀生，康熙三十六年知县李温皋复置泗庄社胡村祭田二十亩，咸丰初知县董春卿修庙立碑。③此类奉祀生往往选择圣贤后裔嫡长子充任并世袭，在宗族事务中充当着宗族族长的职责。因此，此类奉祀生在宗族中的地位较高，为嫡传大宗。以济宁地区先贤任不齐之子孙任弘道为例，任弘道在康熙五十四年为了优免祀田粮赋丁徭，呈请衍圣公移文济宁州时道："切生始祖先贤任子祀典一案，□□熙四十三年具呈案下，荷蒙大宗主移文府州内开云：查照蒸尝大典，遵经则论宗，按律则传嫡，家

---

① （清）曾国荃：《宗圣志》卷 12《荫袭》，《儒藏·孔孟史志》第 8 册，第 566 页。
② 光绪《大清会典事例》卷 392《礼部·学校·承袭奉祀》。
③ 光绪《宁阳县志》卷 6《秩祀祠宇》，《中国地方志集成·山东府志（辑 69）》，凤凰出版社，2004，第 99 页。

国一理，今古同揆。州监生任弘道，系先贤嫡长子孙。任孔昭有功祠庙，应以其子孙奉祀孔昭，至于主鬯先贤，应归大宗弘道。"① 由此可知，任弘道为任不齐嫡传子孙，其不但主持任不齐岁时祭祀，并管理祭祀田地，收宗睦族。

第二类是在已经设有世袭翰林院五经博士的圣裔宗族内设置多名奉祀生，管理一个房间或是庙宇的祭祀活动。这类奉祀生仅仅负责一间房屋或是一座庙宇的祭祀，无法参与宗族重要事务。以上所列举的曾氏奉祀生中专庙与宗圣墓所设的奉祀生为第二种，即在已经设立世袭五经博士管辖圣贤祠墓的地方，重新设置奉祀生，仅管理一间房间的祭祀。

第三类是在已经设有世袭五经博士，但其庙宇在外地，世袭五经博士并不能亲临祭祀，择地方圣裔宗族支派的嫡系主持祠庙的祭祀。曾氏的奉祀生中，济宁祠、滕县祠、费县祠、城武祠、郯城祠、郓城祠、临朐祠、聊城祠、江西永丰木塘祠、河南上蔡祠、江南怀宁与舒城祠的奉祀生，均是此类。这些地方之所以能够设置奉祀生，必须要有两个先决条件。首先，祠庙被曾氏五经博士与衍圣公承认；其次，当地曾氏已经成为曾子后裔的支系宗族。因此，此类奉祀生在当地宗族事务中起到了举足轻重的作用。这类奉祀生的分布也代表着圣裔宗族的分布。

此三类奉祀生中，第一类与第三类在宗族事务中起着领导作用，在宗族中的地位不言而喻。上节已经说明奉祀生本人可以获得与生员同等的权益，而一旦整个宗族内允许设立奉祀生，则标志着宗族被认定为圣裔宗族。那么此宗族不但可以获得名誉，而且能够获得实际利益。清中后期，作为圣裔宗族一旦被衍圣公认可，则整个宗族可以获得优免杂差的权利。上面表格中散落在各省的奉祀生则代表着被衍圣公承认，并纳入到圣裔宗族行列的家族。下面将以湘潭县颜氏后裔奉祀生作为个案进行重点分析。

（二）奉祀生与圣裔联宗

1. 四省合谱与呈请奉祀生

湘潭颜氏是较早与曲阜颜氏取得联系，并且经过当地督抚同意设立奉

---

① 《曲阜孔府档案史料选编》第 3 编第 2 册，第 294 页。档案中具体年代缺字："□□熙四十三年"，应为康熙四十三年。

祀生的宗族。湘潭《颜氏续修族谱》中提到康熙五十年，湖北沔阳颜星携带从曲阜颜氏获得的《陋巷志》，亲自跨越山水，去湖南、江西二省合谱。此次跨省合谱，曲阜颜氏并没有直接参与，而是颜星等以《陋巷志》的颜子世系为标准，将曲阜颜氏视为大宗，与各省世系重新整合。颜星之所以直接找到湖南湘潭、江西永新二地颜氏，原因为三地所追认的始迁祖为颜诩、颜翊、颜翔，此三人在颜子世系中被建构为颜真卿的后裔三兄弟。江西永新始迁祖颜诩，"鲁公之裔暨遗迹在焉，以故吾郡之谈鲁公者，不待读史而后知也。鲁公河北人，初为吉州别驾，游永新禾山，大书龙溪二字于苍崖，风雨间字画犹新，至公裔孙诩五派时来令永新，因家双乳峰下石坡"。① 湖北沔阳与湖南祖先跟随颜诩定居双乳峰，后裔散播到湖南湖北。

颜星，字柳次，为湖北沔阳人。族谱中说颜星与其弟颜旸均为沔阳孝廉，② 但在光绪与民国版的《沔阳州志》中并未发现对他的记载，只能找到对颜旸的描述："颜旸，翼祖子，廪生。以哭母殒身。妻王氏亦以身殉"。③ 与《颜氏族谱》序中记载相同，"始阅（卷）八载，旸哭母殒命。阖郡同词称孝子"。④ 颜旸曾修家谱，并将沔阳颜氏世系按照《陋巷志》作了整合。康熙三十五年，沔阳颜氏呈请设置了沔阳颜氏家庙奉祀生，"岁丙子，乃以谱系源流详请上宪，荷蒙咨兄景沔南邑，世给衣顶承袭奉祀，虽已借光于俎豆，而此心犹有歉焉"。⑤ 此外，颜旸对联宗修谱非常热衷，立志去江西、湖北联谱。康熙年间，湖北沔阳颜旸与江西永新浯溪派颜震、颜澹若、曲阜颜光敉相见，提议通谱，"震与从叔澹若公同举于乡，甲戌走长安得晤东鲁太史学山先生，楚沔阳孝廉厚风先生。两先生曰：吾与若同出一脉，奈天各一方，音问阔绝，顾安得合东鲁吴楚联为一牒，以准古大宗小宗之遗意

---

① （清）颜怀宝：《湘潭颜氏续修族谱》卷3《重刻永新梅州颜氏重修支谱旧序》，道光十八年。

② 《湘潭颜氏续修族谱》与《湘潭颜氏四修族谱》康熙年间的各序言中均称颜星为孝廉。顺治十五年魏裔介奏请施行孝廉方正科，但未具体实行，雍正元年正式实行。光绪《沔阳州志》卷8《选举》中专列一栏为《孝廉方正》，其中并没有颜星。但颜星在族内被称为孝廉应该是有可能的。

③ 光绪《沔阳州志》卷9《人物·孝友》，《中国地方志集成·湖北府县志（辑47）》，江苏古籍出版社，2001，第336页。

④ （清）颜怀宝：《湘潭颜氏续修族谱》卷3《杨缘绥序》，道光十八年。

⑤ （清）颜怀宝：《湘潭颜氏续修族谱》卷3《重刻厚风公综修族谱叙》。

乎"。① 但颜旸并没有成功联宗合谱,而是将此任务交给了颜星。

颜星在康熙五十年到湘潭颜氏之地合谱,合谱成功之后,康熙五十一年十月,湘潭颜氏请求颜氏五经博士呈请衍圣公设奉祀生,"朝廷孝治天下,意综修家谱,合湖南湖北嫡支联为一牒。目击长沙府学春秋二祀无人骏奔,不胜怆感,在府学之有奉祀生也,星非敢妄请也,历任上宪格外栽培,县学奉祀有人,府庠奉祀有人。恩例既有成规,则攀辕呈请,乌能自己?今复圣七十三派孙颜懋琛,籍属湘潭,实系复圣嫡裔,且文行优长,堪奉先祀"。康熙五十一年,颜懋琛为奉祀生,"雍正六年以复圣七十四派孙颜崇达呈请奉祀承袭在案。乾隆三十六年以复圣七十五派孙颜怀江呈请奉祀承袭在案"。乾隆五十八年以颜怀宝承补奉祀生。道光十四年,颜怀宝身故,缴销奉祀生执照,道光十五年冬以颜怀宝之侄颜宗枚补充奉祀生,"复圣颜子七十六派嫡孙与怀宝共祖同宗,而派嫡系怀宝之侄,昭穆不紊。其人品行自爱,礼仪娴熟。举补斯缺"。②

奉祀生既然是呈请官府设置,是一族内共同举荐,自然在族中拥有一定的威信,参加本族的事务也成了奉祀生的责任。宗族内最重要的活动莫过于祭祀祖先。湘潭《颜氏家谱》中载有奉祀生参加祖庙祭祀活动。每年分为春祭、秋祭、复圣诞祭以及冬祭,四个大德祭期。春祭为二月初十日。秋祭为八月初十日。"皆系先日省牲"。九月十六日复圣颜子诞辰,"惟以奉祀生主祭,行礼以上三次,均不开席"。冬至十一月十五日祭始祖,"先日省牲,公择族中年高有德品行兼优者主祭,行礼,祭后开席"。③

2. 奉祀生与优免差徭

除了主持祭祀、掌管祭田等事务外,奉祀生作为唯一受大宗认可的圣裔族人,在与官府交涉时,奉祀生的作用非常关键,例如在嘉庆年间,与族内生监联名向湘潭县呈请优免:

湘潭颜氏合族优免案词

且呈湘潭县人奉祀生颜怀宝、生员颜豫、监生颜谦、颜宗演跪

---

① (清)颜怀宝:《湘潭颜氏续修族谱》卷3《统谱序》。
② (清)颜怀辅:《湘潭颜氏四修族谱》卷1《奉祀生卷宗》,同治七年。
③ (清)颜怀辅:《湘潭颜氏四修族谱》卷1《奉祀生卷宗》。

呈，为恳恩优免赏示勒石事。生等原籍山东曲阜，复圣颜子七十五派嫡孙，因三十六派祖真卿宦籍于吴，诩、翊、翔三祖乔迁南楚，生等散居湘潭。乾隆十八年蒙前辕□姜，会同学宪咨准颜怀宝补充奉祀生，当奉礼部发给执照，在籍奉祀，部照抄电，国恩高厚，重道崇儒。生等久在沾渥中矣，曷敢妄请？但念差徭杂派一切，屡奉恩诏，优恤圣贤后裔，凡宗支散居各省者同仁一视。现今言子后裔尚杰、言志散居湘潭善化、至圣孔子后裔孔毓蒡、孔传琳散居长沙，均禀学宪会同前辕颁示勒石优免在案。生等仰沐皇恩，似可援例优免。葡恩大人推广国恩，锡光贤裔，赏示勒石，将生等合族所置田产除正供外，遇有保甲、区首、团练、总社长、运丁夫役、行铺船户、采买仓谷及一切杂派差徭等项概行豁免。泽并湘流，德齐衡岳。合族顶祝上呈。

嘉庆二十年十二月十五日奉藩宪翁　批：仰长沙府确查妥议，详夺抄照并发。

学宪刘　批：仰湘潭县查明照例办理。

抚宪巴　批：仰布政司核议，具详饬遵抄粘并发。

在恳恩优免差徭之时，需要"颜怀宝等投供结，并具里邻出具甘结"，以及颜怀宝的奉祀生执照，方能验证湘潭此颜氏为贤裔，可优免差徭。此次所免差徭，"将生等合族所置田产除正供外，遇有甲保、区首、团总、社长、运丁、夫役、行铺、船户、采买、仓谷继（及）一切杂派差徭等项，概行豁免"。①

在这次族务中，颜怀宝的奉祀生身份发挥了很大的作用。只有验证了颜怀宝的奉祀生执照，才能证明湘潭颜氏为圣裔宗族，免除差徭杂泛。与此同时，宁湘、湘乡、醴陵、益阳、清泉、零陵六县援引湘潭县例优免差徭。

衍圣公府咨开。本年十一月十六日，据世袭翰林院五经博士颜振吉具详前事词称：湖南宁乡族人颜邦城、清泉县族人颜崇芳、零陵县族人颜添赋、湘乡县颜大全、醴陵县颜邦庆、益阳县颜邦腾等具禀前事：

---

① （清）颜怀宝：《湘潭颜氏续修族谱》卷2《优免》。

"切生等原籍山东曲阜，系复圣七十八派孙、鲁公三十八派孙……嘉庆二十年由湘潭详请优免，颁示勒石，摹碑粘呈。迄来生等会同族人建庙湖南省垣，续修支谱，以序宗支，以昭奉祀。第念皇恩优渥，子孙自应一体均沾，若不捧谱敬呈大宗查对，其中难免异姓冒宗情事，只得呈谱缕恩宗主大人赏赐查对盖印，申详公府给咨，饬县一体优免杂差。"①

本为祭祀设置的生员，其角色却不仅仅是祭祀，从地方事务中看是一种官方的身份，能够得到礼部的执照；从族群中身份而言，奉祀生是由曲阜宗主承认并向管理圣贤后裔的孔氏大宗主呈报过的人员，作为纽带联系着相距遥远的宗族，成为宗主的代言人。②而对于宗族而言，奉祀生的设置便意味着被朝廷与圣贤宗族承认，并最终能够获得优免一切差徭的权力。

清后期圣裔流寓宗族的优免差徭成为常态，在这些优免事例中，绝大多数的由奉祀生呈请五经博士，五经博士呈请衍圣公，然后由衍圣公移文当地州县，最后当地州县承认并发文，给予优免。康熙五十四年，任不齐奉祀生任弘道掌管任氏祭田，呈请衍圣公优免济宁任氏宗族杂泛差徭，"生考颜、鲁、闵、仲诸庙，一切差役丁徭概行豁免，生家世蒙国恩，照各庙则例，理应捐除"。③杜靖在其论文中引用嘉庆二十一年《闵氏优免碑》，其中涉及奉祀生闵传珍、闵传松、闵克相向衍圣公大宗主以及徐州沛县知县提请优免差徭的事例。④光绪二十六年（1900）四月，山东合肥县奉祀生姬隆余、姬隆昌呈请衍圣公优免差徭。⑤

奉祀生作为主持支系圣裔宗族的祭祀人员，不但管理本族的祭田、祭银等财产，而且与族长等一起负责编修族谱，负责本支族的外部交往活动，成为圣裔宗族重要的标志。

---

① （清）颜怀辅：《湘潭颜氏四修族谱》卷1《优免案词》。
② （清）颜怀辅：《湘潭颜氏四修族谱》卷1《优免卷宗》。
③ 《曲阜孔府档案史料选编》第3编第2册，第295页。
④ 杜靖：《中国的旁系宗族——以江苏沛县南北闵堤口闵氏宗族为例》，《山西大学学报》2014年第6期。
⑤ 《曲阜孔府档案史料选编》第3编第2册，第75~76页。

四 清代其他各类祠庙奉祀生

除各地圣贤祠庙以外，清代在更多类型的祠庙设置奉祀生，比如官方认可的先贤祠庙、各类官方认可的人神庙。此一设置使得祠庙祭祀性质发生了变化，这种变化与明代官方规定的随意性不同，将清代原本由民间自发或者半官方推动的祠庙祭祀活动推向了官方祭祀的层面。不知是民间先贤祭祀活动的官方化，抑或是国家祭祀层面的民间化？因此，清代增加奉祀生主持庙宇祭祀的行为与后果，使得祠庙祭祀宗族化、官方化，同时也是地方士人阶层权力扩张的表现。

乡贤名宦祠中设奉祀生为官员祭祀。荆州府的乡贤祠祀有伍员，康熙二十年"学臣蒋批准奉祀生祀员于乡贤祠"。① 这一事例应该不属于礼部认可的范围，而仅仅止于"学臣蒋"的个人行为。

顾炎武记载了苏州阊门外的义学，原本祀孔子，由于要在此地安插一个姓卢的奉祀生，而迁入与苏州毫无干系的卢尚书牌位，使得这个义学不伦不类，引发了争议。卢尚书为涿郡涿县人，官至九江、庐江二郡太守，既非吴人，又非吴官，也未曾到过苏州，仅仅为了安插一个苏州姓卢的人为奉祀生，便把毫无牵扯的卢尚书与孔子和黄门公安排在一个地方，似乎比较牵强。顾炎武认为"为子孙者欲立家祠，自当别创一室，特奉一主，而逼处异姓之卑室，援附无名之血食，于义何居"？这本来是江苏一地寒宗崇祀黄门公的地方，忽然增加一位素不相识的卢尚书，使得苏州当地寒宗子姓怨言颇多，"不佞谓范阳大族，岂无知礼达孝之士"，使得两家多有口角。②

乾隆年间乡贤名宦内奉祀生制度也有了具体的规定，《曲阜县志》记载了名宦乡贤祠的奉祀生需每代于后裔中拣选一人，"崇祀名宦乡贤祠之礼，直省司牧之官，有功斯民，遗爱难泯者，荐绅处士积学力行垂范乡里者，由学校师生公举以达州县，州县以达督抚、学政，岁于八月具疏，部加复核，岁终汇疏以闻。列祀名宦乡贤二祠，每代择适裔一人，由督抚、

---

① 康熙《湖广通志》卷49《乡贤志》，《景印文渊阁四库全书》533-73，台湾商务印书馆，1986。
② 顾炎武：《顾亭林诗文集》卷6《与卢某书》，中华书局，1983，第134页。

学政咨部给照，充奉祀生"。① 此规定也从侧面反映出，乡贤明宦祠的奉祀生人数已经达到了一定的规模。

衍圣公请旨设张温后裔为奉祀生。为了报答张温保护孔仁玉的功劳而设，"张温者，四十三代文宣公之外祖，当孔末造乱之时，微张氏则孔氏几斩矣。倘得白于部无废旧典，亦旌善酬恩之举也"。②孔氏后人岁时祭孔仁玉外祖张温之墓，置祭田，立奉祀生，请蠲其徭役。

苏禄国王后裔设奉祀生祭祀。雍正十一年六月"戊午，苏禄国王臣毋汉末毋拉律林奏：伊远祖东王于明永乐年间来朝，归至山东德州病殁。长子归国嗣王，次子安都禄，三子温哈喇留守坟墓。其子孙分为安、温二姓，岁领额设祭祀银八两，请以其后裔为奉祀生。从之"。③ 苏禄国王之后代设奉祀生，给予顶戴，并且成为定制，有缺则递行遴选。

乾隆年间，将河神的祭祀仿照圣贤祭祀设置奉祀生。乾隆三年，加封河南灵佑襄济之神河臣白钟山，乾隆四十五年大学士阿桂奏："豫省河神最著灵验者为灵佑襄济之神，请于其子孙中赏给奉祀生一人，得旨允行。"④

康熙四十七年，准崇祯年殉难临清之副将阮应兆后裔一人承担奉祀生。⑤

除了以上官方记载以外，奉祀生的形象十分滑稽地出现在各种文献中。

清人涨潮在《虞初新志》中记录了一个为乡里唾弃的淫乱奉祀生："仪真孔姓者，于荒年购得《孔氏家谱》，遂诣县冒称圣裔。时值变乱之余，圣胄散落，县为申请，得补奉祀生，遂于家安设圣位。"⑥

《衢县志》中记录了为北宋名臣赵抃守墓奉祀的为一目不识丁的人，"只一农家子，目不知书，呼见之为补奉祀生员，居公祠侧，以奉烝尝"。⑦

① 乾隆《曲阜县志》卷46《礼典》，《中国地方志集成·山东府县志（辑73）》，凤凰出版社，2004，第328页。
② （清）孔继汾：《阙里文献考》卷18《世爵职官》，《儒藏·孔孟史志》第2册，第529页。
③ 《清史稿》卷9《世宗本纪》，第335~336页。
④ 《高宗实录》卷1101，乾隆四十五年二月壬申。
⑤ 《曲阜孔府档案史料选编》第3编第2册，第336页。
⑥ （清）张潮辑《虞初新志》卷19《切庵偶笔》，河北人民出版社，1985，第382~383页。
⑦ 民国《衢县志》卷26《杂志·赵清献公轶事》，台湾成文出版社，1984，第2707页。

清人梁章钜则记载了杭州机神庙里设褚姓奉祀生一事。杭州机神庙奉褚河南为机神，有同姓氏之人在此充当奉祀生，每逢祭期，祭仪相当隆重。杭州褚氏依靠机神获得了社会荣誉，并借此收族。

"相传河南子某者，迁居钱唐，始教民织染，至今父子并祀，奉为机神，并有褚姓者为奉祀生，即居庙右。然则合二书观之，其为褚河南父子信矣。即以为伯余，亦系黄帝之臣子，又何以用三跪九叩之隆仪乎？"①

近人刘禺生回忆了张之洞设奉祀生为明代思想家陈献章（世称白沙先生）祭祀一事："乡中故老言，清季张香涛之洞督粤，曾来祠礼谒，并奏请以陈铭西为白沙先生奉祀生，饬县每年在祠举行春秋两祭，此事十年前已废弃不行矣。"②

徐宗干在《丙辰日记》中记载了岳飞后裔奉祀生："十五日，宿汤阴岳忠武庙……有孙文节公门人立石，记公助岳氏后裔奉祀生事。"③

不论是人神的祠庙，或是民间并未纳入官方祀典的庙宇，或是先贤祠，均能看到奉祀生的身影。他们多由地方官在当地拣选所谓的后裔担任。只要在祠庙附近，姓氏一致，便可成为奉祀生。值得注意的是，奉祀生能够主持此祠庙祭祀的条件是姓氏一致，并承认此人是自己的祖先，这使得人神祭祀更接近于家族祠堂祭祀。

奉祀生的设置很随意，却占用生员一名，所以民间又称其为香火书生。奉祀生员可以免除杂泛差徭，是有实际利益的清闲差事。顾炎武在《生员论》中则表达了对奉祀等生员的消极观点：

> 今之生员，以关节得者十且七八矣，而又有武生、奉祀生之属，无不以钱鬻之。夫关节，朝廷之所必诛，而身家之情，先王所弗能禁，故以今日之法，虽尧、舜复生，能去在朝之四凶，而不能息天下之关节也。然则如之何？请一切罢之，而别为其制……天下之病民者有三：曰乡宦，曰生员，曰吏胥。是三者，法皆得以复其户，而无杂泛之差，于是杂泛之差，乃尽归于小民。今之大县至有生员千人以上

---

① （清）梁章钜：《浪迹丛谈》卷1，上海古籍出版社，2012，第158页。
② 刘禺生：《世载堂杂忆》，中华书局，1960，第285页。
③ （清）徐宗干：《斯未信斋杂录·丙辰日记》，《台湾文献丛刊93》，台湾大通书局，1987，第107页。

者，比比也。且如一县之地有十万顷，而生员之地五万，则民以五万而当十万之差矣；一县之地有十万顷，而生员之地九万，则民以一万而当十万之差矣。民地愈少，则诡寄愈多，诡寄愈多，则民地愈少，而生员愈重。富者行关节以求为生员，而贫者相率而逃且死，故生员之于其邑人无秋毫之益，而有丘山之累。然而一切考试科举之费，犹皆派取之民，故病民之尤者，生员也。故曰：废天下之生员，而百姓之困苏也。①

顾炎武认为清代的生员占用了编户的资源，但又不纳差徭，成为病民困民因素，尤其武生、奉祀生，大多捐纳所得，没有真才实学，仅仅是一些寄生民而已。他的看法显然偏激了一些，明末清初的民困不是由生员直接造成的，他们优免差徭，但无关正赋。而且生员的规模究竟有多大仍然是难以厘清的问题。但是毫无疑问的是，生员的存在加剧了民困。

明清时期把地方先贤庙宇用赐封翰林院世袭五经博士的手段，将地方上重要的圣贤祠庙纳入国家祭祀的范畴之内，同时一些较小的祠庙则交由奉祀生岁时祭祀，使得地方先贤祭祀脱离了原来私祭转为半官方祭祀。这是明清两代推行儒家教化的结果，也是思想专政进一步强化的表现。明清圣贤的地方祭祀系统已经日趋完善与稳定，在政府的强力干预下，形成了衍圣公、世袭翰林院五经博士与奉祀生的官方祭祀制度。同时，由于这些坐落于地方的圣贤庙宇具有官庙与家庙的双重性质，衍圣公、世袭翰林院五经博士同时又是各个圣裔宗族的宗主，管理着各宗族事务。正是在这样的系统下，圣裔宗族最终形成，并开始展现出其自身的发展历程。而另一方面，清政府将奉祀生制度扩展到所有人神祠庙的祭祀中，将人神祠庙的祭祀加以官方化，同时也是将人神的祭祀家族化。伴随着这种祭祀制度的产生与发展，士人阶层的权力进一步扩张，在地方上发挥着越来越重要的作用。

（作者单位：南开大学）

---

① 顾炎武：《顾亭林诗文集》卷1《生员论（中）》，第22～23页。

"经之运动"与"史之改造":梁启超的"学术转向"及其自我书写

袁立泽

摘　要：梁启超作为清季民初极富代表性的政治家、思想家，始终活跃于政治和舆论的舞台。激剧动荡的社会进程，造成其"流质易变"的特异表现。"欧游"之后，他淡出政治，潜心著述讲学，用生命的最后十年，完成了从政治到学术的自觉转向，实现了外在"转向学术"与内在"学理转向"之间交互影响的双重"蜕变"。他本人带有"学问上兴味"的自我书写，则为我们解读"过渡时代"政治与学术的畛域交织，提供了生动的样本和深刻的启迪。

关键词：晚清今文学　史之改造　学术转向　自我书写

梁启超作为清季民初极富代表性的政治家、思想家，一生跌宕起伏，进退成败，波谲云诡；得失之间，异彩纷呈。他被裹挟在时代的潮流与政治的旋涡中，顽强坚守传统士人救时济世的特有情怀，始终活跃于政治和舆论的舞台，数十年间奔走呼号，殚精竭虑，启迪民智，不遗余力，成为政学两界广涉博通、影响尤巨的领袖人物。

他的经历最为丰富，思想最为敏锐，建树最为广泛，在近代中国社会政治、思想、文化各个领域，高屋建瓴，披荆斩棘，领新标异，卓然自任，创辟之功，前无古人，无愧为杰出的先行者、卓越的奠基人。可以说，"过去半世纪的知识分子，都受了他的影响"。①

他"不仅亲历了从戊戌维新到北伐战争的三十年间中国政局的一切变

---

① 曹聚仁：《中国学术思想史随笔》，生活·读书·新知三联书店，1986，第 350～351 页。

化,而且多次置身于变化的漩涡中心"。① 激剧动荡的社会进程,亦相应造成其"善变"的特异表现。"随时转移,巧于通变",② 进退屡变,沉浮无定,同时代人诟病于此,指责与夹攻纷沓而至。梁启超尝自言:"启超太无成见,其应事也有然,去治学也亦有然。"③

可以说,梁氏一方面是中国近代政治的开风气者,一方面又是中国近代学术的开先河者。他一生著述逾千万字,成果丰硕,被誉为中国近代百科全书式的学者,"不惟其为学领域之广博,在他那个时代罕有匹敌,而且其锐意创新之开拓精神,在中国学术史上更是堪称不朽"。④ 他秉持学术自觉与学术救国的理想信念,尝谓:"泰西之政治,常随学术思想为转移;中国之学术思想,常随政治为转移,此不可谓非学界之一缺点也",⑤ 切望能以"学术之势力"来"左右世界",直言:"学术思想之在一国,犹人之有精神也",曾不无忧虑地表示:"自今以往二十年中,吾不患外国学术思想之不输入,吾惟患本国学术思想之不发明",⑥ 奋力疾呼:"欲救今日之中国,莫急于以新学说变其思想。"⑦

因此,"总结他在开拓道路上的成败得失,对他的研究成果作出实事求是的、科学的评价,是很有必要的"。⑧ 本文围绕梁启超 20 世纪 20 年代的"学术转向"及其自我书写,尝试从以下几个方面,略作粗浅梳理和解读。

一 "治学与问政"的"善变"交错

对于梁启超的"善变",有学者总结其"前后约有十变",⑨ 称:"因为梁启超多变,当时便遭到来自对立方面和自己营垒的种种非议。孙中山痛斥其'忽言革命,忽言破坏','一人而持二说,首鼠两端'。章太炎指

---

① 朱维铮:《导读》,梁启超著《清代学术概论》,上海古籍出版社,1998,第3页。
② 郭湛波:《近五十年中国思想史》,山东人民出版社,1997,第35页。
③ 梁启超:《清代学术概论》,第89页。
④ 陈祖武:《清代学术源流》,北京师范大学出版社,2012,第401页。
⑤ 梁启超:《论中国学术思想变迁之大势》,上海古籍出版社,2001,第51页。
⑥ 梁启超:《论中国学术思想变迁之大势》,第6页。
⑦ 丁文江、赵丰田:《梁启超年谱长编》,上海人民出版社,1983,第277页。
⑧ 陈祖武:《清代学术源流》,第380页。
⑨ 李华兴:《近代中国的风云与梁启超的变幻》,《近代史研究》1988年第2期。

责他'始言革命，终言立宪，浮夸转变，……其心固非有定见，《民报》甚至载文骂他是'蝙蝠名士''反复小人'。曾经热烈赞扬梁启超'一字千金'的挚友黄遵宪，后来也责怪他'言屡易端，难于见信'。"乃师康有为急斥之曰"流质易变"，① 这也成为对梁氏近乎标识性的评语。

为此，梁启超坦承："吾数年来之思想，已不知变化流转几许次"，② 检讨说："见理不定，屡变屡迁，此吾生之所以最短也……平生遗憾，莫此为甚。"③ 有时也会"不可思议"于自己"何以锐退如此其疾也"。④ 他也尝自辩，"善变"肯定不能算是他的"成心"之举。在写给孙中山的一封信中，谈及"办事宗旨"，称："弟数年来，至今未尝稍变，惟务求国之独立而已，若其方略，则随时变通。但可以救我国民者，则倾心助之，初无成心也。"⑤其"不变"者，可见一斑。

郑振铎在梁启超去世不久，作长文悼念，特意将此点拈出，大加谈论一番，说："梁任公最为人所恭维的——或者可以说，最为人所诟病的——一点是'善变'。无论在学问上，在政治活动上，在文学的作风上都是如此。"⑥ 进而评价说："他之所以'屡变'者，无不有他的最强固的理由，最透澈的见解，最不得已的苦衷。他如顽执不变，便早已落伍了，退化了……；他如不变，则他对于中国的供献与劳绩也许要等于零了。他的最伟大处，最足以表示他的光明磊落的人格处便是他的'善变'，他的'屡变'。"⑦

朱维铮认为，身负"改革家兼政论家的名望"⑧ "精力更显得超群"的梁启超，"以一身推进'言论与政治并行'，顾此失彼，自不可免"。⑨

---

① 丁文江、赵丰田：《梁启超年谱长编》，第 299 页。
② 梁启超：《饮冰室文集》原序，吴松等点校《饮冰室文集点校》第一集，云南教育出版社，2001，第 1 页。
③ 梁启超：《答和事人》，吴松等点校《饮冰室文集点校》第三集，第 1606 页。
④ 梁启超：《政治学大家伯伦知理之学说》，吴松等点校《饮冰室文集点校》第一集，第 459 页。
⑤ 丁文江、赵丰田：《梁启超年谱长编》，第 181 页。
⑥ 郑振铎：《梁任公先生》，夏晓虹编《追忆梁启超》（增订本），生活·读书·新知三联书店，2009，第 73 页。
⑦ 郑振铎：《梁任公先生》，夏晓虹编《追忆梁启超》（增订本），第 74 页。
⑧ 朱维铮：《导读》，梁启超著《清代学术概论》，第 2 页。
⑨ 朱维铮：《导读》，梁启超著《清代学术概论》，第 21 页。

"他是清末的改革家，民初更直接登上国内政坛"，① 身处"中国受外患最危急的一个时代"里，面对"进取"与"保守"的时代潮流，在目睹了军阀统治的种种恶劣与不堪和社会政治的种种晦暗与衰颓后，时时"令人呕气"，备感心力交瘁，回首"历年之政治谭，皆败绩失据"，② 况且"屡为无聊的政治活动所牵率，耗其精而荒其业"。③ 在给女儿的信中，他悔叹说："国内种种棼乱腐败情状，笔安能罄……吾在此日与妖魔周旋，此何可耐，要之无论何路，皆行不通，而又不能不行，此所以为苦也。"④ 后来，梁启超还反省说："中国的学者，向来什有九都和政治有关。这种关系每每妨碍思想之独立，最少也分减了研究的岁月和精神。"⑤ 故此，梁氏屡言退出政治。

早在 1914 年辞去政府职务，避居天津的时候，梁启超就萌发了退出政治的念头。第二年创办《大中华》杂志，梁氏致《发刊辞》，表达对政治的极端失望，说"我国民积年所希望所梦想，今殆一空而无复余"，故不必讳言，"今日之政治，与吾侪之理想的政治甚相远……吾以为中国今日膏肓之疾，乃在举全国聪明才智之士，悉萃集于政治之一途！"⑥ 同期他还撰文《吾今后所以报国者》，称"吾二十年来之生涯，皆政治生涯也。……吾尝自讼，吾所效之劳，不足以偿所造之孽也"，"故吾自今以往，不愿更多为政谭……至其政治上言论行动，吾决不愿有所与闻，更不能负丝毫之连带责任。"他对自己提出的要求是："吾虽不敏，窃有志于是，若以言论之力，能有所贡献于万一，则吾所以报国家之恩我者或于是乎在矣！"⑦

1917 年 10 月，他辞去北洋政府财政总长的职务，从此"官运"终结。至 1918 年夏，梁启超着手考虑"出杂志，专言学问，不涉政论"。⑧ 错综复杂的社会矛盾，变幻莫测的时代进程，充满彷徨与变数的政治生涯，对

---

① 朱维铮：《导读》，梁启超著《清代学术概论》，第 3 页。
② 梁启超：《吾今后所以报国者》，吴松等点校《饮冰室文集点校》第四集，第 2394 页。
③ 梁启超：《清代学术概论》，第 90 页。
④ 丁文江、赵丰田：《梁启超年谱长编》，第 663～664 页。
⑤ 梁启超：《明清之交中国思想界及其代表人物》，刘东编《梁启超文存》，江苏人民出版社，2012，第 467 页。
⑥ 梁启超：《大中华·发刊辞》，《大中华》1915 年第 1 卷第 1 期。
⑦ 梁启超：《吾今后所以报国者》，吴松等点校《饮冰室文集点校》第四集，第 2395 页。
⑧ 丁文江、赵丰田：《梁启超年谱长编》，第 863 页。

梁启超的身心造成累累伤痛，已无丝毫可"沾沾自喜"的地方。而打破这一"心结"的契机则是随后开启的"欧游"之旅。

第一次世界大战期间，梁氏力主对德宣战。结果"欧战以协约国得胜告终，给力主中国参战的梁启超带来了出头机会。他很快取得大总统徐世昌的支持，由政府提供大半经费，'以个人资格前往欧洲'"。[1]

1918年10月26日，梁启超在出游欧洲前，接受《申报》采访，再一次宣称："一年以来，闭户自精……自审心思才力，不能两用，涉足政治，势必荒著述，吾自觉欲效忠于国家社会，毋宁以全力尽瘁于著述，为能尽吾天职，故毅然中止政治生涯，非俟著述之愿略酬，决不更为政治活动，故凡含有政治意味之团体，概不愿加入。"[2]

出游欧洲前夕，梁氏与他的几个晚辈朋友竟夜未眠，"谈了一个通宵，着实将从前迷梦的政治活动忏悔一番，相约以后决然舍弃，要从思想界尽些微力，这一席话……换了一个新生命"。[3] 后来，梁启超自诩说，自己"生平是靠兴味做生活源泉"，而且两种兴味——学问兴味与政治兴味"都甚浓"，只是两样比较之下，"学问兴味更为浓些"。他常常梦想着，能够在稍为清明些的政治之下，"容我专作学者生涯"。但又感觉，若不管政治，便意味着"逃避责任"，所以应该"做个学者生涯的政论家"。[4] 而这一次"欧游"，终于使他有机会从"问政"抽身，转到"治学"的方向上来了。

二 "欧游心影"的"转捩"自觉

梁启超于第一次世界大战后的1918年10月，赴欧考察，1920年3月初归国，前后历时一年多。同时，他所作的《欧游心影录》于1920年3月至6月在北京的《晨报》和上海的《时事新报》上连载。这一次"欧游"之行，究竟给他造成了怎样的影响呢？

1919年6月9日，旅途中的梁启超作《与仲弟书》，兴奋之情，溢于言表，说："数月以来，晤种种性质差别之人，闻种种派别错综之论，睹

---

[1] 朱维铮：《导读》，梁启超著《清代学术概论》，第6页。

[2] 丁文江、赵丰田：《梁启超年谱长编》，第868页。

[3] 丁文江、赵丰田：《梁启超年谱长编》，第874页。

[4] 梁启超：《外交欤内政欤》，吴松等点校《饮冰室文集点校》第六集，第3651页。

种种利害冲突之事……吾自觉吾之意境,日在酝酿发酵中,吾之灵府必将起一绝大之革命,惟革命产儿为何物,今尚在不可知之数耳。"①

1920 年 3 月,梁启超欧游归来即在上海的中国公学发表演讲,向国人介绍欧洲资本主义世界在第一次世界大战和俄国十月革命之后的诸般景象,发出许多惊人之语。他说:"此次游欧,为时短而历地多,故观察亦不甚清切,所带来之土产,因不甚多,惟有一件可使精神受大影响者,即将悲观之观念完全扫清是已。因此精神得以振作,换言之,即将暮气一扫而空。"② 他乐观地表示:"鄙人自作此游,对于中国,甚为乐观,兴会亦浓。且觉由消极变积极之动机,现已发端,诸君当知中国前途绝对无悲观,中国固有之基础,亦最合世界新潮。"

朱维铮解释说:"引起轰动的主要是文中的两个见解,那就是对'科学万能'的诅咒,对'东方文明'的讴歌。"③ 不过,"诅咒"一词显然言过其实了。朱维铮又补充说:"他的针砭本身也属于悖论,如他在批判'科学万能之梦'一节'自注'所说,'我绝不承认科学破产,不过也不承认科学万能罢了'。"④

倒是《梁启超年谱长编》的编者别具慧眼,评论说:"先生在欧游期中,其随时随地所经历观察和感想都有记述……上面这几篇文章里最要紧的是第一文(注:指《欧游心影录》)的下篇——《中国人之自觉》,因为读了这篇可见先生思想见解转变之迹,和对于将政治社会等问题的主张。"⑤ 朱维铮强调:"欧游一年,对梁启超的思想与政见的影响确实不小,尽管未必可说'换了一个新生命',却在言论取向上起了一个大变化。"⑥

在《欧游心影录》中,梁氏惊呼,这是"人类历史的转捩",⑦ "所以我觉得这回大战,还不是新世界历史的正文,不过一个承上起下的转捩段落罢了"。⑧ 那么彼处的"转捩",在梁氏这里又是怎样表现的呢?

① 丁文江、赵丰田:《梁启超年谱长编》,第 880~881 页。
② 梁启超:《梁任公在中国公学之演说》,《东方杂志》1920 年第 17 卷第 6 期。
③ 朱维铮:《导读》,梁启超著《清代学术概论》,第 16 页。
④ 朱维铮:《导读》,梁启超著《清代学术概论》,第 19 页。
⑤ 丁文江、赵丰田:《梁启超年谱长编》,第 895 页。
⑥ 朱维铮:《导读》,梁启超著《清代学术概论》,第 10 页。
⑦ 梁启超:《欧游心影录》,商务印书馆,2014,第 6 页。
⑧ 梁启超:《欧游心影录》,第 8 页。

梁启超在《思想之矛盾与悲观》一节中说:"凡一个人,若是有两种矛盾的思想在胸中交战,最是苦痛不过的事。"① 他看到,"近代的欧洲,新思想和旧思想矛盾,不消说了。就专以新思想而论,因为解放的结果,种种思想同时从各方面迸发出来,都带几分矛盾性"。即便是在积弱的中国面前,不可一世的强者——欧洲,亦概莫能外地深陷在它自身所造成的重重矛盾中,以致"愈发展得速,愈冲突得剧"。

在下篇《中国人之自觉》最后一节《中国人对于世界文明之大责任》中,梁启超不无欣慰地倡言:"我觉得我们因此反省自己从前的缺点,振奋自己往后的精神,循着这条大路,把国家挽救建设起来决非难事。……明白这道理,自然知道我们的国家,有个绝大责任横在前途。什么责任呢?是拿西洋的文明,来扩充我的文明,又拿我的文明去补助西洋的文明,叫他化合起来成一种新文明。"②

这个"酝酿"着的"转捩",一经"发酵"的结果,遂使得梁启超跳出了一国一地之"狭隘",开始用一种崭新的"世界"的眼光,打量起整个世界与世界中的中国。"不是把自己的国家弄到富强便了,却是要叫自己国家有功于人类全体",即"我们人数居全世界人口四分之一,我们对于人类全体的幸福,该负四分之一的责任。不尽这责任,就是对不起祖宗,对不起同时的人类"。③ 梁氏头一回将中国看作为整个"世界文明"、人类文明的一个组成部分,所以,他热切期盼,要唤起"国民"的自觉,唤起"国民"的"运动","现在的欧洲……万事万物,都是'群众化'"。④

他力主"文化运动向实际的方面进行",⑤ 在《欧游心影录》的《国民运动》一节分析说:"'怎样才叫做国民运动?''第一,要不是政客式的运动;第二,要不是土豪式的运动;第三,要不是会匪式的运动。是要全国真正良善人民的全体运动。'"⑥ 而在 1921 年 12 月的一次演讲中,梁氏自责说:"因为我从前始终脱不掉'贤人政治'的旧观念,始终想凭藉

---

① 梁启超:《欧游心影录》,第 21 页。
② 梁启超:《欧游心影录》,第 48~49 页。
③ 梁启超:《欧游心影录》,第 51~52 页。
④ 梁启超:《欧游心影录》,第 23 页。
⑤ 梁启超:《改造》发刊词,《改造》1920 年 9 月第三卷第一号。
⑥ 梁启超:《欧游心影录》,第 47 页。

一种固有的旧势力来改良这国家。所以和那些不该共事或不愿共事的人,也共过几回事。虽然我自信没有做坏事,多少总不免被人利用我做坏事,我良心上无限苦痛。"而"国民运动",就是"由少数弱者的自觉,唤起多数的自觉;由少数弱者的努力,拢成多数的努力"。①

至于说梁启超本人"转捩"的自觉,则如其所言,即"专作学者生涯"。此际的梁氏已然在自觉履行跟友人的"承诺"——认真做起"转向学术"的事情。一方面,"我很盼望最近的将来,有真正的国民运动出现";一方面,"倘若有么,我梁启超应该使役我的舌头和笔头,来当个马前小卒"。②

1922 年初,梁启超为庆祝《申报》50 周年,作《五十年中国进化概论》。他先是总结 50 年来中国人的"学问进步"经历了三期发展,谓"革命成功将近十年,所希望的件件落空,渐渐有点废然思返……恰值欧州大战告终,全世界思潮都添许多活气。……所以,最近两三年间,算是划出一个新时期来了"。③ 讲到后面,别有会心,不忘将自己那一代人拎出来,大大提上一笔,说:"从甲午、戊戌到辛亥……后起的人,一时接不上气来,所以中间这一段,倒变成了黯然无色。但我想,这时代也过去了,从前的指导人物,像是已经喘过了一口气,从新觉悟,从新奋斗,后方的战斗力,更是一天比一天加厚。在这种形势之下,当然有一番新气象出来。"④ 文中所指"从前的指导人物",不言自明;而"一番新气象",更是实有所指。

是年 10 月 10 日,《梁任公近著第一辑》编定成书,梁氏自序称:"民国九年春,归自欧洲,重理旧业,除在清华、南开诸校担任功课,及在各地巡回讲演外,以全力从事著述。已仰布者有《清代学术概论》约五万言,《墨子学案》约六万言,《墨经校释》约四万言,《中国历史研究法》约十万言,《大乘起信论考证》约三万言。又三次所辑讲演集共十余万言。其余未成或待改之稿有《中国韵文里头所表示的情感》约五万言,《国文

① 梁启超:《外交欤内政欤》,吴松等点校《饮冰室文集点校》第六集,第 3643 页。
② 梁启超:《外交欤内政欤》,吴松等点校《饮冰室文集点校》第六集,第 3651 页。
③ 梁启超:《五十年中国进化概论》,吴松等点校《饮冰室文集》第五集,第 3250 页。
④ 梁启超: 《五十年中国进化概论》,吴松等点校《饮冰室文集》第五集,第 3251 ~ 3252 页。

教学法》约三万言，《孔子学案》约四万言，又《国学小史稿》及《中国佛学史稿》全部弃却者各约四万言，其余曾经登载各日报及杂志之文，约三十余万言，辄辑为此编，都合不满百万言，两年有半之精力，尽在是矣。"①

短短两年多的时间里，这位"从新觉悟""从新奋斗"的"指导人物"，著述之勤，成果之丰，"战斗力"之"厚"，不得不令人瞠目。

三 "今文学"运动的"叙述"反复

晚清"今文学"运动是中国学术从传统向近代过渡的关键环节，梁启超作为晚清"今文学"营垒中的"健将"，担当了"猛烈的运动宣传者"角色。在他"转向学术"的过程中，如何运用学术的方式，给自己作一个相对允当的评价，显非易事。

梁启超治清代学术史的"处女作"是《近世之学术》。1902年，梁氏发愿结撰《论中国学术思想变迁之大势》，原拟作16章，但仅写至第六章《隋唐佛学》，便因故搁笔。两年后，才于1904年夏，续作第八章。② 以《近代之学术》为题，代替了原来16章结构中的第八章《衰落时代》和第九章《复兴时代》。

1920年10月，梁启超撰成《清代学术概论》的初稿，以《前清一代思想界之蜕变》为题，交《改造》杂志连载；次年2月，单行本由商务印书馆刊行。"谁都知道当年的上海商务印书馆主持者很有'经济'头脑，他们在梁启超死后第三年即一九三二年，赶在中华书局将本书收入《饮冰室合集》而印出之前又抢先出了本书第八版，便可证本书受读者欢迎的程度。"③

继《清代学术概论》，1924年，梁启超又将其在清华等校讲授"清学史"的讲稿整理后，分别交《晨报》《国文学会丛刊》《史地学报》《东方杂志》等陆续刊载，此即梁著"清学史"的又一名著——《中国近三百年学术史》。④

---

① 丁文江、赵丰田：《梁启超年谱长编》，第966页。
② 陈祖武：《清代学术源流》，第380~384页。
③ 朱维铮：《导读》，梁启超著《清代学术概论》，第2页。
④ 张勇：《梁启超与晚清"今文学"运动》，北京大学出版社，2017，第4页。

合此三著,蔚成梁启超"对清代学术史的开创性研究",尤其后两种,"实在是梁先生最后的贡献于学术界的成绩,而为后来研究梁先生的学术的人们所不可不读之书"。① 1936 年,郭湛波在其再版的《近五十年中国思想史》中,评价梁氏说:"我以为他最大的贡献,要算他有清一代的思想学术的整理,非他人所可比及。"②

兼有晚清"今文学"运动亲历者和叙述者双重身份,梁启超在这三部"清学史"著作里进行了怎样的措置呢?在《清代学术概论》的《自序》,他解释说,自己的"根本观念"与此前的《近世之学术》,"无大异同,惟局部的观察,今视昔似较为精密。且当时多有为而发之言,其结论往往流于偏至。——故今全行改作,采旧文者十一二而已"。③ 在《中国近三百年学术史》的开篇,梁氏叙曰:"我三年前曾作过一部《清代学术概论》。那部书的范围和这部讲义差不多,但材料和组织很有些不同。"④ 一则"无大异同",一则"差不多",可不论是晚清"今文学"运动的叙述安排,还是梁启超"个人角色"的"盖棺之论",三部著作在这两方面却都存在着不小的出入。

"今文学"在清学史中地位如何?《近世之学术》将清学分为四期,"今文学"不过居其一,属于第三期;《清代学术概论》中,则与前期"考证学"并列为清学两大潮流之一;至《中国近三百年学术史》,"今文学"已无独立的位置,成为融入晚清新思想大潮的若断若续的支流。⑤

梁启超的"个人角色"又表现如何呢?在《近世之学术》中,康有为和谭嗣同被推为主角,梁氏未曾给自己留下什么位置;《清代学术概论》则巨峰突起,给予了梁氏"猛烈"的"宣传运动者"⑥的自我定位,且十分自信地说:"'今文学'之运动,鄙人实为其一员,不容不叙及。"⑦ 自

① 郑师许:《我国学者与政治生活——为哀悼梁任公先生而作》,夏晓虹编《追忆梁启超》(增订本),第 97 页。
② 郭湛波:《近五十年中国思想史》,第 222 页。
③ 梁启超:《清代学术概论》自序。
④ 梁启超:《中国近三百年学术史》,朱维铮校注《梁启超论清学史二种》,复旦大学出版社,1985,第 91 页。
⑤ 张勇:《梁启超与晚清"今文学"运动》,第 73~74 页。
⑥ 梁启超:《清代学术概论》,第 83 页。
⑦ 梁启超:《清代学术概论》自序。

谓:"梁启超可谓新思想界之陈涉。虽然,国人所责望于启超不止此。以其人本身之魄力,及其三十年历史上所积之资格,实应为我新思想界力图缔造一开国规模。若此人而长此以自终,则在中国文化史上,不能不谓为一大损失也。"① 因此他对自己痛加深责:"晚清思想界之粗率浅薄,启超与有罪焉!""以现在执笔之另一梁启超,批评三十年来史料上之梁启超也。其批评正当与否,吾不敢知。"②《中国近三百年学术史》则继续这种"高调",从"猛烈宣传"的"一员走卒",跃升至清末思想界的四大"重镇","好的坏的影响,他们都要平分功罪"。③ 但"已少从今文学立论,代之以更多强调其在晚清政治变革和吸收外来思想方面的作用和影响"。④

从两方面"叙述"的反复中,不难看出,"久抱著《中国学术史》之志,"⑤ 力图在思想界"缔造"一开国规模的梁启超,的确是想"要在学术史上留下悠远的效应"。⑥ 难怪朱维铮说他"自己在年尚未'知天命'之前,便给自己预作了盖棺之论",⑦"这位至死'仍于政治方面有泛运动之兴趣'的人物,晚年的学者生涯,其实是中年政治生涯的直接继续"。⑧ 只是这一"接",反倒脱离了旧的轨道,载着学问的"兴味",抵达了治学的"大路"。

四 "有清一代学术"的"观察"重启

当初,梁启超撰《清代学术概论》,"本是作者应邀为友人蒋方震所著《欧洲文艺复兴史》写的序言,就是说原来没有打算写成一部书"。⑨ 然而,梁启超在《自序》中却坦承,"吾著此篇之动机有二",列在首位的"动机"是"胡适语我:晚清'今文学运动',于思想界影响至大,吾子实躬

---

① 梁启超:《清代学术概论》,第89页。
② 梁启超:《清代学术概论》自序。
③ 梁启超:《中国近三百年学术史》,朱维铮校注《梁启超论清学史二种》,第125页。
④ 张勇:《梁启超与晚清"今文学"运动》,第75页。
⑤ 梁启超:《清代学术概论》第二自序。
⑥ 朱维铮:《导读》,梁启超著《清代学术概论》,第29页。
⑦ 朱维铮:《导读》,梁启超著《清代学术概论》,第32页。
⑧ 朱维铮:《导读》,梁启超著《清代学术概论》,第15页。
⑨ 朱维铮:《导读》,梁启超著《清代学术概论》,第1页。

与其役者,宜有以纪之"。至于"蒋著"新成,"索余序……作此文以代序"①,则被放在"其二"的位置上。"人们往往乐于重复梁氏所谓原为蒋方震……作序,因篇幅几等于蒋著,遂独立成篇的逸事",② 而忽略了"首先是因为接受胡适的劝告"③ 这一层开篇前就特意申明的理由。

再往下读梁氏的《自序》,便会发现"端倪"。他接着讲:"余于十八年前,尝著《(论)中国学术思想变迁之大势》,刊于《新民丛报》,其第八章论清代学术……余今日之根本观念,与十八年前无大异同。"④ 上一节已弄清楚《论中国学术思想变迁之大势》与《清代学术概论》的前后关系,问题是"这里梁启超两次提到'十八年前',提醒人们注意他'今日的根本观念',早在一九〇二年便基本定型了"。⑤ 事实却不然,据朱维铮考证,"其中'十八年',应改为'十六年',才算属实"。⑥ 何以会如此呢?原来"梁启超不是本世纪(注:指 20 世纪)研究清学史的第一人"。⑦

朱维铮说:"周予同先生首先指出这一点:'梁氏论述近三百年学术史,实是从章太炎《清儒》那里来的。"⑧《清儒》是章著《訄书》重订本的第十二篇。这个重订本于一九〇四年首刊于日本东京,与梁著《近世之学术》同年。⑨ 其实,《近世之学术》行文中,梁氏明确标出,是参考了同年面世的章著《清儒》等篇内容,称:"以上叙传授派别,颇采章氏《訄书》而增补之。"⑩ 既是"颇采"而后"增补",那么他的"根本观念",就不可能不打下章氏的"烙印"。故此,从 1904 年到 1920 年,应该是 16 年,而非从 1902 年到 1920 年的 18 年。

朱维铮进一步论述:"难道十六年后梁启超在学术上变得不诚实了吗?

---

① 梁启超:《清代学术概论》自序。
② 张勇:《梁启超与晚清"今文学"运动》,第 9 页。
③ 朱维铮:《导读》,梁启超著《清代学术概论》,第 3 页。
④ 梁启超:《清代学术概论》自序。
⑤ 朱维铮:《导读》,梁启超著《清代学术概论》,第 23 页。
⑥ 朱维铮:《导读》,梁启超著《清代学术概论》,第 24 页。
⑦ 朱维铮:《导读》,梁启超著《清代学术概论》,第 23 页。
⑧ 朱维铮:《导读》,梁启超著《清代学术概论》,第 25 页。
⑨ 朱维铮:《导读》,梁启超著《清代学术概论》,第 24 页。
⑩ 梁启超:《论中国学术思想变迁之大势》,第 122 页。

可以说是，也可以说不是。这十六年中梁启超与章太炎政治上异大于同，尤其是南北分裂中间，他们的政治态度绝异。这时梁启超著书，即使单从政见考虑，也会缩小他曾从章太炎那里获得的学术启迪……当然不会明白地承认曾受章太炎的影响。"① 朱维铮又一针见血地指出，梁启超之所以使出"倒填著论时间"的"手法"，是要与章太炎"来争'论清代学术'的首创权"。②

《清代学术概论》是梁启超"转向学术"后第一部系统之作，长期风行不衰，"获得雅俗共赏的悠远效应"，自有其优长所在，远非"局部的观察"所可限量。陈祖武认为：其先，在《论中国学术思想变迁之大势》这部著作（包括《近世之学术》），"虽然对章炳麟所著《訄书》有所借鉴，但是却以较之太炎先生略胜一筹的高屋建瓴之势，对 200 余年间学术演进的历史作了鸟瞰式的勾勒……在清代学术史研究中，实在是一个创举"。③ 以 1920 年《清代学术概论》的发表为标志，梁启超"二度进入清代学术史研究领域"，④ 且在"更深的程度和更广的切面上，展示了他对清代学术史的思考，从而使这部论著成为他晚年治清代学术史的纲领性著作"。⑤

梁启超曾在《清代学术概论》中，鼓励自己说："识者谓启超若能永远绝意政治，且裁敛其学问欲，专精于一二点，则于将来之思想界尚更有所贡献，否则亦适成为清代思想史之结束人物而已。"⑥ 事实上，梁启超正是以既"专"且"精"的清学史著作，后来居上，"开辟了清代学术史研究的崭新天地"。⑦

与章氏不同，梁启超更为关注的是学术本身的发展脉络，朱维铮说他"尤其爱好考察'学术源流'"。⑧ 关键是，他能够据此对以后中国学术的发展趋势做出自己的、富有前瞻性的预判，而不是仅就清代学术而论之。这种不拘一代、一学之研究的广博气象，恰恰是与他同时代的人所不及

---

① 朱维铮：《导读》，梁启超著《清代学术概论》，第 25 页。
② 朱维铮：《导读》，梁启超著《清代学术概论》，第 24 页。
③ 陈祖武：《清代学术源流》，第 381 页。
④ 陈祖武：《清代学术源流》，第 384 页。
⑤ 陈祖武：《清代学术源流》，第 384 页。
⑥ 梁启超：《清代学术概论》，第 90 页。
⑦ 陈祖武：《清代学术源流》，第 402 页。
⑧ 朱维铮：《导读》，梁启超著《清代学术概论》，第 3 页。

的。"正是无所依傍的大胆开拓，构成了他的清代学术史研究独具一格的特色，使他取得了超迈前人的卓越成就。"① 所以，朱维铮也客观地承认，梁启超虽然"并非治清学史的第一人"，但"却是'五四运动'后重新讨论清学史的第一人"。②只可惜，不论梁氏如何强调他18年前的"根本观念"，都注定争不到论清代学术的"首创权"了。

由《清代学术概论》衍生出的这段耐人寻味的"插曲"，亦不失为一个观察"转向学术"中的梁启超犹未走出政治"心影"的别致注脚。

五　"史之改造"的"方法"分合

"转向学术"的生涯，使梁启超得以"晚年作为学者论史"。③ 当时学者即对他有如是评价："综合任公一生学术上之贡献，当以史学为其中心。"④"任公于学，所造最深者唯史。"⑤"梁氏的事业，除了政论家外，便始终是一位历史家。他的对于中国学术思想的研究也完全是站在历史家的立场上的。"⑥ 就连梁氏自己也不讳言这一点，甚至自鸣得意地说："我自己素来嗜好史学，固然有些话像特别替他鼓吹。"⑦

梁启超无疑是近代中国最早将进化论运用于史学研究领域，继而做出巨大"实绩"的人。1901年，他在《中国史叙论》中率先表述了"史之界说"，"认为新史学和旧史学不同"。⑧ 次年，撰成《新史学》，断言"历史者，叙述进化之现象也"，⑨ 登高立帜，大声喊出"史界革命"的口号，批判旧史学"陈陈相因"，痛诋"陆沉我国民之罪，史家实尸之矣"，⑩ 论定"新史学"之"界说"，并宣告："史界革命不起，则吾国遂不可救。

---

① 陈祖武：《清代学术源流》，第392页。
② 朱维铮：《导读》，梁启超著《清代学术概论》，第23页。
③ 朱维铮：《导读》，梁启超著《清代学术概论》，第16页。
④ 张其昀：《梁任公别录》，夏晓虹编《追忆梁启超》（增订本），第114页。
⑤ 张荫麟：《跋〈梁任公别录〉》，夏晓虹编《追忆梁启超》（增订本），第118页。
⑥ 郑振铎：《梁任公先生》，夏晓虹编《追忆梁启超》（增订本），第61页。
⑦ 梁启超：《我对于女子高等教育希望特别注重的几种学科》，吴松等点校《饮冰室文集点校》第六集，第3314页。
⑧ 汤志钧：《导读》，梁启超著《中国历史研究法》，上海古籍出版社，2011，第8页。
⑨ 梁启超：《新史学》，《梁启超史学论著四种》，岳麓书社，1985，第247页。
⑩ 梁启超：《新史学》，《梁启超史学论著四种》，第244页。

悠悠万事，惟此为大。新史学之著，吾岂好异哉，吾不得已也。"① 正如他后来以"新思想界之陈涉"自况，谓："启超之在思想界，其破坏力确不小，而建设则未有闻。"② 梁启超以全无所惧的挑战姿态，对中国的"旧史学"发出了振聋发聩的"狮子吼"。

同时，他还以"中国之新民"为笔名，在新创办的《新民丛报》上发表《新民说》，论"新民"为今日中国第一急务，释"新民"之义，称："新民云者，非欲吾民尽弃其旧以从人也。新之义有二：一曰淬厉其所本有而新之；一曰采补其所本无而新之。二者缺一，时乃无功。"③

其"不得已"，乃在救亡图存；其"新民"，则欲强国立族。他在《论中国学术思想变迁之势》中说："伫看近世史中我中华学术思想之位置何如矣……凡一国之立于天地，必有其所以立之特质。欲自善其国者，不可不于此特质焉，淬厉之而增长之。今正当过渡时代苍黄不接之余，诸君如爱国也，欲唤起同胞之爱国心也，于此事必非可等闲视矣。"④

陈祖武总结说：梁启超"把进化论引进史学领域，在中国近代史学史上，率先举起了'史界革命'的旗帜。《近世之学术》及其先后发表的一系列史学论著，正是他倡导'史界革命'的产物"。⑤

如果说《新史学》是"革命产儿"，《中国历史研究法》就可称作"史学新婴"。"欧游"归来，梁启超惊异地发现，"欧洲人做了一场科学万能的大梦，到如今却叫起科学破产来。这便是最近思潮变迁一个大关键了"。⑥他开始对一度深信不疑的"科学主义"和"进化史观"，"不能不起一个疑问"了。

《中国历史研究法》（以下简称《研究法》）原是梁启超于 1921 年秋，在天津南开大学所作的演讲。同年 11 月、12 月，《改造》第四卷第三—四号曾部分摘载，成书时文字上又有修改。⑦ 在《研究法》中，梁启超对

① 梁启超：《新史学》，《梁启超史学论著四种》，第 246 页。
② 梁启超：《清代学术概论》，第 89 页。
③ 梁启超：《新民说》，吴松等点校《饮冰室文集点校》第一集，第 550 页。
④ 梁启超：《论中国学术思想变迁之大势》，第 6 页。
⑤ 陈祖武：《清代学术源流》，第 382 页。
⑥ 梁启超：《欧游心影录》，第 18 页。
⑦ 汤志钧：《导读》，梁启超著《中国历史研究法》，第 9 页。

"史学"做出新的"定义",谓:"史者何?记述人类社会赓续活动之体相,校其总成绩,求得其因果关系,以为现代一般人活动之资鉴者也。"①与贴满"进化"标签的"新史学"相比,这个定义更贴近于史的"意义及其范围",含有了"建设"的指向。这样,梁启超就回到他那"蓄志此业逾二十年,所积丛残之稿亦既盈尺"②的、"最擅长"的学术事业上了。

在《史之改造》一节,梁氏针对中国学界已陷于"历史饥饿"的状况,认为"史学范围当重新规定"。③而且"学术愈发达则分科愈精密",遂提出"今日所需之史,当分专门史与普遍史之两途。……分途以赴,而合力以成。如是,则数年之后,吾侪之理想的新史或可望出现"。④

尽管《研究法》仍保持着对"旧史学"的批判矛头,仍说旧史书汗牛充栋,"幼童习焉,白首而不能殚",固然还要当头喝问"中国历史可读耶"?但是,在梁氏的叙述中,两者已非水火不容,新、旧史学间的"火药味儿",已不似以往那么浓了。他接着说:"然则此数万卷者,以之覆瓿,以之当薪。举凡数千年来我祖宗活动之迹足征于文献者,认为一无价值而永屏诸人类文化产物之圈外,非惟吾侪为人子孙者所不忍,抑亦全人类所不许也。"故而反问:"中国历史可不读耶?"⑤对于过去的中国史学,梁氏给出了新的"定语",说:"中国于各种学问中,惟史学为最发达。史学在世界各国中,惟中国为最发达。"⑥

然而,梁启超还不满足于他已有的"变"。到1926年的《中国历史研究法补编》(以下简称《补编》),他仍在执著"求变",自语:"此次所讲的《历史研究法》,与几年前所讲的《历史研究法》迥然不同。……诸君不要以为此次所讲的就是前次讲过的,我那旧作《中国历史研究法》只可供参考而已。此次讲演实为旧作的一种补充。凡《中国历史研究法》书中已经说过的,此次都不详细再讲。所以本篇可名之为《补中国历史研究

① 梁启超:《中国历史研究法》,第1页。
② 梁启超:《中国历史研究法》自序。
③ 梁启超:《中国历史研究法》,第32页。
④ 梁启超:《中国历史研究法》,第38~39页。
⑤ 梁启超:《中国历史研究法》自序。
⑥ 梁启超:《中国历史研究法》,第10页。

法》或《广中国历史研究法》。"①

此前，他发表题为《研究文化史的几个问题》的演讲，提出要"对于旧著《中国研究法》"进行修补和修正。他说对于"历史现象是否为进化的"问题，本来毫无疑义，但现在觉得，该给它"重新规定一回"，要"重新修正进化的范围"，称："人类平等及人类一体的观念，的确一天比一天认得真切，而且事实上确也著著向上进行。"②"世界各部分人类心能所开拓出来的'文化共业'永远不会失掉，所以我们积储的遗产的确一天比一天扩大。"③"只须这两点站得住，那么，历史进化说也尽够成立哩。"④当初《研究法》中强调的"发明史中因果"的讲法，现在回过头来看，竟然也站不住脚了。梁氏称："我去年著的《中国历史研究法》内中所下历史定义便有'求得其因果关系'一语，我近来细读立卡儿特著作，加以自己深入反覆研究，已经发觉这句话完全错了！"⑤

许冠三在《新史学九十年》中对梁氏有这样的评语："任公新史学的成长经历，恰好是一个从迷信西学到择善而取、从背离传统到选优发扬的辩证过程。"⑥诚如所言，在《补编》中，梁氏明确表示："历史家的责任，贵在把种种事实摆出来，从新估定一番。总括起来说，就是从前有价值现在无价值的，不要把它轻轻抹杀了；从前无价值现在有价值的，不要把它轻轻放过了。"⑦"中国史书既然这么多，几千年的成绩，应该有专史去叙述他。"⑧

《补编》最大的特点是在"研究方法"上划分出总论、分论两个部分，将《研究法》中"专门史"与"普遍史"的"两途"，做出更具体的表述。在论及"学术思想史"问题时，梁启超无比自豪地宣布："中国史家向来都以史为一种表现道的工具。"⑨"这种以史明道的学术之发达及变迁，

---

① 梁启超：《中国历史研究法》，第 145 页。
② 梁启超：《研究文化史的几个重要问题》，《中国历史研究法》，第 142~143 页。
③ 梁启超：《研究文化史的几个重要问题》，《中国历史研究法》，第 143 页。
④ 梁启超：《研究文化史的几个重要问题》，《中国历史研究法》，第 143 页。
⑤ 梁启超：《中国历史研究法》，第 138 页。
⑥ 许冠三：《新史学九十年》，岳麓书社，2003，第 14 页。
⑦ 梁启超：《中国历史研究法》，第 153 页。
⑧ 梁启超：《中国历史研究法》，第 297 页。
⑨ 梁启超：《中国历史研究法》，第 310 页。

为研究中国史学史所不可不注重之点,在外国是没有的。"① 至此,梁启超不仅不再一味地全面否定"旧史学",而且鼓足力气,改作新史,"写出许多的史书,史传来,以示新的历史"②。从"偏至"的"破坏"转向建设的"改造",从新史学的政治意气转向新方法的学理展开,他逐渐平定心智,冷静下来,开始"迫切"地总结和研究传统史学的丰富遗产了。

结　语

总之,梁启超的一生,是始终"善变"的一生,是自觉"转挽"的一生,是以著述为"天职"的一生。从早年初涉政坛,即为"宣传运动者",到晚年"专作学者生涯",践行"著史之志",大体而论,他的"善变"只是一种表象,表象之下,其出乎于内的"转向",才是我们特别需要关注的"大关键"所在。郑振铎在悼念梁启超时就说过这样的话:"他的'变',并不是变他的宗旨,变他的目的;他的宗旨他的目的是并未变动的,他所变者不过方法而已,不过'随时与境而变',又随他'脑识之发达而变'其方法而已。他的宗旨,他的目的便是爱国。"③

因而,我们不应该只局限于梁启超个人所表现出的矛盾性与复杂性,而要从更广的方面,结合到整个时代的"表现"中去,如此说来,他的这一"转向"才不致让我们别生"成见",陡觉"突兀"。正是个人与时代的主动交汇,"保守性"与"进取性"的异常"交战",这一"转向"才不致囿于"偏至",流于"肤浅"。而诟病他的人,在当时的历史"情状"下,并不能完全领会他这一"转向"的"苦衷"与"见解"。

如果我们来替梁启超作一下解释的话,就应该说他的"转向",并非出于对政治风险的畏缩,也不是缘自对个人际遇的忧虑,究乎根本,是带有思想深致与学术理想的明智抉择,是带有精神寄托与责任自觉的执著追求,是融会贯通了古今、中西、新旧的斑斓色彩之后的"精进不已"。我们或可从中窥见,一则是他淡出政治、"转向学术"的理性升华;一则是他践行"为己之学",奠定学理内在转向的心智写照。

---

① 梁启超:《中国历史研究法》,第 312 页。
② 郑振铎:《梁任公先生》,夏晓虹编《追忆梁启超》(增订本),第 61 页。
③ 郑振铎:《梁任公先生》,夏晓虹编《追忆梁启超》(增订本),第 74 页。

尽管同时代的人纷纷对他表示不解，对他指责乃至夹攻，但他一步步的"变"，考诸一生行迹，自有来路，尽管累经政治"沧桑"，"徘徊于治学与问政"之间，最终却得以凭借着蔚成体系的学术成果，完成了外在"转向学术"与内在"学理转向"的双重"蜕变"。梁氏勇于直面自己的"善变"，敢于尝试自己的"转向"，不惮人言，"不惜以今日之我，难昔日之我"，①"把自己作为一个历史人物进行解剖"，振启中国学术本来之内蕴，发明中国文化固有之活力。

他之所以能够有这种"虚怀若谷"的精神境界，正是一以贯之地持守学术救国的志向，以"变"为权，以"转"为务；以"变"为用，以"转"为任，因乎时代的潮流，"无所傍依的大胆开拓"，用自己痛诋的"善变"，换得自己执著的"转向"，以自我的"所执"，打破政治的束缚，打破古今的界限，打破中西的隔阂，打破新旧的条框，将政治、学术，作为一个相兼并济、"交互影响"的整体，将中国的命运作为整个人类文明的部分，经由学术的"转向"，学术的"淬厉"、学术的"采补"，一言以蔽之，最后归诸学问的"运动"、学理的"改造"。从客观上看，虽然他的这一转向，仍难以摆脱种种挥之不去的政治"心影"，但无可否认，这一转向是在特定的时代氛围中，以绝大的勇气和魄力，在中国社会濒临崩解、中国文化被近代西方与西学冲击得支离破碎的情势下，自我超越与自我期许的隐忍"爆发"。

没有这一学术转向的"淬厉"，我们可能就无从深刻发现梁启超思想境界的"崭新天地"；没有这一学术转向的"采补"，我们可能就无从完整解读梁启超理念追求的内在逻辑。因是之故，在多维度的时代变局中，这一"学术转向"的取径，更显弥足珍贵。正是这一"学术转向"，使得梁氏一生的种种之"变"，扎牢了思想的根基，获得了"同情"的理解，镀上了精神的暖色，寻见了职命的归宿。他为此所作的充满"学术兴味"的书写，亦随之弥漫起"时代"的大势、"历史"的厚味。

的确是这样，"梁启超在'浮处'的失败，并不意味着他在'实处'毫无成绩"。②尤其他晚年在"实处"取得的"成绩"，足以使他无愧为一

① 梁启超：《清代学术概论》，第86页。
② 朱维铮：《导读》，梁启超著《清代学术概论》，第22页。

位"无地不深入的，无人不受到"其"影响与势力"① 的、"始终能随了时代而走的"②、总能导引时代风气的领袖人物。若非天不假年，我们真难以想象他会做出怎样不可限量的更大"规模"来！

当然，我们还可以将他看作一位"过渡时代"的人物，但绝对不是一位"退化人物""结束人物"，而且迄今为止，仍然是一位"未能论定"的人物。所以，对梁启超而言，对他"学术转向"的解读，不应该过于指责他的"善变"，说他"务广而荒"，说他"粗率浅薄"，说他"急于用世"，说他无非政治失意的"落伍者"……而是应该清晰地看到，他"为国家和民族的学术事业而奋斗"的人格精神，继承他所留下的学术文化遗产，完成他所未竟的事业，"恐怕就是我们今天对他最好的纪念"。③

（作者单位：中国社会科学院历史研究所）

---

① 郑振铎：《梁任公先生》，夏晓虹编《追忆梁启超》（增订本），第 55 页。
② 郑振铎：《梁任公先生》，夏晓虹编《追忆梁启超》（增订本），第 69 页。
③ 陈祖武：《清代学术源流》，第 399 页。

乾隆皇帝与"狮子林"

王敬雅

摘　要：乾隆皇帝素以风雅自许，除日常诗作不辍外，亦对古画有着强烈的兴趣。元代画家倪瓒的《狮子林图》是乾隆皇帝钟爱的作品之一，他不但对画反复题咏，并于第二次南巡时在苏州发现了狮子林的旧址。此后，乾隆皇帝于北京长春园和避暑山庄都修建了仿狮子林的园中园，在仿建的过程中，将其对"狮子林"的理解贯穿其中。这一从画到诗到园林再到仿建的过程，体现了乾隆皇帝作为"文人皇帝"的特殊性。

关键词：乾隆　倪瓒　狮子林图　狮子林　文园

自唐代王维所倡导的禅意画出现以来，中国历代文人常有因禅语起意吟诗作画之喜好；元代四家之时，是山水卷轴画发展的一个高峰，所出山水，清朗俊逸，疏阔清幽，颇合诗意。但一般的文人画家，也即止步于此，有官绅富贾，方起兴造园，叠石理水，将意境发挥于园林之中。而至于皇帝，如雅好文墨，乐仿古意，又兼有天下民力物力，他将文人情趣加以实现的途径，也自当有别众人。

乾隆皇帝是清代皇帝中最具文人情趣的，他对很多古画中的具体意象都有自己的见解，常以诗文识之；同时又极好造园，对园林有着独到的偏好。他推崇元代画家倪瓒，对其《狮子林图卷》颇为青睐，不但广泛收集各朝同类题材画作，自己更是两度仿画，反复题咏。甚至在南巡时携带此画，冀图在苏州一寻画景。之后，乾隆在避暑山庄与圆明园两处皇家御园中，两度仿建狮子林，这其中的实现过程，既体现了他作为文人的爱好，更体现了其身为清代最高统治者的权威，而这种权威作用于建筑园林上，则从一个侧面体现了乾隆皇帝对于文化的把控力。

一 乾隆皇帝对倪瓒《狮子林图》的题仿

乾隆雅好宋元山水是艺术史学界的一个共识，流传至今的宋元画作中，但凡被编入《石渠宝笈》者，其上必有乾隆皇帝之题诗及钤盖玺印，也成为这类书画的一个共性。各画题诗数量参差，反复展玩者——如黄公望《富春山居图》、赵孟頫《鹊华秋色图》等题诗多达十余，而皇帝题诗极少避开画心，通常于留白处率性而作，此举多为现代收藏者所诟病。乾隆皇帝一直对元末四家的写意山水极其中意，其中又以倪瓒为最，倪瓒所作之《狮子林图》，除引首外，有御制诗 41 首，御制文一篇，应制文一篇，除题满画心外，前后均接出长卷。如此高频率的题诗，可见乾隆皇帝对于此图的珍爱，而细究其题诗内容，则完整反映了乾隆皇帝由画及诗，由诗及园，由园仿建的完整过程。

乾隆皇帝极喜"狮子林"之意象，粗略统计，其御制诗中有二十余首（组，如狮子林八景、题文园十六景等，皆算为一组）。而这里的"狮子林"并非同一事物，有倪瓒所作的《狮子林图》，有明清画家同样题材的"狮子林图"，有苏州城内的私人园林，有长春园中的园中园，也有避暑山庄的"文园"。这一系列意象的实现，体现了皇帝之为文人的特殊性，也体现了文人之为皇帝的强权。

从认识的时间顺序来讲，首先为乾隆皇帝所熟知的，就是元末画家倪瓒的一幅《狮子林图》。此图得于何处不得而知，但未见进献记录，推测应为清宫旧藏，除画家自己的题跋外，未见他人题写。该图为纸本水墨，横约 100 厘米，纵 30 厘米。画面描绘了一处清新恬淡的私家园林，松竹掩映之间，是一个以篱笆合围的小园，篱笆若隐若现，似有似无，中有房屋五处，皆为草堂泥墙。画左侧为山石，高处环抱一小屋，园中有虬松两架，园外有老梅一棵。整个画面简洁明快，并无细枝末节，尽显疏朗。

乾隆皇帝对于"狮子林"意象的最早认知，显然来源于此图。在乾隆皇帝《倪瓒狮子林图》一诗中，起首即为"借问狮子林，应在无何有"，后来他自己也解释到："旧题云'借问狮子林，应在无何有'盖彼时不知即在苏城"。① 也就是说，皇帝在题写此诗时，并不知道狮子林的真实所

---

① 《题倪瓒狮子林图迭旧作韵》，乾隆《御制诗二集》卷 72。

在。题诗于图中并没有落款年月，但是根据御制诗的编词顺序，本诗收在初集卷二，乾隆己未年六七月间，也就是乾隆皇帝即位不久的乾隆四年。①

在《题倪瓒狮子林图》一诗中，乾隆皇帝就表现出对于此图的极大赞赏，称其图"苍苍图树石，了了离尘垢"，②并认为倪瓒素具佛性，故而能出此佳品。此时的画作中，仅有倪瓒本人的题跋，其中写道："余与赵君善长以意商榷，作狮子林图，真得荆关遗意，非王蒙辈所能梦见也。如海因公宜宝之。懒瓒记。癸丑十二月。"

对于题跋，乾隆皇帝也颇为注意，后来还用其意作诗，称"倪瓒自题其画卷云，与赵君善长商榷作狮子林图，真得荆关遗意，非王蒙所梦见，如海因公宜宝之云。兹用其意"。此画为倪瓒晚年名作，与早年清润之风迥异，而其自身解释则是"得荆关遗意"。"荆关"在这里是荆浩和关仝两位五代时期的山水画家，其画作以山水气势见长。《佩文斋书画谱》说："盖仝之所画，其脱略毫楮，笔愈简而气愈壮，景愈少而意愈长也。而深造古淡，如诗中渊明，琴中贺若，非碌碌之画工所能知。"③至于倪瓒为何晚年画法有变，历来解释颇多，明代董其昌在其《画禅室随笔》中则有更为详尽的论述：

> 赵集贤画，为元人冠冕。独推重高彦敬，如后生事名宿。而倪迂题黄子久画云：虽不能梦见房山，特有笔意，则高尚书之品，几与吴兴埒矣。高乃一生学米，有不及无过也。张伯雨题元镇画云："无画史纵横习气"。
>
> 又顾谨中题倪画云："初以董源为宗，及乎晚年，画益精诣，而书法漫矣。盖倪迂书绝工致，晚季乃失之。而聚精于画，一变古法，以天真幽淡为宗，要亦所谓渐老渐熟者。若不从北苑筑基，不容易到耳。纵横习气，即黄子久，未能断幽淡两言。则赵吴兴犹逊迂翁，其胸次自别也。"④

---

① 乾隆《御制诗初集》卷 2。
② 张照等编撰《石渠宝笈》卷 14。
③ 孙岳颁撰《御制佩文斋书画谱》，第 4 页。
④ 董其昌：《画禅室随笔》，金城出版社，2012，178 页。

简言之，倪瓒晚年画作，一改其"无画史纵横习气"之弊，返璞归真，用他自己的话说即："仆之所谓画者，不过逸笔草草，不求形似，聊以自娱耳。"明张丑在《清河书画舫》写道："倪元镇《师子林图》一卷，书法娟秀，跋语清真，所画柴门、梵殿、长廊、高阁、丛篁、嘉树、曲径、小山，以及老僧、古佛，无不种种绝伦。"①

也就是说，这幅《狮子林图》无论从构图上、画法上还是作画对象上，都与倪瓒以往之作有所不同，而这突如其来的"荆关遗意"显然更得乾隆皇帝青睐。根据乾隆皇帝的审美习惯，虽然他对人物、静物和别致山水都有赞誉，但终其一生最为喜爱的，还是笔法雄浑的山水景致和意境悠远的宗教题材，这也为他后来的仿画埋下了伏笔。

此画作于明洪武六年，所以当乾隆皇帝看到这幅作品时，认为图中所画的狮子林，已经在几百年中淹没于历史长河了，他自己曾经对狮子林的过往进行过大略的考证，基本上是从倪瓒的跋文中得到的信息。记叙乾隆皇帝前四次南巡过程的《南巡盛典》中载："狮子林在城东北隅，中多怪石，状如狻猊，故名。元至正二年，天如禅师之门人结屋以居其师，有峰有池，有桥有亭，有松有竹，僧寮宾馆，无不具备，敕赐寺额曰'菩提'，后为势家所占。倪瓒曾作图貌之，真迹传入内府，圣人按图每幸，宠以天章，一曲林亭遂与南国名山争胜。"②

虽然对于狮子林之前的传承说法颇多，但《南巡盛典》之说，当是乾隆皇帝所首肯的版本。其所本应是元代名家欧阳玄所撰《师子林菩提正宗寺记》，文称："姑苏城中，有林曰师子，有寺曰菩提正宗，天如禅师维则之门人为其师创建者也。……至正二年壬午，师之门人相率出资，买地结屋，以居其师，而择胜于斯焉。因地之隆阜者，命之曰山，因山有石而崛起者，命之曰峰，曰含晖、曰吐月、曰立玉、曰昂霄者，皆峰也……他石或跂或蹲，状如狻猊者不一，林之名，亦以其多也。"③

彼时之狮子林"林中坡陀而高，石峰离立，峰之奇怪，而居中最高，状类狮子，其布列于两旁者"，④ 有含晖、吐月、立玉、昂霄诸峰。在废园

① 徐邦达：《古书画伪讹考辨》（下），上海古籍出版社，第98页。
② 《南巡盛典》卷85，第12页。
③ 选自钱谷撰《吴都文粹续集》卷30，第7页，《钦定四库全书》本。
④ 危素：《师子林记》，《苏州园林历代文抄》，上海三联书店，2008，第31页。

之上做石磴为栖凤亭；在洼地安石桥为小飞虹，禅作方丈室，立雪堂为法堂，卧云室为僧舍，还有指柏轩、问梅阁、冰壶井及玉鉴池。而倪瓒的《狮子林图》，大致可以确定此时狮子林的格局：寺门设在假山南，进门可见玉鉴池，池北依次为指柏轩、卧云室、立雪堂。指柏轩西为问梅阁，阁西为冰壶井；园北堆石为山，山中有茅屋为禅窝，禅窝北还有栖凤亭等旧屋。

　　然而时至清初，狮子林早已多次易手，屡经兴废，钱泳的《履园丛话》中说狮子林"明时尚属寺中，国初鞠为民居，荒废已久"。① 明王世贞《弇州山人续稿》载："闻十余年前，狮子林尚在，而所谓十二景者，亦半可指数。今已转授民家，陆氏纵织作畜牧其中，而佛像、峰石、老梅、奇树之类无一存者，嗟夫。"②

　　乾隆皇帝钟爱狮子林，并非因为见到了狮子林的实在景致，其兴趣发端，只是因倪瓒的画作和"狮子林"这一意象本身的想象。乾隆皇帝一直认为，满洲立国与文殊师利颇有渊源，其本人也常以文殊菩萨自诩。如一幅乾隆佛装像中，乾隆皇帝着红色袈裟居中，左为普贤菩萨，右为地藏菩萨。头上天空正中绘诸佛菩萨及黄教祖师 25 位。乾隆座下写有对主尊进行礼赞的四句泥金藏文偈颂，翻译如下："睿智文殊人之主，化现圣尊法之王。金刚座上跏趺定，任运天成善福缘。"③ 文殊菩萨的坐骑为狮子吼，因此"狮子"这一形象，也独得皇帝钟爱。

　　而狮子林名称的由来，同样有一个极富禅机的故事。关于此事，元代画家朱德润与狮子林的营建者惟则禅师有这样一则对话，朱德润云："因观其林木蔽翳，苍石巉立，所谓师子峰者，突然乎其中，乃谂诸师曰：昔达摩传言'法中龙象'，《智度论》解曰，水中龙力大，陆行中象力大。兹林曰师子，岂非以其威猛，可以摄伏群邪者乎？"也就是说，此园之所以名曰"狮子"，是否取其山石形似？惟则禅师则答曰："非也。石形偶似，非假摄伏而为。若以威相，则文殊固有精进勇猛之喻矣。"之后，二人讨论了狮子吼所以破诸障之因，朱德润总结道："世意纷嚣，不以形色，则

---

① 钱泳：《履园丛话》卷 20，上海古籍出版社，2012，第 353 页。
② 王世贞：《弇州四部稿续稿》卷 171，《书文征仲补天如狮子林卷》。
③ 翻译引自《乾隆皇帝的文殊·宗喀巴自觉与形塑》，台湾中正大学博士研究生论文，2011。

不能摄诸敬信，而吾师以师子名其林者，姑以遇世纷而自得于不言者乎？矧师之真实，可以破诸妄，平淡可以消诸欲。若以静默不二，则虽有形有声，犹不能悟，况乎无声无形，而托诸猭猊，以警群动者乎？虽然，观于林者，虽师石异质，一念在师，石皆师也；一念在石，师亦石也。"① 这种"是一是二，如及若离"的世界观，颇合乾隆皇帝的心思。所以在其首次题诗时，全篇便以"声彻大千界，如是狮子吼"立意。

乾隆皇帝对"狮子林"的兴趣，并不独钟于园林，而起意于绘画，所以后来即便见到了苏州狮子林，他也一直对相关题材的绘画表示出极大的兴趣。他对明代徐贲的《狮子林十二景册》和杜琼的《师林图》也做出了判断和指正。乾隆四十九年南巡时，皇帝得到了徐贲《画狮林十二景》。"后有姚广孝跋，称徐贲为如海作，益可为证"。册中并有陆深跋，"元僧维则好聚奇石，类猭猊，故取佛语名庵。或云维则得法于本中峰，本时住天目之狮子岩，盖以识授受之原也。"乾隆皇帝细考册中跋语，得出了"如海为元僧维则第三辈弟子，狮林实创自维则后人，率以狮林属之倪迂，盖误矣"的结论，并认为"徐贲画册列景分绘为十二帧，倪瓒则系通景长卷，皆为僧如海作清供者"。② 对于杜琼的长卷《师林图》，乾隆皇帝对照笔法景致，也做出了自己的判断。他在《师林图》上题到："杜琼跋谓拟徐贲《狮林十二》，改作小帧，而布景笔法全似云林，又不言贲为临瓒，或贲曾见倪卷窃其意，以分段见奇，究不能掩其夺胎之迹，琼复合而为一，仍不离本来面目，即谓杜临倪亦无不可，因再识之。"③ 也就是说，杜琼是用倪瓒《狮子林图》中的元素重新组成了《师林图》，这也是后来研究者对三图关系的基本推断。

二 乾隆南巡与苏州狮子林

正如前文所述，狮子林在明清之际屡经兴废，至康熙四十二年南巡时，皇帝为此寺题写匾额，但未驻跸，当时情况史料甚少。直到乾隆初年，狮子林才得到大规模的修缮，"明时尚属寺中，国初鞠为民居，荒废

① 朱德润：《狮子林图序》，载于苏州传统文化委员会编《传统文化研究第19辑》，群言出版社，2012，第131页。
② 《题徐贲狮子林十二景册》，乾隆《御制诗五集》卷12。
③ 乾隆《御制诗四集》卷5。

已久。乾隆廿七年，纯皇帝南巡，始开辟薙草，筑卫墙垣。其中有狮子峰、含晖峰、吐月峰、立雪堂、卧云室、问梅阁、指柏轩、玉鉴池、冰壶井、修竹谷、小飞虹、大石屋诸胜，湖石玲珑，洞壑宛转。上有合抱大松五株，又名五松园"。① 也就是说，乾隆皇帝第三次南巡前，才对狮子林进行了大规模的修整和营造，这显然不是元末倪瓒所见，最多可以说是因其故地，另造新园。

这里需要指出的是，钱泳的记载在年代上出现了一些误差，他说狮子林是在乾隆二十七年第三次南巡之时才修茸的，但事实上，乾隆在第二次南巡时就已经驻跸此园，还授意钱维城入园观赏，并画《狮子林图》。

在乾隆皇帝是诗作中，将这一过程基本还原，而且其中还颇具戏剧性。乾隆二十七年岁次丁丑，当年正月，乾隆帝奉皇太后起銮出京，开始第二次南巡，二月二十日达到苏州。抵达苏州后，当地官员将其迎至狮子林，而此时的狮子林，泉石半毁，略显衰败。乾隆皇帝对这一景致大为惊奇，称"《石渠宝笈》旧藏倪瓒狮子林图，知为吴中名胜，顷南巡至吴门，访至所在，因成无言一篇纪事，第故址虽存，已屡易为黄氏涉园，今尚能指为狮子林者，独赖有斯图耳"。② 当时他还没有认识到"狮林实创自维则后人，率以狮林属之倪迂，盖误矣"这一问题，认为，狮子林是倪瓒所创制。

画中园林竟成眼前的景色，这使乾隆皇帝十分兴奋，不由得感叹"翰墨精灵，林泉藉此不朽，地以人传，政此谓耶"。为此，特意差人从京城将倪瓒画作送到苏州，"爰命邮卷至行在，录诗图中，以志省方余兴云"。"翰墨精灵，林泉不朽"道出了山水志趣的精髓，也成为乾隆皇帝诗咏中的名句。

首次造访狮子林前，显然乾隆皇帝已经对此园林有过很多想象，"苏州府城内，早知狮子林。传自倪高士，疑其藏幽谷，而宛居闹市"。而迎驾的官员们告诉乾隆皇帝，此处现在被黄氏购买，命名为"涉园"，且未被修饰，是其本来面目。看着此处景致，泉石半毁，房屋未饰，清寥疏朗

---

① 钱泳：《履园丛话》卷20，选自《苏州园林历代文抄》，上海三联书店，2008，第282页。
② 题于画心处。

之中，竟颇有画中意韵。因此乾隆皇帝发出了"益当寻屐齿，假山似真山"的感慨，并涌出一种怀古幽思，"缅五百年前，良朋此萃止。浇花供佛钵，沦茗谈元髓"，"似觉凡夫云，惭愧云林子"。①

此诗从时间和情景来看，都应是首次造访狮子林时作成的，之后又被题于自京师送来的倪瓒《狮子林图》上，不久乾隆皇帝再次于图中题咏，主题即为感怀倪瓒。他认为此处"一溪与一峰，位置倪翁手。园中点缀云，皆云林自构"。而对画而观，宛然可听得风声飒飒，"尚闻竹籁吼"。对于自己之前的认识，乾隆皇帝还特意于题诗后说明："丁丑初夏赏旧作韵重题，初题时不知园在吴郡，故有'应在无何有'之句，今为正之并识。"②

诗意、画意、禅意都融入前期景色当中，"一树一峰入画意，几湾几曲远尘心。法王善吼应如是，居士高踪宛可寻"。③ 自此之后，乾隆皇帝历次南巡均有驻跸狮子林的经历，每次均带倪图随行，在北京时，时而对图忆景。虽然后来狮子林大规模修整，而且皇帝也知道了，倪瓒并非园林肇建之人，但是都没影响他对于"狮子林"这一意象的喜爱。对于乾隆来说，此处游览堪称人在画中，"每阅倪图辄悦目，重来图里更怡心。曰溪曰壑皆臻趣，若径若庭宛识寻"。乾隆二十七年，第三次南巡中，皇帝称因倪瓒原图已收藏内府，特意两次仿摹，藏于苏州园中："壬午南巡，曾手摹倪元镇狮子林图，弆藏林园。"而第四次南巡中，又将倪瓒手迹携带而来，于园中进行比对，"相形之下，殊觉效颦不当"。④ 即使后来长春园和避暑山庄的仿园都建成后，乾隆皇帝仍然不废此好，而且将三处景物与图画反复比对，"既于御园仿吴中狮子林，题以十六景。复于塞苑仿其景为文园，亦系以诗。兹驿取南卷，欲证笔境若何"。⑤

乾隆皇帝不仅自己仿画此卷，而且令文人画家亦就此创作，钱维城的《狮子林图卷》则为其中之代表，与本人仿画不同的是，画家的作品是本题材的再次创造。这幅画作在历代"狮子林"题材中最为特殊，相比其他

① 《游狮子林》，乾隆《御制诗二集》卷71。
② 《题倪瓒狮子林图迭旧作韵》，乾隆《御制诗二集》卷72。
③ 《游狮子林得句》，《南巡盛典》卷8。
④ 《狮子林迭旧作韵》，《南巡盛典》卷12。
⑤ 《驿致苏州所弆仿倪瓒狮子林图再题以句》，乾隆《御制诗四集》卷22。

作品中的园林小品，本卷中的园林置于层峦叠嶂之中，山石嶙峋，树木参差，几乎不见倪画痕迹。钱维城于其画中自题："丁丑春扈从南巡驻跸吴下，奉命游狮林寺"，他对园中景致记载如下：

> 林石依然，相传为云林结构其园，右以水胜，左以树石胜，水园之洞，凡九沿池屈曲，累累如贯珠。循石桥以东为岸园，古松参天，石势磊砢，为洞亦九，或悬桥而通，或拾蹬而上，或仰而探，或俯而入，如羊肠九曲，宛转层折，仍归一途。以第一洞左右为出入，分径入左者出右；入右者出左，奥窔天成。

按钱维城的说法，此图是乾隆二十二年扈从皇帝南巡后画的，以绘画表现其"数亩有千里之势"。而之前倪瓒的绘图"特其一角，所谓以不似为似者也"。他的画作"辄规模全势绘为此图，非敢学步倪迂，聊以存庐山真面目耳"。但是以苏州地形来看，如此庞杂高耸之山势，断非其实，而江南出生的钱维城不会无此常识，其所谓"补全"，想来补的也不是倪瓒的原作。且此时钱维城深知倪瓒作品深得皇帝之心，如果没有乾隆的授意，此幅应制之作，不会与原作风格差异至此。

作为清代画苑领袖，钱维城虽以状元晋身士林，但其在清宫中最为人称道的就是他的绘画，乾隆皇帝最为看重的，也是他的此项技艺。在乾隆皇帝二次南巡时之所以钦点扈从，并非因为其工部侍郎的身份，显然是为了让钱在身边，为其描绘景致。于狮子林之游，更是如此，乾隆皇帝对此早有准备，特意携倪瓒图至此，比对之余，定有重绘狮林景色之意。

乾隆皇帝本人虽有此文心，但无此技法，故而托给钱维城，因此才有了后者"奉命游狮林寺"之行。而后钱维城所绘的，也并非全是其眼中所见的狮林寺，而是乾隆皇帝心中所想的景象。宫廷画家揣度上意绘制作品古已有之，更何况是这种应制之作，钱维城所绘景物，必定是经过乾隆皇帝授意的。画上还有乾隆皇帝所题御制诗："一角狮林璧未完，补成全景运毫端。为泉为石分明忆，若竹若松高下攒。倪氏岂知黄氏占，今图又作古图看。笑予几度亦吟仿，何似金刚四句观。"[1] 显然"补成全景"是乾隆

---

[1] 《题钱维城狮子林图》，乾隆《御制诗四集》卷18。

皇帝的想法,而钱维城则是奉命代皇帝完图。"荆关遗意"触动了这位满洲皇帝的心弦,乾隆皇帝虽挚爱元四家之作品,但对于大题材内容显然更感兴趣。倪瓒这幅作品印证了他大山水造小园林的旨趣,而这种旨趣显然带有鲜明的个人特性,这也是乾隆皇帝颇为骄傲的一点。

从诗和图来看,似乎乾隆认为他所看到的狮子林只是真正狮子林的一角,因此他认为钱维城画的这张"全景图"再现了狮子林的全景意象。从后来的史实来看,让钱维城作画"补成全景"是乾隆皇帝完成自己狮子林意象的第一步,第二步就落实到了园林仿建。

三 乾隆皇帝在长春园对狮子林的仿建

乾隆三十年正月,皇帝进行了第四次南巡,这次仍然携带倪瓒作品来到了狮子林:"乙酉春巡,携是卷游狮子林",且将仿作、原作在园林之中展玩比对。但有趣的是,乾隆皇帝起意于御园之中仿建狮子林,并非在某次回銮之后。现在可寻的史料中,最早记载乾隆皇帝有明确修园准备的,是乾隆三十六年三月二十六日苏州织造舒文的一份奏折,中称"奴才与三月初一日在泉林仰觐天颜,面奉谕旨,着将苏州狮子林亭座山石路径河池按五分一尺,连寺亦烫在内,照样不可遗漏,送京呈览"。① 这里所谓的"仰觐天颜",是在乾隆三十六年,皇帝奉皇太后泰山拈香途中。而将苏州织造传至山东林泉,显然并非临时起意。

选择在这个时间建园,其实跟狮子林在整个长春园的位置紧密相关(图 1)。长春园为乾隆时期在圆明园的东侧新营建的园林区域,其中心以含经堂为主体,周围环以仿建之作:既有仿自西洋的水法,也有仿自江南的园林。其中,茜园、如园、鉴园等,皆单独成园。长春园的建造有两个比较集中的时期,乾隆十年至乾隆二十年间,建造了"玉玲珑馆""茜园""海岳开襟""思永斋"等单独的院落。乾隆三十年后,不知是否受到第四次南巡的影响,长春园进一步扩建,映清斋于乾隆三十一年建成;如园、鉴园于乾隆三十二年基本建成;含经堂于乾隆三十四年基本建成;次年,淳化轩建成。而东北一隅,在乾隆十二年时已经建成了"丛芳榭"及周围

---

① 档案号:04-01-14-0037,《舒文奏为遵办苏州狮子林等处烫样完竣现专差赉送呈览事》,乾隆三十六年三月二十六日。

建筑，丛芳树本为一独立水榭殿，在第二次扩建中，加入了东侧的"狮子林"建筑，与其他园区一样，选择江南地区的名园仿建，是乾隆皇帝的一贯兴趣。"长春园内如园仿江宁藩署之瞻园，即明中山王府西园；狮子林仿苏州黄氏涉园；小有天仿杭州汪氏园。乾隆二十二年南巡后造。"①

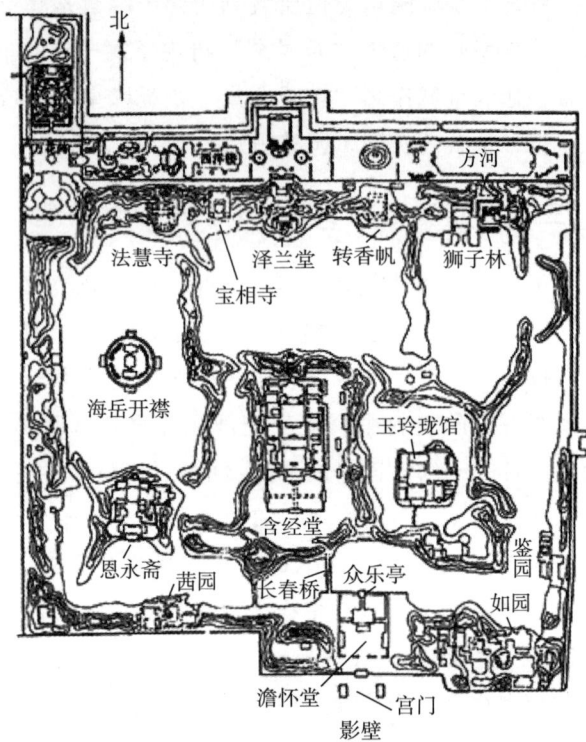

图1 长春园示意图

乾隆三十六年三月，因崇庆皇太后八十寿辰，乾隆皇帝奉母至泰山拈香，途次宣苏州织造舒文觐见，并吩咐其进献狮子林烫样，打算在长春园东北建造狮子林。舒文于三月二十日回到苏州，"回任即亲率各匠至狮子林，并寺内逐细丈量踏看，按依式样，遵照五分一尺督匠烫做，至二十六日，赶办完竣，细加校对，并无遗漏，亦无舛错，现专差赉送进京"。②

---

① 《中国营造学社汇刊》（五），中国营造学社，民国二十二年三月六日出版，第110页。
② 档案号：04 - 01 - 14 - 0037，《舒文奏为遵办苏州狮子林等处烫样完竣现专差赉送呈览事》，乾隆三十六年三月二十六日。

　　烫样是用硬纸板及秫秸秆粘合烫制的建筑模型，类似于今天的沙盘。所谓"一尺五分"就是一尺算作五分，即1:20的比例。以狮子林的规模来看，即使按照1:20的比例缩小，烫样成品也颇有规模。而皇帝收到烫样后，在此基础上对建筑设计做了一定修改。如乾隆三十六年九月十六日，"接得郎中李文照押内开九月初一日接得狮子林工程处知会白文一件"，"将改烫得狮子林戏本五间楼后照，依秀清村添盖高台房，并游廊、方亭内理装修烫样一座，交太监胡士杰呈览"。而且此烫样做得相当细致，不但外部加以描绘，"其内理板墙上画画之处，亦照秀清村高台房内理板墙。著如意馆绘画"。①

　　现在就遗址实地勘测来看，狮子林占地1.5万平方米，建筑面积2100平方米。这座园中园在咸丰末年被烧毁之前，规模并未大改，根据道光八年十二月的修缮记录："长春园狮子林殿宇、楼座房间共计八十三近（进）……游廊六十九间……亭子五座……大小船一百八十一只。"②长春园狮子林用时一年左右，在三十七年基本完工，十月挂匾。根据内务府于乾隆四十年复查汇总，实净销工料银134013两5钱8分2厘。③

　　长春园狮子林对于苏州狮子林的模仿，可谓细致入微，就连所挂匾额，都是发往苏州制造的，乾隆三十七年"交御笔白纸萝月春山扁（匾）文一张，对一副（狮子林清闷阁）御笔白纸万壑云深扁（匾）文一张，对一副（狮子林延景楼）传旨，具发往苏州，将清闷阁扁（匾）对随意漆做一块，玉扁（匾）对一分，延景楼扁（匾）对随意漆做扁（匾）对一分"，"于九月十八日，将苏州送到漆扁（匾）对二分交太监胡士杰呈进，安挂原处讫"。④

　　在御题《狮子林八景》中，多次提到了建园的初衷，即对苏州狮子林的仿景，以及对江南风景的流连。除了建筑名称大多沿用外，在《虹桥》一诗中更有"片云帆影，何必更羡吴江"之句。但其实此诗一开篇，便提到了于长春园建狮子林的原因："因教规写阆城趣，为便寻常御苑临。不

---

①　中国第一历史档案馆、香港中文大学文物馆合编《清宫内务府造办处档案总汇》第35册，人民出版社，2007，第122页。
②　《圆明园》（上），上海古籍出版社，第504页。
③　以上参考《圆明园百景图志》，中国大百科全书出版社，2010，第355页。
④　《清宫内务府造办处档案总汇》第35册，第367页。

可移来惟古树，遣由飞去是遐心。峰姿池影都无二，呼出艰逢懒瓒吟。"从诗中的最后一句话来看，御园狮子林虽然形式上是在抄仿苏州，但是深究其写仿对象，仍是倪瓒的画作，"园建狮林原慕彼，图藏清閟复题予"。①

在御园狮子林中，皇帝特将山石之上的三间小室命名为"云林石室"，取倪瓒之号为之，且在题诗中反复强调："遐想创作图，自诩荆关意……岂期属黄氏，又复御园至。今古实一瞬，苏燕非二地"；"峰顶一笠，清旷绝尘，元镇画往往如是，印证故在不即离间"。②

有趣的是，区别于西方绘画的写实性，中国山水绘画的特色在于"写意"。就倪瓒此图来说，黑白的写意山水是无法作为建筑参考的。但乾隆皇帝每每强调其园林"此间竹石邱壑，皆肖其景为之，冠以旧名"。③ 这应该与中国山水画的特点密切相关，元末明初，"留白"的表现方式已经运用得登峰造极，黄公望的《富春山居图》就是代表之作，留白不仅是构图上的需要，更是心理上留给观画者的空间，而是否能将空白空间中填充上自己对于景物的理解，就要看观画者个人的文化造诣和审美旨趣了。倪瓒《狮子林图》中表达出来的"清新恬淡""疏朗俊阔"之意，非常符合乾隆对于眼前园林的想象。

但遗憾的是，虽然乾隆皇帝一度对于长春园建造的狮子林表示满意，但不久之后，他似乎认为这并不能满足他个人对此意象的想象，也就是说，此处不能讲皇帝认为的倪瓒画作之精髓加以体现。所以在两年之后，乾隆皇帝又于避暑山庄重仿此景。

四　乾隆皇帝在避暑山庄对狮子林的仿建

乾隆皇帝首次题写《文园狮子林十六景》是在乾隆三十九年五月，可见此时文园初建成。乾隆皇帝何时起意要在承德修建狮子林，就目前史料不得而知，所以，除了上述推测可能外，也有一种情况是，在北京狮子林尚未完工之前，皇帝就已经想要在避暑山庄重仿此园了。在乾隆三十八年九月，太监胡士杰就传旨："将粤海关监督德魁照旧年万寿贡呈进紫檀木

①　《再题所仿倪瓒狮子林图仍迭前韵》，乾隆《御制诗四集》卷3。
②　《狮子林八景》，乾隆《御制诗四集》卷4。
③　《狮子林八景》，乾隆《御制诗四集》卷4。

亭式宝座一样，成做一座，算伊贡进得时，在热河新建狮子林安设。"① 可见此时避暑山庄仿建狮子林工程已经开始，皇帝对其内部陈设提出了具体要求，但尚未命名此园为"文园"。

在乾隆的写仿园林作品中，这种对同一园林进行二次写仿，且相隔时间如此之短的例子并不常见。而且相对于御园仿建，文园已经完全超出了写仿苏州的范围。乾隆皇帝自己也说："避暑山庄清舒山馆之前度地复规仿之，其景一如御园之名，则又同御园之狮子林而非吴中之狮子林。"乾隆皇帝在《文园狮子林十六景》中，把两次仿建园林于苏州狮子林、倪瓒画《狮子林图》做了一个比较全面的归纳。首先他说，自己之所以两度仿画，以及后来的仿建，原因是"向爱倪瓒狮子林图，南巡时携卷再至其地摹迹题诗"。长春园东北隙地的狮子林，"其亭台、峰沼但能同吴中之狮子林而不能尽同遇翁之狮子林"。也就是说，长春园虽然按照苏州狮子林仿建，但是不知是周边风景不同，还是皇帝在此时的心境不同，都觉得于倪瓒的图画颇有参差，于是"于避暑山庄清舒山馆之前，度地复规仿之"。

新建的狮子林，"不同御园之狮子林，而非吴中之狮子林"，它"塞苑山水天然，因其势以位置并有，非御园所能同者"。但是不论外在如何不同，"若一经数典，则仍不外云林数尺卷中"，其中因袭的还是倪瓒之画意。至于这种分别，皇帝解释到："所谓言同不可，何况云异，如此则二亦非多，一亦非少，不必更存分别。见懒道人画禅三昧或当如是尔。"此处再造狮子林，已经不是单纯的复制了，而是乾隆皇帝在苏州狮子林基础的再创造，对于两个园林不同之处的质疑，乾隆皇帝开玩笑说："惟举倪迂画卷示之。"言下之意是，你只道文园与苏州狮子林不同，却不知时移世易，这两厢都是因了倪瓒图画的禅意。②

根据已有研究，相对于长春园，文园狮子林主要做出了如下改造。③

1. 取消了长春园狮子林与西南角从芳谢两园相邻的格局，西南角换由开阔的水面代之。

2. 西南部引导区南部院墙由直线变成向外扩张的曲线。

① 《清宫内务府造办处档案总汇》第 36 册，第 815 页。
② 《避暑山庄文园狮子林十六景有序》，《钦定热河志》卷 40，第 4 页。
③ 李阳：《文园狮子林与苏州狮子林的对比研究》，北京林业大学，2013 年硕士学位论文。

3. 池区西岸由直线变为向东突出的自然曲线。

4. 由于客观地形条件，取消了长春园狮子林池区清闷阁与小香幢之间的水斗。

5. 小香幢的位置向北后退。

6. 在五折桥之后增设了一道带有过河亭的围墙，完全将园林一分为二。

7. 山区东侧院墙的不规则曲线向外扩张，院墙曲线更加饱满。

8. 山区内部又被明显分为假山石林与主坡高地两部分。

9. 山区水系相对长春园狮子林更加丰富自然，与山石建筑的结合更加紧密。

总结起来，除了对于地势的适应外，文园对于前者的改造大致可以分为两个方面，一是尽量取消人工痕迹，去直取弯，显得更加自然逼真；二是扩展山势，将园林与整体环境合二为一。文园建于避暑山庄，其山原地势与苏州迥异，前者在草原山峦之间，后者则是粉墙黛瓦的城市。因此，此处的狮子林虽然在叠石理水上宛若姑苏，但自有一番塞外风景。乾隆皇帝也说道："爱此原看鸥命侣，胜他还有鹿游群。水称武列山雄塞，宜着溪园济以文。"这种文人情趣和列山雄塞的搭配，一般的文人是难以想象的，而这种搭配，可能才是皇帝所理解的"荆关之意"。因此他也说："倪氏狮林存茂苑，传真小筑御湖渍，既成一矣因成二，了是合兮不是分。"①

文园的山区景观明显比长春园狮子林更为丰富，西侧由水系将假山、建筑串联在一起。东侧则设有两座丘陵，与西南、西北二处假山遥相呼应，营造出北、东、南三面环山的效果，西侧隔有院墙，又通过过河亭及漏窗将西侧池区景色引入园内。

相比姑苏狮子林，承德的文园从意境和造园上，更接近前文中提到的钱维城《狮子林图卷》，也就是更贴合乾隆皇帝对狮子林这一意象本身的想象。他自己也说："谓他城市山林尔，逊此庄园漠塞兮"，注称："吴中狮子林在姑苏城内，虽有城市山林之意，然究不若塞苑山水天然，因其势而位置之，又非吴中所能及也。"

从乾隆的题诗看，他对文园造景时对园外山石的借景颇为得意，在

---

① 《避暑山庄文园狮子林十六景有序》，《钦定热河志》卷40，第4页。

《假山》和《占峰亭》中他说："塞外富真山，何来斯有假。"塞外山色雄奇，于文园园中即可观望，而近景中的叠石，仿佛只是背景处山石的延伸。"塞山雄浑其固然，峰岭恒持亘数里"，"窈窕致径曲，刻峭成峰雅"，"倪乎抑黄乎，妙处都与写"不管是倪瓒还是黄公望，所画山势也不出于此了。对于南北建筑的此种组合，可谓前无古人，除身处国家权力中心的皇帝，其他人也很难有能力去完成这一事业。乾隆皇帝无疑很欣赏自己这一创举，他在文园十六景题诗中多次写道："吴工堆塑图，名画了非殊。有一宁无二，仿燕仍忆苏。究安能必彼，欣雅足清吾。欲问云林子，可知塞外乎？"；"忽闻隔嶂鹿呦呦，欲傲金阊未有此。"连当时作画的倪瓒都无法企及的境界，被皇帝信手拈来，文人画作，也不过尔尔。①

　　不过有一点看起来却很矛盾，即不管是长春园还是避暑山庄，皇帝都表示所构建的园景，不如苏州旧园，他在诗中写道："略看似矣彼新构，祇觉输于此古林。"注称："避暑山庄与御园均仿狮子林，而数典实自吴阊，是同是异，尚觉旧逾于新耳。"②其实这也很好解释，虽然乾隆皇帝对自己承德的园林作品十分得意，但是作为一个文人而言，总是觉得旧时遗迹终非仿古可比，这就是另一番怀古幽思了。

　　为了让这一意象更符合自己心中的"狮子林"，乾隆皇帝亲笔两次摹画，他自称因为原作要收藏内府，临摹藏于苏州、避暑山庄便于观看。其实皇帝若要临摹古画，宫廷内技艺高超之画师并不在少数。他之所以选择两次亲笔，多出于自己对"狮子林"的表达意愿。于是从这个认知层面上，他又回到了一个文人身份。

五　作为文人的乾隆皇帝

　　从赏画到仿画，从赏园到创园，乾隆皇帝的审美和文化创作，既有对文人传统的继承，又极富帝王特点。他对书画鉴赏、诗词绘画、造园理水都有自己的一套见解，并且能够付诸实践。以三园的叠石为例，狮子林以"狮子"名者，毕竟因其山石嶙峋，颇具清幽，所以三处园林虽然细节上多有不同，但都遵从了西水东山的基本结构。

---

① 《避暑山庄文园狮子林十六景有序》，《钦定热河志》卷40，第4页。
② 《狮子林再叠旧作韵》，《南巡盛典》卷16，第2页。

苏州狮子林因近取材，所用为太湖石。此石的特点就是瘦透崎岖，极富造型感。乾隆皇帝也认为："狮林以石胜，相传为瓒自位置者，兹令吴下高手堆塑，小景曲折尽肖驿此，展拓成林，奚啻武贲之于中郎。"① 在长春园造林时，则没有像宋末"文人皇帝"一样，耗费人力从南方向北方运石，而是就地取材，于北京房山地区采取北太湖石，并加以雕凿。乾隆皇帝自己在形容御园狮子林磴道时就说"房山石似洞庭，刻峭一例岭崆。"乾隆四十五年《奏销档》中也记载，在狮子林添修的过程中"太湖石山凿做窟窿，别凿刷洗"。② 而且从现在圆明园遗址遗存的叠山来看，其用材基本以北方产北太湖石和黄石为主。

乾隆皇帝认为："南方石玲珑，北方山石博大雄浑。玲珑类巧士，雄壮似强将。风气使之然，人有择所尚。"他强调物尽其用，提出"造物生材宁可舛"，不必舍近求远，应各取石料特点而加以发扬，以免园林形制千篇一律。乾隆四十年御制《玲峰歌》中便称："将谓湖石洞庭产，谁知北地多无限。万钟奇石大房山，有奇必偶斯作伴。……物遇其时当自显，兹峰有过无不及……取自崇冈历平野，原非不胫实车转，岂其出于不测渊，岂毁桥梁凿城阓？"③ 这既是为节约建筑成本，也体现了他的设计理念。

文园是仿长春园狮子林而建，但用石之法却与其截然不同。就避暑山庄整体而言，在建造中，大量使用了遍山可采的青石、混湖石，山庄的叠山风格更加浑厚拙朴，达到了与自然环境浑然一体的效果。其中文园一墙分二院，西院用块钝而棱锐的青石叠山；东院却选用房山石叠山，洞顶用青石或鸡骨石覆盖。青石与黄石是所谓"遍山可采"的顽劣之石，这些石块大而整齐，石质坚硬，色调青灰、杂黄褐色皆有，与房山的北太湖石亦有不同。叠山垒石的方式，也与苏州、北京差别很大，但是堆叠成形之后，却更能彰显雄浑苍劲之美。

这些技术上的问题，深入而微，而乾隆皇帝均有自己的见解。这并不是说他对整个园林和绘画的理解就停留在了实用层面，而无论是画中、诗中还是园中的"狮子林"，都被他引入了一个禅意的范围。在解释三园建

---

① 《狮子林八景》，乾隆《御制诗四集》卷4。
② 中国第一历史档案馆编《圆明园》，上海古籍出版社，第222页。
③ 乾隆《御制诗四集》卷30。

造的差异时，他经常引用的一个概念就是"是一是二，若即若离"。在乾隆四十五年《再题文园狮子林十六景》序中，"今岁吴中狮子林，一三三一了难寻，兹来重忆昨年句，笑我未忘分别心"①。"一三三一"是《五灯会元》中的一个典故，有人问禅师"无忆、无念、莫妄三句"，"此三句是一是三"，禅师答曰："无忆名戒，无念名定，莫妄名慧。一心不生，具戒定慧，非一非三也。"所以它代指的是佛教中的"实相"问题，"实相"曰法性，曰真如，是指称万有本体之语。在此句中的"三"无疑是苏州、长春园、文园三处狮子林，而一则是"狮子林"这一意象。狮子林一切意象的表现，被乾隆皇帝形容成了一种"水到渠成"："由来水到便成渠，斯语堪诠画与书"。②而意象表达的各种方式，也被皇帝统称为"无相相中真实相"。

乾隆皇帝在狮子林立意方面的深入浅出，极似一个中国传统意义上的文人，但是他对意象上的操作，又充满了帝王才有的控制力。古往今来，有文人志趣的皇帝并不少见，词坛开宗后主李煜，书画名家钦、徽二宗，唐玄宗李隆基可赋诗，明宣宗朱瞻基能作画。这些皇帝确实对文化有着浓烈的兴趣，有些人的书画词赋水平也远高于乾隆皇帝，但是他们对整个国家的文化控制力，都不可与乾隆同日而语。乾隆皇帝要把握的是整个国家的认知观念，而对于园林的再创造便是一个侧面的体现。

所以同样痴迷诗词书画，徽、钦二宗落得亡国下场，而在乾隆皇帝的统治下，中国则迎来了最后一个君主集权的巅峰。有趣的是，在乾隆第四次南巡回京后——也就是乾隆三十年，皇家园林迎来仿建的第二个高峰。与此同时，文字狱开始回潮；乾隆三十七年，皇帝开始下诏令各州府搜集图书，并整理《永乐大典》，起意编纂《四库全书》；乾隆四十年，皇帝令编写《贰臣传》；次年，下诏编写《殉节忠臣录》……比起对于整个文化思想界的控制，乾隆皇帝按照自己的意志，修改仿建文人故园，便似乎只是一个小品了。

（作者单位：故宫博物院）

---

① 《钦定热河志》卷40，第48页。
② 《再题所仿倪瓒狮子林图仍迭前韵》，乾隆《御制诗四集》卷63。

由孙维俭案看直隶总督与嘉庆帝的关系

孔迎川

摘　要： 嘉庆年间，直隶地方社会日趋动荡、民间秘密教会活跃是这一时期直隶总督必须面对的问题。巨鹿孙维俭大乘教案爆发于嘉庆十六年的直鲁交界之地。该案件资料存留相当完整，一波三折的案情使得从普通百姓到州县、省级官员与嘉庆皇帝都牵涉其中。以此案为切面，可以窥见嘉庆朝皇帝与直隶总督之间的复杂关系，两者间的关系对直省吏治状况产生了重要影响。

关键词： 嘉庆帝　直隶总督　孙维俭

孙维俭大乘教一案，马西沙与秦宝琦在对清代八卦教与秘密社会的研究中有所涉及。马西沙在《清代八卦教》中提到孙维俭收受李景福等为徒弟，并敛银四万余两托交孔府管事之人修葺尼山，试图以孔府为靠山之事。秦宝琦在此基础上更进一步研究了孙维俭大乘教的组织发展过程。其后，陈熙远、孟超、狄鸿旭等亦有相关研究。[①] 庄吉发在其关于秘密社会的经费运用研究中，认为孙维俭等人捐给孔府的银子是两千余两。[②] 长期以来，学术界前辈们的研究，对这一案件时有关涉，但视角主要集中在秘密社会方面，关于此案的一些细节，特别是涉案银两数目也不尽一致。本

---

① 参见马西沙《清代八卦教》，中国人民大学出版社，1989；秦宝琦：《中国地下社会·清前期秘密社会卷》，学苑出版社，1993；孟超、狄鸿旭：《中国民众意识与明清秘密教门的滋生和发展》，《贵州师范大学学报》2011 年第 5 期；陈熙远：《正教与邪教——尼山工程与大乘教案》，http://223.71.186.130/cache/2/03/proj3.sinica.edu.tw/22433a9b833be56d79bf3bfb6ad1eb59/154.pdf。

② 庄吉发：《民间秘密宗教的经费来源与经费运用》，载林富士编《礼俗与宗教》，中国大百科全书出版社，2005，第 372～373 页。

案作为清代直隶秘密社会发展中的重要一环，与之后的天理教起义等事件亦有联系，而时任直隶总督的温承惠对案件走向产生了重要影响，同时，本案亦折射出嘉庆朝皇帝对直隶总督之期许，以及后者在具体行政中的困隘。这正是本文所要阐述的内容。

一　案件背景

（一）嘉庆五年的吴洛兴案

嘉庆帝即位之时，大清王朝刚走过康、雍、乾三朝的辉煌，四十岁的颙琰面对的却是一个难以让人安心的局面。乾隆后期以来，全国民变频发，秘密社会的影响越来越大。

嘉庆五年（1800），正是川陕楚白莲教起义之时，五月二十四日，嘉庆皇帝收到一封来自直隶按察使同兴的折子，所奏为当年同兴所办直隶地方"巨鹿县民人高观贤等在该州地方传教诓钱一案"的办理结果，主要犯首为高观贤、吴洛兴。同兴奉督臣胡季堂之命，以稽查驿站为名，秘密前往巨鹿县"查拿高观贤之师吴洛兴，并供出各犯"，"将吴洛兴及胡一恒、高洛义、萧洛明等先后拿获。均经供认惑众骗钱属实，惟各该犯家查无不法字迹"，同兴认为参与其中者"必不止此十余人，更恐牵连妇女。今首犯吴洛兴业经就获，即可从伊根究，以清其源"。他担心仍赴巨鹿会导致"民心疑畏，骇动听闻"，因此在正定县城暂住，提解吴洛兴及已获各犯，探清其起意根由。经过审问，这位直省臬台认为，"经卷内首列祝颂之语，其非显为悖逆。可知所称龙华会乃佛经所习见，其白莲二字亦系经卷内常用之语，未可即指为白莲邪教证据"，至于南方的离卦等字样更应为教人假托其名，诓骗钱财。同兴称，除首犯高观贤及其余供出之吴洛兴为此案要犯，应当拿获归案办理之外，"供出各姓名即经分饬查拿，拿获后只需治以应得之罪"，而按照嘉庆皇帝"切不可辗转株连，扰及无辜"[1] 的指示，其"仅止被惑输钱者即量予责惩省释，无庸提质者并止饬提，以免拖累（朱批：甚是）"。

嘉庆帝对同兴的办理似乎是比较满意的，在奏折的最后，嘉庆帝的批

---

① 《清仁宗实录》卷68，嘉庆五年五月壬寅。

语是:"只可就案了结,不必纠缠拖累。"① 这次"哄诱骗钱"的案子也似告一段落,"先后拿获"的"供出各犯",嘉庆皇帝并没有全部见到他们的名字,当然,诚如同兴奏折所言:"第被诱愚民惑于消灾免祸之说误入其中者,必不止此十余人。"之后的事情表明,确实还有许多"漏网之人"。同兴也表示,进一步的追索是不值得的,并且嘉庆皇帝的态度已经非常明确了:"就案完结,切不可辗转株连,扰及无辜,方为妥协。"即位之初的川陕楚白莲教起义对嘉庆帝震动颇大,他曾怒斥朝中官员:"视官阶为利数,不恤国计民生,惟思保位谋利。苟且因循,迁延疲玩。守牧既如此处心积虑,又何能体察小民之疾苦,自然视同秦、越矣。任吏胥作奸犯科,锱铢较量;是以致众怒沸腾,激而成变。官逼民反之语,信非谬也。"② 这次起义造成的影响,使得嘉庆帝对之后民间秘密社会的态度敏感而又谨慎。

(二) 正教与邪教

"与国咸休安富尊荣公府第 同天并老文章道德圣人家",这是孔府门前的对联,能够称得上"与国咸休""同天并老"的,整个中国可能也只有曲阜的衍圣公府一家了。从北宋至和二年(1055)宋仁宗封孔子嫡系后裔为衍圣公之后,这一封号一直为后代延续,受历朝优渥,直至清亡。乾隆五十九年(1794),年仅七岁的孔庆镕承袭大爵,成为新一任衍圣公,到嘉庆十四年,他也才22岁。

孔府内外诸多的日常事务大多是由圣庙执事官来管理的。当年十一月,时任孔府四品执事官的孔传标带着来自直隶的孙维俭、李景福、李经、吕兴旺、刘美奂五人来见孔庆镕,言明这几人捐了三百两银子修理圣庙祭器。衍圣公遂将此事交曹秉和、张协中二人承办,孔传标顺势保举这几人在孔府内任官。据孔庆镕后来所称,他见这几人"急公好义",也就应允了,给与孙维俭书写、李景福赍奏、李经掌书、吕兴旺启事、刘美奂

① 中国第一历史档案馆藏《朱批奏折》,直隶按察使同兴奏为拿获传教诓钱首犯吴洛兴等并查办情形事,档号:04-01-01-0482-014。
② 《清仁宗御制文初集》卷5《平定三省纪略》。

伴官几个官职。① 这都是在衍圣公身边负责文书往来的比较重要的职位。随后，孔庆镕发文劄行任县、巨鹿县衙查取几人的族邻印甘各结，以便来曲阜任事，但来年春天依然没有回音。孔传标为此在十五年三月复又行文催促。② 任县知县给出的回复是："无从详查，所有印结，未便冒昧具送。"③（似为直省官僚拖延习气之一体现）至十二月，终于有了回音：刘美奂参加过邪教组织，不能放人。④ 这一次看似平常的任命，却给孔庆镕惹上了直达天听的麻烦。

关于刘美奂参加的邪教，任县县令回文中称："遵查刘美奂于嘉庆五年，听从巨鹿县民高观贤等传习邪教。"——刘美奂正是前文提到案子里嘉庆帝并没有看到名字的一个"供出之人"。

二 孙维俭案始末

（一）京控与案件发展

"其有冤抑赴都察院、通政司或步军统领衙门呈诉者，名曰京控。"⑤ 京控为清代司法过程中的一项重要制度，嘉庆年间"京控"更是作为一个专门术语而出现。对于这种案件其主要有奏交、咨交、驳回三种处理方式。奏交即接受京控案件的部门若认为该案案情重大，则具折上奏，由皇帝发交各省督抚审办，审结后督抚必须专折汇报审理结果；咨交即情节较轻者，由接受部门直接转交其他衙门或发回本省督抚审办，该类案件无须向皇帝汇报结果，嘉庆十五年以后要求各省每年两次向中央集中上报对本省京控案件的审理情况；第三种则为对于案情特别轻微的案件则大多驳回，不予受理。⑥ 嘉庆帝希望通过这种方式加强对地方民情的体察了解。

嘉庆十六年四月二十二日，一名为王邦彦的巨鹿县捐纳天文生在圆明

---

① 中国第一历史档案馆藏《朱批奏折》，山东巡抚同兴奏为拿获传教诓钱首犯吴洛兴等并查办情形事，档号：04-01-01-0525-034。

② 张维华主编《曲阜孔府档案史料选编》第 3 编第 21 册，齐鲁书社，1988，第 32 页。

③ 张维华主编《曲阜孔府档案史料选编》第 3 编第 21 册，第 34 页。

④ 张维华主编《曲阜孔府档案史料选编》第 3 编第 21 册，第 36 页。

⑤ 《清史稿》卷 144《刑法三》，中华书局，1977，第 4211 页。

⑥ 胡震：《最后的"青天"——清代京控制度研究》，《中国农业大学学报》2009 年第 2 期。

园外面欲图叩阍而被盘获，步军统领禄康和时任礼部侍郎的英和联名上奏，说明了王邦彦的来意，其"十数年曾听得各村的人说，有同县的人俱往山东拜见老师父传道，并有给老师父送银钱去的。近年以来听得我们县内进虎寨住的李姓、王虎寨住的孙姓、塔寺口住的李姓这三人口称捐职曲阜县的顶戴，在他们的各村内传说邪教，夜聚明散……想要入教的人不计其数"。近几年，王邦彦看入教的人数日众怕他日滋生事端恐遭连累，在附近告官又怕邪教徒众多被发现，于是来京控诉。禄康、英和认为，这虽是王某的一面之词，但事关邪教，不可不查办清楚，于是具折上奏。① 嘉庆帝遂令直隶总督温承惠处理此事。

两日之后，温承惠上了一道折子，称王邦彦所告同县进虎寨李姓、王虎寨孙姓、塔寺口李姓三人"俱系曲阜县的职衔顶戴，传演邪教，煽惑多人"。② 这道折子引起了嘉庆帝的注意，邪教之人何以在圣人故里竟有如此身份，遂令"刑部速议具奏"。之后经步军统领衙门上奏，派河间府知府薛学诗、顺德府知府陈釜源"严密查访"，传获了孙维俭、李景福、李经三人，又传吕兴旺、刘美奂二犯。③ 至此，上文涉及的嘉庆十四年去往曲阜捐银任职的五个直隶人全部到案。温承惠亦奏报，这五人"均经衍圣公与赍奏书写等职衔"，地方官又发现这五人家中均供有孔子及"列圣万岁牌位，每逢朔望，村民多赴各家烧香礼拜，已非一日"。④ 然而据山东巡抚同兴奏报，衍圣公孔庆镕称，其虽收李景福等银300两，但发现刘美奂的身世有问题时，"当将伴官执照追回注销，并因行查李景福等四人久未回覆，恐有未妥之处，随又札知巨鹿县就近将执照追回，移送注销。至今未据覆到，各在卷"。⑤ 未予职衔，衍圣公似乎与他们没什么关系了。皇帝对此亦将信将疑，朱批："另有旨。"

---

① 中国第一历史档案馆藏《录副奏折》，步军统领禄康、英和奏为审讯直隶巨鹿县民人王邦彦首告该县李姓等三人传习邪教等情事，档号：03 - 2219 - 015。
② 中国第一历史档案馆藏《朱批奏折》，嘉庆十六年四月二十八日直隶总督温承惠奏折，转引自马西沙《清代八卦教》，中国人民大学出版社，1989，第 298 页。
③ 张维华主编《曲阜孔府档案史料选编》第 3 编第 21 册，第 54 页。
④ 《朱批奏折》，嘉庆十六年五月二十三日直隶总督温承惠奏折，转引自马西沙《清代八卦教》，第 298 页。
⑤ 中国第一历史档案馆藏《朱批奏折》，山东巡抚同兴奏为遵旨询明衍圣公孔庆镕收受李景福等捐修银两事，档号：04 - 01 - 01 - 0525 - 034。

六月十八日，温承惠上奏了该案件的审理结果，被抓到的五人，除了邪教事宜，又供出了他们向衍圣公府捐献银子的事情，不过不是几百两，是四万多两。^① 在直接涉案的孔传标与曹秉和、张协中解押至直隶审问后，直隶官员对此调查的结果是：巨鹿人孙维俭，与同县的李景福、李经、吕兴旺和任县的刘美奂素来熟识，孙维俭更是与刘美奂在嘉庆五年的吴洛兴"传教惑众"一案中，一起拜吴洛兴为师，是那一案中的"漏网之人"中的一个。嘉庆六年，孙维俭起意骗钱，"忆及家存祖遗抄写护道榜文一轴，内有大乘字样，即自称为古大乘教……煽惑众听。李景福、李经、刘美奂、吕兴旺闻知，先后拜从为师，各送大钱二三千不等，名为买道钱，每逢朔望，俱赴孙维俭家焚香礼拜……讲道日久，熟习其技，均起意收徒……（收徒）共一千六百余人，各得买道钱文不记确数"。孙维俭所收徒弟日益增加，欲规避邪教名目，遂起意盖建列圣佛堂，又可藉此敛钱渔利。又恐在本县具呈动工将行教之事败露，因而欲赴山东曲阜，求衍圣公代为具奏兴工，令徒弟宋连捷等95人为二会首，分路劝捐敛钱。至嘉庆十三年冬共敛得银14146两。^②

嘉庆十四年正月初八，孙维俭派李景福、吕兴旺、刘美奂前往曲阜，托人见到孔庙四品执事官孔传扬，几人将五百两银子（这些钱衍圣公是没有见过的）交给孔传扬，用以修理庙内祭器，并求盖建佛堂。孔传扬说，佛堂不是民间应建之物，劝几人改为修葺尼山祠宇，需要银五六万两。于是孙维俭复令宋连捷等人敛银33967两，于十四年十月二十四日由孙维俭同李景福等携带银两复至曲阜。然而孔传扬突然故去，其弟孔传标接班后答应接手，带领孙维俭一行人见过衍圣公，几人"因系初见，不敢多言"。孔传标告诉他们，祭器未修，要再捐银300两，其后，孔传标才禀告了衍圣公，于是有了前面孔庆镕所说的见几人"急公好义"，给予职位，并命曹秉和、张协中等人相应办理之事。随后，孔传标协同曹秉和、张协中与孙维俭一行再次到尼山，估勘了尼山工程所需银两，孙维俭于是把带来的银子四万两千三百余两都给了孔传标，让孔传标购料兴工。几人"旋即回

---

① 中国第一历史档案馆藏《录副奏片》，直隶总督温承惠奏为审拟孔传标等收受侵蚀李景福等捐修银两案事，档号：03-2399-009。

② 张维华主编《曲阜孔府档案史料选编》第3编第21册，第55～56页。

归",欲图尼山修好以后,"即各刊列圣龛牌一座在家供奉"。①

　　嘉庆十五年正月,孙维俭母亲过世,孔传标前往吊唁,谈及祭器修理费用不够,孙维俭等人又给其银480两带回。四月与十月间,孙维俭两次令李景福、吕兴旺前去催工,见孔传标依然支吾不清,便威胁要告官。②然而来年四月,孙维俭等人被王邦彦告发了。

　　对于山东巡抚同兴所奏孔庆镕的回答,嘉庆帝似乎还是比较满意的,六月初,嘉庆帝谕:"孔年幼未谙事务,无庸治罪。至孔传标等,已经同(兴)交直省备询,其曾否另有收受李景福银两之事?无难查询得实。此案李景福等五人,藉捐修尼山祠宇为名,向各市民分投敛钱,因而乾没入己,自由应得之罪。至原告之王邦彦,或因李景福等科敛多金,希图分肥不遂,因以邪教重情饰词诬告,以冀耸听株连,亦未可定。"③似乎嘉庆皇帝更希望这是一个单纯诬骗钱财的案件,对于邪教这一说法还是尽量回避。

　　六月底,刑部根据对孙维俭等人的调查拟出了对几人的处理意见:"检查起获各经卷,语言多系俚诞,并无悖逆别情案无遁饰,将孙维俭依律拟绞监候,请旨,即行正法。李景福等……为从者发往黑龙江,给索伦达呼尔为奴。"④奉旨:"孙维俭着即处绞,余依议。"⑤

　　在六月十八日温承惠所上奏折中,他向皇帝奏报了对孔传标等人的审讯情况,大意为孔传标供认其收受李景福等人银两四万两千余两属实,传标起意从中侵蚀,张协中、曹秉和各以借贷为名索去银两5000两,勾管王信堂先后索去银10900两,司乐王肇基亦索去5000两。孔传标以其皆为衍圣公孔庆镕亲近之人,怕其告发,不敢不给。此外,府中孔昭辉、李盛华、许宗鉁、钱思廉各借去银两不等。温承惠怕这是孔传标推卸责任的一面之词,故欲先由山东地方查明情况,将涉案几人解送到直与孔传标

---

①　张维华主编《曲阜孔府档案史料选编》第3编第21册,第56页。
②　张维华主编《曲阜孔府档案史料选编》第3编第21册,第57页。
③　张维华主编《曲阜孔府档案史料选编》第3编第21册,第39页。
④　张维华主编《曲阜孔府档案史料选编》第3编第21册,第54~58页,原文为"将孙维俭依律拟绞,监候请旨……",似应为"将孙维俭依律拟绞监候,请旨……"。
⑤　张维华主编《曲阜孔府档案史料选编》第3编第21册,第60页。

对质。①

七月初一，同兴上奏，称"正要派人前往调查"之时，接到了温承惠的咨文。对于孔传标供出的王信堂（即王肇兴）、王肇基、孔昭辉、李盛华、许宗鋆等人，皆一口否认曾向孔传标讹诈索取银两，情愿赴直与之对质，几人言及的钱号也不承认有他们所说的资金往来。于是山东省派委员将涉案几人解付直隶，以供究查。②

七月初五，温承惠上奏向皇帝也说明了这一情况，并言明其欲在省城等待王肇兴到直。嘉庆帝对这种矛盾显然是很在意的，遂批示温承惠，"不必来行在扈随"，③ 嘱其办理此事。

在温承惠的折子里，王肇兴（王信堂）、王肇基兄弟向孔传标索要的金额是最大的，所以接下来在直隶的审讯，主要针对他们。

在七月二十二日温承惠给山东巡抚的咨文中言，此案为保定知府吴兆熊会同候补直隶州王奎聚、试用知县储斗南等审理。供词中孔昭辉承认孔传标花6000两买了他的祖房三座；王信堂供认存银1万两，交给邹县亲家刘景溪家内暂存，刘景溪已故，现有胞兄刘景洋知情，此外借孔传标银九百两；王肇基供认借孔传标银5000两，仅用其中2000两，买房屋一处，又有姜思永、石文熙转借去银两各1000两，又孔府幕僚叶榕圃、许芝田各借去银500两，其所用之银愿以所买房地作抵，余银则借钱四人照数归还；李盛华、许宗鋆、钱思廉亦各供认借银1000两，愿以房地变抵；所涉万庆号老板李广间说孔传标在其铺内存银700两，除其兄传扬所欠200两外愿拿出归还，而信昌号吴佩则言，张协中在公府内管账，常与交易，只有其欠该店铺钱两，而并无存4400两之说。其后令孔传标、张协中、曹秉和与现场之王信堂等相对供吻合。张协中说其分用孔传标之5000两，在公府有垫项可抵，曹秉和言其分用之5000两可以房地为抵。故而直省移文山东巡抚与衍圣公，希望将张协中代垫之5000两交出，并饬将王信堂存于邹县刘

---

① 中国第一历史档案馆藏《录副奏片》，直隶总督温承惠奏为审拟孔传标等收受侵蚀李景福等捐修银两案事，档号：03－2399－009。

② 中国第一历史档案馆藏《录副奏折》，山东巡抚同兴奏为查起孔传标家侵蚀修祠银两情形事，档号：03－2465－002。

③ 中国第一历史档案馆藏《朱批奏折》，为直隶总督温承惠即在省城俟王信堂等解复讯孔传标有无藏匿银两事谕，档号：04－01－08－0120－021。

姓亲家之银 1 万两、并姜思永、石文熙、叶榕圃、许芝田所借王肇基 3000两一并讯明查起，倘不承认，即将其解直与王信堂对质。另外将几人供出的房地变卖入官。将李广间铺中银 500 两入官。①

过了四天，孔府回文称，张协中并非府内司房，无资格过问府中数千银两，自然未曾为孔府垫此数之银。且申辩道：

> 现伊开呈账内，有欠信昌钱铺四千五百串……调取该铺账簿，查明张协中实欠该铺一千八百余串……何得将自己拖欠，推卸本爵府身上？……再王肇基供出本爵府幕友叶榕圃、许芝田各借钱五百两，实系诬扳，现在王肇基有寄来押与叶、许二人地契一纸……写明凭契借银一千两，嘱许芝田、叶榕圃暂为承认……且许芝田、叶榕圃业经辞馆他往，无从查访。至王肇基又供扳姜思永、石义熙各借银一千两，其二人于本月十九日，杨德自保送信回曲，寻知被王肇基供扳，即于二十一日潜逃……其有无借用王肇基银两，本爵府毫不知情。再王肇兴供认交存邹县刘景溪银一万两，查刘景溪并非本爵府户下，应请饬交地方官查讯办理，本爵府未便干涉。②

然而据王肇基回来送信的家人杨德证实，叶、许二人虽然在七月十九日其到公府时未在，然而随后公府内说二位师爷已经回来，并且来取文契等。③ 衍圣公遂阐明杨德于十九日到府所言之事：

> 杨德大主人王肇基嘱咐回曲阜见师爷们，便说我跪了一天，膝盖已经跪破，受不住了，只得说师爷们各借我银五百两，暂且为我认下，等回来再变产交还师爷们。④

从温承惠十六年八月的咨文中可知，王肇基供称，许、叶二人威胁其将此事告知衍圣公，故而不得已借给其银两，因许、叶二人原为穷苦之

---

① 张维华主编《曲阜孔府档案史料选编》第 3 编第 21 册，第 66～69 页。
② 张维华主编《曲阜孔府档案史料选编》第 3 编第 21 册，第 71 页。
③ 张维华主编《曲阜孔府档案史料选编》第 3 编第 21 册，第 73 页。
④ 张维华主编《曲阜孔府档案史料选编》第 3 编第 21 册，第 75 页。

人，必难以还钱，故令杨德回乡与其房契当银交官以免久累。温承惠称："本部堂复提孔传标等讯供，具与所审无异，亲验王肇基膝盖亦无跪伤。本部堂亲奉谕旨，留省专办此案，俟办竣后，前赴行在，断难稍缓。"① 温氏显然急于结案，以进京面圣，同时希望山东省、衍圣公府方面能够将叶、许二人传获并孙明、杨德一起解付到直隶。

八月二十日，温承惠上折，向嘉庆帝报告案子审结以及处理结果："（孔传标）讯据供认得受孙维俭等捐银四万二千一百两，并张协中、王信堂、姜思永等分用属实。孔传标等各有房地及存垫之项可抵。惟姜思永等现均逃避。"孔传标以盗窃论罪，杖一百，发往黑龙江充当苦差；张协中、曹秉和、王信堂、王肇基四人俱应革去顶戴，杖一百，徒三年，至配所各责折四十板；李盛华、许宗鉁、钱思廉应均革去职衔，杖八十。孔传标由直隶发遣，其名下应追赃银，由山东巡抚同兴，转饬在于该家属名下变产，追查几人所买楼房入官变抵；张协中等解回原籍，算明应抵账目，分别追赃，定地充徙；李景福等人，立即饬分起解配。未获四犯，日后抓获，另为审结。嘉庆帝对该折朱批："刑部议奏。"②

九月初，奏折抄出到部，刑部认可了温承惠的处理，于十月中旬发抄山东巡抚、袭封衍圣公府。③ 这一案到此似乎也已经结束了。前人对此案的研究也多止于此。然而笔者在阅读有关这一案件的遗存档案时总是有种疑惑之感：为什么涉案人员在山东皆矢口否认，而到了直隶最终却都"供认不讳"？

（二）反转

这一起于京控的案件最终仍是以京控落下帷幕。嘉庆十七年二月二十一日，王肇兴堂侄王振翌将状纸呈递给了都察院，状告直隶审判各官刑讯逼供。④

从孔府档案中保存的大学士庆桂的奏折中，我们可以窥见这个惊动了

---

① 张维华主编《曲阜孔府档案史料选编》第 3 编第 21 册，第 78 页。
② 中国第一历史档案馆藏《朱批奏折》，直隶总督温承惠奏为审明山东曲阜县已革执事官孔传标收受捐修祠宇银两案按律定拟事，档号：04-01-01-0534-014。
③ 张维华主编《曲阜孔府档案史料选编》第 3 编第 21 册，第 86 页。
④ 张维华主编《曲阜孔府档案史料选编》第 3 编第 21 册，第 91~102 页。

皇帝，动员两省从知县到督抚大员的案件的审理有多么荒唐。

嘉庆十七年，庆桂在奏折中言明："提到孔传标研讯，与直隶省原审情节不符，其侵蚀银两之处，亦坚不承认。"随即将"前任保定知府吴兆雄、候补知州王姓、广宗县知县张姓、候补知县储姓及委员刘姓"以及"知府沈华旭、薛学诗、同知陈滢源、俞英世等四员"等"解任各官并案内犯证人等"交送刑部，会同审讯。① 解付刑部之时，先前逃跑的姜思永、石文熙二人又出现了。②

真实的情况是，孙维俭等人兴立邪教等事属实，几人成立的组织叫老佛会，其敛财欲往曲阜捐修也确有其事，然而，四万多两根本就没有，真正数额为四千七百余两。

嘉庆十四年正月，孙维俭会同吕兴旺、刘美奂前往曲阜，由姜永全带领见到孔传扬，后者领几人见过孔庆镕，其后孙等将赘见银100两，捐修祭器银500两俱交孔传扬转送，孔传扬暗中侵用并未告知衍圣公。十月间，孙维俭等五人带银共两千余两，复往曲阜。找见孔传扬弟孔传标，孔传标带几人见衍圣公。孙维俭等装元宝十个作为赘仪，交孔传标转交衍圣公，孔传标侵吞四个，改写为修补祭器银六宝礼单，交书写官曹秉和、伴官张协中转送府内。孔传标怕两人访出破绽，于是给两人元宝一个，捏称孙等送给席仪。之后孙维俭交孔传标银400两，给曹秉和买料、雇工，以修葺尼山祠庙，随后孔传标在衍圣公面前保举几人府内职官。一直到十五年正月，孙维俭等到曲阜催工两次不见行动，欲图控告，并赖其多得银两使其赔付，又想控官之后远近闻名，以多敛银两，遂将敛银账上四千七百余两改为四万七千余两，烧毁原有银账。

十六年二月，吕兴旺到京欲控，恐查出虚情又回到直隶，然孙维俭执意如此。恰逢王邦彦京控，此案由直督温承惠查办，温承惠派陈滢源、张学程等人办理，孙维俭等人"自行投到"，捏供4万余两之数，于是就有了温承惠十六年五月、六月奏折里的四万余两。参与审理直隶各级官员为了迎合总督所奏数目，此后曲阜县所有涉案人员皆解到直隶，一路刑讯逼

---

① 张维华主编《曲阜孔府档案史料选编》第3编第21册，第103页。
② 中国第一历史档案馆藏《录副奏折》，山东巡抚同兴奏为遵旨委员解送王兆兴控案内各犯并承审官保定知府吴兆熊等赴京备审事，档号：03-2468-004。

供，最终上奏，意图结案。后经温承惠保奏，陈滢源"即行升用"，张学程"留直隶用"。①

此案最后由庆桂会同刑部审理，恰逢直隶滦州地方查出董怀信之八卦教，嘉庆帝对涉案逼供人员的处罚是相当严重的。所涉地方官员大多革职，案内被诬陷之王肇基等人开复原职，受刑最重的王肇兴，由沈华旭、薛学诗、同知陈滢源、俞英世各罚银四十两，予之作为补偿。吴兆熊最先迎合上官，审案过程中一味刑求，发往黑龙江。温承惠革退官衔，拔去花翎，革去黄马褂，降为二品顶戴，仍交部严加议处，臬台灵保降为三等侍卫，前往新疆换班，即由保定启程，不准来京。对于"大乘教"的李景福等会首也做了改判，李景福、李经、吕兴旺、刘美奂四人原拟发遣黑龙江，后俱改为绞监候，入于直隶省本年秋审情实，交温承惠严刑锁押，分投发往顺德、广平、大名、永平四府严密监禁，"若有别故，惟该督是问"。②

三　清代的巨鹿

"巨鹿，疲、难"，③这是《清史稿·地理志》对巨鹿的评价。处在华北平原西面边缘上的巨鹿，土壤盐碱化严重，④地力非常一般。脆弱的生态环境造成此地大小自然灾害不断，以《清仁宗实录》所记载为例，嘉庆六年，水灾；十六年，歉收；十七年，在受灾县内；十八年，复在受灾县内，先水涝，后又旱灾；十九年，旱灾，连年灾害，粮食歉收；二十二年，在受灾县内；嘉庆二十四年，水灾。⑤《巨鹿县志》中，雍乾两朝仅有三次灾荒的记载，而嘉庆一朝就有"嘉庆六年七月大水，十七年连岁荒旱大饥，野多饿殍，二十二年九月麦秀，二十五年（1820）六月地震……冬大雪，壅人门户"⑥等多次记述，可见在嘉庆朝中后期，巨鹿的自然灾害

① 张维华主编《曲阜孔府档案史料选编》第3编第21册，第106页。
② 光绪《畿辅通志》卷4《帝制纪·诏谕四》，河北人民出版社，1985，第269页。
③ 《清史稿》卷54《地理一》，第1905页。
④ 郭宗华：《河北省盐碱灾害今昔》，《燕赵水利春秋》1986年第5期。
⑤ 参见《清仁宗实录》卷85，嘉庆六年七月乙未；卷248，嘉庆十六年九月壬寅；卷261，嘉庆十七年九月戊寅；卷265，嘉庆十八年正月庚午；卷266，嘉庆十八年二月丙寅；卷268，嘉庆十八年四月甲寅；卷276，嘉庆十八年四月；卷289，嘉庆十九年四月壬戌；卷335，嘉庆二十二年十月己亥；卷364，嘉庆二十四年十一月壬戌。
⑥ 光绪《巨鹿县志》卷7《事异志》，光绪十二年刻本。

是比较频繁的。而且，"巨鹿沙卤无引灌溉蓄息之利……于今不知几经变迁矣，地瘠民贫，生齿繁盛，殷实者少，穷约者多"。①

从巨鹿所属的顺德府记载，亦可窥见巨鹿一带在清代的社会经济日渐艰难之状况。顺德府地方，天灾多发，水旱无常。清代中前期尚能以水利兴修、赋税蠲免等各项政策维持该地经济发展，诸如康熙二十四年（1685）曾将二十三年之未完地丁钱粮蠲免，并将二十四年应征钱粮免去三分之一，康熙二十六年又将顺德府各项钱粮尽行蠲免，②之后类似蠲免次数不等。至嘉庆十三年，相比雍正九年（1731），顺德府的邢台县户数上升了约84.78%。然而这种受灾时期的钱粮蠲免，在嘉庆朝却很难再见到，除了嘉庆六年免去巨鹿本年额赋，嘉庆十六年、十七年、十八年、十九年、二十二年、二十四年、二十五年再未有对巨鹿进行赋税蠲免的情况，皆为或缓征或赈、贷等方式。一方面，这一时期巨鹿地方灾害频发；另一方面，似乎当时的清政府财政也不足以支撑巨鹿等地的钱粮蠲免。

因而，巨鹿及其周边地区是比较符合施坚雅所称之"大区边缘"的情况的，其作为华北大区的边缘"社会呈现出最异端而且最多样化的外观"，以盗匪、秘密宗教、会党及"一些数目不等的走私贩、流浪者、充军者、巫师和其他异常人"组成的异端社会为特色。③而且到了嘉庆年间，巨鹿地方的经济形势相比之前是非常不乐观的，人口大幅增长的同时又连年受灾。

此外，巨鹿邻近的鲁西地区，向来是盗匪出没之处，满家洞起义、王伦起义以及后来的义和团运动皆发于此。这些都让这个小地方极易诞生制度外的民间秘密社会。

四　案情后续

嘉庆十九年，在审理离卦教首领杨遇山时，才理清了孙维俭与离卦教的关系，孙在此之前为离卦教郜姓的三传弟子，刘功二传弟子，而且是教

---

① 光绪《巨鹿县志》卷6《风土志》。
② 光绪《畿辅通志》卷4《帝制纪·诏谕四》，第269页。
③ 参见施坚雅《中华帝国晚期的城市》，转引自周锡瑞《义和团运动的起源》，江苏人民出版社，1994，第4页。

内十分核心和活跃的人物，他能几次会晤离卦部与、部坦照父子。① 值得注意的是，此时杨遇山、孙维俭便在拜师期间与部姓父子有"收受银两"之往来，② 这可能也对之后孙维俭自立大乘教敛银有些影响，似乎这种宗教敛银已经成了那个年代地方宗教会首迅速致富的重要方式。

孙维俭被绞次年（嘉庆十七年），巨鹿县传教会首刘帼名等人起出榜文、经卷，商同继续传教，被嘉庆帝下令派兵镇压。同时，直隶省奉嘉庆帝谕旨，在巨鹿县"查拿邪教"，借题发挥，搞得鸡犬不宁。至于"查拿"之效果，我们可以从对孙朋一人的处理中略窥一二。孙朋为巨鹿县大乘教徒，且藏有护道榜文，此时"虑恐榜文为累，不敢赴县呈交"，只好自带榜文到北京自首。嘉庆帝下谕说，直隶总督在巨鹿县"设若派人搜查，则胥役等倚势为奸，或实系入教之家贿赂得以幸免，其无辜者转致株连扰累，比户惊险……设遇强悍之徒逞念殴差，致酿巨案，更属不成事体"，故凡如孙朋主动自首者，"亦即孙朋之例，一体开释"。③ 同年，滦州发现了大规模的金丹八卦教的传播，清政府当即予以镇压，对此一事件，嘉庆帝的对待方式是类似的："直隶地方民风素朴，不过被一二为首奸民所愚，一经查拿，俱尚畏法……现已将首从各犯按律惩办，其余仅止习教买符之五千一百余人，该督令呈缴经符，并取具改悔甘结，仍存姓名，不时稽查。此内人数众多，须饬州县官妥协办理，只应出示晓谕，不可派人搜查。"④ 然而被镇压之后的金丹八卦教改了一个我们现在听起来更有名的教名——天理教。⑤ 嘉庆十八年天理教"癸酉之变"中，巨鹿依然是民变的重要发源地，杨遇山在这里的传教与曾加入"大乘教"之人有着千丝万缕的联系，杨口授书信，令刘帼名在地方招兵买马，准备接应林清起义。⑥ 天理教起义之后，被关押在大名府监狱中的大乘教大会首李经联络狱外的田克岐等人，"妄造旗戳，沟通禁卒"，积极准备暴狱后在大名、顺德一带

① 马西沙：《清代八卦教》，第 299 页。
② 马西沙、韩秉方：《中国民间宗教史》下册，中国社会科学出版社，2004，第 735 页。
③ 赵福寿主编《邢台通史》下卷，河北人民出版社，2003，第 611 页。
④ 光绪《畿辅通志》卷 4《帝制纪·诏谕四》，第 270 页。
⑤ 河北省社会科学院地方史编写组：《河北简史》，河北人民出版社，1990，第 507 页。
⑥ 马西沙：《离卦教考》，《世界宗教研究》1987 年第 1 期。

起义，响应天理教。① 虽然杨遇山与李经旋即被杀，然而此间似可透露出大乘教会在地方影响之绵延。

嘉庆帝事后对几个相关案件回顾时提到："上年查办巨鹿县一案，曾究出孙维俭与刘美奂，先拜吴洛兴为师，于嘉庆五年赵州破案，前督臣仅将刘美奂、吴洛兴杖责递籍。现办滦州董怀信一案，亦究出董怀信之父董太立教卖符，于嘉庆二年在密云县破案，前督臣亦仅将张思胜、董太等修庙骗钱情节，就案完结，皆未将倡立邪教彻底究办……此案莠民，其初倡为邪说，传徒敛钱，若地方大吏随时查办，将为首者按律重惩，则被诱者立时悔悟解散，必不致煽惑多人，酿成巨案。乃前此地方官于破案后，仍不认真究办，一味回护处分，颟顸了事，实堪痛恨，不可不加以严惩。"② 但回顾前文，导致直隶官员"就案完结，皆未将倡立邪教彻底究办"的重要原因，或许正是在于历次案件中皇帝"切不可辗转株连，扰及无辜""株连扰累……不成事体""只应出示晓谕，不可派人搜查"等类似要求。对于地方的秘密宗教，严则惊扰地方，宽则难靖根本，这似是清仁宗与直省官员之间一道难解的题。

五 温承惠与嘉庆朝的直隶总督

温承惠，字景侨，山西太谷人，乾隆四十二年拔贡生，随后朝考第一，授官吏部，为清代第一位授以京官的拔贡生。嘉庆初年，于陕西任官，在川楚白莲教起义中表现优异，为嘉庆帝赏识，此后历任陕、豫、赣、闽地方，为政有方，嘉庆十二年九月被正式任命为直隶总督。③ 然而温承惠任直隶总督后却麻烦不断。嘉庆十二年六月，嘉庆帝因直隶吏治问题训斥了温，先是在言及直隶饶阳县郭长清具控本县办差事宜时，斥责直隶地方"屡有来京控告之案"，④ 复又因杜来成御道前放炮想求布施一案，更是直言："（本案）乃自本年三月初闲交该署督审办，直迟逾数月，始咨部结案。即此一端，可见外省办理案件，无论事情大小，率皆任意迟缓，

---

① 赵福寿主编《邢台通史》下卷，第 609 页。
② 《清仁宗实录》卷 258，嘉庆十七年六月癸丑。
③ 《清史稿》卷 358《温承惠传》，第 11347 页。
④ 中国第一历史档案馆编《嘉庆道光两朝上谕档》卷 12，嘉庆十二年六月十三日上谕，广西师范大学出版社，2000，第 286 页。

积习相循，牢不可破。所有办理迟延之总督及承审之知府等官，着该部查取职名分别议处。嗣后外省各督抚、司道及州县等官，于民间控案，务须迅速听断，以伸民情而省案牍，毋再蹈延玩陋习。"① 当年九月，温承惠由署理转为正任直督不久，又因古北口兵粮一事受责："温承惠并未先时豫筹，殊属非是，着传旨申饬。"② 十四年五月间，因直隶肥乡县知县万永福投递禀帖言办差繁重，嘉庆帝复斥"该总督、藩司办理不善"，将温承惠拔去顶戴花翎、褫去黄马褂，同时受罚的还有时任直隶布政使的方受畴，③当月不久又说："朕屡降谕旨，汝等概置不听……嗣后……如再不遵守，惟革职遣戍耳，慎之戒之。"④ 此后温承惠又因失察属员侵赈⑤、固安县毒杀案、吴桥县谋杀案、永定河南北两岸漫溢、古北口兵米迟放、涿州房山等处灾情救济不力等事⑥反复受到责罚。期间仅因河工等事受过一二赞扬。显然在嘉庆十六年孙维俭案案发之前，在任直督的温承惠身上的压力非常之大，不同于其之前仕途中的顺风顺水。直隶省内治安屡出状况，上京控告之奸案颇多，以至嘉庆帝非常不满，因而反复责罚直省地方大员。

孙维俭案的资料相当翔实，为我们立体还原了这一嘉庆年间颇具戏剧性的案件，其关涉人员从地方小民、州县官、直隶总督一直到皇帝本人，是透视嘉庆朝直隶总督所面对局面的一个相当具体的案例。回顾此案，奏折显然成为记载本案信息最重要的文本，而温承惠的奏折更是深刻影响到了案件进程。对此案翻转有重要作用的杨德口供与王宋氏（王肇兴之妻）讼词中，皆提到直隶官吏胆敢而且必须严刑逼供的重要原因之一，即是"已经奏明皇上""老制台已经奏定了""吾们老制台已奏明了有四万多银

---

① 中国第一历史档案馆编《嘉庆道光两朝上谕档》卷 12，嘉庆十二年六月十三日上谕，第 288 页。
② 中国第一历史档案馆编《嘉庆道光两朝上谕档》卷 12，嘉庆十二年九月初七日上谕，第 414 页。
③ 中国第一历史档案馆编《嘉庆道光两朝上谕档》卷 14，嘉庆十四年五月二十一日上谕，第 294～295 页。
④ 《清仁宗实录》卷 212，嘉庆十四年五月丁亥。
⑤ 详见中国第一历史档案馆编《嘉庆道光两朝上谕档》卷 14，嘉庆十四年七月初六日上谕，第 397 页。
⑥ 详见中国第一历史档案馆编《嘉庆道光两朝上谕档》卷 15，嘉庆十五年六月初六日上谕，第 252～253 页；嘉庆十五年七月初十日上谕，第 317 页；嘉庆十五年十一月初二日上谕，第 517 页；嘉庆十五年十二月初三日上谕，第 568 页。

子"，因此威胁王肇兴等人"你不认也不中用了""吾们这里不许对质，不认即收拾起你来""你们两个要翻供么？就将你们两个治死"，令王肇兴等"扳供曲阜殷实之家"，并对孔传标"严刑苦拷"，将王肇兴"扭耳、采发、打脑、摇撞、跪铁炼子，凌逼了一天"，对王肇基"拧耳采发、赤膝长跪，恣意凌逼"，最终促成冤案，牵连众多无辜之人。① 此外，孙维俭等人在保定府缴银 400 两或许对此案审判亦有影响。② 至于温承惠本人，面对孔府"实系扳诬"，曲阜县"已经讯明，并无其事"，兖州府"可否咨请直省秉公细审之处"等质疑，其向山东方面的咨文却将之回避，而一遍遍地催促将相关人等"解直质讯""务获到案，解赴臬宪讯供解直，幸勿迟滞，望速施行"。③ 因此，很难相信温氏对直省审案人员逼供之事一无所知。

清代的奏折制度，经康、雍、乾三朝不断发展，"对于各种信息的迅速准确大量的输入，对于中枢决策的及时做出，乃至对于皇权的极度加强，都起到了重要的作用"。④ 督抚作为封疆大吏，更是经常通过奏折与皇帝沟通，这不仅使皇帝能更多地了解地方情况，也使皇帝能够更好地控制督抚。⑤ 一方面，奏折制度使得督抚官员与皇帝的"距离"被拉近，但随着乾隆后期社会矛盾不断积累爆发，督抚大员们承担的压力与风险亦与日俱增。

乾隆后期，乾隆帝便对督抚表现颇不满意，直斥："乃身为督抚者，惟知养尊处优，不以民事为重。凡遇刑名重案，及城工等事，往往因循怠忽，辗转迟延。阳藉详慎之名，阴遂诿玩之计。"⑥ 乾隆四十年以后，对各地督抚屡兴大狱，王亶望（浙江巡抚）、勒尔谨（陕甘总督）、国泰（山东巡抚）、陈辉祖（闽浙总督）、郝硕（江西巡抚）、福崧（浙江巡抚）、伍拉纳（闽浙总督）等皆于督抚之高位见诛。乾嘉之际，对督抚群体的攻

① 张维华主编《曲阜孔府档案史料选编》第 3 编第 21 册，第 88～102 页。
② 张维华主编《曲阜孔府档案史料选编》第 3 编第 21 册，第 110 页。
③ 张维华主编《曲阜孔府档案史料选编》第 3 编第 21 册，第 48 页，第 64 页，第 77～79 页。
④ 白新良：《乾隆朝奏折制度探析》，《南开学报》1999 年第 4 期。
⑤ 刘伟：《晚清督抚政治——中央与地方关系研究》，湖北教育出版社，2003，第 36 页。
⑥ 《清高宗实录》卷 1351，乾隆五十五年三月丁酉。

击已不乏其言，乾隆五十五年，内阁学士尹壮图奏言："各督抚声名狼籍，吏治废弛，经过各省地方，体察官吏贤否，商民半皆蹙额兴叹，各省风气，大抵皆然。"① 嘉庆四年，编修洪亮吉更言："十余年来，督抚藩臬之贪欺害政，比比皆是。"②

嘉庆帝亲政后，凡地方遇有大事，更是对地方督抚动辄呵斥、惩戒，并先后惩治了云贵总督富纲、云南巡抚江兰、山东巡抚和宁、直隶总督颜检、江苏巡抚汪日章、两江总督铁保等，甚至对已经去世的原湖广总督毕沅，亦因其在任湖广时，应对白莲教不力，革去子孙世职，查抄其家产。③可见，乾隆朝晚期至嘉庆朝，吏治的贪腐疲敝，直接影响着督抚的地位及其生存条件。

清代直隶地区有拱卫京师之任，地位显要，总管直隶一省的直隶总督素有"八督之首，疆臣领袖"之称。因此，直隶地方的社会稳定与直督宦迹犹为清代诸帝所重。"内政疲败"一直是嘉庆朝政的重要困踬所在，直隶地方吏治因循拖沓的问题更是早已显露，故嘉庆帝与直隶总督间的关系一直相当紧张。如对姜晟，嘉庆帝有言："姜晟前在湖北办理军糈，并无贻误，嗣因在直隶总督任内，报灾延缓，罢斥治罪。"④ 姜晟起家于嘉庆初年镇压叛乱，为军务得力，但总督直隶任上因延误被革。后起复，为官历任刑、户等部，亦往江西剿匪，出力颇多。⑤ 又如嘉庆七年任职直隶总督的颜检，也是发迹于嘉庆初年滇省剿匪，署理直隶总督时擅断案，故嘉庆七年实授直督，⑥ 然其在任内"于各属亏缺库项，因循不办，任令监追各员在省闲住，复于秋谳情实案犯改拟缓决，有意轻纵"，⑦ 十年十月，降旨革职。至嘉庆十二年九月温承惠担任直督（实际温六月便开始署理）之间不到两年的时间里，直隶总督换了四任。此间，嘉庆帝对于直隶吏治便时有训斥。如前所述，自温承惠上任之后，直隶地方社会各种问题与危机不

① 《清高宗实录》卷1367，乾隆五十五年十一月丁西
② 《清史稿》卷356《洪亮吉传》，第11307页。
③ 《清史列传》卷30《毕沅传》，中华书局，1987，第2305页。
④ 《清仁宗实录》卷106，嘉庆七年十二月癸丑。
⑤ 《清史稿》卷352《姜晟传》，第11271页。
⑥ 《清史稿》卷358《颜检传》，第11349页。
⑦ 中国第一历史档案馆编《嘉庆道光两朝上谕档》卷11，嘉庆十一年七月初九日上谕，第528页。

断加剧，随之而来的皇帝斥责与惩罚也愈渐加紧。嘉庆十六年孙维俭案发生之前，温承惠即屡因"任意迟缓，积习相循"受批，也许正因如此，此案中温氏才更急于表现，速求结案，上奏之后的翻案其或更难接受，以致诸多细节、案情真相未能澄清。

而嘉庆皇帝本人，其早期处理吴洛兴一案时即显露出了对案情不予深究、只是规训地方大员抓紧结案的执政风格，对后来的孙维俭案亦关注有限，多是反复提及"君臣须反身自省，诚心化导，或可感召天和，切勿因循怠忽"① 之类的要求，把关注重点放在了"民心风俗"之上。以致从吴案到孙案，再到之后的八卦教之调查皆未深入，以防胥吏为奸，"不成事体"，终于酿成了十八年的"癸酉之变"，温承惠亦因此被革。其后，嘉庆帝令其颇为看重的那彦成接任直督，并嘱咐他："清、勤、慎三字，汝其勉之，自满、自是四字，汝其戒之，其余诸务，随时训诲。为政不在多言，惟致诚耳。"② 然而，那彦成"自到直隶总督任后，诸事因循，复萌故智，中道而立，怠玩疲庸"。③ 二十一年三月，因将"市井匪类秽语"书写具题，惹恼嘉庆帝，④ 又被革职。此后接任的嘉庆朝最后一任总督方受畴在任时，嘉庆帝不禁叹曰："直隶诸事耽延积压，竟成锢习。"⑤ 方受畴在任内也多次因此被训斥，只是在方任内，嘉庆帝才言明对于地方为乱之人要"实力查拏，严比捕役，访缉窝家"。⑥

可见，面对直隶地方的问题，嘉庆皇帝在其当政的大部分时间内主要的处理方式便是一次次地对直隶总督加以训斥乃至革斥更换，强调，"求久安长治之规……必以风俗人心为本，人心正则风俗醇"，⑦ 不断诘问"奈何风俗颓坏"。⑧ 无论是由于当时国力日下，还是其个人性格使然，嘉庆帝

---

① 《清仁宗实录》卷257，嘉庆十七年五月辛丑。
② 《清仁宗实录》卷285，嘉庆十九年二月壬戌。
③ 中国第一历史档案馆编《嘉庆道光两朝上谕档》卷19，嘉庆十九年五月十七日上谕，第398页。
④ 《清仁宗实录》卷317，嘉庆二十一年三月己丑。
⑤ 《清仁宗实录》卷354，嘉庆二十四年二月癸未。
⑥ 中国第一历史档案馆编《嘉庆道光两朝上谕档》卷24，嘉庆二十四年二月二十七日上谕，第80页。
⑦ 《清仁宗实录》卷350，嘉庆二十三年十一月辛亥。
⑧ 《清仁宗实录》卷281，嘉庆十八年十二月丁巳。

对于直隶地方的社会经济状况、官僚吏治问题基本没有太多行之有效的谋划与变革，反而屡次在直隶诸案事发时希冀就案了结，事后怒斥督臣不认真究办。嘉庆帝的这一矛盾性执政风格，让地方官员难会其意。在皇帝的严密控制下，面对直隶地方状况不断的社会环境，诸官自保尚难，以致嘉庆中后期，直隶总督在任时，基本只能在修补河工、修办道路之类事宜中有所作为，地方有事，紧接而来的很可能是皇帝的斥责乃至各类惩罚。故而一些官员不惜将治下地方的问题或掩盖或扭曲，更多坏政因之而来。孙维俭案虽然只是其中的一个事例，却也反映了此时直隶总督与皇帝之间的微妙关系。

（作者单位：中国人民大学）

嘉庆帝与毓庆宫

许 静

摘 要： 毓庆宫位于紫禁城内廷东路，是康熙年间专门为太子允礽建造的宫殿。雍正、乾隆时期，毓庆宫成为诸皇子居住之所，皇子时期的嘉庆帝便居住在此。嘉庆帝对毓庆宫怀有十分深厚的感情，他一生创作了大量以毓庆宫为主题的诗句，毓庆宫是他皇子时代读书之处，是他作为储君的太子宫，是他在训政期间逃避烦忧、怡情排解之处，也是他亲政后闲暇临幸之所。

关键词： 嘉庆帝 毓庆宫

在紫禁城的主人中，总有一些人对某处宫殿怀有特殊的情感，而这种特殊的情感会从他们发布的政书、日常的言谈、写过的诗文中流露出来，如乾隆帝之对重华宫。

雍正五年（1727），雍正帝将乾西二所赐给弘历成婚，自此，弘历便住在了乾西二所。弘历即位后，将乾西二所大加修缮，并将其升为"宫"，改名为"重华宫"。于是，重华宫作为乾隆帝的"潜龙邸"成为重要的宫殿。在这里，他不仅收藏了大量的珍贵典籍、书画、古玩，以便平日政务之余临幸于此欣赏把玩，而且将此作为与宗室及诸臣联络感情之处，逢年节在此举行家宴、茶宴，并吟诗联句。他一生写作了大量有关重华宫的诗文，记录了他在重华宫侍皇太后宴、斋居、赐翰林大学士茶宴，等等。他的御制诗集中，关于重华宫的多达一百二十余首。

乾隆四十七年（1782），乾隆帝在南郊乞谷典礼结束后，作了《新正重华宫忆旧示诸皇子》一诗："南郊乞谷回，傲岁重华度。重华予旧宫，青年养德处。达实以操心，亦不烦履语。彼时所生子，有三胥早故。一女后所遗，今老恒怜顾。（和静固伦公主，孝贤皇后所出，今亦五十二岁矣。）慨想五年前，初正迓慈御。家宴侍观灯，那可复重遇。向来忧乐多，石火光阴鹜。奢望八旬五，致政豫迟暮。十三春秋遥，得弗得未卜。便使信得之，百岁迅乌兔。未来以幻观，过去以梦付。惟是敬勤念，孜孜无改素。"① 此时的乾隆帝已经是一位 72 岁的老人了，新年之初他从南郊乞谷回来，在重华宫回忆往事，他想起了他在重华宫出生但是早故的三子；他也感叹时光的流逝，孝贤皇后所生的固伦公主现在都已 52 岁了；他怀念母亲，母亲去世已有五年，他怀念在重华宫侍奉母亲家宴的情形；他希望自己能活到 85 岁，但是否能如愿也不能预料，他所能做到的就是每天孜孜勤政。重华宫里封存了乾隆帝的许多记忆。

乾隆五十五年，乾隆皇帝要求后世子孙不得更改重华宫的规制："朕为皇子时，于雍正五年大婚，自毓庆宫迁居西二所。践阼之后，升为重华宫。其后，渐次将四五所构为建福宫、敬胜斋等处，以为几余休憩之地。建置规模，已极美备，无可复加。临御五十五年以来，仰荷昊苍眷佑，寿臻八袠，五代同堂。是重华宫等处，实为兴祥所，自即归政以后，亦尚思年节重临，奉时行庆，世世子孙，惟当永远奉守所有宫内陈设规制，亦应仍循其旧，毋事更张。"② 可见重华宫在乾隆帝心中的地位与分量。

这种特殊的情感也存在于嘉庆帝对毓庆宫之中。

毓庆宫位于紫禁城内廷东路，是康熙帝专门为太子胤礽建造的宫殿。档案中对毓庆宫兴建时间有记载："康熙十八年兴建毓庆宫、惇本殿，则轶出前朝规模，而迹近踵事增华矣。"③ 胤礽被废太子后，毓庆宫一直由诸皇子居住，雍正朝、乾隆朝亦然。成书于乾隆三十四年（1769）十二月的《国朝宫史》中对毓庆宫有这样的记载："斋宫之东为毓庆宫，前为祥旭门，再南为前星门，入门为惇本殿。殿后即毓庆宫正殿也，今为诸皇子所居。"④ 可知当时诸皇子居住在毓庆宫，包括嘉庆帝，嘉庆朝实录中有明确记载："紫微东偏曰毓庆宫，上养正时所居也。分邸后，移居撷芳殿。"⑤ 嘉庆帝在这里度过了漫长的书斋生活，立储及登基之后作为侍皇帝也居住

---

① 《清高宗御制诗》第 14 册，海南出版社，2000，第 69 页。
② 《清高宗实录》卷 1346，乾隆五十五年正月甲申，中华书局，1986。
③ 中国第一历史档案馆编奏销档，长编 46037，《兴建毓庆宫惇本殿事》。
④ 《国朝宫史》卷 12《宫殿 2》，北京古籍出版社，1987，第 231 页。
⑤ 《清仁宗实录》卷 1《序》，中华书局，1986。

在此，而这段漫长的岁月是嘉庆帝一生都怀念的。

一 皇子时代的书斋

嘉庆帝，名颙琰，出生于乾隆二十五年十月初六日，是乾隆帝的第十五子。他的生母魏氏，本属汉军，抬入满洲旗，改魏佳氏。魏佳氏是内管领清泰之女，初侍高宗为贵人，后进令嫔，进而封令贵妃，乾隆三十年晋封令皇贵妃，四十年正月去世，年四十九，谥令懿皇贵妃。乾隆六十年，颙琰被册立皇太子之后，追封魏佳氏为孝仪皇后。① 颙琰自幼由庆妃陆氏抚养，即位之后，为了报答其抚育之恩，追尊她为庆恭皇贵妃。②

由于清代十分重视皇子教育，乾隆帝亦把皇子教育问题作为头等大事，在登基之后立即实施。乾隆元年正月，刚刚登基的乾隆皇帝令大学士鄂尔泰、张廷玉、朱轼、徐元梦、福敏等为皇太子的师傅，并规定："皇子年齿虽幼，然陶淑涵养之功，必自幼龄始，卿等可殚心教导之。倘不率教，卿等不妨过于严厉。从来设教之道，严有益而宽多损，将来皇子长成自知之也。"③ 乾隆帝为颙琰选择师傅时，时任上书房总师傅的刘统勋推荐了翁方纲、纪昀、朱珪三人备选，最终乾隆帝选择了朱珪，理由是"如翁某、纪某者，文士也，不足与数。朱珪不惟文好，品亦端方"。④ 颙琰从5岁便开始了毓庆宫的书斋生活，直至15岁才移居东二所，他曾有诗句"左个青宫额毓庆，髫龄于此十年居"，在诗注中他写道："予五岁即蒙恩赐居此宫，至十五岁始移住东二所。"⑤

颙琰在毓庆宫的书斋叫作"味余书室"和"知不足斋"。关于两处书斋在毓庆宫内的具体位置，会典中有明确的记载："毓庆宫，旧为皇太子所居。乾隆六十年仁宗睿皇帝受封皇太子后自撷芳殿移居于此。宫前为祥旭门，再南为前星门，祥旭门内为惇本殿，殿后即毓庆宫。宫东室向西者为继德堂，东次室为味余书室，再东为知不足斋。"⑥

① 《清史稿》卷214《孝仪纯皇后传》，中华书局，1976，第8918页。
② 《清史稿》卷214《庆恭皇贵妃传》，第8919页。
③ 陈康祺：《郎潜纪闻二笔》，中华书局，1984，第42页。
④ 昭梿：《啸亭杂录》卷4，中华书局，1980，第103页。
⑤ 《清仁宗御制诗》第2册，海南出版社，2000，第51页。
⑥ 光绪《大清会典事例》卷862《工部·宫殿》。

　　味余书室得名与颙琰的老师朱珪有关。诸多师傅之中，朱珪最受颙琰敬重。他博学广识，不仅教授颙琰丰富的知识，在品德与行为方面，都以自己的风范影响着颙琰。朱珪曾对他讲过"勤学者有余，怠者不足，有余可味也"这样的话，颙琰牢记师傅的教诲，对其一直心怀感激，把自己的书房名为"味余书室"。①

　　颙琰皇子时期的诗文整理成了《味余书室全集》，这里的诗文有的阐发经史的涵义，有的纵论古今，有的描述山川美景，也有记录本朝的历史事件，更有与诸皇子鉴古品茗。其中，有多篇是记录了在味余书室里的读书时光，共七首，辑录如下：

　　乾隆四十八年作《初冬味余书室》："故里归鞭日涉冬，书斋几席又相逢。窗含暖旭多生意，菊有黄华想旧容。心境还留三辅壮，梦魂犹忆万山浓。燕居自检途间咏，思入云峦第几重。"②

　　乾隆五十一年作《新春味余书室》："铜龙运斗律生东，书室拈吟每岁同。馥馥唐花陈几绿，融融暖旭映窗红。看书煮茗娱清昼，扫地焚香课小童。静里年光春意满，柳丝门外转和风。"③

　　乾隆五十一年作《味余书室静坐成咏》："暖日风光早漏春，书斋十笏喜宜人。盆梅淡泞清芬远，院树纷敷生意新。静里诗情抽乙乙，闲中雅趣自甲申。三余兴会真堪味，紫禁高深少市尘。"④

　　乾隆五十九年作《新正味余书室》："春光盈几席，花鸟助新芳。枝上流清韵，盆中吐静香。书城人耐坐，艺圃趣偏长。迟日窗徐度，心虚勿我忘。"⑤

　　乾隆五十九年作《初冬味余书室》："元冥代清商，气候渐严肃。书室坐温墩，薰炉味和淑。茗椀伴菊英，清芬沁心腹。细探图史精，知新必三复。虑定无所思，太一归冲穆。返观虚白生，光辉自满屋。

① 《清仁宗味余书室全集》第2册《味余书室记》，海南出版社，2000，第252页。
② 《清仁宗味余书室全集》第1册，第343页。
③ 《清仁宗味余书室全集》第2册，第49页。
④ 《清仁宗味余书室全集》第2册，第82页。
⑤ 《清仁宗味余书室全集》第2册，第206页。

味余得其全，奥旨在慎独。"①

乾隆五十九年作《味余书室岁晚书怀十韵》："嘉平岁事成，官廨尽封篆。书室半日闲，册府堪消遣。澄心对古人，乐志观坟典。素位屏外营，言动必择善。年光味三余，窗明影徐转。坐久暖如春，颐和兴游衍。悠然有所思，粤东望遐缅。一别已六春，迢遥良会鲜。绛帐久虚陈，离怀日缱绻。临风意无穷，惟望瑶函展。"②

乾隆六十年作《新正味余书室》："元正景物总熙然，户列桃符吉语骈。雪丰益增梅艳满，春光还待月光全。唐花结馥盆陈案，嘉果凝芳室布筵。喜试锦笺怀粤海，平安早报上元前。"③

仔细读这些诗句，可以发现，几乎每一首诗都有"暖""静""香""闲"的字眼，每首诗都充满了恬淡暖心的感受，也正说明颙琰在毓庆宫的书斋生活是一段充实、美好、静谧的时光。

"知不足斋"之名原是杭州鲍氏藏书室的额名，因乾隆三十六年、三十七年间，乾隆帝命广采天下书籍，鲍士恭所献书籍最多最精，后来，鲍士恭将此刊刻成《知不足斋文集》。④ 颙琰以此来命名自己的书斋，意为告诫自己学海无涯，知道自己不足，方能勤于探索。颙琰选择此为书斋名字，也与他的性格有很密切的关系。颙琰自幼十分谦逊，常常用"悟性迟钝"来评价自己："予六岁入学习经书，十三学诗，十七署文，书窗朝夕行帐寒暑幸无间断。若今体格律初从学于东墅师傅，古体诗及古文从石君师傅习焉。予赋性鲁钝，赖二先生切磋琢磨之功十有余年，略开茅塞。"⑤

为了时刻勉励自己，他专门以书斋的名称制作玉玺，"味余书室"玺和"知不足斋"玺。此二枚玉玺现藏于故宫博物院。

二 立储之后的太子宫

乾隆三十九年，颙琰奉乾隆帝之命娶副都统、内务府总管和尔经额之

---

① 《清仁宗味余书室全集》第 2 册，第 220 页。
② 《清仁宗味余书室全集》第 2 册，第 222 页。
③ 《清仁宗味余书室全集》第 2 册，第 223 页。
④ 《清仁宗御制诗》第 1 册，第 386 页。
⑤ 《清仁宗味余书室全集》，味余书室诗文选原序。

女喜塔腊氏为妻，封为嫡福晋。① 成婚之后的颙琰便搬出了毓庆宫，移居东华门内撷芳殿。② 在他被立为皇太子之前的二十多年里，颙琰一直住在撷芳殿。乾隆六十年九月，乾隆帝御勤政殿，召皇子、皇孙、王、公、大臣入见，宣示恩命，立皇十五子嘉亲王颙琰为皇太子，其谕旨："立皇十五子嘉亲王颙琰为皇太子，用昭付托。定制孟冬朔颁发时宪书，其以明年丙辰为嗣皇帝嘉庆元年。俟朕长至斋戒后，皇太子即移居毓庆宫，以定储位。"③ 于是，作为皇太子的颙琰又重新搬回了毓庆宫，此时的毓庆宫又成了名副其实的太子宫。被封为皇太子的颙琰十分激动，他当即写下了《乾隆乙卯九月三日蒙天恩晋封皇太子感激涕零成诗恭纪》一诗："天光下贲到臣身，秩晋青宫恩命申。一己愚忠频战栗，千秋金鉴凛遵循。谦恭作则钦先训，胞与为怀体圣仁。自愧凡材何以报，趋庭昕夕侍君亲。"④ 同时，又能回到儿时居住的毓庆宫也让颙琰十分高兴，他写诗以表纪念，诗为《十一月十八日蒙恩赐居毓庆宫恭纪》："毓庆髫年宅，蒙恩复赐居。景仁钦圣泽，继德焕宸书。苞茂欣宜尔，敬勤敢忽诸。斯干叶弦管，喜气满庭余。"⑤

乾隆帝立颙琰为皇太子之后，将"继德堂"额赐给他。继德堂位于整个毓庆宫院落的北边，前为毓庆宫，又前为惇本殿。⑥ 其实，在紫禁城之外的避暑山庄原本就有个继德堂，是避暑山庄松鹤斋后面的绥成殿，颙琰皇子时期读书之所在。乾隆帝此时又将继德堂额赐给皇太子颙琰，也是大有深意，他希望颙琰继承他的君德，能够做到勤政爱民，继续当一个有为之君。嘉庆元年（1796），嘉庆帝作《继德堂斋居》一诗："命名继德义深长，敬述寸衷刻不遑。斋宿季秋临禁阁，那居永夏驻山庄。额同境异心无逸，德薄位尊体自强。庭训日聆凛遵守，诞敷仁寿遍遐方。"⑦ 诗注中，嘉庆帝不仅交代了继德堂匾额的来历，"避暑山庄父皇赐书，所居堂额亦名

① 《清史稿》卷214《仁宗孝淑睿皇后传》，第8921页。
② 《清仁宗实录》卷1，序。
③ 《清高宗实录》卷1486，乾隆六十年九月辛亥。
④ 《清仁宗味余书室全集》第2册，第248页。
⑤ 《清仁宗味余书室全集》第2册，第251页。
⑥ 《清仁宗御制诗》第1册，第386页。
⑦ 《清仁宗御制诗》第1册，第175~176页。

继德"，还诠释了乾隆帝对他寄予的希望，"皇父纪元建号乾隆，乾行至键，备具四德。予仰蒙付托，日聆慈训，惟自强不息，夙夜敬承，翼寰宇同游仁寿尔"。

三　嗣皇帝时期的居所

　　嘉庆元年正月，清代著名的授受大典在太和殿举行，太上皇乾隆帝亲自将"皇帝之宝"印玺授予皇太子颙琰，颙琰即皇帝位为嘉庆帝，乾隆帝则尊为太上皇。在整个授受大典的仪式中，皇太子是在毓庆宫被礼部堂官请出的，是日，"銮仪卫于太和殿槛内正中设皇太子拜褥……钦天监于前清门外报时，礼部堂官先诣毓庆宫，启请皇太子朝服祗俟"。①

　　嘉庆帝即位之后，按道理应当住进养心殿，而乾隆帝也按照他之前的打算住进专门为自己建造的皇极殿区域。但是，成为太上皇之后的乾隆帝仍旧住在养心殿，嘉庆帝也仍旧住在毓庆宫。嘉庆四年（1799）正月壬戌，太上皇去世，嘉庆帝以上书房为倚庐，席地寝苫，为太上皇守孝。②正月壬午，移居咸福宫苫次。③十一月，嘉庆帝正式移居养心殿。④从乾隆六十年直至嘉庆四年，嘉庆帝一共在毓庆宫居住了四年。

　　众所周知，太上皇乾隆并没有在禅让之后放权，所有军国大政仍由他亲裁。乾隆六十年九月册立皇太子之时，他就明确表示："归政后，凡遇军国大事及用人行政诸大端，岂能置之不问？仍当躬亲指教。嗣皇帝朝夕敬聆训谕，将来知所禀承，不致错失，岂非国家天下之大庆。至郊坛宗社诸祀，朕年开九袠，于登降拜跪仪节恐精力稍有未充，不足以将诚敬，自应嗣皇帝亲诣行礼。部院衙门、并各省具题章疏及引见文武官员寻常事件，俱由嗣皇帝披阅，奏知朕办理，为朕分劳。"⑤谕旨中明确规定了嘉庆皇帝的职责就是聆听圣训和祭祀。而且，训政期间纪元也用两种，在宫中仍用乾隆年号纪元，在宫外则用嘉庆年号纪元。目前故宫博物院图书馆仍收藏有乾隆六十一年、六十二年的时宪书。关文发先生有过精准的评论：

----

① 《清高宗实录》卷1494，嘉庆元年正月戊申。
② 《清仁宗实录》卷37，嘉庆四年正月壬戌。
③ 《清仁宗实录》卷38，嘉庆四年正月壬午。
④ 《清仁宗实录》卷53，嘉庆四年十月庚子。
⑤ 《清高宗实录》卷1486，乾隆六十年九月辛亥。

"从嘉庆元年正月元旦开始，颙琰在名义上已经是皇帝了，但在实际上，他又不是真正的皇帝，或者说他只是一个被太上皇捆绑着手脚的皇帝。这是他在嗣位后所遇到的最大的难题。"①

面对这一难题，嘉庆帝无能为力，他能做的就是恭聆圣训，继而在读书中排解，而毓庆宫这个院落恰恰成为他躲避烦扰、韬光养晦之所在。这一时期，嘉庆帝的许多诗文记录了他在毓庆宫的生活，收入御制诗集中的共有36首。在这36首诗中，嘉庆帝大致表达了四种情感。

第一种，表达了对继承大统的感恩。如嘉庆元年作《新正毓庆宫》："开韶喜气满宫庭，唱发三阳候始青。绮旭徐移瑶砌影，和风静袅御炉馨。辉煌彩胜依椒壁，馥郁唐花透玉瓶。福地承恩毓嘉庆，祯祥敷锡万方宁。"② 嘉庆二年作《新正毓庆宫》："肇岁祥符介祉繁，韶光遍满紫微垣。乾隆敛福锡民福，嘉庆承恩戴昊恩。（予承皇父朝夕训政，并荷苍昊降康，年丰民乐。兹际春祺韶邑，惟益励敬勤，以迓鸿贶。）春布三阳宇宙普，敬孚一念盱宵存。熙熙淑景敷清画，东壁长依爱日暄。"③ 嘉庆三年作《继德堂述志》："继德诚非易，瞻楣仰父恩。萦心怀众庶，立志法先言。修己新知懋，诘戎旧典存。召和庆斯毓，遵道本须惇。（继德堂前为毓庆宫，又前为惇本殿，皆皇父所赐额，顾名思义，益勉敬勤。）抚育首亲族，绥徕固外藩。九经循实践，凛训寸衷尊。"④ 此类诗文共七首。

第二种，对于太上皇的训导坚定不移的遵循。如嘉庆二年作《毓庆宫即事》："庆节备御园，进宫缘祀事。禁垣暖旭辉，丽景中庭萃。毓庆幼时居，蒙养守素志。前岁沐圣恩，斯干肇福地。苞茂咏攸宁，承训一心志。（予幼龄时曾居于此。前岁乙卯夏，皇父重新葺治，是秋九月，予蒙恩旨正储位赐居焉。去岁元正授玺以来，切近趋庭祇聆慈诲，春晖所照，衍庆弥长。）在上不骄矜，常德保厥位。无逸斯有为，思艰可图易。择要首敬天，钦明理深邃。兢业凛难谌，曷敢偶放姿。聆诲日趋庭，惕若寸衷识。景福送绵延，雅化朔南暨。（年例以二月朔坤宁宫祭神，皇父驻跸御园，必先期进宫，以昭禋事，天佑至诚，景福弥劭，声教四讫，莫不尊亲感

① 关文发：《嘉庆帝》，吉林文史出版社，1993，第49~50页。
② 《清仁宗御制诗》第1册，第97页。
③ 《清仁宗御制诗》第1册，第200页。
④ 《清仁宗御制诗》第1册，第386页。

应，昭然可见。)"① 诗中的"切近趋庭祗聆慈诲""聆诲日趋庭，惕若寸衷识"均表达了对太上皇训导的遵从；又如嘉庆三年作《毓庆宫敬述》："髫岁曾居此，诗书昕夕吟。敬承皇父泽，巨任勉寸忱。自惭才梼昧，抚字曷克禁。日聆庭训切，绅绎复讨寻。遵循期永久，天恩时懋钦。毓庆应嘉兆，斯干歌失音。"② 诗中的"遵循期永久""日聆庭训切"均表达了此类情感。这类诗句占比重最多，达到十首。

第三种，对自身修养及治国之道的体会。如嘉庆二年作《继德堂静坐成什》："迟迟昼景日初长，静下书帷玩典章。德礼心符境高远，君师道合意包藏。授时又盼霏甘雨，靖逆渴思殄寇狂。(冬春雪泽优沾，田畴透润，但时届雨水，东作方兴，得应候之雨，于农工更当有益。至郧襄教匪逆首久应俘获，达州匪徒亦当剿净，连日未见军报，跂望喜音，倍为殷切尔。)继德钦瞻御题额，爱民勤政寸衷覆。"③ 嘉庆帝在继德堂静坐读书，体会经典中所传达的"师道"及"勤政"的思想；又如嘉庆二年作《继德堂有会》："安安息万缘，至静通幽隐。返照透虚灵，外诱慎牵引。察理公则明，遇事必勤敏。圆镜发容光，磨炼功夫尽。物来无遁形，妍媸为标准。养气纯浩然，观心自平允。善继岂易言，德化孚庶尹。"④ 诗中体会了孟子提出了养浩然正气之说。此类诗文共七首。

第四种，对于自己恬淡的读书生活的描绘和体会，如嘉庆元年作《味余书室》斋宿："韶光度春孟，节候益和喧。斋居临仲月，清跸启御园。书室宜静憩，澄观涤心源。释奠仰至圣，右坛民社尊。承旨致虔祀，主敬恒存存。愿希寸诚格，甘泽春夏蕃。洗兵靖苗逆，润陌耕犁翻。诞敷造化力，丰稔蒙天恩。"⑤ 又如嘉庆元年作《初夏味余书室》："坐爱书斋夏日长，左图右史耐推详。炉烟细袅徐成篆，花气微传淡泾香。性悟鸢鱼皆入妙，心空道术两相忘。三余静里诚堪味，深惜分阴刻未惶。"⑥ 嘉庆二年作《味余书室宴坐成吟》："别室新开仍旧额，缥缃位置自清便。诗书悦性古

---

① 《清仁宗御制诗》第 1 册，第 211 页。
② 《清仁宗御制诗》第 1 册，第 400 页。
③ 《清仁宗御制诗》第 1 册，第 212 页。
④ 《清仁宗御制诗》第 1 册，第 219 页。
⑤ 《清仁宗御制诗》第 1 册，第 104 页。
⑥ 《清仁宗御制诗》第 1 册，第 124 页。

今括，民社萦心午夜牵。岂得安闲如昔口，陟怀和乐忆当年。匡床宴坐影成只，壁有瑶琴叹断弦。"① 此类诗文有九首。

另外，还有一些诗文记录了当时朝廷内外发生的事件，如除夕夜毓庆宫祭祀，川陕地区的白莲教起义，各省降雨及稼穑收成。此类诗文共三首。

这些诗文中，最多的是表达对太上皇坚定不移的遵从和享受毓庆宫书斋恬淡的读书生活，书斋给了他莫大的安慰。其实，也从侧面反映出嘉庆帝在训政期间的处境，也十分符合嘉庆帝谦恭内敛的性格。

四　亲政后的日常临幸之所

嘉庆四年正月初三日，太上皇乾隆帝病逝于养心殿。十一月，嘉庆帝正式移居养心殿。按照惯例，嘉庆帝移居养心殿之后，毓庆宫亦仍旧由诸皇子居住，毓庆宫由太子宫又变成了普通皇子的宫殿。但是，嘉庆帝另有打算。嘉庆帝的这番打算最早见于嘉庆六年（1801），在他的《毓庆宫述事》一诗的注解中："毓庆宫，系康熙年间建造，为皇太子所居之宫。至雍正年间，皇考及和亲王亦曾居此。乾隆年间，予兄弟及侄辈自六岁入学，多有居于此宫，至成婚时，始赐居邸第，此数十年之定则也。予蒙恩独厚，自乙卯至己未，居此四年。今虽居养心殿，若仍令皇子居毓庆宫，致启中外揣摩迎合之渐，大非皇子之福。敬遵我皇考历年所降之旨，于建储一事，万分慎重，永守勿替。此予留置毓庆宫为几暇临幸之处，意在杜邪心，息诐说，非为游览消遣也。嘉庆辛酉孟春月御识。"② 嘉庆帝明确表示毓庆宫不再由诸皇子居住，而是自己"几暇临幸"之处。他的理由是：乾隆帝立他为皇太子后令其居住此宫，如今再令某些皇子居住，会让大臣们妄自揣测居住在毓庆宫的皇子有嗣位的可能。为了杜绝此类事情的发生，他干脆将毓庆宫变成了自己闲暇临幸的处所。

嘉庆十四年十一月，嘉庆帝正式发布上谕："重华宫本西二所，为皇考高宗纯皇帝潜龙旧邸，诏升为宫，实为吉祥初地……乾隆五十年正月内，经钦奉谕旨'以世世子孙惟当永远奉守，毋事更张。至东五所，为年

---

① 《清仁宗御制诗》第 1 册，第 241 页。
② 《清仁宗御制诗》第 2 册，第 51~52 页。

少皇子、皇孙等公共所居，若照重华宫之例另行兴建，不特宫墙四周别无隙地可以扩展，亦非朕垂示后昆之意'。……朕从前为皇子时所居之处，如东华门内撷芳殿之中所，宫内之东头所、二所，福园门内之西北所，现在即仍准皇子等在彼居住。惟毓庆宫，系朕于乙卯九月仰蒙皇考高宗纯皇帝敕立皇太子后于是年十一月特命由撷芳殿移居，并蒙赐启继德堂，锡福凝祥，始基于此。迨丙辰元旦，寅承大宝，训政三年，朕尚在此宫居住，是则非东五所诸屋可比。是以自嘉庆四年之后，略加修葺，以备几余临莅，不复令皇子辈居住，所以杜中外揣摩之渐……将来衍祥绍庆，我子孙有如朕之躬沐鸿庥，敕立于皇太子者，则仍可居住此宫，用昭燕翼。著将此旨交上书房敬谨存记，并载入宫史续编，世世遵守。"①

在上谕中，嘉庆帝表示了毓庆宫是自己被立为皇太子之后由乾隆帝御赐的地方，登基之后训政三年之内仍居此处，是东五所诸屋无法相比的。重华宫为高宗纯皇帝的"吉祥初地"，而毓庆宫同样是"锡福凝祥"之处；毓庆宫不再由诸皇子居住，而是自己几余临幸之所，并要求世世遵守；同时，嘉庆帝还考虑到不让皇子住在毓庆宫，可以杜绝朝廷内外猜测储位。

毓庆宫最早就是为太子所建，嘉庆帝又因为自己被立为太子之后在毓庆宫居住而将毓庆宫特殊化，所以，毓庆宫总是与储位有摆脱不掉的关系。嘉庆帝多次提到让皇子住在毓庆宫会使中外大臣对储位有所猜疑，这个理由看似有些牵强，但是，如果回顾刚刚过去的历史，回看康熙朝惨烈的九王夺嫡，就不会觉得嘉庆皇帝是多虑了。

另一方面，毓庆宫是嘉庆帝自幼的书房，这里有很多美好的记忆。亲政之后的嘉庆帝虽然住在养心殿，但是他时时刻刻不忘毓庆宫里的时光。随着嘉庆一朝政治日趋腐败，官场积弊重重，川陕楚白莲教起义，湘黔苗民起义，嘉庆帝面临重重困难，他常常在毓庆宫读书、忆旧、感叹时事、探索治道，这些都在他的诗文里得以体现。从嘉庆帝亲政直至嘉庆朝结束，他写了大量的有关毓庆宫的诗文，收录到他御制诗集中的共有 94 首。其中，有的是在毓庆宫、继德堂或味余书室忆旧、感怀流逝的岁月，有些是怀念恩师朱珪，更多的是感叹为政之难、探求匡救时局之道。毓庆宫是他在困境中缓解压力的地方。

---

① 《清仁宗实录》卷 220，嘉庆十四年十一月癸亥。

如嘉庆十五年作《毓庆宫作》："髫龄即居此，承恩又三年。昕夕叨训政，倏度如云烟。感深未由报，考泽笔莫宣。已臻五十纪，儿孙绕膝前。斯宫诚福地，前修益慎旃。"① 在诗里，年逾五十、儿孙绕膝的嘉庆皇帝在毓庆宫中回忆起了往事；嘉庆十八年作《毓庆宫忆昔》："幼龄居此十余春，诵读诗书期日新。名定青宫荷天眷，地依紫禁拜恩纶。趋庭温清仅三载，省岁暑寒度五旬。赤子心存守不失，一言全括止于仁。"② 嘉庆帝常常回忆起自己在毓庆宫读书的时光，在他的许多诗句里都会有类似于"幼龄居此十余春"的句子。诗中他说自己虽然渐渐老去，但是仍然保留着当年在毓庆宫读书的"赤子心"。在毓庆宫的这段光阴是他一生都留恋的岁月。

同时，毓庆宫也会让他想起自己的老师朱珪。嘉庆十二年作《味余书室有感》："石君题额昔年居，毓庆新迁兄代书。一别椎心成万古，半生得力在三余。永思雅诲衷时勉，每抚遗笺意不舒。念典尊闻敷政治，绛帷讨论庶无虚。"石君是朱珪的字，嘉庆帝经常称他"石君先生"。当时朱珪已去世，嘉庆帝在味余书室忆旧，想起书室之名还是由恩师所题，并回忆起了当年与师傅在书斋讨论学问，师傅"时时以勤学相勉"，使他一生受益良多。③ 他一生谨记朱珪的教诲，如嘉庆十九年作《味余书室》："书室新堂东，味余仍旧额。旧学恐荒芜，新知未增益。境界迥不同，心源不敢易。几余翰墨亲，乐志味简册。修业无已时，奚可中道书。常守石君箴，分阴勿虚掷。"④ 在诗中，他担心自己旧学荒废，新学未增，丝毫不敢有半点怠惰，他把朱珪的教诲牢记在心，不浪费每一寸光阴。

国库空虚、吏治腐败、社会动荡，这是乾隆朝遗留给嘉庆一朝的难题，相信嘉庆帝在太和殿的禅让大典上接过"皇帝之宝"印玺的那一瞬间，喜悦之中掺杂得更多的是忧虑，他知道盛世表面之下隐藏着何种危机与躁动，他知道自己的统治道路必定异常艰辛。嘉庆七年作《继德堂静坐自述》："皇考赐额勉小子，堂颜继德凛顾諟。日勤庶政总纷纭，直省积习多萎靡。况兼戎马尚奔驰，六易暑寒患未弭。难酬遗志咎益深，风木兴悲

---

① 《清仁宗御制诗》第 4 册，第 222 页。
② 《清仁宗御制诗》第 5 册，第 215 页。
③ 《清仁宗御制诗》第 3 册，第 321 页。
④ 《清仁宗御制诗》第 5 册，第 330 页。

曷能已。吁天除劫福万民,仰望云霄衷敬俟。"① 在诗中,嘉庆帝一人独坐继德堂,想到乾隆帝赐他"继德"作为堂号的深意。而面对目前各省的积弊,官场萎靡不振,对外一直在进行剿灭白莲教和天地会的军事行动,从嘉庆元年开始就爆发了川陕楚白莲教起义,至今六年多,仍然没有将其剿灭殆尽。这些都让他深感压力重重并十分自责,写下了"咎益深""曷能已"的句子。嘉庆十二年作《继德堂》:"圣泽久覃敷,小子愧难继。风俗渐虚浮,务末忌本计。吏治总懈疲,遇事多迟滞。自省皆予愆,临御众所系。仁厚不知恩,失宽以猛济。感荷考渥慈,敢不自奋励。"② 他在诗注中说道:"我皇考圣德覃敷,化成久道,当年以继德命斯堂,所以牖启予小子以迪德也。乃自临御以来,予则时时刻励,事事敬勤,勉副考慈付托。而风会所趋,吏治尚多疲懈,奚可不加以整饬,儆以法程,庶期转移弊俗,治效明良然。予惟自省愆尤,责人以恕,尔诸臣何以未亮予心而忍不共相砥砺耶,殷然憬念奚著于篇。"诗中的嘉庆帝仍以"继德"堂号自勉,看到积弊重重的国家,他自省的同时也责备诸臣不与他"共相砥砺"。

嘉庆朝政治危机的产生是诸多方面造成的,但是,嘉庆帝因循守成的指导思想却是一个重要的方面。他缺乏大胆变革的魄力,始终遵循前朝旧制。嘉庆四年,刚刚亲政的嘉庆帝因为法式善奏折中有"亲政维新"之语,公开提出批评:"本年春闲,国子监祭酒法式善条奏事件,折首即有亲政维新之语。试思朕以皇考之心为心,以皇考之政为政,率循旧章,恒恐不及,有何维新之处?"③ "以皇考之心为心,以皇考之政为政"是嘉庆帝为政的重要准则,贯穿整个嘉庆朝。甚至到了嘉庆末年,在处理湖北省缉捕私盐一事上,仍沿用乾隆朝所用办法。④ 嘉庆十一年四月作《毓庆宫》:"图治凛守成,心感考恩厚。昕夕实不遑,大业身敬受。遵训继谟猷,为政务持久。正己建皇中,承先复启后。庶官勉忠诚,弼予莅九有。艰哉慎满盈,仔肩殚荷负。"⑤ 嘉庆帝对此诗作了注解,阐发其为政之难:人皆知创业之难,却忽略守成之难,守成之君一刻不可忘先朝典谟,惟日

---

① 《清仁宗御制诗》第 2 册,第 103 页。
② 《清仁宗御制诗》第 3 册,第 328 页。
③ 《清仁宗实录》卷 56,嘉庆四年十二月甲申。
④ 《清仁宗实录》卷 341,嘉庆二十三年四月壬申。
⑤ 《清仁宗御制诗》第 3 册,第 208 页。

以前人之心为心，前人之政为政，孜孜矗矗。嘉庆帝在这里的"以前人之心为心，前人之政为政"充分概括了他的守成思想。嘉庆二十三年作《继德堂》："考恩心永戴，典则敬遵循。治未臻三代，年将届六旬。承基钦广大，继德勉敷申。修己日勤政，衷期风俗淳。"① 嘉庆在诗注中说道："予仰荷皇考厚恩，寅承大统，于今二十有三年，开岁已届六旬，夙夜勤求。时怀继序。敬念皇考六十余年深仁厚德，浃洽寰区。凛绍承之非易，恐上理之未臻，惟有恪遵典则，永固丕基，毋敢怠遑，自强不息，以期风俗淳美，用副眷贻之重云。""恪遵典则，永固丕基"表达了他永遵前朝旧制的为政特点。

嘉庆帝的守成思想固然是清朝中后期国势转衰的一个原因，但是嘉庆帝仍不失为一位尽责的皇帝，"在这内外交困的逆境中，他尚能保持着较为清醒的头脑，敬谨从事，振作自持，有所作为，有所前进，力所能及地去匡救清代一百数十年积累下来的重重弊政，虽不能说是力挽狂澜，但毕竟已尽到了一个守成之主应尽的责任"。② 如嘉庆二十五年作《知不足斋》："学记垂法言，勉励进修志。鲍氏额斋名，藏书万卷置。沿旧题芸楣，予别有取意。德薄化俗难，未可言平治。官僚半因循，虚浮鲜实事。不足念在兹，知愆衷自志。（学然后知不足，其言是已。然帝王之学，与儒生迥异，不独以博综典籍……本心法为治法。举凡人心风俗之原，吏治贤能之实务使日臻，上理明作有功，方尽元后斯民之责。予夙夜念兹，未能自慊衷怀。铭志曰：笃不忘题额之意，固在此而不在彼也。）"③ 这首诗是嘉庆帝在他人生的最后一年中写的，诗中，嘉庆帝依旧呈现了一种谦逊的态度，认为自己仍"知不足"。而且，他很勤奋，一直孜孜于"帝王之学"，他认为帝王之学与普通儒生之学不同，除了要博览典籍之外，更应探求治道。这首诗体现了嘉庆帝性格中的谦恭与为政作风的勤勉。

五 结语

位于紫禁城内东路的毓庆宫院落是康熙年间专为太子允礽建造的宫

---

① 《清仁宗御制诗》第 7 册，第 116 页。
② 关文发：《嘉庆帝》，第 573 页。
③ 《清仁宗御制诗》第 7 册，第 301 页。

殿，雍正、乾隆时期，这里成为诸皇子居住之所，皇子时期的嘉庆帝便居住在此；嘉庆帝成亲分府之后，搬出了毓庆宫；乾隆六十年九月嘉庆帝被立为皇太子之后又搬回这里，直至嘉庆四年太上皇乾隆帝去世之后，他才离开毓庆宫，搬至养心殿；嘉庆帝虽搬离了毓庆宫，但并没有遵照先例重新命诸皇子居住，而是将其变为他日常临幸之所。

嘉庆帝对毓庆宫有十分深厚的感情，他一生创作了大量以毓庆宫为主题的诗句，或享受书斋生活，或怀念旧时岁月，或感叹为君之难。在他人生的每个阶段，似乎都离不开毓庆宫，这座院落于他而言，时时刻刻都充满着巨大的能量，无时无刻不带给他慰藉。毓庆宫是他皇子时代读书之处，是他作为储君的太子宫，是他在训政期间逃避烦忧、怡情排解之处，也是他亲政后闲暇临幸之所。

嘉庆帝是清代历史上的一位守成之君，他的一生都在效仿乾隆帝，所谓"以前人之心为心，前人之政为政"。而对于将毓庆宫特殊化、变成他日常临幸之所这一点，也有效仿乾隆帝的因素。他于嘉庆九年作《新正重华宫茶宴诸王大学士及内廷翰林等用毓庆宫联句复成二律》："赐筵回辇禁城西，茗澉三清故事稽。宴启重华敷旧泽，句联毓庆选新题。协时春甸深盈玉，染翰銮坡共聚奎。冀展浃辰滋品汇，韶光和霭绚晴霓。西清东壁相辉映，总是天家都福庭。永慕考恩启后嗣，恪遵慈训慎前星。论存金鉴藏琼笈，春转瑶枢丽彩屏。棣萼联吟欣燕喜，共承高厚寸心铭。"[①] 此御制诗记录了嘉庆帝在重华宫茶宴上命诸王大臣以毓庆宫联句，他在诗注中明确表示了"今之毓庆即昔之重华，钦作则而曁继绳，将万祀不忘家法也"。

（作者单位：故宫博物院）

---

① 《清仁宗御制诗》第 2 册，第 381 页。

闽台科举研究

清代台湾考棚考论[*]

毛晓阳　邹燕青

摘　要： 府州县考棚是清代科举童试的专门考试场所，也是清代科举制度成熟的重要标志。清代台湾主要有凤山、新竹两所县试考棚和台南、台北、台中三所府试考棚。它们的建成与维护，得益于清代台湾各地士绅的积极捐助。科举考棚所体现的科举公益现象，是清代台湾文教与大陆完全同一的重要象征。

关键词： 台湾　考棚

清代是传统中国社会中科举味道最为浓厚的一个时期。不仅统治者致力于使科场法规日益严密、科举文体日益规范，基层地方社会也为提升本地科举成绩采取了更多的实际行动。地方官员、士绅商富纷纷慷慨解囊，捐设基金，为考生提供旅费、试费，捐建会馆、试馆，为考生提供住宿场所，捐建试院、考棚，为考试提供专门的场地，从而形成了种类繁多、特色各异的科举公益热潮。

作为康乾盛世初期才回归祖国版图的福建省一府，台湾在经历了最初的移民型社会向定居型社会转移的过程之后，也日渐在清代儒家伦理教化的大背景下，全面呈现出清代科举公益社会的普遍特征。其中，捐建科举考棚是其中的重要内容之一。

有关清代台湾的科举考棚问题，台湾学界已经发表了一定的研究

---

* 本文为国家社科基金一般项目"以公益求公平：清代科举考场研究"（15BZS023）阶段性成果。

成果。① 这些文章主要从建筑学、文物学的角度分析了清代台湾的三大院试考棚，但对于其建造、维护经费的来源及考务管理问题，则未做相关分析。另外，对于清代台湾的县试考棚，则尚未有人发表专文进行讨论。本文拟将清代台湾考棚作为一个整体进行探讨，并在科举公益的研究视角下，尝试分析考棚的建造经费来源，以及台湾民众捐助的考棚建造经费的使用。

一 县试考棚

清代科举考试总体可分为三大级七小级，即童试（又分县试、府试、院试三小级）、乡试（又分科试、乡试二小级）、殿试（又分会试、殿试二小级）。其考试场所，除乡试自始至终都建有专门的科举考场外，会试以顺天乡试贡院为专门考场，其余各级考试则至晚清停废科举之前才陆续建造，有些府县则终清之世未建专门考场。

县试的专用考场，一般称为"考棚"，也有一些地方称其为"贡院""试院"或"校士馆"、"试馆"。由于县试对于士子的科举前途并不能起到决定性的作用，因而人们对于为县试建造三年仅两次使用的专门考场一直持观望态度。大多数地方临时借用县衙之大堂、走廊、庭院等空地作为县试考场，即"府县试士，则各于其署"②；要求考生自己携带桌凳，任其自己选择光线明亮、遮风挡雨之处安放桌凳。为此，各地赋役册的预算经费中都安排了搭盖临时考棚的相关费用。如彰化县，据道光年间由周玺编纂的彰化县历史上第一部县志中的《田赋志》记载，该县每年的"存留"

---

① 其中主要有石万寿《古碑续拾：道山建台阳考棚捐题碑记后碑》（《台湾风物》第25卷，1975年第3期），抄录并分析了道光年间台南院试考棚的捐款碑文；詹德隆：《台北考棚筑造年代试探》（《台北文献》第88期，1989年6月），重点分析了台北府考棚的建造时间问题；李乾朗：《台湾可能仅存之江南匠派建筑——清末台湾府台中城内考棚遗存建筑》（《建筑师》第19卷，1993年第3期）和《台中考棚遗构与地图显示的关系》（《建筑师》第19卷，1993年第4期）分析台中考棚所带有的浙江方面的建筑风格；赖志彰：《台中考棚考——台湾省城元考试堂的历史变迁》（《空间》第44期，1993年3月），从建筑与历史的角度分析了台中考棚的历史变迁；苏峰楠：《"大畏民志"石额由来之厘疑》（《台南文献》第1卷，2012年第2辑），分析了台南考棚的创建过程。

② （清）邓传安：《蠡测汇抄》，《台湾文献丛刊》第9种，台湾银行经济研究室，1962，第40页。

经费便包括："岁、科两试考棚工料银一十六两六钱六分六厘。"① 新竹县同样如此，光绪十四年（1888）正月，新竹知县方祖荫因每年开支数目较大，而存留经费不敷使用，乃向台北知府雷其达禀请"宽裕"津贴，并开列了一份包括18项经费开销的清单，即《新竹县每年必须用款数目简明清折》，其中第7项为："道府每届岁试应缴考棚经费番一千五百元。"该行文字后面并注明："前件科考之年，仅缴一千二百五十元，合并声明。"② 这些"考棚工料银""考棚经费"，显然都是为举行岁科试而需耗费的钱款，其中当包括临时搭盖考试棚厂的相关开销。

这种在清代全国通行的岁、科试临时考场，不仅难以防止夹带、抄袭、枪替，维护考试公平，甚至无法完成正常的考务管理。如四川省万县，在未建考棚之前，"试诸县廨，无论几案自备，拥挤逼仄，炎蒸郁炙，风雨飘摇，试者深以为苦。而散处陬隅，族谈扰攘，稽察亦弗能周"。③ 山西荣和县在建成考棚前也是"试则权占县署，或大堂，或花厅，错综参互，万难编列坐号，而一是器物，又须考者躬自负荷，出入维艰，甚矣其惫。不特关防不严，亦殊非国家优崇士子意"。④ 为此，在清代中后期，受一些先进州县的影响，全国各地都兴起了民间捐资建造县试考棚的热潮。清代台湾的县级考棚虽然出现较晚，但与同时期全国其他州县的考棚文化并无二致。清代台湾县试考棚主要有凤山县考棚和新竹县考棚。

（一）凤山县考棚

凤山县是台湾最为古老的县之一，但其考棚却创建较晚。在各类文献中，凤山县考棚一般也被称为"试院"。据《凤山县采访册》，凤山县试院地处凤仪书院东偏，光绪元年由增贡生蔡垂芳"董建"。凤山县试院共有房屋36间，其中包括头门5间、大堂1座、大堂后穿心亭1座、亭后阅卷

---

① （清）周玺：《道光彰化县志》卷6《田赋志》，《台湾文献丛刊》第156种，台湾银行经济研究室，1962，第186页。
② 《淡新档案选录新竹编初集》，《台湾文献丛刊》第295种，台湾银行经济研究室，1971，第224页。
③ （清）龚珬：《万县新建考棚碑记》，（清）张琴、范泰衡：《同治万县志》卷36《艺文志》，台北成文出版社，1976，第124页。
④ （清）戴儒珍：《创建考院序》，（清）马鉴、寻銮炜：《光绪荣河县志》卷11《艺文志续》，台北成文出版社，1976，第653页。

厅事 1 间、左右官房各 3 间、厨房 1 间、厅事后奎楼 1 座、奎楼左边房屋 5 间。凤山县考棚的最大特征，便是考棚号舍分为闽童、粤童两种，其中闽童廊号位于大堂前，共有 10 间，座位 400 号；粤童廊号在穿心亭左，共有 6 间，座位 240 号。①

凤山县考棚的建成，离不开士绅的捐助。据浙江绍兴人孙继祖所撰《重修凤山县学碑记》记载，早在同治四年（1865）孙继祖第一次担任凤山县知县时，凤山县士绅富户便曾合力捐资重修凤山县儒学，但因捐款不足，功亏一篑。光绪元年，孙继祖再次担任凤山县知县，此时凤山县儒学的重修工作已经在训导叶滋东及举人邱鹏云、廪生林瑞藻的主持下重新启动，并由训导叶滋东"独总其事"。孙继祖之所以未参与完成 10 年前未竟之事，是因为"维时予适构试院为校士之所，未遑分营"，② 说明他此时更加关心凤山县考棚的营建事务。与重修儒学学宫的经费来源一样，凤山县考棚的建造经费也是来自民间捐款，且系与儒学学宫的修建同期举行。据《凤山县采访册》，同治十二年，凤山县知县李熿同意士绅之请，一方面整顿凤仪书院的经费用项，"拨新圳赢余水租银六百元，充作并经费"，另一方面则展开学宫、考棚的修建工作，"训导叶滋东重建圣庙"，"董事蔡垂芳议建考棚两处"，经费来自民间捐款，其中"筹题粤捐二千元"。③ 不过，粤籍人士最后实际捐款的数额只有 1300 元。

（二）新竹县考棚

新竹县是台湾较晚设置的一个县。其地先后为诸罗（康熙二十三年）、彰化（雍正元年）及淡水厅（雍正九年）所辖。光绪四年（1878）撤淡水厅，设台北府，曾暂以淡水厅署为府署。光绪五年闰三月，始分淡水厅之地为淡水、新竹两县，而"旧淡水厅署始改为新竹县署"。④

---

① （清）卢德嘉：《凤山县采访册》，《台湾文献丛刊》第 73 种，台湾银行经济研究室，1960，第 160 页。又，有关凤山县建造试院的时间，许南英《窥园留草》之《窥园先生自定年谱》载为光绪二年丙子。这年许南英 22 岁，凤山县"建凤山试院"。（见许南英《窥园留草》，《台湾文献丛刊》第 147 种，台湾银行经济研究室，1962，第 222 页）
② 《台湾教育碑记》，《台湾文献丛刊》第 54 种，台湾银行经济研究室，1959，第 53 页。
③ （清）卢德嘉：《凤山县采访册》，《台湾文献丛刊》第 73 种，第 159 页。
④ （清）陈朝龙：《新竹县采访册》卷 1《沿革》，《台湾文献丛刊》第 145 种，台湾银行经济研究室，1962，第 10 页。

新竹县考棚建于新竹正式设县后的光绪十二年。光绪十一年冬，安徽桐城人方祖荫以埔里社抚民通判的身份出任新竹县代理知县。次年春季，他奉命主持本县县试，因未建考棚，只能"集多士于公庭"，结果发现"杂沓拥挤，无以严防范而重甄陶"。他认为，这不仅不符合"圣朝作育人材之意"，也不符合"士君子怀才欲试之心"；同时也觉得，作为地方官员，不应该"因陋就简，听其校士无所，而不为创建试院之举"。为此，他率先垂范，号召士绅共同捐款，在县南门巡司口原巡检署遗基上建造考棚，"院宇凡三重，堂区规模宏敞，两廊列坐一千号。门楼前拱甬道，围墙井列。后建阁高耸，供奉奎星神像。计费番银八千九百八十四元六角九点正有奇"。① 光绪十二年五月兴工建造，同年十二月竣工。②

光绪十三年正月，方祖荫撰写了一篇《创建试院碑记》，记录了新竹县创建试院的全过程。尽管方知县是此次建造考棚的重要发起者，但他却不居其功，而是在碑记中指出，试院得以建成，主要应归功于"训导施天钧、府经历李继昆、典史傅若金、绅董林祥瑷、林汝梅、陈浚芝、郑如兰、李联萼、高廷琛、陈其德等共商厥成"，表示自己"何力之有？"③ 在同时竖立的另外一块《创建试院捐名碑》中，共刊列了 24 位独立捐助者的姓名，以及"何、柳、万等生捐银九十八元"和"廖赞元本庄内因案赔款剩余缴捐银四百元"两笔捐款。总计 26 笔捐款的总数为 9148 元，其中除了知县方祖荫捐款 100 元，其余捐助者捐款数额最大的是杜汉淮捐银 3000 元、苏团芳捐银 1500 元、郑以典捐银 1000 元、蔡景熙捐银 600 元，最少的为陈其德、高廷琛、郭程铭均为捐银 20 元，其余多为捐银 100 或 200 元。尽管碑文上没有体现捐助者的社会身份，但可以肯定的是，此次捐建考棚，新竹县的士绅、富户全员参与其中，从而成为新竹县历史上的一次极为重要的集体教育公益活动。

---

① （清）陈朝龙：《新竹县采访册》卷 5《碑碣（上）》，《台湾文献丛刊》第 145 种，第 177 页。

② （清）诸家《新竹县志初稿》，《台湾文献丛刊》第 61 种，台湾银行经济研究室，1963，第 93 页。

③ （清）诸家《新竹县志初稿》，《台湾文献丛刊》第 61 种，第 245 页。按，绅董中的陈浚芝，为光绪八年举人，光绪二十年会试中试为贡士，割台后于光绪二十四年中进士，依然将自己的籍贯填写为台湾新竹县。

遗憾的是，新竹县考棚建成后不久，便"遭风雨损坏"。为此，新竹县"考棚经理"绅董林汝梅、郑如兰、李联萼、陈浚芝、高廷琛、陈朝龙等人乃于光绪二十年十月二十八日向新竹县政府呈递公禀，请求"召匠议估"，"拨款修葺"。在所附"考棚修葺工料银"估价清单中，共列有 10 项需要修补的考棚细部结构，合计估价"的银二百七十五元"。① 收到公禀后，新竹知县范克承立刻亲自到考棚查勘，并根据所列清单，对需要维修之处逐一加以核对，认为"委实均应修理，不可稍缓"，"所估银数，尚无浮冒"。但范克承随即发现，全县"别无闲款可筹，只有明志书院学租项下，尚有余银，堪以筹拨"。但书院学租均系民间捐款购置的田产收益，并非地方政府所有，且曾申报各级政府立案，作为知县他"未敢擅专"。② 因此范克承在十一月初一日撰写了呈文，分别上报给台北府知府、台湾道、台湾按察使、布政使及台湾巡抚，请求准予拨明志书院学租修理考棚。经过四十多天的公文往返，十二月十五日，台北知府终于将经过台湾巡抚唐景崧批复的函件转给新竹县："该邑考棚损坏，既经饬匠估计，所需工料应准在于明志书院学租项下，动拨兴修。"③ 不过，在批文尚未下发之前，范克承便已经将考棚修理工程发包出去，并于十一月二十四日由"匠首"沈仰企立具领状，领取工料银二百七十五大元，"采买砖瓦、灰木等件，以凭兴工修理"。④ 显然，新竹县此次修理考棚，虽然没有再次发起募捐，但使用的经费则是同样来自民间教育公益基金明志书院的佃租收入。

新竹县考棚建成之后，当地士绅特意推选了负责管理的"考棚经理""考棚绅董"。光绪二十年请拨明志书院经费修理考棚，就是由"考棚经理"绅董林汝梅等人发起的。此外，考棚还设专人负责考棚日常事务管理，并捐有专门的考棚维护基金。光绪十四年，考棚绅董高廷琛、陈朝龙接手本县"隆恩圳"的管理事务，便议定从其水租收益中支付"奎楼、考

---

① 《淡新档案选录行政编初集》，《台湾文献丛刊》第 295 种，台湾银行经济研究室，1971，第 401～403 页。
② 《考棚经理林汝梅等禀送新竹县考棚修葺等工料银估价单》，《台湾文献丛刊》第 295 种，第 401～403 页。
③ 《台北知府管将巡抚唐批示转知新竹县》，《台湾文献丛刊》第 295 种，第 409 页。
④ 《泥匠首向新竹县具领考棚工料银》，《台湾文献丛刊》第 295 种，第 410 页。

棚经费"，其中考棚经费主要是"考棚年丁年开薪水谷十石"。考棚"年丁"当系指负责非考试期间的考棚管理与维护的工作人员。光绪十五年七月，"吴振利捐银三百元缴县发交铺户陈和兴生息，作为递年修理考棚经费"。① 而据《新竹县制度考》，在日据初期，新竹县考棚还由隆恩圳水租中支付相关经费，包括"考棚院丁林保每年工食谷二十石""考棚院丁许火每年工食谷二十石""考棚魁星楼每年油香谷八石"。②

二　府考棚

清代的童试分县试、府试、院试三个阶段，县试、府试分别由知县、知府主持，院试以府为单位，由各省学政分赴各府主持，与生员的岁、科试同期举行（武生员有岁试无科试）。为院试而专门建造的科举考场一般称为试院。由于院试与府试涉及考生的地域范围相同，故在建造了学政试院的府（直隶州），府试、院试均于学政试院中举行。学政试院通常也被称为府考棚。

康熙二十二年（1683），施琅攻克台湾，宇内复归一统。在历经数月"弃留之争"后，台湾终被归为福建的一个府（府治在今台南市）。按照常规，台湾府岁试、科试之院试阶段本应由福建学政主持，但因为远隔重洋，往返不便，故改由台厦道（雍正六年后改称台湾道）兼理。雍正五年（1727）至乾隆十七年（1752）间，曾改为由两位满、汉巡视台湾监察御史中的汉御史兼理。光绪十三年台湾建省后，改由台湾巡抚兼理台湾学政事宜，轮流于台南、台湾、台北三府主持院试。台湾前后建有三座府级考棚。

（一）台南考棚

台湾府岁、科试初无考棚。据康熙三十五年刊行的高拱乾《台湾府志》和康熙四十九年周元文修《台湾府志》，在台厦道改为台湾道之前，台厦道公署"由大门而仪门、而厅事，扁曰'敬事堂'。堂之右，为斋阁、

---

① （清）陈朝龙：《新竹县采访册》卷3《津渡》，《台湾文献史料丛刊》第二辑，台湾大通书局，2009，第144页。
② 《新竹县制度考》，《台湾文献丛刊》第101种，台湾银行经济研究室，1961，第53页。

为驻宅；其前，为校士文场"。① 将敬事堂前面的空地用作校士文场，当然不是规制齐备的专用考棚。至乾隆二年十二月二十七日，经乾隆皇帝亲下谕旨，命建台湾考棚。《清实录》载该谕旨内容如下：

> 据巡视台湾、给事中兼理学政单德谟奏称，台湾考试生童，向来未建考棚，止就海东书院之便。而地方湫隘，实不能容。遂别开门径，通于圣庙戟门外搭盖棚厂，未免杂沓喧嚣，邻于亵慢。且虑关防不密，易滋弊端。应请照内地之例，建立考棚，以昭严肃，等语。向因台湾应试人少，故未建立考棚。今人文日盛，生童众多，非复畴昔之比。着该督抚转饬地方有司，相度地方情形，修造试院。俾宫墙肃静，考试谨严，以重造士育才之典。②

乾隆帝谕旨中所说的海东书院，系由台厦道梁文瑄于康熙五十九年所建。建成之后，由于多次被用作"校士所"，导致"书院几废"。谕旨下达后，巡台御史单德谟乃于乾隆四年"另建考棚"。③ 这是台湾历史上首次建造专门的考试场所。由于史料记载简略，我们无从获知修建考棚的经费来源。据《台湾南部碑文集成》所收录的一份《郑君墓志铭》残件，墓志主人公郑廷爵，祖籍福建同安，祖上迁居台湾已有五代，他虽然为了照顾家庭而"辍举子业，援例成均"，但却天性孝友，关爱族人，周济乡党，并积极参与地方公共事务，"贡院、衙署、庙观、桥梁等项，踊跃捐金，殊难更仆数"。④ 此碑虽是残件，但据考订，碑文作者林昂宵曾在乾隆甲戌（1754）、己卯（1759）两次受聘到郑家"课子佴业"，说明郑廷爵捐资协助建造"贡院"的时间，当亦在此前后，并很有可能就是乾隆四年单德谟主持建造台南考棚之时。

---

① （清）周元文：《康熙台湾府志》卷2《规制志·衙署》，《台湾文献史料丛刊》第一辑，台湾大通书局，2009，第30页。

② （清）庆桂：《清高宗纯皇帝实录（一）》卷53《乾隆二年闰九月下》，中华书局，1985，第957页。

③ （清）余文仪：《乾隆续修台湾府志》卷8《学校志·书院》，《台湾文献史料丛刊》第一辑，台湾大通书局，2009，第354页。

④ 《台湾南部碑文集成》，《台湾文献丛刊》第218种，台湾银行经济研究室，1966，第57页。

这座由给事中单德谟主持建造的考棚，《台湾府志》称为"校士院"，位于台湾府城东安坊台湾县儒学的左边。乾隆三十九年余文仪修纂府志时，该考棚已经废弃不用，其房舍先后在"乾隆二十七年改建海东书院，三十年改建祝圣宫"，① 距离其被建成只有 20 余年。而这座考棚被废弃不用的原因，是由于"迩来校士，皆在使者官舍，而试棚竟成闲廨"。② 所谓"使者官舍"，是指台湾道衙署。单德谟初建考棚时，其选址在台湾府城东安坊，与其所担任的巡台御史的公署相邻。而分巡台湾道的公署则在府城的西定坊，正好与东安坊校士院遥遥相对。③ 按照清代各省学政的普遍做法，院试一般在学政公署附设的试院中举行；如未建试院，则直接在学政公署里布置临时考场。台湾道不在校士院中举行院试，一方面与当时通行的做法并不违背，另一方面也便于考务管理，不必在府城东、西两坊往返奔波。

乾隆十七年，台湾府校士院废弃之后，每逢考试，均于台湾道衙署之中临期搭盖号舍。至乾隆三十一年，陕西泾阳人张珽任台湾道，乃"于道廨西偏之隙地"建造学政试院，"鸠工庀材，匝月而竣"，合计共有房屋 30 楹，"费不繁而规模大备"。④ 次年二月，张珽还撰写了一篇《建台阳校士场屋记》记录其事，并刻碑立石。遗憾的是，由于碑文磨蚀，字迹残缺，从剩余的文字中，我们难以了解此次建造考棚的经费来源。只在该文的结尾部分，张珽特意记录了包括台湾府知府、海防、淡防同知、台湾、凤山、诸罗、彰化知县在内的 7 位当时"官斯土者"的职衔、姓名，据此推测，很有可能这 7 位地方官员曾经自行"捐廉"或积极发动属下绅民捐资筹集考棚建造经费。

由于台湾文教的普及，台湾道衙署旁的学政考棚在历经半个多世纪的使用之后，逐渐不能满足日益增多的考生的考试需求。嘉庆二十二年

① （清）余文仪：《乾隆续修台湾府志》卷 2《规制志·公署》，《台湾文献史料丛刊》第一辑，台湾大通书局，2009，第 63 页。
② （清）觉罗四明：《改建海东书院记》，（清）余文仪：《乾隆续修台湾府志》卷 22《艺文志三·记》，《台湾文献史料丛刊》第一辑，第 812 页。
③ （清）余文仪：《乾隆续修台湾府志》卷 2《规制志·公署》，《台湾文献史料丛刊》第一辑，第 63 页。
④ 《台湾南部碑文集成》，《台湾文献史料丛刊》第九辑，台湾大通书局，2009，第 77 页。

（1817），有人提议募捐扩建考棚，得到了广泛的响应。"时值岁试，合郡应试生童乐然捐题，聚腋成裘，计有一千四百余金"。不过，经过造价估算后，发现所需经费十分庞大，所捐之款根本不敷使用。考棚未能扩建，其捐款则在次年被"移修文庙，并建正斋、衙署"。由于经费依然不足，时任代理台湾县知县的江西南昌人温溶还"捐廉俸五百余金以赞其成"。①

又过了十多年，台湾府考棚终于得以全面改建。据日人伊能嘉矩《台湾文化志》记载，道光十三年（1833），分巡台湾兵备道兼提督学政周凯因台湾府文风渐盛，而应试者逐年增加，四县三厅赴考之童生达二千余人，即便是分棚考校，依然无法容纳，乃"别为择地兴工，至十八年竣工"，建成试院，使其达到了能够容纳台湾全府考生同时进行考试的规模："中为大堂，左东廊，右西廊，廊分前中后，以千字文编号，每号考桌十张，考椅十条，可坐五十人，合计东西廊之座号三千余位。"②

不过，《台湾文化志》将台湾道周凯叙述为此次建造台湾府考棚的策划人，似乎有所不妥。据检周凯《内自讼斋文选》之自撰年谱，周凯曾两任台湾道，第一次为道光十三年六月，因台湾"余孽未靖"，他被福建总督程祖洛"调署台湾道事"，是年七月七日任事，十月二十日卸事，合计代理台湾道仅一百余日，主要的业绩是"搜获余匪，斩枭凌迟者八十余人"。③ 在卸事之后，周凯还"因台道刘次白七兄鸿翱初到，为留一月"，当年十二月初一日才回到厦门，继续担任兴泉永道之职。第二次为道光十六年，周凯被闽浙总督魏元烺调署台湾道，"以便刘次白速赴陕西臬司之任"。他于九月一日到达台湾，九月三日开始任事。十二月十九日，奉旨调补台湾道。④ 道光十七年七月三十日，周凯病逝，享年59岁，合计署理、实任台湾道仅十个多月。

按周凯《内自讼斋集》中所提及的"台道刘次白七兄鸿翱"，即为山

① （清）温溶：《重修文庙碑记》，《台湾南部碑文集成》，《台湾文献丛刊》第218种，台湾银行经济研究室，1966，第211页。
② 〔日〕伊能嘉矩著，台湾省文献委员会编译《台湾文化志（中）》第五章《考试》第一节《岁科及乡试会试》，1985，第74页。
③ （清）周凯：《芸皋先生自纂年谱》，《内自讼斋文选》，《台湾文献史料丛刊》第八辑，台湾大通书局，2009，第13页。
④ （清）周凯：《芸皋先生自纂年谱》，《内自讼斋文选》，《台湾文献史料丛刊》第八辑，第15页。

东潍县人刘鸿翱，他于道光十三年由广东南邵连道调任台湾道，[①] 道光十六年升陕西按察使，[②] 是周凯正式担任台湾道时的前任，道光二十年任福建巡抚。刘鸿翱在任台湾道期间，曾撰写了《台湾新修学政衙署碑记》一文，其中较为详细地叙述了建造台湾府学政考棚之事：

> 道光癸巳冬，余蒙圣恩监司是邦，实兼提督学政之任。考试旧在道署，士子患其隘也，请于台湾府周君涧东，择建于府署之西北。经始于十三年某月某日，告成于十五年某月某日。正南作照壁，两旁列木栅，栅立左右辕门。正北三门，门左右设外官厅。厅左曰杂差所，右曰供给所。门内过水亭，亭左右设内官厅。厅左曰文巡捕所，右曰武巡捕所。由过水亭进，曰仪门。仪门内为考棚，左右各三廊。一廊十间，间五十座，凡士子之座三千。北横廊左右各七间，间二十座；南横廊左右各六间，间十座；凡士子之座四百。中为大堂，学政收卷之所居。再进为内堂，学政阅卷之所居。堂左曰庖湢之室，堂右曰学书之房。四围周以棘墙。[③]

根据这篇记文，我们可以知道，此次建造台湾府考棚的真正主持者不是周凯，而是台湾府知府周彦（字涧东，江西鄱阳人，嘉庆二十四年进士，道光十三年任台湾知府）；考棚的建造时间，是从道光十三年到道光十五年；考棚号舍的数量，除了左、右廊的3000座，在南、北横廊还有400座，合计共有3400座。伊能嘉矩《台湾文化志》中关于台湾府学政考棚的建造过程的叙述有其不准确之处。

刘鸿翱在道光十六年所作的一篇《台湾府学重修夫子庙并祭器、乐器记》中，附带提及此次建造台湾府考棚的经费来源："道光癸巳冬，翱由广东南韶连道调台湾道兼提督学政，谋于府守熊一本，议重新。候选同知

① 《缙绅全书（道光十四年夏）》，清华大学图书馆科技史暨古文献研究所：《清代缙绅录集成（12）》，大象出版社，2008，第108页。
② 《缙绅全书 中枢备览（道光十六年冬）》，清华大学图书馆科技史暨古文献研究所《清代缙绅录集成（13）》，大象出版社，2008，第351页。
③ 《台湾关系文献集零（十）》，《台湾文献史料丛刊》第九辑，台湾大通书局，2009，第72页。

许朝锦既督捐学政考棚,复愿独任其工",① 说明此次建造考棚,其经费其实来源于捐款。同时也说明,此次建造台湾府考棚,始于台湾知府周彦任内,成于知府熊一本任内。② 另外,刘鸿翱还撰有一篇《书孔、平二公遗事》,其中提到"造新考棚,费金至五万,皆归功于余",说明此次建造台南考棚,共耗费了 5 万多两白银。

令人欣喜、慨叹的是,此次台湾绅民捐建考棚的过程,在 100 多年后因一块石碑的发现而重新被世人了解。1974~1975 年间,成功大学石万寿教授曾在台南市卫民街的一处工地里抄录了一通道光十八年二月所立的石碑,上面共镌刻了 13 种不同社会身份的捐款人的姓名与捐款数额。碑刻尾部记录了此次捐款的总数:"以上共捐来银一万二千四百两;共捐来番五万四千六百二十五元,折银四万二千零一十九两二钱三分。合共捐来银五万四千四百一十九两二钱三分。"加上"总理许朝锦垫出银四千九百八十六两一钱零五厘四毫三丝,总合共来银五万九千四百零五两三钱三分五厘四毫三丝"。③ 这次捐款的数额,与刘鸿翱所说的"费金至五万"大致相符,说明该碑所记载的就是道光十五年完工的台湾道考棚的捐款情况。

台湾府学政考棚改建之后,便一直在台湾科举考试中发挥着其应有的功能,直至乙未割台。道光末年台湾道徐宗干所著《斯未信斋文集》中收有两篇题为《试院谕诸生》和《庚戌岁试手谕》的告谕,其中言及他在道光戊申年(即道光二十八年,1848)四月到任后,"未及一月即行开考",④ 说明在道光末年台湾府各厅、县童生、生员的岁试、科试均在府城

---

① 《台湾南部碑文集成》,《台湾文献史料丛刊》第九辑,台湾大通书局,2009,第 257 页。

② 据《搢绅全书(道光十七年秋)》:"台湾府知府,加一级,熊一本,安徽六安州人,进士,十三年十月授。"见《清代缙绅录集成(14)》,大象出版社,2008,第 114 页。

③ 石万寿:《古碑续拾:(二)道山建台阳考棚捐题碑记后碑》,《台湾风物》第 25 卷,1975 年第 3 期,第 11 页。按,不过,就石万寿教授所抄录的碑文内容来看,此次捐款活动共有 106 位捐款者,其中捐款数额最多的为 50 元,捐款最少的为 8 元。即便以每人捐款 50 元计算,其捐银总数也不过 5300 元(实际为银 1485.5 元,番因 580 大元),离五万四千余两的捐款总数相去甚远。按照清代地方社会捐助儒学、考棚、坛庙等公共建筑的常规情形推论,作为台湾全府的院试考棚,不可能其捐助者的最高社会身份仅有一文一武两位举人,而台湾府其他进士、举人以及地方官员均漠然视之。疑此篇捐款名录原本刻为数通石碑,而石万寿教授所抄录的仅为最后一块石碑的内容。其余一通或数通石碑,或许还静静地埋在地下。

④ (清)丁曰健:《治台必告录》卷 5《斯未信斋文集》,《台湾文献史料丛刊》第三辑,台湾大通书局,2009,第 355~357 页。

试院举行。又据其《斯未信斋杂录》卷5《癸丑日记》记载，咸丰三年（1853）"夏四月初十日入院岁试，二十五日校场阅武，二十八日事竣"，[①]表明此时台湾府岁试的考试周期约为18天。

光绪三年五月初十日，福建巡抚丁日昌曾上《奏台湾府属岁试事竣折》，报告他在收到台湾府知府张梦元提交的府试录送文武生童名册后，即于本年三月十三日"移进考棚，严密关防，按次举行岁试"。[②] 这是光绪初年议定福建巡抚"春冬驻台，夏秋驻榕"之例后，台湾学政交由福建巡抚兼理的最好例证。不久之后，福建巡抚不再驻台，而台湾学政也再次由台湾道兼理。光绪八年六月初八日，台湾道刘璈贴出《决科告示》，通知全台考生将于10天后举行本年台湾府、台北府科试，其中"凡台南各属士子，由本学道亲临考棚，命题扃试"，[③] 而台北府则由台北府知府代为主持。台湾建省后，光绪十三年将行政区划增为三府一州，原台湾府改称台南府，原台湾县改称安平县，而于彰化县分设台湾县，作为新设台湾府的附郭县。原台湾府考棚亦相应改称为台南府考棚。日据时期，台南府考棚被改建为宪兵队驻所。

（二）台北考棚

台湾之府级考棚，在光绪元年分设台北府之后，还有台北府考棚。在光绪十三年台湾正式建省之后，则又有台湾府（原台湾府改称台南府）考棚。

据唐赞衮《台阳见闻录》记载，光绪二年，沈葆桢向清廷建议，台湾已分二府，且已议定福建巡抚"春冬驻台、夏秋驻省"之例，则台湾事宜"应归巡抚主政"；同时应该"于台北府地方，捐建考棚"。这一建议，被"奉旨交部议准"。[④] 不过，光绪二年沈葆桢已经升任两江总督，似不宜再

① （清）徐宗干：《斯未信斋杂录》卷5《癸丑日记》，《台湾文献丛刊》第93种，台湾银行经济研究室，1960，第84页。

② 《清季申报台湾纪事辑录（六）》，《台湾文献史料丛刊》第四辑，台湾大通书局2009，第698页。

③ （清）刘璈：《巡台退思录》，《台湾文献丛刊》第21种，台湾银行经济研究室，1958，第12页。

④ （清）唐赞衮：《台阳见闻录》卷上《建置·学政》，《台湾文献史料丛刊》第七辑，台湾大通书局，2009，第11页。

为台湾学政考棚之事向朝廷建言。据《清季申报台湾纪事辑录》，沈葆桢向朝廷提出相关建议的时间其实是在光绪元年七月二十八日，其时沈葆桢的身份还是"办理台湾等处海防兼理各国事务大臣"。沈葆桢所上奏的《请台属考试归巡抚主政折》，除了建议改由福建巡抚主持台湾两府之岁试、科试，还建议："淡、兰两属道阻且长，不特费巨身劳，每遇淫潦为灾，不免有望洋而返者；甚非所以体恤寒畯。可否请旨，于艋舺地方准其捐建考棚，巡抚于阅兵台北时顺便按临考试。"① 只不过沈葆桢的这一奏折，直至次年二月二十一日，才由军机大臣会同礼部、兵部、工部会商，并最终确定了台北府由民间捐资建造考棚的决议。

在得到朝廷准许后，台北府考棚得以动工修建，而其中出力最多的，则属台北府淡水县贡生洪腾云。据连横《台湾通史》中《洪腾云传》记载："台北初建，新筑考棚，腾云献地，并捐经费。十三年春，巡抚刘铭传奏请嘉奖，赐'急公好义'之匾，建坊北门。"② 洪腾云因捐地、捐产创建台北府考棚而被朝廷准予建坊表彰之事，《清实录》中亦有记载。据《清德宗实录》光绪十三年闰四月癸卯，"以捐助田亩，予台湾贡生洪腾云等建坊"。③

今台北"二二八公园"仍立有一座四柱三间三楼式的"急公好义坊"，其顶层已遭损毁，中层刻"急公好义"楷体大字，下层所刻为建坊缘由，内容为："福建台湾巡抚刘铭传奏：台北府淡水县四品封典、同知衔、贡生洪腾云，因府城建造考棚行署，捐助田地并经费银两，核与请旨建坊之例相符，仰恳天恩，给予'急公好义'字样，以示观感。光绪十三年闰四月十六日，奉朱批：着照所请，礼部知道，钦此。光绪十四年立。"④ 四根立柱前后各刻有一句联语，合为四副对联。其中正面中间两根长石柱的对联为："培子孙数十世种福之田，积善有余庆，昫看云礽联甲第；体国家

---

① 《清季申报台湾纪事辑录（六）》，《台湾文献史料丛刊》第四辑，第598页。
② 连横：《台湾通史》卷35《列传七·孝义》，《台湾文献丛刊》第128种，台湾银行经济研究室，1962，第999页。
③ （清）世续等：《清德宗景皇帝实录（四）》卷242《光绪十三年闰四月》，中华书局，1985，第263页。
④ Eric的单车日记，http://bike.ericchen.info/20150829.htm。据网络检索，该坊原建于石坊街，即今台北市衡阳路。1905年日据台湾总督府以市区改正为由，将其迁移到新公园（今二二八和平纪念公园）。其顶层及升值匾额、环护围栏均于迁移中被损毁。

三百年养士之德，博施宏素愿，允邀日下沛恩纶"；左右两边石柱上的对联为："高谊重斯文，观拓风檐，下笔声添蚕食叶；令名腾上国，恩颁轮阁，褒荣诏宠凤衔书"。背面中间两根长石柱的对联为："慷慨荷宸褒，见义勇为，绰楔留芳千古仰；舍施先试院，有基勿坏，士林遍誉一时新"；左右两边石柱上的对联为："稼穑体艰难，食德饮和，撙节退让以明礼；乡闾重模楷，言坊行表，令闻广誉施于身"。

台北府考棚究竟建成于何年？这一问题迄今没有定论。据詹德隆《台北考棚筑造年代试探》一文指出，有关台北府考棚的建成时间，共有设台北府之光绪初年（连横《台湾通史》）、光绪四年（尹章义《台北市二十方古迹碑文之商榷》）、光绪六年（一说为民国八年《台北厅志》）三种观点。① 其中，持光绪六年说的论著更多。许南英《窥园留草》在《窥园先生自定年谱》中也记载，光绪六年庚辰"建台北府儒学考棚及登瀛书院"。② 詹文据尹章义教授的考证，认为光绪六年说值得商榷。同时也指出，因文献不足证，目前暂时无法确定究竟哪种观点更接近历史事实。兹查《光绪朝东华录》，光绪五年四月辛亥，闽浙总督何璟奏报台北府分县设官情形，其中提及"刻下艋舺地方考棚，民捐民办，业经告成"。③ 据此，则台北府考棚在光绪五年四月已经建成且已经报知本省最高长官，而该考棚建成于光绪六年之说，自然无法成立。又据《清季申报台湾纪事辑录》，光绪四年十一月初十日，闽浙总督何璟与署理福建巡抚吴赞诚、福建学政孙诒经联合上奏，请求调整台北府各县、厅文武学额，其中提及，调整台北府各县、厅之后，"岁、科考试，即于艋舺地方建设考棚办理，业经部议，奉旨允准在案"，"现既析淡、兰两厅之地为淡水、新竹、宜兰三县，所有考试，即于台北创设考棚办理"。④ 这一奏折可以说明，至少在光绪四年十一月间，身处福州的福建督抚、学政等官员还没有收到有关台北府考棚已经建成的报告。

① 詹德隆：《台北考棚筑造年代试探》，《台北文献》第 88 期，1989 年 6 月，第 43~56 页。
② 许南英：《窥园留草》，《台湾文献丛刊》第 147 种，台湾银行经济研究室，1962，第 222 页。按，原书"儒学""考棚"之间未加标点，疑句读有误，当断为"儒学、考棚"为妥。
③ （清）朱寿朋：《光绪朝东华录》，中华书局，1984，第 740 页。
④ 《清季申报台湾纪事辑录》，《台湾文献丛刊》第 247 种，台湾银行经济研究室，1968，第 815 页。

另据光绪七年十月二十六日闽浙总督何璟所奏《台湾府属风灾查抚情形片》，是年六月十九至二十日、七月初一至初三日，台湾、台北两府连续遭遇"飓风大雨"，导致山洪暴发、房屋倒塌、渔船倾覆、百姓死伤等重大损失，其中台北府之"北路淡水、新竹、宜兰三县，民房皆有倒塌，人口间有伤毙；庙宇、考棚、书院、衙署，亦有损坏"。① 此时台湾全岛仅有台南、台北、凤山三座考棚，而北路考棚则仅有台北府考棚。说明台北府考棚在建成后不久，便曾经遭遇飓风、暴雨，有所损毁。

（三）台中考棚

光绪十一年，清廷接受钦差大臣左宗棠、闽浙总督杨昌濬等人的建议，决定台湾建省，刘铭传被任命为首任台湾巡抚。至光绪十三年，台湾初步形成了三府一直隶州十一县六厅的行政区划格局，其中以原彰化县为基础，形成了下辖台湾、彰化、云林、苗栗 4 县和埔里社一厅的新设台湾府。而其教育、考试事宜，随即被提上了议事日程。其中，建造府城考棚，是本府士绅最为关心的事务之一。

据许南英《窥园留草》之《窥园先生自定年谱》，光绪十五年己丑，35 岁的许南英会试被黜，是年"建台湾府（台中）城；建台湾府儒学及考棚于台湾城内"。② 另据《台湾中部碑文集成》之《未录碑文存目表》，1926 年日据时期，曾于台中市大南门发现一块"演武厅界址碑"。根据林汝言《台湾筑城沿革考》的考订，"光绪十五年三月，命县知事黄承乙来守此土；八月间，兴建县衙、城隍、考棚、文庙及八门城楼"。③ 可知台中考棚始建于光绪十五年八月。

台湾大学建筑与城乡研究所博士班赖志彰的硕士学位论文《1945 年以前台中地域空间形式之转化——一个政治生态群的分析》（1991）详细讨论了台中考棚的建筑、形制、使用与历史结局等问题。他还撰写了单篇论文《台中考棚考——台湾省城元考试堂的历史变迁》，从建筑学与历史学

---

① 《清季申报台湾纪事辑录》，《台湾文献丛刊》第 247 种，台湾银行经济研究室，1968，第 1014 页。
② 许南英：《窥园留草》，《台湾文献丛刊》第 147 种，第 224 页。
③ 《台湾中部碑文集成》，《台湾文献丛刊》第 151 种，台湾银行经济研究室，1962，第 175 页。

的视角，通过查阅日据时期台湾总督府的历史档案，结合众多的照片和绘图，详细展示台中考棚的前世今生。文中指出，台中省城考棚从光绪十五年开始起造，光绪十六年完工，合计耗银 28000 余两。考棚的总占地面积约为 2.36 甲（约合 22800 平方米），建筑面积约为 1081 坪（约合 3567 平方米）。考棚为典型的四合院格局，由东到西可分为三组建筑物。东侧为行政庶务办公场所，兼有部分试棚，由 16 个房间围聚成一个院落，入口门厅为五开间建筑。西侧左右对称各分布两排试棚，长度可达 140 米；每排均包括若干间试棚，均各以中庭为中心围聚为小四合院。按照试棚的号码计算，台中考棚的数目共有 83 号，每号面积不等，最大的有 30 坪（99 平方米），最小的为 2.36 坪（约 7.8 平方米），平均每号面积约为 27.5 平方米。考棚除试棚与主考阅卷所，还配备了厨房、厕所等生活设施。由于台湾府城主要由上海、福州等地工匠参与建筑，台中考棚也更多呈现出闽东、福州一代的建筑风格。[①]

台中考棚建成之后，当年便投入使用，在此举行台湾府岁试，兼理台湾学政的福建台湾巡抚刘铭传亲临考棚主持考试。但随着刘铭传卸任台湾巡抚，邵友濂继任巡抚，台北府被改定为台湾省的省城，原本的台中省城建设也备受冷落，加上福建协济台湾建省的五年期限已到，台湾建省经费日形拮据，台中考棚竟一度停止使用。据蒋师辙《台游日记》，光绪十八年三月，他参与台南府试院阅卷。其时"台湾府已建试院，中丞以政务殷剧，不欲久稽于外，仍令诸生就试台南，入告，得俞旨"。[②] 此次生童考试，先考台南府考生，时间为自三月二十七日至四月二日；次考台湾府考生，时间为从四月三日到四月十日。四月十一日至十四日，为武试阶段。两府考试结束后，四月十五日中午，蒋师辙即随邵友濂坐轮船赶往台北府，并在四月二十六日至五月四日间参加台北府试院考试阅卷工作。

不过，一年之后，台中考棚便又重新启用。据胡适之父胡传的《台湾日记与禀启》记载，光绪十九年三月二十八日，胡传在台南府安平县"送

---

① 赖志彰《台中考棚考——台湾省城元考试堂的历史变迁》，《空间》第 44 期，1993 年 3 月，第 79~84 页。

② （清）蒋师辙：《台游日记》，《台湾文献丛刊》第 6 种，台湾银行经济研究室，1957，第 16 页。

苏侣笙广文、申莘甫孝廉、范膏民茂才赴台湾府试院阅卷"。①

　　光绪二十一年台湾被日本强占后，台中考棚也被警察署与台湾民政支部作为办公处所。随着台湾各地民众抗击日军暴行活动的全面展开，台中百姓也于光绪二十二年五月二十三日向台中日军发动攻击，"民众一呼，即入城中，守备、警察、宪兵各队悉退守试院。试院者，前清督学试士所，规模广阔，今中将居也"。② 由于缺乏统一指挥，且武器装备落后，民众最终未能攻入试院。1913 年 2 月，因建造台中州厅舍，考棚西侧的试棚被拆解，其木料被大甲富绅杜清购得，用于建造其家族宅院。1924 年，日据台中州政府将考棚东部主楼建筑迁建于水源地，并命名为"涌泉阁"。考棚最终仅剩下原属西侧建筑的 7 间试棚改造的隔间，光复后由民间占住，其产权则归彰化县政府所有。而迁移至水源地的考棚主楼涌泉阁，则因年久失修，木料腐朽，早在 1951 年前后即被拆除。

　　据网上资料显示，台中考棚遗址已被台中市相关文物部门发现，2006 年 11 月公告为市定古迹，称为"台湾省城儒考棚"，其门牌号码为台中市西区民生路 39 号。台湾"文化部文化资产局"的网上资料称：它原为清光绪十七年新建省会台湾府小北门街内建筑群的主体部分，俗称"考棚"，为今日台湾仅存的考棚建物。

三　台湾考棚的特征

　　由于赋役制度的变革，在进一步完善明代的"一条鞭法"并于雍正年间实行"摊丁入亩"政策之后，清代地方赋役征发日趋规范。除了赋役"存留"经费中规定的门类、数额之外，地方官任何额外的赋役摊派均被视为违制扰民之举，并将面临丢官罢职甚至牢狱之灾。清代的赋役制度在很大程度上限制了地方官员随意向百姓摊派的乱政行为，但也带来了一定的弊端，也就是当遇到较为大型的地方公共建设时，往往无从筹措经费，其中便包括各地儒学、书院、考棚等教育类公共设施的建造、维护等。嘉庆年间，台湾府台湾县儒学训导郑兼才曾经指出："今昔时势不同：明以

① （清）胡传：《台湾日记与禀启》，《台湾文献丛刊》第 71 种，台湾银行经济研究室，1960，第 140 页。
② 洪弃生：《瀛海偕亡记》，《台湾文献丛刊》第 59 种，台湾银行经济研究室，1959，第 31 页。

前城郭、坛庙以及沟渠塘堰多治自官；今则不然，而吾闽为甚，衙署、贡院且委之民，街里、桥梁更不必言。台地此项，绰有漳、泉遗风，自非大贤伐善施劳亦所时有。"郑兼才所说的明代修理城郭、坛庙"多治自官"，事实上是官方有权力直接将经费临时摊派到地方百姓尤其是富绅头上，而清代此类事务"且委之民"，是指官方不能再直接摊派，而需向民间募捐，有时是由"大贤"独力捐办，有时则由全体百姓认捐完成。之所以郑兼才要谈论这个问题，是因为当时正在重修《台湾县志》，在人物列传部分，时任总纂的嘉义县教谕谢金銮所编纂的初稿收录了众多捐助善款的人物。郑兼才认为，可以"于各项中，惟择其大者，附见董事姓名；或独力修成，间用特笔，不没人善，于道未悖。余可概删"。① 从中说明，在道光以前，台湾民间社会捐资完成各类公共设施建设已经成为普遍现象，以至于方志作者在编纂相关人物的传记时都难以取舍了。

正是由于清代赋役政策的大背景，因而与清代全国其他地方所建府、州、县考棚相比较，清代台湾考棚具有非常多的相似性，其中除了建造考棚的目的都是为了加强童试和生员岁科试的考试纪律，维护考试公平，同时也为当地考生提供更加便利的考试条件之外，② 建造考棚的经费基本来自民间的捐资，地方士绅是建造考棚的主要推动力量，则是其最大的相似性。有些考棚得到的捐款数额甚至远远超过内地其他府、州、县的试院、考棚修建经费，如道光年间台湾府考棚的捐款数额便高达五万九千多两。事实上，台湾士绅除了捐建本府的考棚，还曾捐资襄助重修福建省贡院。如道光八年，鳌峰书院山长陈寿祺号召全省捐修省城贡院，嘉义人陈震曜正在福州监理鳌峰书院，并助修通志，乃"请于乡人士，募资拓建，增号舍千余，并董工役，将一载而成"。③ 此次捐资活动中，板桥林家的创始人、柳州知府林平侯也慨然认捐"番银二千元"。④

---

① （清）郑兼才：《六亭文选》，《台湾文献丛刊》第143种，台湾银行经济研究室，1962，第78页。
② 参见毛晓阳、邹燕青《以公益求公平：清代州县考棚述论》，《清史论丛》第33辑，2017年第1辑，第147～167页。
③ 连横：《台湾通史》，《台湾文献丛刊》第128种，第962页。
④ 《淡水厅筑城案卷》，《台湾文献丛刊》第171种，台湾银行经济研究室，1963，第38～39页。

当然，在这种相似性之外，清代台湾考棚也体现出一定的地域性特征。如凤山县试院中分建闽、粤两处考棚，闽籍座号 400 个，粤籍座号 240 个，体现的就是长期以来形成的清代台湾住民闽、粤分类的基本状况。另外一个地域性特征，就是由于清代台湾城市建设起步较晚，因而作为各地较为大型的公共建筑，台湾考棚往往不能保持其专门的科举考场性质，而需肩负其他一些临时性功能。有时候，考棚成为官方的宴会场所。如据胡适之父胡传的记载，光绪十八年三月二十一日，台北府"同官设席于考棚，为唐方伯饯行"。① 有时候，考棚被作为地方公共荣誉的展示场所。如据《凤山县采访册》，凤山县有一块"谊敦推解"匾，系"太子少保、头品顶戴、兵部侍郎兼都察院右副都御史、巡抚山西兼管提督盐政印务、节制太原城守尉、一等威毅伯曾，为全台协助晋赈官绅士民立"，这块匾额就被悬挂于凤山县"考棚厅事上"。②

光绪元年、十一年以后才开始设府的台北、台中地区，考棚肩负临时功能尤其突出。光绪十年八月，法国殖民者向台湾北部发起攻击，以刘铭传、刘永福为首的台湾军民奋起抗击，而台北府考棚曾被作为驻兵之所。是年八月十三日，法军因攻击基隆失败，乃派遣 5 艘船舰，从基隆出发，准备次日进攻沪尾（今淡水港）炮台。刘铭传乃"将基营全拔回郡，帅节已于十四晚刻回驻考棚"。③ 刘铭传主政期间，曾借用台北考棚设置公共卫生部门。如据连横《台湾通史》卷 16《城池志》："官医局，在台北考棚内。光绪十二年设，十七年裁。"④ 又据同书卷 21《乡治志》之《台湾善堂表》："台北官医局，在台北城内考棚。光绪十二年，巡抚刘铭传设，以候补知县为总理，招聘西人为医生，以医人民之病，不收其费，并设官药局于内。""台北医院，亦在考棚内。光绪十二年，巡抚刘铭传设，以医兵勇之病。"⑤ 显然，在台湾筹备建省初期，由于各

① （清）胡传：《台湾日记与禀启》，《台湾文献丛刊》第 71 种，第 9 页。
② （清）卢德嘉：《凤山县采访册》壬部《艺文（一）·匾额》，《台湾文献丛刊》第 73 种，台湾银行经济研究室，1960，第 340 页。
③ （清）刘璈：《巡台退思录》卷 3，《台湾文献丛刊》第 21 种，台湾银行经济研究室，1958，第 286 页。
④ 连横：《台湾通史》卷 21《乡治志》，《台湾文献丛刊》第 128 种，第 477 页。
⑤ 连横：《台湾通史》卷 21《乡治志》，《台湾文献丛刊》第 128 种，第 563 页。

类行政机关、公共部门突然大量增设，而经费拮据，事事掣肘，万难一一新建房舍。在这种情形下，即便是由民间捐资建造的准公共建筑，作为三年仅二次使用之台北府考棚，也不得不肩负起更多的公共职能。光绪二十年，唐景崧接任台湾巡抚后，因中日战起，台北作为台湾省省会所在地，形势更为紧要。福建水师提督杨岐珍奉旨于同年七月渡台，统筹台湾防务。他命令所部"分扎基、沪，自拥亲兵数百驻省垣之试院，征兵筹饷，皆不过问，一听抚军主持"。① 台北试院成为台湾被割之前的军事指挥中心。

四　结语

在传统科举教育体系中，儒学、书院、贡院三位一体，是宋明以来儒家教育的重要体现。而府州县考棚则是清代科举文化的基本载体，是清代科举社会最终巩固与强化的重要特征。宾兴、考棚、试馆，是清代基层社会民众全民参与科举制度实施的三个主要标志。清代台湾五座府县考棚的创建过程，是清代二百余年台湾社会儒学教化落地生根、枝繁叶茂的重要标志。通过社会大众共同捐资建造考棚、捐设基金维护考棚，推举士绅管理考棚，这一系列的过程中，科举考试的公平观念、人才培养的公益观念、文教建设的本土观念已经深入人心。

然而，就在台湾考棚建设全面兴起的同时，台湾也面临着有史以来最大的考验。列强环伺，危机四伏，作为清朝东南数省之屏障，台湾不得不发起变革。建省后短短数年之间，台湾后来居上，成为全国近代化发展最为先进的省份之一。台湾考棚也在变革途中贡献了自己的一分力量。但终究，举朝之昏聩蒙蔽、国家之积贫积弱，甲午一役，数代台湾绅民的努力被白白断送。日本血腥侵台后，台湾考棚始则成为侵略者的临时驻军场所，继则被殖民政府机关占用，最后则在日本人之"都市计划"建设过程中被完全拆毁。如今台湾考棚的遗迹，仅存台中市儒考棚一座七开间的建筑遗构，成为台湾仅存的劫后余生的清代建筑之一，也是日本侵占台湾后

---

① （清）思痛子：《台海思恸录》，《台湾文献丛刊》第40种，台湾银行经济研究室，1959，第5页。

肆意摧毁清代古建筑的有力证明。①

（作者单位：闽江学院　江西新余第七中学）

---

① 台湾文化大学教授李乾朗在《台湾可能仅存之江南匠派建筑——清末台湾府台中城内考棚遗存建筑》一文中说，"我们看到它（按，指台中孔庙）在二十世纪初年所摄的照片，才深深觉得日本人在建设台中市时，十分刻意地摧毁了多少清代古建筑！考棚遗构可算是劫后余生吧！"（《建筑师》第 19 卷，1993 年第 3 期，第 121 页）

清代台湾科举考试中的地方官*

杨齐福

摘 要：康熙年间清廷统一台湾后即在台开科取士，其中童试在台湾举行，乡会试在内地举行。地方官为台地民众呼吁实施科举考试，为台湾士人申请保障名额，为台湾考生设立考棚试馆，为台湾士子编选考试范文，还亲自主持科举考试，并严厉打击考试舞弊等。这表明地方官在清代台湾科举考试中扮演了重要角色。

关键词：台湾 科举考试 地方官

康熙年间，清廷统一台湾后，在台设官治民，全台设道员和知府各一人，各地设知县或通判若干人。康乾年间又派驻满汉御史各一人，晚清建省后增设巡抚一人。与此同时，清廷又在台湾开科取士，童试在台湾举行，乡试在福州举行，会试则在京城举行，清代台湾出现33名进士、305名举人和数千名生员，被称为"海上邹鲁"。

那么，地方官在台湾科举考试中扮演何种角色，发挥什么作用，产生怎样影响，这些问题的探究有助于深化清代台湾科举考试的研究。然而，长期以来学界对此问题关注不足。虽然庄林丽的著作《清代台湾道、台湾道台与台湾社会》探讨了台湾道员在台湾科举考试中的作用①，尹全海的著作《清代渡海巡台制度研究》阐述了巡台御史对台湾科举考试的贡献②，金铄和吴振芝的论文《清代台湾地方科举之研究》肯定了地方官对台湾科

---

* 本文为国家社科基金项目"科举考试与东亚社会"（项目批准号：17BZS025）的阶段性研究成果。

① 庄林丽：《清代台湾道、台湾道台与台湾社会》，社会科学文献出版社，2015。
② 尹全海：《清代渡海巡台制度研究》，九州出版社，2007。

举考试发展的推动，① 汤熙勇的论文《巡台御史对台湾科举教育的贡献》阐述了巡台御史在奏定粤童学额和争取乡会试名额等方面的贡献，② 但此问题的研究仍有待进一步深入。

一

地方官是清代台湾科举考试的倡议者。他们的主张不仅促使了清代台湾科举考试的设立，而且也促进了清代台湾科举考试的完善。

台湾回归之初，"土旷人稀，皆弃为黄茅白苇之区。其民多逋逃俘掠之余，原非孝子顺孙"。地方官感叹"台湾之难，不难于治土番而难于治奸民，更难于安良民以化奸民"，③ 呼吁"建学校、行考校，诚审乎教养之根本，为海天第一要务"，"亟须乘时设官考试，以培养海国之人才"。④ 诸罗令季麒光指出"不崇学校无以敦弦诵，不行考试无以励功名"，因此"学宫与学官不可不设也，进学之额不可不定也，廪膳序贡之例不可不行也。"⑤ 台湾道周昌提出"台湾既入版图，若不讲诗书、明礼义，何以正人心而善风俗也？……士为四民之首，正可藉此以化顽梗之风，而成雍熙之治。……岁、科两考文武生员，照依各府大县事例，府学取进二十名、县学各进十五名，以鼓士气。大比之年，一体赴本省应试"。⑥

因台地初辟，"仓无余粟，库无余金"，"既无绅士，又无殷实"，⑦ 建学校、行考试之议被搁置。康熙二十五年（1686）福建巡抚金鋐以"此地既经定有赋税之额，即当徐议教训之方。所有应设学校考校等项，合行查议"。⑧ 为此，台湾道周昌提议："台湾府学应照各直省府学事例，取进文武童生各二十名；台湾县学应照大学例，取进文武童生各十五名；凤诸两县学应照中学例，取进文武童生各十二。"⑨ 虽然地方官一再强调"取进生

---

①　金铄、吴振芝：《清代台湾地方科举之研究》，《成功大学历史学报》第 5 期。

②　汤熙勇：《巡台御史对台湾科举教育的贡献》，《史联杂志》第 17 期。

③　陈文达：《台湾县志》，《台湾文献丛刊》第 103 种，第 227 页。

④　蒋毓英等：《台湾府志三种》（上），中华书局，1985，第 1006 页。

⑤　陈文达：《台湾县志》，《台湾文献丛刊》第 103 种，第 230 页。

⑥　蒋毓英等：《台湾府志三种》（上），中华书局，1985，第 1001～1002 页。

⑦　季麒光：《东宁政事集》，香港人民出版社，2006，第 193 页。

⑧　蒋毓英等：《台湾府志三种》（上），中华书局，1985，第 1004～1005 页。

⑨　蒋毓英等：《台湾府志三种》（上），中华书局，1985，第 1017 页。

员之额万难减少，因目前菁莪未盛，减定额数则大沮上进之人心"。① 但清廷却以"台湾郡县设立学校，但与考人数无多，未便照内地之额"为由，核准台湾"府学量设廪增各二十名，县学各十名，俟人才渐盛，仍照直隶各省补足定额"。② 此后，台湾各府县学额随着台湾地区开发、政区变动而不断增减。

因台湾僻居东南一隅，文教水平较为落后，士子无老儒宿学之教，为文"多旷放，各写胸臆，不能悉就准绳"，③ 乡试中取者寥寥无几。于是，诸罗县令季麒光提请仿照"辽东宣府之例"，在福建乡试中为台湾士子"另编字号"。④ 康熙二十六年，福建陆路提督张云翼在奏折中提出台湾士子"荐举之荣未与、帖括之习未深，安能遽与八郡争衡？臣见甘肃宁夏生员，许另号额中。今台湾合无准例于闽场另编字号，额中一、二名；行之数科，俟其肄业者众、造诣者精，仍撤去另号，勿复限以额数"。⑤ 清廷以台湾"新经归附，文教初开"为由，批准台地考生另编字号，取中一名。康熙三十六年闽浙总督郭世隆以台湾"至今已历四科，人文日盛，学诣渐臻"为由，提请"乡试撤去另号，通省一体匀中"。⑥ 康熙三十八年己卯科、四十一年壬午科、四十七年戊子科乡试，台湾士子皆因此无人中举。雍正六年（1728），巡台御史夏之芳认为台湾"读书之士，平日既囿于见闻，又未身历科名进取之荣，遂尔器量愈隘不思上进"，奏请"嗣后乡试之年，可否于内地八府之外，另立台字号，酌量于正额数内，分中一、二名"。⑦ 次年福建巡抚刘世明奏请，将台湾考生"仍照旧例另编字号，于闽省额内取中一名，以示鼓励"。⑧ 清廷准许台湾士子参加福建乡试时另编"台"字号，取中一名。⑨ 雍正十三年福建巡抚卢焯奏请"将台字号再增加

---

① 蒋毓英等：《台湾府志三种》（上），中华书局，1985，第 1013 页。
② 张本政：《清实录台湾史料专辑》，福建人民出版社，1993，第 70~71 页。
③ 范咸：《重修台湾府志》，《台湾文献丛刊》，第 105 种，第 669 页。
④ 季麒光：《蓉洲诗文稿选辑》，香港人民出版社，2006，第 180 页。
⑤ 高拱乾：《台湾府志》，《台湾文献丛刊》，第 65 种，第 234~235 页。
⑥ 陈文达：《台湾县志》，《台湾文献丛刊》第 103 种，第 144 页。
⑦ 《宫中档雍正朝奏折》（第十三辑），（台湾）故宫博物院，1976，第 688~689 页。
⑧ 《清世宗实录选辑》，《台湾文献丛刊》，第 167 种，第 30~31 页。
⑨ 《清会典台湾事例》，《台湾文献丛刊》，第 226 种，第 81 页。

一名，以示鼓励"。① 台湾道张嗣昌也指出"台地人文蔚起，胶庠已六倍于当年……中式仍一名，而定额则今昔无分多寡，弃取实属偏枯"，② 呼吁增加录取名额。清廷遂同意增加台字号举人录取人数一名。光绪十一年（1885）台湾建省后，刘铭传提请台湾"文武乡闱，援照安徽赴江南汇考之例，仍归福建应试，中额亦仍旧"。③

自实行科举考试以来，台湾"中乡试者有人，入会选者未睹"，康熙、雍正间台地竟无一人考中进士。乾隆三年，巡台御史诺穆布等提出参照福建乡试之惯例，台湾士子参加会试，"在福省名额内另编'台'字号，取中一名"；数年之后，参与会试人数增多，再酌情予以修改。④ 然而，礼部却不赞成诺穆布等人的提议，强调会试乃"朝廷辟门吁俊之大典，最为慎重，非若乡试之独一省而论"，不可轻易改变；并且会试中额依各省"人数之多寡，请旨钦定。其边地、海疆来京会试，亦按省编号凭文取中，从无分府编号之例"；况且台湾举人参加会试者太少，"若遽定中额一名，未免功名太易，启士子侥幸之心"。当然，礼部也没有一口回绝，指出"将来台郡士子来京会试果至十名以上之多，臣等再行奏闻，恭请钦定中额，以示鼓励"。⑤ 这样，台湾举人"虽有会试之名，究无中式之实"。乾隆七年，巡台御史书山再次上奏，请求台湾举人参加会试另编字号，"考官凭文酌量有可取者，取中一名；无可取者，仍然缺额，俾使无滥"。礼部答以"近年来台湾士子来京会试者，仍不过四五人，人数太少，未便别编字号"，并称："若果能文理明通，自能入彀，何至有会试之名，而无中式之实?"⑥ 乾隆二十年，诸罗县王克捷考中进士，"翘然独破天荒"。⑦ 这恰好印证了礼部的诘问。道光三年（1823），台湾举人赴京参加会试达 11 人，清廷准许台湾举人另编字号，并取中一名。

台湾开发之初，民众大多来自福建，也有来自广东，"自潮惠来者，

---

① 《清世宗实录选辑》，《台湾文献丛刊》，第 167 种，第 51 页。

② 张嗣昌：《巡台录》，香港人民出版社，2005，第 53 页。

③ 台湾省文献委员会编《台湾省通志》卷 5，《教育志选举篇》，众文图书公司，1973，第 72 页。

④ 刘良璧：《重修福建台湾府志》，《台湾文献丛刊》，第 74 种，第 518 页。

⑤ 刘良璧：《重修福建台湾府志》，《台湾文献丛刊》，第 74 种，第 518 ~ 519 页。

⑥ 转引张是初《清代台湾之考试制度》，《文献专刊》第 5 卷，第 1、2 合期。

⑦ 余文仪：《重修凤山县志》，《台湾文献丛刊》，第 146 种，第 243 页。

称为客民；由漳泉来者，目为本地"，① 长期以来闽粤移民之间龃龉不断。
粤民迁台，"虽只事耕耘，而子弟多有志诵读。是以俊秀之子，堪以应试
者，实繁有徒"。② 然而，在台闽人却"以粤人为客民，始终攻揭"，③ 不
准其参加科举考试。闽浙总督德沛曾在奏稿中指出粤民"缘系隔省流寓，
恐占闽童地步，故攻揭惟严，至今不许在台就试"。④ 乾隆四年，巡台御史
杨二酉主持台湾各地岁试，"有广东省多人，纷呼求考，称伊等住台年久，
而闽人视为客民，不容入籍考试"，⑤ 乃奏请朝廷，"准其另编为新字号应
试。其取进额数照小学例，四邑通校，共取进八名，附入府学"。⑥ 乾隆六
年，闽浙总督德沛以"粤民之精通文艺者，格于成例，奋进末由，殊觉可
惜"，奏称："今既据台、凤、诸、彰四县亲加考验，实在粤童堪以应试者
共有七百一十二名，则人数已多，相应准其一体与试。应请于岁、科两试
将粤童另编字号，四邑通较，照小县之例，取进八名，附入府学管辖。"⑦
清廷允许台地粤籍童生考试时另编字号，取进八名，附入府学。嘉庆年间
蔡牵起义，台地士绅组织义勇协同防御，事后论功封赏，台湾"粤籍加进
文童一名"。⑧ 虽然"粤籍生童散处各厅、县，而考试另为一榜，额进九
名"，⑨ 凸显了朝廷优待之意；台湾道徐宗干并不满足，认为"粤籍人数不
过闽籍十分之一，近亦渐见增多，文风转优于闽。闽籍以额就文，粤籍之
文足额而外，尚有遗者，现定九名，即至十二名亦不为多"，⑩ 仍大声疾呼
增加粤童学额。因清廷特为台籍生员乡试另编字号，地方官为此请示朝
廷，"粤人既入台籍，应否一体编入台字号，或另编字号，作何取中"。⑪

① 尹士俍：《台湾志略》，香港人民出版社，2005，第 138 页。
② 《台案汇录丙集》，《台湾文献丛刊》，第 176 种，第 211 页。
③ 《台案汇录丙集》，《台湾文献丛刊》，第 176 种，第 209 页。
④ 《台案汇录丙集》，《台湾文献丛刊》，第 176 种，第 213 页。
⑤ 《宫中档朱批奏折》，《文教科举类》，（胶片三）1694~1696，转引自李文良《学额、祖籍认同与地方社会——乾隆初年台湾粤籍生员增额录取案》，《台湾文献》第 59 卷第 3 期。
⑥ 范咸：《重修台湾府志》，《台湾文献丛刊》，第 105 种，第 272 页。
⑦ 《台案汇录丙集》，《台湾文献丛刊》，第 176 种，第 213 页。
⑧ 《清会典台湾事例》，《台湾文献丛刊》，第 226 种，第 90 页。
⑨ 丁曰健：《治台必告录》，《台湾文献丛刊》，第 17 种，第 339 页。
⑩ 丁曰健：《治台必告录》，《台湾文献丛刊》，第 17 种，第 339 页。
⑪ 《台案汇录丙集》，《台湾文献丛刊》，第 176 种，第 209 页。

乾隆五年，巡台湾御史杨二酉提出粤人"系隔省流寓"，"乡试不便附入台字号，应暂附闽省生员内乡试。俟数满百名再行题请另编字号取中一名"。① 闽浙总督德沛则提议所有取进粤籍生员准其一体乡试，但"台籍生员乡试，向系编列'台'字号，取中二名；若将粤生一例编入，未免有占台额；若议请加额则粤童定籍伊始，应试无几，又未便另编字号。应俟数科之后，数满百人，再行题请，另编字号，取中一名"。② 随着台湾文教日趋发达，粤籍生员人数已达百名。道光八年，闽浙总督孙尔准奏请为粤籍生员乡试另编字号，朝廷准许粤籍生员另编"田"字号，取中一名。③

台湾回归大陆之前已有相当数量的土著居住。这些人"素不知读书为何事"，"鲜知礼教"。④ 清廷乃"仿楚、粤、滇、黔等省边隅州县设学，延师教训苗、蛮、猺、黎子弟之制，就归化番社，设立社学，择熟番子弟之秀颖者入学读书"。⑤ 番童"诵读诗书，习课艺，应有司岁科试"，⑥ "自县、府及道试，止令录《圣谕广训》二条，择其娴仪则、字画端楷者，充乐舞生"，⑦ "道试止取一名，给与顶带（戴），与五学新进童生一体簪挂"⑧。陈瑸就任台厦道"三载以来，岁科两试未有番童应试者"，乃指令地方官，凡有番社地方，务令番童应考，"府、县破格录送数名，注明'番童'字样，以凭酌量节取入泮，以示鼓励"。⑨ 同治八年（1869），台湾道黎兆棠"以台地熟番中有堪造就者，若照旧章，仅取佾生，阻其进取，无以群兴观感……择秀颖者，入学读书，宣讲圣谕广训，授以朱子小学，熟后，再令习经札。……一、二年后，果能渐通文理，当援照黔省苗学例，另编字号考试，请设学额，一体乡试"。⑩ 光绪三年，清廷批准"台湾所属熟番，援照湖南郴州猺童取进成案，嗣后岁、科考试另编字号，于

① 范咸：《重修台湾府志》，《台湾文献丛刊》，第 105 种，第 272 页。
② 《台案汇录丙集》，《台湾文献丛刊》，第 176 种，第 213 ~ 214 页。
③ 《清会典台湾事例》，《台湾文献丛刊》，第 226 种，第 82 页。
④ 《清代台湾教化档案选编》，《历史档案》2016 年第 2 期。
⑤ 丁绍仪：《东瀛识略》，《台湾文献丛刊》，第 2 种，第 29 ~ 30 页。
⑥ 谢金銮：《重修台湾县志》，《台湾文献丛刊》，第 113 种，第 404 页。
⑦ 朱仕玠：《小琉球漫志》，《台湾文献丛刊》，第 3 种，第 80 页。
⑧ 朱仕玠：《小琉球漫志》，《台湾文献丛刊》，第 3 种，第 80 页。
⑨ 陈瑸：《陈清端公年谱》，《台湾文献丛刊》，第 207 种，第 71 页。
⑩ 陈培桂：《淡水厅志》，《台湾文献丛刊》，第 172 种，第 142 页。

正额外量取一名，不必作为定额；如应试人少，文理平常，任缺毋滥"。① 同年五月福建巡抚丁日昌"将淡水厅番童陈宝华一名取进府学，凤山县番童沈绍陈一名取充佾生"。②

二

地方官是清代台湾科举考试的执行者。他们主持了清代台湾科举考试，行使了清代学政的具体职能。

台湾实行科举考试后，因台湾海峡风高浪急，"通省学政，未便涉洋临试"，诸罗令季麒光提出考试事务"请归台湾本道，如广东琼州之例"。③ 台厦道周昌认为闽台两地"层洋天险，学道断难远涉按试，揆情度势，必归宪台就近秉衡，良为妥便"。④ 福建巡抚金鋐以闽台"两隔海洋，学宪断不能飞舫涉险"为由，援引陕西延安、广东琼州之例，提出由台厦道兼负台湾科举考试事宜。⑤ 按制，"分守、分巡及粮储、盐法各道，或兼兵备，或兼河务，或兼学政，或兼茶马、屯田，或以粮盐兼分巡之事。"⑥ 道员兼学政为分内之事。雍正帝曾云："有司有治民之责，学政有课士之任，虽各有专司，而其实则相为表里也。"⑦ 于是，朝廷准许台湾"照陕西延安、广东琼州之例，就台厦道提督学政，兼行试事"。⑧ 台厦道陈瑸在其履历中自云："本道兼理学政，岁、科两试，凛遵定例，矢公矢慎，杜绝苞苴，务拔真才。"⑨

朱一贵起义后，为了加强对台地官员的监管，康熙六十年，清廷决定每年自京派出满、汉御史各一员，前往巡查。雍正五年，朝廷考虑到"道员管理地方之事又兼学政，未免稍繁。每年既派御史二员前往台湾巡查，

① 《清会典台湾事例》，《台湾文献丛刊》，第226种，第92页。
② 《清季申报台湾纪事辑录》，《台湾文献丛刊》，第247种，第699页。
③ 季麒光：《蓉洲诗文稿选辑》，香港人民出版社，2006，第180页。
④ 高拱乾：《台湾府志》，《台湾文献丛刊》，第65种，第238页。
⑤ 高拱乾：《台湾府志》，《台湾文献丛刊》，第65种，第237页；雍正五年朝廷改分巡台厦道为分巡台湾道；乾隆三十二年加兵备衔，五十一年又加按察副使衔。
⑥ 《清朝通典》，浙江古籍出版社，1988，第2209~2210页。
⑦ 转引自汤熙勇《巡台御史清代台湾科举教育的贡献》，《史联杂志》第17期。
⑧ 周钟瑄：《诸罗县志》，《台湾文献丛刊》，第141种，第78页。
⑨ 《陈清端公年谱》，《台湾文献丛刊》，第207种，第69页。

应将学政交与汉御史管理,甚为妥协"。① 尔后,学政事务便转交巡台汉御史办理。巡台御史"巡察三年更替,徒拥虚名,事权则不如督抚,切近又不如守令",乾隆五十三年,清廷下令"所有巡察台湾御史,著三年一次命往,事竣即回",②"其提督台湾学政关防,仍令台湾道兼管"。③

牡丹社事件之后,清廷委派沈葆桢为钦差大臣前往台湾办理海防事宜。同治十三年,沈葆桢在奏疏中提出,"欲固地险,在得民心;欲得民心,先修吏治、营政;而整顿吏治、营政之权,操于督抚。总督兼辖浙江,移驻不如巡抚之便",提议"仿江苏巡抚驻苏州之例,移福建巡抚驻台"。④ 但是"巡抚有全省地方之责,自难常川驻台;而台湾海外孤悬,又非内地所能遥制",沈葆桢主张"以后福建巡抚冬春驻台,夏秋驻省"。⑤ 闽浙总督李鹤年、福建巡抚王凯泰也认为"福台关联甚巨,彼此相依,未可遽分为二。请以福建巡抚冬春驻台,夏秋驻省"。⑥ 光绪元年三月,清廷谕令福建巡抚夏秋驻省,冬春驻台。五月福建巡抚王凯泰移驻台湾。⑦ 台湾道员夏献纶提出,"今福建巡抚来台,所有台属考试,似应统归巡抚主政"。沈葆桢、王凯泰等上奏指出岁、科两试为"国家抡才大典,人文所系,风教攸关;该道所请,具见慎重之意。惟属更张,臣等未敢擅便;所以本届科试,臣凯泰仍批饬按照旧章由道举行……以后应否以巡抚兼理学政之处,仰恳天恩饬部议复"。礼部以巡抚兼理学政,"系为因时制宜起见;应如所奏,将台湾考试统归巡抚,咨达事件亦经由巡抚办理,以昭慎重而一事权"。⑧ 光绪二年,清廷发布谕旨:"台湾学政事宜,著巡抚兼理"。⑨ 然而,福建巡抚"驻扎台湾只有半年,除去白犬、澎湖、安平等口守风,合来往程途计之,已在一月;除南、北路巡查往返程途,又须一月有余;又除台湾府文武试、台北府文武试合计,约须二月有余;而台南赴

---

① 《清会典台湾事例》,《台湾文献丛刊》,第226种,第87页。
② 《清高宗实录选辑》,《台湾文献丛刊》,第186种,第92页。
③ 《清会典台湾事例》,《台湾文献丛刊》,第226种,第88页。
④ 沈葆桢:《福建台湾奏折》,《台湾文献丛刊》,第29种,第4~5页。
⑤ 《清光绪朝中日交涉史料》,《台湾文献丛刊》,第210种,第12页。
⑥ 连横:《台湾通史》,华东师范大学出版社,2006,第73页。
⑦ 十月王凯泰病故,十一月丁日昌继任。
⑧ 《清季申报福建台湾纪事辑录》,《台湾文献丛刊》,第247种,第598~599页。
⑨ 《清光绪朝东华续录选辑》,《台湾文献丛刊》,第277种,第8页。

台北考试往返程途又须二十余日，若遇大甲诸溪水涨，则又难以日计。是巡抚舍通省应办之事而不办，仅来台湾代巡道办一试事；因大失小，殊不合算"。① 总理衙门议准福建"巡抚毋庸限以每年冬春驻台、夏秋驻省，应令随时斟酌情形轮流前往"。② 礼部以"总理各国事务衙门议令督、抚轮流赴台，并不拘定年限；则轮应岁、科考试之时，未必适值巡抚渡台之日。所有台湾文场考试，自应改照旧章仍归台湾道办理；其达部事件，并照旧呈由福建学政转咨，以专责成而符体制"。③ 光绪四年，清廷下令台湾学政事务"仍归台湾道办理"。④

光绪十一年，台湾正式建省。御史陈琇莹以台地"僻处海外，士鲜实学"为由奏请"台湾考试宜添设台湾学政，以专责成，或令福建学政乘轮东渡，按试台属"。⑤ 台湾首任巡抚刘铭传也指出学政"向归台湾道兼理，光绪元年曾有议归巡抚明文，现应查照前议，由道将学政关防文卷呈送巡抚管理"。⑥ 闽浙总督杨昌浚、巡抚刘铭传、学政陈学棻会商后认为，台湾"专设学政一员，经费尚属有限，而事太简略，如由福建学政渡台考试"，路险道远，提议台湾学政事宜仍归巡抚兼理。⑦ 清廷批准"台湾学政改归巡抚管理，由台湾道将关防文卷呈送查收，其一切造册解卷咨达事件径由巡抚办理"。⑧ 虽然台湾巡抚兼理学政，但因事务繁忙，科举考试有时仍由台湾道员代为主持，如光绪十七年科试由唐景崧主试、光绪十九年科试由顾肇熙主持。⑨

"台湾道兼管学政，有衡文之责"，因此大多"系科甲出身人员"。⑩据统计，在清代91名台湾道中，正途出身者约占80%，异途出身者约占

① 《清光绪朝中日交涉史料》，《台湾文献丛刊》，第210种，第12页。
② 《清光绪朝中日交涉史料》，《台湾文献丛刊》，第210种，第14页。
③ 《清光绪朝中日交涉史料选辑》，《台湾文献丛刊》，第210种，第13页。
④ 《清季申报福建台湾纪事辑录》，《台湾文献丛刊》，第247种，第800页。
⑤ 《清代台湾教化档案选编》，《历史档案》2016年第2期。
⑥ 刘铭传：《刘壮肃公奏议》，《台湾文献丛刊》，第27种，第281页。
⑦ 《清代台湾教化档案选编》，《历史档案》2016年第2期。
⑧ 陈云林总编《明清宫藏档案汇编》第203册，九州出版社，2009，第206页。
⑨ 庄林丽：《台湾道台、台湾道与台湾社会》，社会科学文献出版社，2015，第376页。
⑩ 诸家：《道咸同光四朝奏议选辑》，《台湾文献丛刊》，第228种，第26页。

20%。① 这些科举考试出身者"得儒家思想涵育较深,受修齐治平的熏陶",因而在主持科举考试时多能加持原则、秉公行事。如孔昭虔任台湾道兼学政时力除考试积弊。众人诱劝他在考试时放人一马。孔昭虔曰:"余非不愿,奈余姓孔何!"② 但也有少数非科举考试出身的道员主持科举考试。乾隆十九年,闽浙总督喀尔吉善上奏指出"台湾道栀穆齐图未习举业,难兼学政事务,请与兴泉道白瀛对调"。乾隆却不以为然,"学政事务,原可一身办理,至偶遇考试,则该处知府丞倅及知县各官内,皆可调令入署,协同校阅"。③ 道光十七年,沈汝瀚署理台湾道之职,此人系捐班出身,"一遇考试,何以拔取真才?"为此,监察御史杜彦士上书要求"明定章程,嗣后台湾道出缺,如或因事调署,须择科甲出身、人地相宜者,奏请署理,不得以捐班人员,率行委署"。④ 道光十八年,清廷谕令:"台湾道职兼学政,嗣后该道缺出,着督抚遴选科甲出身人员委署,毋得委用捐班,以昭慎重。"⑤ 这在一定程度上确保了清代台湾科举考试的公正性。

<h2 style="text-align:center">三</h2>

地方官是清代台湾科举考试的推动者,其所作所为推动清代台湾科举考试不断发展和进一步完善。

每逢台湾科举考试,地方官往往发布文告,规劝考生修炼德行,指导考生应试备考。如台湾道徐宗干曾颁布《试院谕诸生》,告诫诸生"一要笃志。实力用功,非徒求名;正心养心,终日对圣贤书,则邪僻之心自少,且无暇干预外事,而品行自端。须先穷经为根柢之学,或专治一经,务熟不务多,兼看注疏及先儒说经精义,则作文可以贯通,而二场工夫亦并及之矣。暇时兼观史书,不但为策问之学,并可增长识力;不是读几篇时文、抄几本类典,便诩通才也。一要专心。或理家务,或教生徒,不能不分心兼顾。须自定课程:或十日内,某日读经、某日课文;或一日内,

---

① 庄林丽:《台湾道台、台湾道与台湾社会研究》,社会科学文献出版社,2015,第167~168页。
② 《台湾关系文献集零》,《台湾文献丛刊》,第309种,第71页。
③ 张本政:《清实录台湾史料专辑》,福建人民出版社,1993,第188页。
④ 诸家:《道咸同光四朝奏议选辑》,《台湾文献丛刊》,第228种,第26页。
⑤ 张本政:《清实录台湾史料专辑》,福建人民出版社,1993,第869页。

某时作诗、某时写字。当此日此时，万事撒开，尽此一刻精力，自有长进。试帖须平日讲究，场中因诗有疵黜落，可惜。且得甲科后，尤必工诗、善书"。① 这些针对考生提出的要求既有道德伦理的规范也有读书问学的训示。后来，他又发布《考试示谕》，强调"各学官于被控生员情节虚诬者，不得附和地方官，致有屈抑。其实有劣迹者，亦不得徇庇干咎"。"生童免试经解，其取古者免招覆。果由自己出笔，一望而知。录取内记，不先榜示"。"童生取进，多备一、二十名。先将坐号开单，传谕原保廪生认明本童；于某日辰初集院面试，各记坐号听点。不准报名代备真草纸页，无用另具卷册，亦不必携带考筐，用布包文具；不许另带片纸。覆定出榜，再照例招覆。此外，未经入选各童，可及早回籍，免致逗留。""岁试，各属生员有应次年出贡者，准其预考，以省跋涉。""生员二等、三等前列坐号先行发府，由各学官赴府开单传知。俟一等覆定，再拆弥封榜示。未经取录者，可免守候。""生员有事故及被控暂革者，造册交送考学官赍呈内地学政查考，以杜蒙混。并设木榜，开列各生姓名事由，立限投案，以凭酌量；情节可宽者，于榜内签示开复，注册报部。""文武分起于覆试榜后，随堂簪挂；不必全俟试毕示期，以免守候。""幼童默三经以上者，除取进外，余选取若干，另册发书院注册，按期饬学官背诵后作文；或全篇、或半篇，各从其便。佳者，给外课膏伙。"② 徐宗干在谕示中不厌其烦地告知考生及学官在考试过程中的注意事项，不仅有助于科举考试的顺利实施，而且有利于消除科举考试的弊端。

"台湾考试之弊，内地所无"。③ 地方官大多通过科举考试选拔出来，对科举考试弊端有着切身体会，因而采取严厉措施打击各种考试舞弊。台湾道陈瑸曾发布《严禁冒考等弊示略》："兹科试届期，尔等务各洗肠涤肺，无蹈前辙；异日品行端方、文章足述，有厚望焉！如怙终不悛，是无耻已极！定将本童并保结廪生依律治罪。"④ 台湾道刘璈饬令各地"于各廪生内秉公遴选平日品行端方、学问优长者，举保数人，豫期详请，察核批示，方准与保"，还要求廪生"毋得混行冒保内地之人，跨籍冒考，以及

① 丁曰健：《治台必告录》，《台湾文献丛刊》，第 17 种，第 355～357 页。
② 丁曰健：《治台必告录》，《台湾文献丛刊》，第 17 种，第 377～378 页。
③ 《台湾关系文献集零》，《台湾文献丛刊》，第 309 种，第 72 页。
④ 陈瑸：《陈清端公年谱》，《台湾文献丛刊》，第 207 种，第 3 页。

雇倩枪手顶替姓名，通同作弊"。① 台湾道刘鸿翔在考试时"照学额加倍取复试，使众互相结而顶替除；面试一日三易题，而代倩除"。② 台湾道徐宗干在童试时拿获一名枪手，"当即发提调官枷号示众"，考毕"仍发台湾县收禁"，并"提廪保及本童分别严讯，革究拟办"。③ 福建巡抚丁日昌在主持考试时"亲自巡查坐号，并遴选妥慎之员逡巡文场内外，使窦弊无从而生"，发现"澎湖认保增生陈翔云，有混填年岁情弊，当即由学斥革"。④ 台湾巡抚刘铭传在主持考试时，"查获枪替一人，即发提调官枷责示众，并扣除失察廪生"。⑤

童试和岁、科试之考场，"向称考棚或校士院"。因"台湾应试人少，故未建立考棚"，每逢考试皆借海东书院举行。乾隆二年，巡台湾御史单德谟考虑到台地"人文日盛，生童众多，非复畴昔之比"，提出"照内地之例，建立考棚"，⑥ 乾隆四年，单德谟在府城东安坊"另建考棚"。⑦ 乾隆三十一年，台湾道张珽看到"校士号舍，则昔建而今废"，且"今台中之怀铅握椠者，每邑不下千人"，乃"于道厅西偏之隙"修建试院，共有房屋30间。⑧ 随着"台湾文风渐盛，应试者逐年增加，四县三厅文童计达二千余人"，而"道署内逼隘，难得位地"，⑨ 道光十三年，台湾道刘鸿翔会同台湾知府周彦，"于府署之西北"新建考棚，"左右各三廊。一廊十间，间五十座，凡士子之座三千。北横廊左右各七间，间二十座；南横廊左右各六间，间十座；凡士子之座四百"。⑩ 光绪二年，沈葆桢提议"于台北府地方捐建考棚"，⑪ 光绪五年，考棚落成，后毁于暴雨。每逢院试之时，各地考生云集，台湾府"城北考棚附近一带之房屋，均被充为试寓，

① 刘璈：《巡台退思录》，《台湾文献丛刊》，第21种，第99页。
② 《台湾关系文献集零》，《台湾文献丛刊》，第309种，第72页。
③ 丁曰健：《治台必告录》，《台湾文献丛刊》，第17种，第341页。
④ 《清季申报福建台湾纪事辑录》，《台湾文献丛刊》，第247种，第698页。
⑤ 刘铭传：《刘壮肃公奏议》，《台湾文献丛刊》，第27种，第300页。
⑥ 张本政：《清实录台湾史资料专辑》，福建人民出版社，1993，第124页。
⑦ 余文仪：《续修台湾府志》，《台湾文献丛刊》，第121种，第354页。
⑧ 《台湾南部碑文集成》，《台湾文献丛刊》，第218种，第76~77页。
⑨ 台湾省文献委员会编《台湾省通志》卷5《教育志选举篇》，（台湾）众文图书公司1973，第36页。
⑩ 《台湾关系文献集零》，《台湾文献丛刊》，第309种，第73页。
⑪ 《台湾杂咏合刻》，《台湾文献丛刊》，第28种，第71页。

士子往来满道"。① 考生在考试前或"出外闲游，或深夜不归，行李被盗，良懦者既隐忍无可控诉，刁劣者又架捏藉以索赔"。这势必影响考生心情，破坏考试秩序。于是，台湾道徐宗干要求"所有租赁厝舍以及坊寓店铺，本生童入门之日，即将衣物银钱开单，眼同房主点明。如出门有事及应考之日，单设独处者，将住房封锁，以钥匙交付房主，夜间至迟三更回寓；该房主小心守夜，自无疏失。"② 为了方便士子参加科举考试，乾隆三十六年，澎湖通判胡建伟在台湾府城捐建澎湖试馆，"内两进各一厅二房，右边护厝房五间，额曰澎瀛书院，为应试诸生公寓"。③ 同治初年澎湖训导魏缉熙拿出四千元在省会福州南台买地创建台澎会馆。这样，"台、澎诸生应乡试者，甫登岸时，得以休息，行李咸称便"。④ 鉴于台湾文风日盛，考生远赴省城或京城参试没有专门的栖息场所，光绪九年，台湾道刘璈"提银一万五千元，即在省城贡院左近，购建台南、北试馆，遴委员绅监造，以为全台乡试士子栖息之所。又提银三千元，函托在京绅友，即在都城购建全台会馆，以备台湾会试举人及供职于京者，借以居住。"⑤

"台地越在海表，才隽之士，时时间出；所虑无老师宿学，穷经嗜古而陶冶之"，⑥ 因而台湾考生文化素质大多不高。如杨二酉在台地主持岁考时发现文童"行文实无讲究，仅就短中求长，姑置前等数名，究不足为金科玉律之选。"⑦ 台湾道刘璈直言不讳地指出："近时帖括之士，不特六经精义尚鲜讲求，即四书白文亦多荒谬。"⑧ 光绪十八年，蒋师辙在台南评阅岁考试卷时发现"诸卷无一合作，其纰缪多可喷饭"。⑨ 为此，地方官员选录一些优秀考生文章作为范文，供士子学习、模拟，以期提高考生水平。康熙年间台厦道陈瑸主持考试，"见佳文美不胜收"，挑选佳文美篇，题为

① 台湾惯习研究会《台湾惯习记事》（第二卷上），台湾省文献委员会，1984，第155页。
② 丁曰健：《治台必告录》，《台湾文献丛刊》，第17种，第379~380页。
③ 林豪：《澎湖厅志》，《台湾文献丛刊》，第164种，第110页。
④ 林豪：《澎湖厅志》，《台湾文献丛刊》，第164种，第110页。
⑤ 刘璈：《巡台退思录》，岳麓书社，2011，第180页。
⑥ 王必昌：《重修台湾县志》，《台湾文献丛刊》，第113种，第465~466页。
⑦ 《清代台湾教化档案选编》，《历史档案》2016年第2期。
⑧ 刘璈：《巡台退思录》，岳麓书社，2011，第99~100页。
⑨ 蒋师辙：《台游日记》，《台湾文献丛刊》，第6种，第16页。

《台厦试牍》。① 雍正六年，御史夏之芳巡视台湾，"岁试告竣，择其文尤雅驯者付之梓"，名为《海天玉尺编（初集）》。② 后来，他又挑选"岁、科试文得八十首付之梓，以为多士式"，名为《海天玉尺编（二集）》。③ 此外，乾隆年间台湾道张珽辑录《海东试牍》、台湾道杨廷理汇编《台阳试牍》等皆为台地士子课试佳作之汇集。道光年间台湾道周凯还"手录读书作文要诀一卷"，题曰《香祖笔谈》。④ 另外，台湾地处海疆，洪涛怒吼，风雨晦明，士子的文章也是千姿百态，汪洋恣肆，海内无人知晓。乾隆十四年，巡台御史杨开鼎上任，效仿前辈，集学子佳作，编为《梯瀛集》，"以是集而为瀛之梯"。⑤ 道光二十七年，台湾道徐宗干抵台，"集诸生于海东书院肄业……并选院课刊之，名曰《瀛洲校士录》"，藉此"上为国家储黼黻之才、下为海邦广弦诵之教"。⑥ 这些试题汇编或应试秘诀不仅改变了台湾士子的读书风气，而且提高了台湾地区考生的应试水准，从而在一定程度上推进了台湾科举考试的发展。

总之，地方官在清代台湾科举考试中扮演着重要角色，发挥着重要作用，产生了重大影响。他们大力呼吁开科取士，请求设立保障名额，主持台地科举考试，设立考棚试馆，严惩考试舞弊，照顾考生生活，汇编考试范文，从而使得科举考试在台湾发展获得了权力的支撑和制度的保证，进而为清代台湾社会转型提供了坚实的基础。

（作者单位：浙江工商大学历史系）

---

① 陈瑸：《陈清端公文选》，《台湾文献丛刊》，第 116 种，第 27 页。
② 王必昌：《重修台湾县志》，《台湾文献丛刊》，第 113 种，第 464 ~ 465 页。
③ 王必昌：《重修台湾县志》，《台湾文献丛刊》，第 113 种，第 465 ~ 466 页。
④ 林豪：《澎湖厅志》，《台湾文献丛刊》，第 164 种，第 238 页。
⑤ 王必昌：《重修台湾县志》，《台湾文献丛刊》，第 113 种，第 467 页。
⑥ 徐宗干：《斯未信斋文编》，《台湾文献丛刊》，第 87 种，第 120 ~ 121 页。

清代福州黄巷梁氏的科举文化成就述析

孙清玲

摘　要：清代福建的科举家族，主要集中在省会福州，清初从长乐江田迁往福州城内的黄巷梁氏即其一。以梁章钜为代表的梁氏家族，从乾隆以后取得辉煌的科举文化成就，至少产生了 7 个进士、20 个举人和 39 个贡监生员；在文学、艺术和学术研究等方面做出了突出贡献；在政治等领域也有一定建树，但与前者相比，较为逊色。黄巷梁氏取得上述成就的原因是多方面的，如其家学源远流长，并得益于福州的人文环境、师友交游圈的影响和姻亲谱系的助力。

关键词：福州黄巷梁氏　梁章钜　科举文化

以往学界对福州黄巷梁氏的研究，主要集中在清代楹联大家梁章钜身上。梁章钜（1775～1849），字闳中，福州人，出身于书香门第，"幼而颖悟"，九岁能诗，十五岁中秀才，二十岁中举，二十八岁成进士，授翰林院庶吉士，以后历任江苏布政使、甘肃布政使、广西巡抚、江苏巡抚等职，一生著作等身，著有诗文七十多种，在楹联创作和研究方面的成就尤为突出。因此，以往学界多把注意力放在梁章钜学术思想的研究上，偶有篇章述及他的生平与家世，仅知道他祖籍长乐江田，先世于清初迁往福州，但未料到这支梁氏曾是当地的名门望族，家学源远流长。用梁章钜的话说："自前明迄今十五传，皆为郡县学诸生不断。"[①] 到梁章钜父亲一辈，兄弟四人勠力科举、声名显赫，为乾隆朝的名臣朱珪、纪昀所激赏，时提督福建学政的纪昀称之为 "闽中巾卷世家，以长乐梁氏为第一"，并制

---

① 梁章钜：《归田琐记·退庵自订年谱》，《清代史料笔记丛刊》本，中华书局，1981，第179 页。

"书香世业"匾额相赠。此后出现在民国《长乐县志》（保留长乐原籍）和《闽侯县志》（寄籍闽县或侯官）"选举志"中的黄巷梁氏子弟多达二三十人。这确确实实是一个值得关注和研究的科举家族。

一　清代黄巷梁氏的科举成就

福州黄巷梁氏源于长乐江田梁骥之后。"梁骥，伯治公子，字公选，由邑廪生应洪武丙辰年茂才，举授北直隶大兴县丞、县知县。"① 梁骥是江田梁氏第一个读书人，于洪武九年（1376）被举为茂才，这一记载在《长乐县志》中也得到了印证。② 因族谱失载，梁骥之后的三代子孙情况不得而知，出现在族谱上的第二个读书人，便是梁行悫，他于成化七年（1471）中举，是江田梁氏第一个通过科举考试走上仕途的人，③ 并在他手上修成第一部《江田梁氏族谱》。而最早走出江田、迁居福州的是梁章钜的太高祖梁珪。梁珪，字至铉，从小饮誉福建文坛，与父亲梁春晖俱为南明隆武乙酉（1645）恩贡，曾官南平学司训，有《雪园诗集》6卷著录《四库全书》。其一生有如下特点：一是承家学渊源，出名早，文章出类拔萃；二是以忠义见称，明亡后，父子不仕新朝；三是体弱多病，中年而逝。

---

① 长龙：《梁氏族谱》，连江县长龙镇下洋村下垱梁氏宗族藏本，1924，洪武丙辰年即洪武九年。

② 民国《长乐县志》卷14下《选举志下·荐辟》载："梁骥，以茂才荐，任县丞。"（福建人民出版社，1994，第541页）

③ 民国《长乐县志》卷14上《选举志上·乡科》载："梁行悫，字克著，江田人，壬辰（成化八年）会试副榜元，处州教授，国子监博士。"从梁行悫开始的江田梁氏，在梁章钜《江田梁氏诗存》中得到记载，分别是："溯十世祖"梁行悫（字克著、号谷庵，明举人），"溯九世祖"梁仕荣（字永仁、号主山，明诸生），"溯八世祖"梁汝春（字世阳、号友竹，明诸生），"溯七世祖"梁天佑（字以德、号龙田，明诸生），"溯六世祖"梁春晖（字时皇、号淑三，明诸生），"溯五世祖"梁珪（字至铉、号雪园，明诸生），高祖茂遴（字常吉、号锦河，清邑诸生），曾祖邦柱（字允元、号砥峰，清邑诸生），祖剑华（字执莹、号天池，清郡诸生）生五子，是为上宝（字斯震、号叶所，清邑诸生）、上治（字斯志、号翼斋，乾隆三十三年举人，即梁章钜父，历官知县、教谕）、上泰（字斯明、号岱岩，乾隆三十年举人，历官知县、教谕）、上国（字斯仪、号九山，乾隆三十三年举人，乾隆四十年进士，官至太常寺卿）、上苣。至梁章钜一辈，《诗存》载有上宝长子梁际昌（字用中、号虚白，乾隆五十九年举人）、三子梁运昌（字慎中、号曼云，乾隆五十九年举人，嘉庆四年进士，官至翰林院编修）、上国长子梁云銑（字刚中、号泽卿，乾隆六十年举人）、三子云镛（字大中、号兰笙，嘉庆二十四年举人）。

明末曾任长乐县学训导和福州府学教谕的黄尧工，在梁春晖父子主持修撰的第二部《江田梁氏族谱》序言中，对梁珏的才华称赞有加：

> 予早师新宁江田陈公，知其乡有梁氏，五姓之中实首称云。厥后谬铎兹邑邑大夫，云间夏公偶于童子试中，得梁子珏，甫十龄，下笔能作惊人语。夏公奇之，署其试牍，曰：此子定度骅骝前。上于学台吴谔斋先生，面试论艺立就。学台又异，取冠长邑，科试跃于诸长，固称文献。然舞象讫公家，自此始远迩。景其名，诵其文，莫不知为梁氏家驹。予因得揖时皇，盖深美其有是父子矣。①

而谢杲《节义录》对梁珏的评价更完整，曰：

> 至铉能读父书，年十五补弟子员，食廪讫，词章拔萃，方雅有器识。甫逾弱冠，领乙酉恩贡。戊子后遂不仕。体弱不胜衣。至与人谈忠孝节烈事，口如悬河，望而知其学问德器。久之，北游齐鲁燕赵，恒酒后挥毫写其牢落不平之气。遇人开心见诚无所隐，年甫中寿而逝。②

梁珏长子梁澄漪（梁章钜高祖）、长孙梁邦柱（梁章钜曾祖），都是长乐县学诸生。梁邦柱长子梁剑华（梁章钜之祖）为府诸生。对于梁剑华，外人的评价也很高，主要是他以教读为业，培养了不少科举人才。以子孙贵显之故，这些先辈得到朝廷很高的封赠，民国《长乐县志》载：

> 梁澄漪：学名常定，一字锦河。邑庠生。以曾孙上国赠中宪大夫、詹事府少詹事，晋赠通议大夫、太常寺卿。著有《锦河诗集》一卷。
>
> 梁邦柱：一字砥峰。邑庠生。以孙上国赠中宪大夫、詹事府少詹事，晋赠通议大夫、太常寺卿；以曾孙章钜赠资政大夫、江苏巡抚。

---

① 金峰：《梁氏宗谱》，福建师大图书馆 1992 年据《长乐梁氏清修本》复印本，第 6~7 页。
② 梁章钜：《江田梁氏诗存》卷 2，福建省图书馆藏本。

著有《砥峰诗集》二卷。

梁剑华：字执莹，一字天池，郡增生。以子上国赠中宪大夫、詹事府少詹事，晋赠通议大夫、太常寺卿；以孙章钜赠资政大夫、江苏巡抚。著有《天池堂诗文集》四卷、《策学类编》四卷、《书香堂笔纪》八卷。①

黄巷梁氏直到梁章钜父辈，才真正兴旺发达起来，逐渐成为科举望族。其祖梁剑华生有五子，是为上宝、上治、上泰、上国，上苔。梁上宝，字斯震、号叶所，邑诸生。梁上治《四勿斋随笔》有云："伯兄洞精易学，著有《易筮徵》四卷藏于家。又旁通堪舆壬遁之学，与人讲论，亹亹忘倦。作诗文及行楷书皆有法，经指授者辄获时名。试场屋四十年不利，以子运昌贵，赠翰林院编修。"② 梁上宝在易学、堪舆学、书法等方面都有很高的造诣，但久困场屋不得志，后以其子梁运昌而赠文林郎、翰林院编修，另著有《易筮徵诗文集》2卷。③

梁上治（后改名赞图），即梁章钜之父，字斯志，号翼斋，乾隆三十三年（1768）科举人，以咸安宫教习议叙知县，呈请改就教职，选补宁化县学教谕。后以梁章钜之故，赠资政大夫、江苏巡抚，著有《四勿斋诗文集》4卷、《四勿斋随笔》8卷。④ 梁上治虽终生仅以教授为业，但他在学问、诗文上的造诣很高，与弟弟梁上泰、梁上国同时享誉于当时，为提督福建学政的朱珪、纪晓岚所激赏。法式善《明旧诗录》云：

翼斋（指梁上治）与其弟岱岩（指梁上泰）、邑侯九山学士（指梁上国），同为朱文正、纪文达二公所赏识。学士喜博通，岱岩耽禅寂，而翼斋独服膺宋五子之书，粹然有得。所作诗文词采焕发，迥不

① 民国《长乐县志》卷14下《选举志下》，第572页。按：梁澄潪即梁茂邃，"锦河"是其号。梁章钜《江田梁氏诗存》中所载梁锦河字"常定"，与民国《长乐县志》所载名"常吉"有差。
② 梁章钜：《江田梁氏诗存》卷2。
③ 民国《长乐县志》卷14下《选举志下》，第573~574页。
④ 民国《长乐县志》卷14下《选举志下》，第574页。

似讲学家。言则其资禀有过人者。纪文达公尝为余言，闽中巾卷世家，以长乐梁氏为第一。盖自前明至今相承，为秀才者十数传不绝。今翼斋则嗣章钜，犹子运昌又联翩入词馆，并擅时誉，诗书之泽久而益光如此。①

梁上泰，字斯明，号岱岩，10 岁即应童子试，而被擢为首冠，与兄弟梁上治、梁上国被目为书社"三珠"。乾隆三十年中举，授余庆县知县，但因性喜禅学，"作宰未终任即以病辞"，改就瓯宁县教谕，"复弃官归栖迟古寺以终老"。② 著有《漱芳斋格言》2 卷、《漱芳斋诗文集》4 卷。

梁上国（1748～1815），字斯仪，号九山，乾隆三十三年举人，乾隆四十年进士，授翰林院编修，官至太常寺卿。有《驳阎氏尚书古文疏证》5 卷、《驳毛氏大学证文》1 卷、《国朝闽海人文》5 卷、《芝音阁诗文集》若干卷、《山左、山右、辽沈、粤西游记》各 1 卷。同住黄巷的大儒陈寿祺评价说：

> 吾乡九山先生，席十余世逢掖之泽，郁文而光，笃生贤俊，少为学使纪文达公所赏，颜其堂曰"书香世业"。迨入翰林，习国书，散馆，当改除金坛，于文襄公惜其才，请乃留庶吉士，故先生于国书最明。乡后辈经先生讲授者，皆擢高等。既丁内艰归，寻以父年老乞终养里居十二年而后还朝。当时先生同怀兄弟凡五人，侍奉非不足，而独不忍贪禄，以违其亲，可谓孝矣。③

梁上国是黄巷梁氏第一个进士和"京居"者，陈寿祺称其"席十余世逢掖之泽，郁文而光"，从而打开了梁氏子弟的视野和活动范围。此后，梁氏家族兴旺、人才辈出，先后有二十多人载入官方贡举名册，可参见表1。

---

① 梁章钜：《江田梁氏诗存》卷 4。
② 梁章钜：《江田梁氏诗存》卷 4。
③ 梁章钜：《江田梁氏诗存》卷 5。

表 1　清代黄巷梁氏科举统计①

黄巷梁氏 （字辈）	辈份	贡监生员	举人	进士	职业身份不详 （包括业儒）	总计
一世（至）	太高祖	1	—	—	—	1
二世（常）	高祖	1	—	—	—	1
三世（允）	曾祖	1	—	—	—	1
四世（积）	祖	1	—	—	—	1
五世（斯）	父	1	2	1	1	5
六世（中）	梁章钜	2	3	2	4	11
七世（辰）	子侄	11	3	3	7	24
八世（年）	孙	18	9	1	25	53
九世（继）	曾孙	3	3		27	33
合计		39	20	7	64	130

资料来源与说明：1. 来自民国《长乐县志》与《清代人物科举家传资料汇编》中 "梁亿年" 与 "梁继曾" 的科举家传资料，梁亿年系同治九年（1870）举人，光绪二年（1876）进士；梁继曾系光绪五年举人，二人的家传资料详于祖辈，而对于还未成立的晚辈（ "继" 字辈）的记载不足。2. 黄巷梁氏从迁居福州的第一代梁珏开始计算，延至第九代梁鸿志为止。贡监生员包含了几个有官职但无出身记载的梁佐年、梁修年、梁伟年（分别是候选通判、江苏补用知县、江苏补用

---

① 以梁章钜进行排辈，梁章钜父辈科举出身者：贡监生员有梁上宝（附生）1 人，举人有梁上泰（乾隆三十年乙酉）、梁上治（乾隆三十三年戊子）2 人，进士有梁上国（乾隆三十三年戊子/乾隆四十年乙未）1 人；梁章钜兄弟辈：贡监生员有章坫（岁贡）、云镶（副贡）2 人，举人有梁际昌（乾隆五十九年甲寅）、云铣（乾隆六十年乙卯）、云镛（嘉庆二十四年己卯）3 人，进士有梁章钜（乾隆五十九年甲寅/嘉庆七年壬戌）、运昌（乾隆五十九年甲寅/嘉庆四年己未）2 人；子侄辈：贡监生员有映辰（副贡）、英辰（二品荫生）、元辰（知县）、煜辰（武庠生）、向辰（邑庠生）、惠辰（六品衔）、尧辰（优贡）、莘辰（副贡）、祐辰（廪贡）、增辰（国学生）、春晖（邑庠生）11 人，举人有丁辰（道光十九年己亥）、恭辰（道光十七年丁酉）、齐辰（道光十九年己亥，亚元）3 人，进士有逢辰（道光五年乙酉/道光二十一年辛丑）、康辰（道光十五年乙未/道光二十四年甲辰）、钦辰（咸丰元年辛亥/同治二年癸亥）3 人；孙辈（包括旁支）：贡监生员有倬年（国学生）、位年（国学生）、伽年（国学生）、佐年（候选通判）、侍年（国学生）、修年（补用知县）、佟年（国学生）、俅年（国学生）、侗年（邑庠生）、信年（国学生）、伟年（江苏补用知县）、仰年（国学生）、樾年（国学生、江苏候补知县）、庆年（国学生）、履端（国学生）、履戬（国学生）、履将（廪贡、候补）、心庸（邑庠生）18 人，举人有侨年（咸丰元年辛亥）、佑年（咸丰二年壬子）、开桢（咸丰九年己未科，亚魁）、偕年（同治元年壬戌）、仕年（同治元年壬戌）、俊年（同治元年壬戌）、开硕（同治元年壬戌）、傅年（同治三年甲子）、仁年（同治九年庚午）9 人，进士有梁亿年（同治九年庚午/光绪二年丙子）1 人；曾孙辈：贡监生员有继丰（国学生）、继圻（国学生）、继元（国学生）3 人，举人有梁继曾（光绪五年己卯）、梁鸿葆（光绪二十三年丁酉）、梁鸿志（光绪二十九年癸卯）3 人。

知县，估计他们都是捐监出身。民国《长乐县志·选举志上》有云："前志之例贡、监选、吏选三门，均在应酬之列。"梁章坶之子梁元辰即属监选，官至江苏龙江关大使，本表也将他计入"贡监生员"类。）业儒子弟未获生员以上身份者与清末的梁鸿忠（初级第四班毕业）均计入"职业身份不详"类。3. 另有梁钦辰，闽县人，咸丰元年（1851）举人、同治二年进士，民国《长乐县志·选举志》中并未提及此人，估计因部分黄巷梁氏的后人已经入籍闽县或侯官，而列入《闽侯县志》。崔来廷在《明清甲科世家研究》一书中称其为梁剑华曾孙，依此将其计入该表。4. 又据民国《闽侯县志》所载，咸丰九年中举的梁韶年、梁仲年及光绪二十三年中举的梁峻年、梁桂年，光绪二十九年中副榜举人的梁濬年，同治年间的副贡梁熙年等，从名字上看似乎也是黄巷梁氏后人，但未计入该表。

在乡试中，黄巷梁氏的科举集结现象特别突出，差不多每隔30年，就是一代人才胜出的时候。乾隆三十年，梁上泰中举，紧接着乾隆三十三年，梁上治、梁上国兄弟联捷；乾隆五十九年，梁章钜、梁际昌、梁运昌三人同时中举，随后梁云铣于乾隆六十年再中举；道光十九年（1839），梁齐辰、梁丁辰联捷；最多的是同治元年，梁仕年、梁开硕、梁俊年、梁僖年4人同时中举；同治九年，又有梁亿年、梁仁年联捷。而所中进士者，分别是：梁上国，乾隆四十年进士；梁运昌，嘉庆四年（1799）进士；梁章钜，嘉庆七年进士；梁逢辰，道光二十一年进士；梁康辰，道光二十四年进士；梁钦辰，同治二年进士；梁亿年，光绪二年进士。

二　黄巷梁氏的学术成就及其近代转型

黄巷梁氏以诗书传家，在文学创作与学术研究方面取得丰硕的成果，其中以梁章钜最具代表性。梁章钜一生身居高位，官至江苏巡抚，然博涉文史，留心世务，勤于著述，在诗话、笔记创作、楹联等多个文学创作和学术研究领域均有出色的建树和创举。林则徐在为梁章钜撰写的墓志铭中，列有著述达七十多种，具有代表性的作品有：《论语集注旁证》20卷、《孟子集注旁证》14卷、《夏小正经传通译》4卷、《仓颉篇校正》3卷、《经尘》8卷、《称谓录》10卷、《古格言》12卷、《三国志旁证》30卷、《文选旁证》46卷、《国朝臣工言行记》12卷、《枢垣记略》16卷、《退庵随笔》24卷、《退庵题跋》20卷、《退庵续跋》2卷、《退庵文存》24卷、《藤花吟馆诗抄》12卷、《退庵诗存》24卷、《续存》8卷、《东南峤外诗文抄》30卷、《闽诗抄》50卷、《闽川文选》50卷、《三管灵英集》58卷，此外，尚有《制义丛话》《楹联丛话》《诗话》等传世。林则徐高度评价说，"自弱冠至老，手不释卷，盖勤勤于铅椠者五十余年"，是清代督抚中著述之最丰者，"仕宦中著撰之富，无出其右"。①

在梁章钜的同辈兄弟中，伯父梁上宝的长子梁际昌，中乾隆五十九年举人，著有《瞻彼斋诗文集》4卷；三子梁运昌（1771～1827），中嘉庆四年进士，著有《秋竹斋诗文集》《陈氏古音考订》《读诗考韵新谱》《四书偶识》《史汉眉评》《说文小笺》《难经发明》《两汉魏晋宋齐诗式》《全唐诗随笔》《唐人风格集》《杜园说杜韩诗细》《苏诗钞》等。叔父梁上国的长子梁云铣，字刚中，一字泽卿，中乾隆六十年举人，著有《辽东行记》3卷、《山居小稿》1卷、《正心斋诗文集》6卷、《养心录》3卷。次子梁云镶，副贡生，著有《洗心轩诗文》2卷；三子梁云铺，字大中，一字兰笙，嘉庆二十四年举人，授福建福宁肯府学教授，官至署四川开州知州，著有《无俗声室诗文集》8卷、《琴谱》2卷、《天花丈室诗稿》若干卷。

到梁章钜子孙辈，人丁兴旺，科名愈盛，而著书立说者渐少。② 梁章钜长子梁逢辰与梁云镶之子梁康辰（字聿聪，一字恺斋，官至莒州知州加同知衔），分别中道光二十一年和道光二十四年进士，但都没有著书立说。稍稍可以称道的是梁章钜三子梁恭辰、字敬叔，道光十七年举人，官至浙江温州知府，著有《北东园笔录初编》《续编》《三编》《四编》等合24卷（又称《池上草堂笔记》），但其学术价值不高，李宾在序言中称其"以班马之笔，达孔孟之心"，说教意味比较重。而到曾孙辈，因科举制度已经走向尾声，黄巷梁氏也面临着教育转型，不少子弟放弃科举，转而就读新式学校。不过仍保留着家学传统的梁鸿志，于光绪二十九年中举，光绪三十一年科举被废后，转读京师大学堂，并师从同乡陈衍学诗，诗词造诣很高，著有《爱居阁诗集》10卷，1945年入狱后又著有《入狱诗》和《待死集》，因他的卖国行径，诗词不为世人所重，散逸颇多。郑逸梅曾中肯地评价说："梁（鸿志）擅诗，其《爱居阁诗集》，深婉不迫，得临川

---

① 林则徐：《诰授资政大夫兵部侍郎都察院右副都御史江苏巡抚梁公墓志铭》，《林则徐全集》第5册《文录卷·祭文碑铭》，海峡文艺出版社，2002，第486～487页。

② 从数字上看，梁章钜及其父辈两代仅16人，有生员3人、举人5人、进士3人；而梁章钜子孙辈（包括旁支）却多达75人，有生员27人、举人12人、进士4人。

神髓，不能以人废言也。"①

书法艺术是黄巷梁氏的第二大成就。至少从梁上国开始，黄巷梁氏的书法就榜上有名，《中国美术家大辞典》称其长于行楷。② 梁章钜在书法方面也有一定造诣，其书法兼得欧阳询、董其昌之法，小行楷笔意劲秀。他热爱书画作品的收藏，并对收藏品进行考证、研究。道光二十五年所著的《退庵所藏金石书画跋尾》，录有作者生卒年，并有考订。③ 梁章钜的两个堂兄弟，梁运昌工书法绘画，梁云镛"工书法，有名于时"。④

梁章钜之后的子孙，尽管在学术方面开始走下坡路，但在书法艺术上却高奏凯歌。首先是梁章钜长子梁逢辰，字聿磐，又字吉甫，道光二十一年进士，其"书法神似颜柳，而隶书尤胜，名重一时"。⑤ 三子梁恭辰在书法上也有一定造诣，《木叶廎法书法》称其"工八分"。另有梁钦辰，仅知为梁剑华曾孙，字小若，同治二年进士，官至安徽徽宁池太广道，"工书"。⑥ 至梁章钜孙辈，则有梁逢辰之子梁亿年，中光绪二年进士，以"书法见称"。⑦ 在旗山溪源宫东麓岩石上，至今留有郭柏苍、梁亿年等人的题名石刻，隶书，纵2行，字径13厘米，文曰："光绪庚辰人日，邑人郭柏苍重游旗山，宿溪源宫。长乐梁亿年书石。"⑧ 字体端庄，是梁亿年亲笔真迹。

相较于前二者，黄巷梁氏在政治才能方面略显逊色。被喻为名臣的梁上国、梁章钜叔侄，算得上是才识通达、内外兼修的人才。梁上国在中进士之后，选为庶吉士，"散馆改除，相国于敏中惜其才，请仍留庶吉士学习"；以后官至太常寺卿，"通经，知时务，凡当世之急务，乡里之利病，无不旁求博访"，⑨ 在议垦台湾噶玛兰番社等问题上表现出卓识远见。梁章钜中第之后也入翰林院，以后"累官至江苏巡抚，扬历中外，垂四十年，

---

① 郑逸梅：《郑逸梅选集》第4卷，黑龙江人民出版社，2001，第599页。
② 赵禄祥主编《中国美术家大辞典》下卷，北京出版社，2007，第1819页。
③ 赵禄祥主编《中国美术家大辞典》下卷，第1826页。
④ 民国《长乐县志》卷14上《选举志上》，第473页。
⑤ 民国《长乐县志》卷25《列传五·梁章钜》，第959页。
⑥ 赵禄祥主编《中国美术家大辞典》下卷，第1823页。
⑦ 赵禄祥主编《中国美术家大辞典》下卷，第1819页。
⑧ 黄荣春主编《福州十邑摩崖石刻》，福建美术出版社，2008，第195页。
⑨ 民国《长乐县志》卷23《列传三·梁上国》，第913页。

文章经济昭著一时"。① 时值道光中期，中外硝烟四起，他积极配合林则徐在广东的禁烟运动和沿海的抗英活动，表现出非凡的政治才干。除此之外，也有不少梁氏子弟表现出对官场的不适应，如梁上治、梁上泰兄弟中举之后均授为知县，后来都申请改为教谕，梁上泰更因"性喜逃禅"而走上出家之路。又如梁上宝之子梁运昌（1171～1827），从小颖悟过人，工书法绘画，于诗用力尤深，中嘉庆四年进士，授翰林院编修，"生平学博识超，著述甚富"，② "性刚褊，落落寡合，以疾淹于家"，"性崖岸，睥睨一世，视富贵人尤嫉之，自在史馆及家居数十年，寥寥寡合，人亦闻而避之，不乐与之交"。③ 最典型是梁鸿志，他在诗文上颇有才华，同时表现出对政治理想的过度追求。京师大学堂毕业以后，原在段祺瑞手下做事。段下台之后，他与蒋介石有过接触，蒋发现他只是一个"小秀才"而已，未予以启用，于是投入日本人的怀抱。1937 年日本人占领上海之后，成立"中华民国维新政府"，梁鸿志出任伪行政院院长。1940 年汪精卫成立汪伪政权之后，梁鸿志又当了 5 年有名无实的"监察院长"。因此在日本投降以后，梁鸿志以叛国罪名被处以极刑，而留下千古骂名。

当然，梁鸿志是黄巷梁氏家族中绝无仅有的一个例子。科举制度废除后，梁氏子弟继续在新兴的科教文化领域乃至台湾军政界中做出杰出贡献。如民国年间住在福州台江的梁志和，与梁鸿志同辈，同是梁章钜的曾孙。他天性聪慧，读书过目不忘。16 岁入福州东瀛学校读日文，以优等成绩毕业，被保送到东京日本高等工业学校读书。学成回国，获授工业举人，掌知县印，派往广东候补。见清政府政治腐败，放弃仕途，转后投身于科技教育界，先后出任福建省立工业专门学校校长、北京农商部金事、京汉铁路局局长、国立北京工业学校教授、福建省教育厅秘书主任、闽侯县教育局局长等职。在任工业专门学校校长期间，造就大批工业建设人才，国民政府还给他颁发了五等嘉禾章；后以办理巴拿马赛会和福建工业作品展览会获奖，晋授四等嘉禾章。除此之外，他还热心社会公益事业，参与兴办福州孤儿院、育婴堂、慈善院、教育福利会、实业协会等。1926

---

① 民国《长乐县志》卷 25《列传五·梁章钜》，第 959 页。
② 梁章钜：《江田梁氏诗存》卷 5。
③ 民国《长乐县志》卷 25《列传五·梁运昌》，第 959 页。

年，国民革命军入闽，梁志和出任福建省兵工厂工务处处长，因在视察工程过程中受风寒不幸病逝，年仅 42 岁。其长子梁序穆（1913～?），留学美国，获生物学博士学位，学成之后回国服务于医学界。1949 年去台后，担任"中央研究院"评议员，动物研究所筹备处主任，"教育部"学术审议会委员，"国家科学委员会"研究员及谘议委员。而出生于福州闽侯的梁孝煌中将（1914～2014），也是梁章钜的曾孙，早年毕业于福建法政学院政治系，年轻时即投身于国民党的军方政工系统，1949 年从青岛赴台，继续从事国民党军队的政治工作，担任台湾"国家安全会议"副秘书长等职。他一再呼吁两岸要和平统一，晚年曾身体力行，多次携家人回福州探访、捐资，为海峡两岸交流做出贡献。

三　黄巷梁氏科举文化昌盛的原因

（一）家学渊源

梁章钜曾自豪地说过："余家自前明以来，巾卷相承不绝，直至先大父天池公，凡十四传，皆有声黉序间。故河间纪文达师视学吾闽，询知家世，特制'书香世业'匾旌吾门。"[①] 其先祖从南宋后期在长乐南乡落地生根，后人分别迁往琉球（今日本冲绳）、连江、罗源与福州，与其他分支不同，黄巷梁氏从明初梁骥开始，始终保留着业儒的传统。他们一边应试科举，一边以教读为生，专门研究"制义"之学，以授门生和子弟。梁章钜因此说："吾家自前明中叶至今，一脉相传，为郡邑庠生十余世，盖日与制义为缘者三四百年。"[②] 从梁章钜的"溯十世祖"梁行悫开始，便与学校结缘，民国《长乐县志》根据前志载："梁行悫，字克著，江田人，壬辰会试副榜元，处州教授，国子监博士。"[③] 即便是未能成功走上科举仕途的先人，通过著书立说与教课授徒也为地方培养了大批人才。比如梁章钜的祖父梁剑华，其同窗孟超然（字朝举、号瓶庵，闽县人，乾隆年间进士，官吏部郎中）曾评价说："天池翁（剑华的号）惟朴学宿望兼享大年，

---

① 梁章钜:《制义丛话》卷 20，陈水云、陈晓红校注《梁章钜科举文献校注二种》，武汉大学出版社，2009，第 431 页。
② 梁章钜:《制义丛话》例言，第 10 页。
③ 民国《长乐县志》卷 14 上《选举志上》，第 450 页。

教授里中垂五十载，高弟子如杨西桥、廉访钟岳、黄拱北议、邵世枢、罗吉人、司马前荫魏耕、蓝明府瑛辈，皆能以文章政事表见于世。所著《策学类编》四册已梓行，应举家奉为枕中秘；又撰《数目通考》十二卷、《书香堂笔记》八卷藏于家。"① 梁章钜也补充说："天池公……所辑《策学汇编》为举业家枕秘……所作制义极多，尽为门徒携去。章钜少尝逮事，稍闻绪论，每以摆脱凡近、力争上游为主，后仅从先资公乞得一稿。"② 意思即其祖所著的《策学汇编》太受欢迎，以致洛阳纸贵，连自己也只能从父亲那儿转求一稿。其实"制义"之学受惠最多的就是梁氏子弟。因此，梁剑华生有五子，有四子尽力于科举并取得可喜的成就。次子梁上治、三子梁上泰中举，四子梁上国成进士。其长子梁上宝从一开始就给自己立下宏伟目标："每入乡闱辄以抢元自命，尝谓吾邑长乐在前明解元、会元不绝书，而本朝尚未见继起之人，有志者不可不自奋。"③ 尽管他在科举路上备加艰辛，奔走四十多年功名未竟，但他的儿子梁际昌和梁运昌在父亲的教导下，实现了父亲的愿望。梁章钜在《制义丛话》中写道："先伯兄虚白公讳际昌，为叶所公长子，余初入塾即师事焉。十四岁入县庠，历任学使者岁科试必冠军。"④ 梁章钜还说，"（叶所公）善讲论，家塾中子弟诗文书法，皆其所指授"⑤；"盖伯兄承叶所公庭训，所作制义亦托体甚高"。⑥ 得益于父亲的指授，后来梁际昌中举人，梁运昌成进士。

钱穆先生曾指出，家教包括家风与家学两项内容。黄巷梁氏除了诗文、书画与制义之学外，还有精神上的传承与发扬。这种家风，到梁章钜父辈时，已经为福建学政纪昀等人以官方赠送"书香世业"匾额的形式确定下来，成为黄巷梁氏的荣耀。不仅家族男性为此奋斗不息，就连家族女性也以此为己任，从而形成家族发展的内动力。在科举时代，子女教育离不开妇女的影响。由于男子大多在外奔波，或应试、或教读，孩提时的教育主要交给母亲。比如乾隆四十年，梁章钜刚刚出生，父亲梁上治便与叔

---

① 梁章钜：《江田梁氏诗存》卷3。
② 梁章钜：《制义丛话》卷20，第431页。
③ 梁章钜：《制义丛话》卷20，第432页。
④ 梁章钜：《制义丛话》卷20，第438页。
⑤ 梁章钜：《制义丛话》卷20，第432页。
⑥ 梁章钜：《制义丛话》卷20，第439页。

叔梁上国北上参加会试，结果梁上国中第，而梁上治落榜，无奈之下考取咸安宫教习，在外长达 4 年之久。乾隆四十四年，他回乡丁忧见到儿子时，梁章钜已经 5 岁。这一时期梁章钜的启蒙教育，主要由母亲王氏承担。梁章钜在《闽川闺秀诗话》中回忆说："先妣王太夫人，字淑卿，闽县人，侯官主簿登元公长女。幼以孝闻……年二十三始归先考。居贫，操作稍暇，即课章钜读书。生平喜流观经史，通其大义，能诗而不甚注意，故所作无多。"① 丈夫长年在外的日子里，她操持家务，抚育幼儿，曾在诗句里写道："养儿不读书，不如豚与犬。能养不能教，所生岂无忝。况我贫贱家，差幸书香衍。迢迢十五传，儒门泽已远……夫君在京华，频岁劳望眼。尊章各垂白，所居矧隔远。我责曷旁贷，我心日辗转。倘稍涉旷废，俯仰有余腼。晨光挟书出，夜色烧烛短。循环无已时，课此亦自遣。"② "迢迢十五传，儒门泽已远"，成为一个年轻妇女"课儿读书"的动力。也正是在这种精神的感召下，黄巷梁氏家族的女性大都能读书识字，吟诗作画，据不完全统计，拥有个人诗集的梁家妇女多达 11 人，其中媳妇 3 人，女儿 8 人。③

（二）福州人文环境的影响

梁氏先祖原住长乐江田境内，明末清初，梁春晖、梁珪父子活跃在福州，与马思理（1593～1646，长乐人，天启二年进士，隆武时官至礼部尚书）等人有了密切的交往。清初，梁珪开始迁居省城，先后在淳仁坊、新美里居住，最后进驻三坊七巷的黄巷。福州是当时全省的文化中心，而三坊七巷又是福州的文化社区。梁氏的迁居与定位，对其后代的发展产生了重大的影响。

与宋明福建文化中心多元化发展有所不同，清代福建文化中心形成一极化格局。由于受到地方行政和区域经济的双重规整，至清代，全省性文

---

① 梁章钜：《闽川闺秀诗话》卷 3，"王太夫人"条，《续修四库全书》本，第 641 页。
② 梁章钜：《闽川闺秀诗话》卷 3，"王太夫人"条，第 641 页。
③ 分别是梁上国女儿梁符瑞《昆辉阁诗草》、梁蓉菡《影香阁诗钞》、梁章钜妻郑齐卿《藤花吟馆集》、梁恭辰妻杨渼皋《榕风楼诗存》、梁章钜女梁兰省《梦笔山房诗稿》、梁楚琬《小方壶诗草》、梁泽卿女梁赋铭《卧云楼诗草》、梁金英《爱荷香诗草》；梁尧辰女《香雪斋小草》、梁兰笙女梁佩芝《蕉雪轩吟草》。

化中心得以在福州确立。文化的主要载体便是书院。明清以来，中国书院发展的特征之一，是呈现明显的行政布局。它们多为官方所建，不再受到学术流派的影响，且集中在府治所在地，具有科举化的倾向（正音书院除外）。"清代在明代行政布局的基础上，开始在省会兴建大型的全省性书院，这直接导致了省行政中心相应成为全省书院文化的中心。换言之，凡有全省影响的书院必在福州。"① 康熙四十六年（1707）以后，福州相继创建鳌峰书院、凤池书院、越山书院、正谊书院、致用书院等。从学运和政治荣耀来看，鳌峰书院是清代东南地区的第一学府，嘉庆朝是其发展的黄金时期，当时的书院格局达到最大规模。"其后诸节使复相继培葺，堂舍祠宇规模大备，士子之负笈来游者，辄皆掇高第以云，故海峤之称文薮者，莫如鳌峰。"② 黄巷梁氏有幸赶上这个全盛时代。

梁氏家族与鳌峰书院的关系可追溯到梁章钜的祖父梁剑华。根据梁章钜的记载，梁剑华弱冠入泮宫，是黄巷梁氏第一个"郡诸生"，就读于鳌峰书院，并成为学院都讲，与后来成为进士、主持鳌峰书院长达8年的孟超然并驰文坛，"每月课，两人辄互冠其军"，③ 然而二人后来的命运却天差地别。孟超然为山长林枝春所重，选为拔贡，进入太学，于乾隆二十四年中解元，次年成进士；而梁剑华却"文章憎命达"，久困场屋，终生"以耆儒宿学，教授里中五十八年"。④ 但孟、梁的交情却影响了梁氏几代人，在他主持鳌峰书院期间，对梁氏子孙进行悉心的指导。第二个与鳌峰书院发生渊源的是梁章钜的堂兄、梁上宝长子梁际昌。梁际昌13岁游庠，即隽黉声，深得学政吉梦熊、朱珪的赏识。在徐雨松、陆锡熊主持鳌峰书院时，将他拔为书院都讲；同时受到孟超然的悉心指授，学识益进，有名于时。只可惜功名蹭蹬，科场不顺，中年方得中举，此后三上春闱，终未获第，但他是梁氏兄弟科举仕进的领路人，梁章钜等人均受业于这位兄长。比如乾隆五十二年，年方十四的梁章钜跟随父亲从外地游学回到福州，当时孟超然任鳌峰书院山长，梁运昌任都讲；提督福建的学政陆锡熊

---

① 林拓：《文化的地理过程分析：福建文化的地域性考察》，上海书店出版社，2004，第151页。
② 叶绍本：《〈鳌峰书院志〉序》，游光绎：《鳌峰书院志》，清嘉庆十一年（1806）正谊堂刻本。
③ 梁章钜：《制义丛话》卷20，第432页。
④ 梁章钜：《制义丛话》卷20，第432页。

亲自为鳌峰书院甄选优秀生童，梁运昌即为梁章钜报名应考，梁章钜在晚年回忆这段往事时，是这么说的：

> 副宪陆耳山先生锡熊督闽学，时余年方舞勺。一日天甫黎明，伯兄虚白公敲门来促余起，曰："可速料理往考，书院昨已为汝买卷矣。"余尚不知考试为何事，禀于先资政公，匆匆橐笔出门。至学署，适点余名。是日生童合有千人，先生见余年幼，饬令在堂上公案旁侍坐。公案高与余肩平，先生换高椅，衬以椅垫三重……①

从这里我们可以知道，梁章钜是在自己不知情的情况下，仓促应考的。此前因母亲去世，他跟随父亲在外东奔西跑，对鳌峰书院的情况并不熟悉。相对其他生童而言，14岁的梁章钜是众多生童中最年幼的，以致够不着书写的公案。梁章钜最后以其扎实的基本功被录取，但如果不是这位兄长的引领，他可能没那么早、那么顺利地踏进鳌峰书院的门槛。他在这里度过人生重要的两年，得到学政陆锡熊、山长孟超然等人的赏识与指导，称之"他日必有文名于世""必践清华"。乾隆五十四年，梁章钜回到原籍长乐县参加第一次童试，未中；再次回到鳌峰书院的二贤祠读书，两年后再试，终于取得长乐县学"入泮第一"的好成绩。

而嘉庆以后，由于福建文风昌盛，省会城市仅有一所全省性的书院不能满足读书人的需要，因此又相继创建凤池书院（嘉庆二十一年）、越山书院（道光六年）、正谊书院（同治五年）、致用书院（同治十二年）等，这些书院都距离三坊七巷不远，为梁氏子弟的进学提供了便利。如梁章钜的孙子梁亿年早年跟随的师长中，除亲戚朋友外，在其家传资料中明确写有鳌峰书院山长林士傅（字可舟，侯官人，道光三年进士）、越山书院山长林懋勋（名士林春溥长子，道光十六年进士）、正谊书院山长林鸿年（字勿邨，侯官人，道光十一年状元）等。

不仅如此，黄巷梁氏等人所居住的三坊七巷，本来就承载着厚重的历史文化精神。千百来年，这里都是士大夫聚居之所，具有明显的阶层性和先进性，在这里所居住的名人大致可以分为四类。第一类是对中国历史进

---

① 梁章钜：《制义丛话》卷21，第444页。

程有过重大贡献和影响的人物，如民族英雄林则徐、戊戌变法六君子之一的林旭、黄花岗烈士林觉民，著名思想家和翻译家严复，明抗倭名将张经等；第二类是历史上担任重要军政要职的人物，如宋太宰余深、国子祭酒郑穆、御史中丞陆蕴、明礼部侍郎萨琦、户部尚书刘翰、应天府尹陈一元、清台湾挂印总兵甘国宝和江苏巡抚梁章钜等；第三类是名门望族，如著名的林则徐家族（包括姻亲），"五子科甲"的郭柏荫家族、"六子登科"的陈承裘家族；第四类是著名的学者、诗人，如唐代学者黄璞，宋嘉定元年（1208）状元郑性之，著名儒学家陈寿祺，诗人黄任、张际亮、林昌彝、陈衍、何振岱等。① 在福州人眼中，这里已经成为文化、地位、声望、财富的象征，也催生了人们奋发进取、有所作为的精神和斗志，因此，文化代际传承也发生在整个社区群体之中。

（三）师友交游圈的影响

人文荟萃之地，文化团体和文化活动往往也特别兴盛。如果说，发达的书院文化为福州士子提供了理想的师资，并引领时代潮流的走向，那么，清初以来福州士子的诗社活动则将这一潮流推向高潮。

明代以来，闽中诗派大盛，并有结社集会的传统。清代福州的诗社约发端于康熙后期，黄锡蕃《闽中书画录》卷10载："林衡，一名玑，字义孺，号草庐，侯官人……康熙癸未、甲申间，尝与福州郡守顾焯、都督李涵等四十人结诗社于平远台，刊有《平远集》，一时称盛事。"② 平远台诗派与光禄坊诗派齐名，"时三山诗人，有平远台、光禄坊派之目"。③ 两派衰落之后，继之而起最著名的是读书社。谢章铤《课余偶录》载："乾隆间，大兴朱石君珪宦闽，以粮储观察管理鳌峰书院，拔时髦二十八人，令联一社，曰'读书社'，授以治经作文之法。梁斯志上国、岱岩上泰、九山上国、郑苏年光策、林畅园茂春、龚海峰景瀚、林樾亭乔荫为领袖，叶毅庵观国、孟瓶庵超然、林醇叔昆琼昆仲诸先生皆与焉。"④ "授以治经作文之法"，说明兴于乾隆中叶的读书社，与传统的诗社活动略有不同，具

---

① 参见王岗峰《文化明珠：三坊七巷》，厦门大学出版社，2007，第11~12页。
② 黄锡蕃：《闽中书画录》，上海科学技术文献出版社，2016。
③ 林家溱：《福州坊巷志》卷2，福州美术出版社，2013，第63页。
④ 转引自陈世镕《福州西湖宛在堂诗龛征录》下册，福建人民出版社，2007，第772页。

有科举倾向。但这一时期的诗社又不拘于科举的治经作文，还具有浓厚的学术氛围，对此郑光策有云："方社之初建也，诸君皆里中豪隽，博学建文，以读书相切劘……聚则各出所读，往复质正……就中性情所近，或好宋儒，言性命之学；或好求经世之务；或耽考订训诂及金石文字；又或旁及二氏，如斯明、有美、允默，皆有选样之跨，而述善别尤喜手引叶纳家言，儒林、文苑之间杂以仙佛，命传啸侣，不名一格焉。"①

而黄巷梁氏十余世困于"诸生"，最终能够破茧成蝶，与朱珪、纪昀的慧眼及读书社的推动有很大的关系。朱珪（1731～1807）和纪昀（1724～1805）均是乾隆、嘉庆朝名臣，少年得志，以文章闻名天下。他们先后担任福建学政和地方要员，②重视对地方人才的培养。他们组织读书社，让福建士子以诗文相砥砺。梁章钜有言："乾隆间，吾乡制义之工必推读书社。始大兴朱文正师以闽中粮储观察管理鳌峰书院，考拔时髦二十八人，令联为一会，授以读书作文之法。时吾家先资政公及三叔父岱岩公、四叔父九山公及龚海峰、林樾亭、香海兄弟、林畅园诸老宿为之领袖，而读书社之名至今不衰。后数十年，继起者为瀛社，则赵谷士、郭韶溪、林翰云（楚）、研樵（庆章）、鉴塘（春溥）及余等凡十八人，取登瀛洲之义而社名，以立其声光，颇与读书社后先相匹。"③不仅如此，当朱、纪卸任回京之后，仍与福建士子保持密切的往来，常常为他们批阅文章："先资政公乡荐后，五试春官不售，中间充咸安宫教习，住京者三年，与先三叔父岱岩公、四叔九山公及龚海峰、陈秋坪、林春园其宴、樾亭、香海诸先生按旬会课，文成必归纪文达师批阅，以为常。盖文达师督学吾闽，公及诸先生并曾受业门下者。"④

嘉庆、道光以后，福州的结社活动更盛。当时有影响的诸如殖社、大社、西湖社、南社、聚红榭，但清末逐渐走向衰落。谢章铤在《赌棋山庄

---

① 转引自阮娟《三山叶氏家族及其文学研究——以叶观国、叶申芗为核心》，上海古籍出版社，2011，第42页。
② 其中朱珪是乾隆十三年进士，曾两次在福建任职。于乾隆二十五年授福建粮驿道，三年后迁福建按察使；又于乾隆四十四年充当福建乡试正考官，次年任福建学政。纪昀为乾隆十九年进士，于乾隆二十七年提督福建学政。
③ 梁章钜：《制义丛话》卷20，第435页。
④ 梁章钜：《制义丛话》卷20，第435页。

词话续编》中介绍了福州结社由盛转衰的情况，曰："闽人谓社曰会，小试之年，大比之岁，立会者无虑数十。小试曰童生会，大比曰科场会，近则此风殆绝响矣。樗蒲饮酒则有会，读书论文转无会，不独素业视为土苴，即时艺亦归苟且。"①

赵媚媚在《清代诗社研究》一文中指出："诗社的产生可能具有多方面的渊源，地域、家族、师友在多数情况下是相互作用于结社主体。笔者认为师友风气是结社最为直接的原因，具体表现为诗坛流行结社、集会，交游群体之间相互传播、刺激。对前辈、长者结社行为的蹈袭毕竟存在时间或感情上的隔阂，而同辈之间彼此歆羡而结社是大量诗社兴起的原因。"② 正是省城浓厚的文化氛围促进了梁氏家族的兴起繁盛，其中通过诗社活动所建构的师友圈，成为黄巷梁氏的最大推力。因此，晚年的梁章钜特意写下了《师友集》，缅怀那些曾经影响过梁氏家族的先师故友。

（四）姻亲谱系的助力

待梁章钜的父辈得到突破之后，黄巷梁氏在福州城内声誉鹊起，扩大了在省内外的交游圈与姻亲谱系。此后，与梁氏结亲的对象，大都是有一定社会地位和身份的人物，详看表2。

表2　黄巷梁氏的姻亲谱系及女性著作

梁氏子女	结亲对象及其家族	女性主要事迹
梁上国（梁章钜四叔，进士）	妻许馥荃，字鸾案，侯官人，许崇楷女①	幼教梁章钜及三女诗。所历半天下，年八十犹健。善琴，有《琴韵轩稿》②
梁上治（梁章钜父亲，举人）	妻王淑卿，闽县人，候选主簿王登元长女	
梁云镛（梁上国子，举人）	妻萨氏，闽县人，萨龙光女③	
梁符瑞（梁上国长女）	夫龚丰谷，进士龚景瀚三子，闽县人④	字紫瑛，幼与梁章钜同学诗于许太淑人，七岁能吟，著有《昆辉阁诗草》⑤

———————

① 谢章铤著，陈庆元主编《谢章铤集》，吉林文史出版社，2009，第680页。
② 赵媚媚：《清代诗社研究》，浙江大学硕士学位论文，2013，第20页。

续表

梁氏子女	结亲对象及其家族	女性主要事迹
梁韵书（梁上国次女）	夫许濂，副贡生，侯官人	字蓉菡。工绘事，善鼓琴，于诗用力尤专，间作小文小赋，亦深得骚雅之遗。尝随其夫游辽沈，又获山川之助，所作益工。著有《静安吟草》。[6]又有《影香阁诗钞》等
梁秀芸（梁上国三女）	夫陈兆骧，举人，直隶大兴人	早卒。工绘事，亦善诗，与姊妹唱和，能作豪壮语[7]
梁章钜（进士）	妻郑齐卿（1779～1833），系郑光策女[8]	字淑华。幼承家训，通经史，善诗文。卒年五十四，章钜念其情谊，不复再娶。著有《藤花阁吟馆集》
梁云镛（梁上国子，举人）	继室周蕊芳，侯官人，儒士周登龙女	母高氏，亦能诗，通经史，故蕊芳幼承母训，素解吟咏。善楷书，并工鼓琴，摒挡家计之暇，挥弦梁翰，乐而忘疲。随夫赴任，卒于官署，年仅三十七，有《生红馆诗抄》[9]
梁恭辰（梁章钜子，举人）	妻杨溪皋，连城人，杨簧女[10]	字宛惠。少喜读史书，未涉诗韵之事。归梁氏之后，乃奋力学诗。在桂林时，与龙门巡抚张骐妻钱守璞、梁筠如结为"岁寒三友"，唱和无虚日。著《榕风楼诗存》
梁逢辰（梁章钜子，进士）	娶吴氏，系吴观乐女，湖南安代人[11]；再娶王氏，系王大经孙女、王珣女，浙江平湖人[12]	
梁丁辰（梁章钜子，举人）	妻温氏，系温承惠孙女、温启鹏女，山西太谷人[13]	
梁兰省（梁章钜女）	夫祝普庆，祝泰子，福建浦城人	字筠如。随夫任温州，未几寡，课子。著《梦笔山房诗稿》[14]
梁兰台（梁章钜女）	夫邱藜光，国学生，福建长乐人	
梁兰芬（梁云铣女）	夫龚长龄，候补知县，闽县人，龚丰谷子	著《小方壶诗草》，惜所作不多
梁金英（梁云铣女）	夫林庆蕃，侯官人，林士骏子[15]	字淡如。少即能吟。随翁赴任潍县，为护夫以身挡刃，为贼匪所伤而无恙。著《爱荷香诗草》[16]
梁赋茗（梁云铣女）	夫刘义问，福建人	字藻芬。喜咏史，著《卧云楼诗草》[17]
梁云镛女	夫刘三才，刘莘奎子，闽县人	
梁佩莊（梁云镛女）	夫林栋樛	字梅史。著有《蕉雪轩吟草》

梁氏子女	结亲对象及其家族	女性主要事迹
梁瑞芝（梁云铣孙女，梁尧辰女）	夫林起鸿，漳州人，漳州府学教授	字玉田。少即解吟咏。著有《香雪斋小草》
梁映辰女	夫温绍棠，系温忠彦子，山西太谷人	
梁翼辰女、梁书辰侄女	夫叶在衍，系叶大泳子，闽县人	
梁章钜曾孙女	夫萨承钰，闽县人	

注：① 许崇楷，字礼门，号端木，乾隆二十四年举人，官山西翼城知县。其子许懿善，字继之，乾隆三十六年举人，官广东陆丰知县。其孙许德树、许冠瀛为进士。

② 嶙峋编《闽海吟》下册，华龄出版社，2012，第271页。

③ 萨龙光（1752~1816），字肇藻，号露萧，闽县人。乾隆四十六年进士，任翰林院庶吉士，户部主事，工部营缮司员外郎。

④ 龚丰谷（1872~？），字小峰，闽县人。嘉庆戊辰举人，官天门知县，著有《听雨山房诗存》。

⑤ 嶙峋编《闽海吟》上册，第249页。

⑥ 民国《闽侯县志》，闽侯县地方志编纂委员会，1995，第636页。

⑦ 梁章钜：《闽川闺秀诗话》卷3，第647页。

⑧ 郑光策（1755~1804），初名天策，字宪光、琼河、苏年，闽县人。乾隆四十四年举人，次年成进士。辗转主持福建多个书院。

⑨ 梁章钜：《闽川闺秀诗话》卷3，第647页。

⑩ 杨簧，字履春，号竹圃，祖籍连城，迁居福州。嘉庆十三年进士，官至江宁布政使。

⑪ 吴观乐，字嗣衡，又字和庭，闽县人。乾隆五十七年举人，任天门诸县知县，清廉有政声。

⑫ 王大经（1810~1884），字柳衣，号晓莲，又号蝶窗，平湖人。道光二十三年举人，官至湖北布政使，著有《哀生阁初稿》。

⑬ 温承惠，字景侨，山西太谷人。乾隆四十二年拔贡，朝考首擢，任吏部职。后任福建巡抚兼总督等职。其子温启鹏，字朋梅，嘉庆十四年进士，官吏部员外郎、内阁侍读学士，礼部郎中，并以书法见称。

⑭ 嶙峋编《闽海吟》上册，第248页。

⑮ 林士骏，道光十一年举人，曾任潍县知县。

⑯ 虫天子编《中国香艳全书》第4册，团结出版社，2005，第1948页。

⑰ 嶙峋编《闽海吟》下册，第550页。

　　徐雁平在研究清代文学世家时指出，婚姻中的门当户对，是选择性的"类聚"，使得独木成林，形成影响一地的气候。如果说，一个文学家族通过家族内部文学活动以及与当地的文学交流，确立其身份、建立其影响，从而形成一个较为具体的场域；那么通过联姻，则可以将数个类似的场域联系在一起，并经由文学、学术活动的整合与促进，从而形成较为明确的文学（学术）群体或文学（学术）流派。① 而事实上，这种"纯文化行为"② 的联姻也可以在科举教育中产生助力。比如在梁章钜一生当中，郑光策对他影响最大，既是师长又是岳丈。我们以梁亿年的授业师来看，族亲 3 人，亲戚 3 人，其他 10 人。梁继曾的授业师，族亲 3 人，亲戚至少 3 人，其他 14 人。梁亿年以亲戚为师者，分别是母舅王镜三，姑丈邱乙楼、姑丈诸揆士；梁继曾以亲戚为师者，分别是岳父邱和宇（鸿辉）、岳伯邱蓉帆（鸿潮），还有他父亲的姑丈诸揆士。当然，这一切首先都建立在家族人口兴旺的基础之上。从表 1 可以看出，黄巷梁氏从梁章钜父辈开始，男性人口几乎在成倍增长，其中五世 5 人、六世 11 人、七世 24 人、八世 53 人，九世估计突破百人。一些成功的科举达人，有多次纳妾的记录。如梁章钜（进士），娶郑氏，生有五子四女。而其长子梁逢辰（进士）先娶举人、湖北天门县知县吴观乐长女，继娶举人、南靖县学教谕王大经孙女，又纳王氏、张氏、朱氏为妾，生有八子（女儿不详）。梁逢辰长子梁亿年（进士），先娶举人、松溪县学教谕李春润之女为妻，又娶元配胞妹为继室，并纳妾张氏、黄氏，生有六子九女。人口高增长率，为科举与姻亲谱系的扩张提供了必要的前提。

四　结语

福州黄巷梁氏的科举文化具有一定的代表性。这个家族从清初迁居福州，在科举考试中大都保留着长乐原籍。在其迁居福州的九代人中，至少产生了 7 个进士、20 个举人和 39 个生员，约占男性人口的 50% 左右，并贯穿整个清代的科举活动。这个家族保留着"诗书传家"的传统，在文学与书法等领域均取得了辉煌的成就。这一成就，也是乾嘉以来福州城市浓郁的人文气息培育的结果。

（作者单位：福建师范大学）

---

① 徐雁平：《清代文学世家姻亲谱系》，凤凰出版社，2011，第 7 页。
② 张杰在《清代科举家族》中称科举家族的婚姻行为是一种"纯文化行为"。他说："科举家族的婚姻行为，更重视的是双方的文化背景，在中间起决定作用的往往是家族的文化素养，而不是权力与财富。在相当大的程度上，科举家族的婚姻行为，突出体现出一种文化行为。"（社会科学文献出版社，2003，第 208 页）

台湾士子与闽台会馆

卢咸池　郑　大

摘　要：明清两朝是我国历史上科举最兴盛的时期，各地纷纷在京城设立会馆，为来京参加会试的本地举人和官员提供栖居之地。不少府县也在省城为参加乡试的士子设立了会馆。本文援引文献史料，阐述会馆的功能，探究台湾士子赴乡试、会试的足迹，以及京城和福州创建的台湾会馆及其历史变迁。

关键词：科举　台湾士子　台湾会馆

明清两朝是我国的科举鼎盛期，亦是京城会馆最兴盛的时期，各省城也有本省诸府州县所建的会馆。会馆多与科举有不解之缘。近年来随着科举学兴起，会馆也引起诸多研究者的关注。但是与台湾士子相关的会馆研究则相对较少，主要见于北京市台联编著的《台湾会馆与同乡会》[①] 及汪毅夫、黄新宪、卢咸池等人的论文中。[②] 本文欲以实例阐述会馆的功能，并就台湾士子与京城福建会馆的关系、京城和福州台湾会馆的创建和历史变迁作一探讨。

一　会馆的功能及清末京城的福建会馆

明清时期，各地纷纷在京城设立会馆。民国年间，程树德为《闽中会

---

① 北京市台湾同胞联谊会编著《台湾会馆与同乡会》，北京大学出版社，2014。
② 汪毅夫：《〈漳郡会馆录〉发微》，《台湾研究集刊》2003 年第 3 期，第 27～33 页；《顺天府乡试与北京的会馆——写给北京台湾会馆的学术报告》，《闽台地方史论稿》，海峡书局，2011，第 36～41 页；《台湾历史文化名人与北京的会馆》，《闽台地方史论稿》，第 216～219 页。黄新宪：《闽台科举考试的历史渊源》，《教育评论》1999 年第 2 期，第 54～62 页。卢咸池：《台湾在京城两座会馆的由来与变迁——文献记载及其分析》，陈益源、郑大主编《科举制度在台湾》，台北里仁书局，2014，第 307～323 页。

馆志》撰序称："京师之有会馆，肇自有明。其始专为便于公车而设，为士子会试之用，故称会馆。自清季科举停罢，遂专为乡人旅京者杂居之地，其制已稍异于前矣。"① 当代会馆史学者王日根指出："会馆是明清社会政治、经济、文化变迁的特定产物，它不仅是明清时期商品经济蓬勃发展的必然，亦与明清科举制度、人口流动相伴随。"随着科举制度的兴盛，"人们为谋求本地入官数的增加，不惜由官捐、商捐来建立会馆，为本籍应试子弟提供尽量周全的服务"。② 由此可知，北京的会馆首先系各地为赴京城会试的本地举人和来京官员提供栖居之地。"文献记载，清乾隆、嘉庆年间（1736~1820）是各省州府郡县兴建会馆发展最快的时期……到光绪年间，在京兴建的各省会馆达五百多个……1949 年 11 月 15 日，《北京市人民政府民政局会馆调查工作报告》称：'本市会馆多分布于外二、外四两区，据统计全市共有会馆三九一处'。"③

这一时期，福建在京城建有多所会馆。李景铭编纂的《闽中会馆志》列有晚清时期福建在京城的会馆共 22 座，其中省馆 1 座：福建会馆（即全闽会馆）；府馆 11 座：福州会馆、福州东馆、漳州东馆、漳州西馆、泉郡会馆、延平会馆、延邵会馆、建宁会馆、邵武郡馆、汀州北馆、汀州南馆；州馆 2 座：龙岩会馆、永春会馆；县馆 8 座：龙溪会馆、晋江邑馆、仙溪会馆、漳浦会馆、同安会馆、安溪会馆、福清会馆、莆阳会馆。又称，台湾在京城的会馆已"划还台湾乡人自行管理"，并注明其系"光绪二十年（1894）甲午起委托福建会馆代管，民国二十六年（1937）后由台湾乡人收回自管"。全书详细记述了各会馆的历史和规约，以及闽人在京活动等，具有很高的史料价值。④

又如清末举人徐珂称："各省人士侨寓京都，设馆舍以为联络乡谊之地，谓之会馆……且不独京都也，外省府州县亦合官商而通力合作之，惟不及京师之多。"⑤ 不少府州县也在省城为参加乡试的本籍士子建有会馆。而"为便利各县厅士子赴府治应试，解决其住宿之困难"，台湾有的县厅

① 程树德：《〈闽中会馆志〉程序》，李景铭编纂《闽中会馆志》卷1，1943年刊印本。
② 王日根：《中国会馆史》，中国出版集团东方出版中心，2007，第29页。
③ 王熹、杨帆：《会馆》，北京出版社，2006，第10~11页。
④ 李景铭：《〈闽中会馆志〉凡例》，《闽中会馆志》卷1，1943年刊印本。
⑤ 徐珂编撰《清稗类钞》第1册，中华书局，1984，第185页。

亦曾在府城为本地参加岁、科试士子建会馆。① 如早年台南有澎湖试馆，
"额曰'澎瀛书院'，为应试诸生公寓"，系原澎湖通判胡建伟调任后于乾
隆三十六年捐建。②

二 台湾会馆创建前的台湾应试士子

依清代定制，乡试、会试每 3 年一科，遇皇家庆典加恩科。清廷统一
台湾之后，康熙二十六年（1687），5 名台湾士子首赴福建乡试，凤山县学
附生苏峨成为史上首位台湾举人。③ 自此每两三年，均有台湾士子渡海赴
省城乡试、京都会试。台湾人多为闽粤移民及其后裔，故台湾会馆建立
前，台湾应试士子多依祖籍寓于京城的闽粤籍会馆和福州的内地府县
会馆。

漳州会馆（即漳郡会馆，包括东馆、西馆）是京城的福建府馆之一，
始建于明隆庆、万历年间，清顺治年间迁至正阳门外冰窖胡同。目前传世
的光绪–宣统重梓本《漳郡会馆录》分"文甲第""文科名""明经""国
学""文特用""武甲第""武科名""武特用""世爵""恩荫""荐辟"
"三考官""文甲升选""文科升选""明经升选""国学升选""文特升
选""武甲升选""武科升选""武特升选"等，录有按官阶、科名根据规
约"捐金"的入住人员姓氏。④ 从中可知入住会馆人员为来京的漳州籍
文武科进士、举人，以及贡生、国学生和各类官员等，与前述会馆功能
一致。

2003 年，汪毅夫《〈漳郡会馆录〉发微》一文对与漳郡会馆相关的多
个问题做了深入探究。⑤ 他指出，多位祖籍漳州的台湾进士、举人曾寓于
漳郡会馆。据《漳郡会馆录》的"文甲第捐金姓氏"，曾经入住的台湾进
士有陈梦球、郭望安、杨士芳、陈望曾、汪春源等 5 人：

① 庄金德纂修《台湾省通志》卷 5《教育志·考选篇》第 2 章《清代之考选》，台湾省文献
委员会，1973，第 36 页。
② 林豪纂《澎湖厅志》卷 4《文事》，台北成文出版社，1990（据清光绪二十年刊本影印），
第 34 页。
③ 庄金德纂修《台湾省通志》卷 5《教育志·考选篇》第 2 章《清代之考选》，第 70 页。
④ 《漳郡会馆录》，光绪–宣统重梓本。
⑤ 汪毅夫：《〈漳郡会馆录〉发微》，《台湾研究集刊》2003 年第 3 期。

陈梦球，二受，龙溪人，旗籍，康熙甲戌翰林；

郭望安，米山，龙溪人，台湾籍，道光乙未；

杨士芳，诏安人，台湾籍，同治戊辰；

陈望曾，省三，漳浦人，台湾籍，同治甲戌；

汪春源，杏泉，安平人，祖籍南安，寄籍龙溪，光绪戊戌。

在"文甲第升选捐金姓氏"中并载有陈梦球、郭望安、陈望曾、汪春源入住时的官职，分别为：甲戌翰林院编修、湖北即用知事、内阁中书、癸卯签分江西即补知县。

汪毅夫还据"文科名捐金姓氏"列出曾入住漳郡会馆的台湾举人，最近我们增补了其漏列的杨朝宗、许拔萃 2 人，共 34 人：

陈梦球，游龙（按：陈梦球，字二受，号游龙），龙溪人，旗籍，康熙癸酉顺天榜；

杨朝宗，青海，长泰人，台湾籍，康熙癸巳；

王　宾，利尚，长泰人，台湾学，乾隆戊午；

陈　辉，明之。漳浦人，台湾学，乾隆戊午；

黄师琬，漳浦人，彰化学，乾隆甲子；

张简拔，南靖人，诸罗学，乾隆甲子；

许拔萃，德超，诏安人，诸罗学，乾隆辛卯；

郭廷机，君序，龙溪人，诸罗学，乾隆甲午；

刘应黑，亦璋，海澄人，台湾学，乾隆丁酉；

郭旁达，孚尹，龙溪人，台湾学，乾隆癸卯；

潘振甲，捷南，海澄人，台湾学，乾隆丙午；

石维梓，鹏九，龙溪人，台湾学，乾隆乙酉，榜姓李；

林希哲，宝华，龙溪人，台湾学，嘉庆戊辰，原名希文；

张士凤，晋三，平和人，台湾学，嘉庆戊辰；

林大元，子善，海澄人，台湾学，道光辛巳；

郭望安，米山，龙溪人，台湾学，道光壬辰；

林巽中，龙溪人，台湾学，道光甲午；

杨占鳌，腾六，平和人，台湾学，道光己亥；

黄缵绪，绍芳，漳浦人，台湾学，道光庚子；

邱位南，石庄，南靖人，彰化学，道光癸卯；

郑步蟾，桂樵，龙溪人，台湾学，咸丰壬子；

李春波，镜如，南靖人，台湾学，咸丰己未；

李望洋，静斋，南靖人，噶玛兰学，咸丰己未；

李连科，柳堂，长泰人，台湾学，同治丁卯；

郭鹗翔，荐秩，龙溪人，澎湖学，同治庚午；

李春潮，晓亭，南靖人，台湾学，同治癸酉；

王均元，子旭，龙溪人，台湾籍，同治癸酉；

陈望曾，省三，漳浦人，台湾学，同治庚午；

潘成清，翘江，漳浦人，台湾学，光绪乙亥；

连日春，蔼如，长泰人，台湾籍，光绪丙子；

陈登元，君聘，漳浦人，台湾籍，光绪丙子；

李春澜，澄如，南靖人，台湾籍，光绪丙子；

吕赓年，诏安人，台湾籍，光绪戊子；

林金城，钥臣，光绪辛卯科，台湾归籍龙溪。①

其中光绪丙子举人陈登元后成为光绪壬辰进士。这些台湾举人、进士在林文龙著《台湾的书院与科举》的名录中均有列名，② 可印证其姓氏、科年无误。早年多称陈梦球为"同安人"，汪毅夫对为何《漳郡会馆录》中载其为"龙溪人"，以及为何将其列为台湾举人、台湾进士亦有详尽阐述。

　　丘逢甲于光绪十五年己丑科会试取为进士。汪毅夫根据其会试期间的诗作"下斜街邸中春晓二首"③ 推断，丘逢甲赴京应试，寓于"下斜街"某会馆。下斜街及毗邻的上斜街、长椿街、广安门内大街地区分布有广东、广西、山东、山西、河南、浙江、福建、云南、贵州、四川的多座省府县会馆。他当时应是住在这一带的闽粤籍会馆中。汪毅夫还根据其他史料考证出，原籍福建惠安、寓台多年的林鹤年赴京参试曾寓于泉郡会馆，

---

① 以上举人、进士名录摘录自《漳郡会馆录》。
② 林文龙：《台湾的书院与科举》第 2 辑《科举在台湾》，台北常民文化事业股份有限公司，1999，第 148～173、192～195 页。
③ 丘逢甲：《柏庄诗草》，中国友谊出版公司，1986，第 41～44 页。

进士叶题雁曾以"户部郎中"身份入住晋江邑馆，并称：会试"亦是北京同台湾在历史文化方面一种特有的联系。赴京参加会试的台湾历史文化名人当年多寓于北京的会馆（如……下斜街某会馆、漳郡会馆、泉郡会馆、晋江邑馆等）"，① 而福建乡试则为"清代闽、台两地人员往来的一个特殊管道"②。

台湾海峡风急浪高，乘帆船渡海危机四伏，甚至多次发生船毁人亡的惨剧。道光、咸丰年间任分巡台湾兵备道的徐宗干在《壬癸后记》③ 中记述有咸丰元年（1851）赴乡试士子海上遇险幸存及次年赴试士子遇难之事，并称：

> 书院散馆日，设酒食遥祭诸生之漂没者，刊石于门云："乡试诸生，小暑节前登舟内渡，过此勿往。"又立石试院云："乡试文武生，勿轻出海口，文于小暑前、武于白露后。"又作渡海万全歌云："三、四千石新造船，鹿口对渡到蚶泉；三月廿三、四日后，四月初七、八日前。"

八月乡试、九月中放榜。台湾士子三四月渡海赴试，待到放榜，需要在省城逗留约半年。会试举子还需长途跋涉，费时更长。这其中的苦涩只有亲历者自己知道。但渡海赴试的艰险，并不能扑灭台湾士子博取功名的热望。不少士子为得金榜题名多次赴试，往来于海峡两岸。

台南士子施琼芳从道光十八年（1838）起到二十五年，8 年间 3 次赴京，两度在京城过冬，历经戊戌科、庚子恩科、辛丑科、甲辰科和乙巳恩科 5 科会试，终成进士。第二次参加会试后滞留京城期间他曾赋诗《元日旅馆书怀》，④ 以"身世一朝添岁月，风光两载别家山""自有羁愁浓过酒，不关椒柏易酡颜"的诗句抒发自己年关时节孤身在外的乡愁。汪毅夫

---

② 汪毅夫：《从台湾进士看清代科举制度》，《闽台地方史论稿》，第 24～35 页。
③ 徐宗干：《壬癸后记》，《台湾文献丛刊第 93 种·斯未信斋杂录》，台湾大通书局，第71～72 页。
④ 施琼芳：《元日旅馆抒怀》，施懿琳等编撰《全台诗》第 5 册，台湾文学馆，2004，第359 页。

称其"已荐未售，遂留邸都中，闭门苦读……其居处当是北京的某一会馆"，① 认为题中"旅馆"实际上就是会馆。嘉义举人王献瑶于咸丰年间数次赴京会试，一次因道路梗塞折回；后一次又因渡海遇风误了考期。② 澎湖士子蔡廷兰先后 4 次赴省城乡试，道光十五年乙未恩科再次落榜，返乡途中遭遇飓风，所乘船只在海上漂泊 10 日，抵越南沿海，所幸无性命之虞。后经水陆万余里行程，历时百余日返回澎湖。他没有退缩，越年第 4 次渡海乡试，终成丁酉科举人。他还将漂泊越南返程沿途所见所闻写成《海南杂著》，广受关注，被译为多国文字出版。③

由于渡海赴试险象环生，咸丰、同治年间，清廷特意为海难溺亡的赴试士子追授训导职衔，以告慰亡灵。④ 为保证安全，同治十三年（1874）起，每逢考期，乡试士子不必再自行乘船，改为"官送"，有官轮将他们由淡水港集体运至福州，光绪十年中法战争后则改用商轮运送。⑤ 而据时任凤山县学教谕的王元稚载："（光绪）八年壬午，四十一岁，仍在凤山治事。六月，奉委送闱，挈眷由旂（旗）后附官轮晋省，时风浪平靖（静），考生数百人。"⑥ 即运送乡试士子的官轮亦有由凤山旗后（今高雄旗津）启航的。由丘逢甲赴京会试途中的《夜出吴淞口放洋》《舟次登莱间书感》《大沽口待潮》《塘沽坐火轮车抵津门二首》《北平守》《蔡村夜发》《黄金台》《南归舟中见槎山》《归舟口号》等诗作⑦知，他当时是从吴淞口乘船北上，在塘沽下船乘车到天津，再经由北平守、蔡村、黄金台进北京，返程亦走水路。可见此时台湾会试举子也改为轮船往返，以减少陆路长途跋涉数月劳顿之苦。

综上所述，台湾士子渡海赴试，较之内地士子更险更难，因此对省城、京都会馆的期盼更甚。

---

① 汪毅夫：《台湾历史文化名人与北京的会馆》。
② 光绪《大清会典事例》卷 351《礼部·贡举·覆试》
③ 高启进：《双头挂进士第与开澎进士蔡廷兰》，陈益源、郑大主编《科举制度在台湾》，第 183～217 页。
④ 丁曰健：《乡试各生赴省有遭风淹没请恤片》，《台湾文献丛刊第 17 种·治台必告录》卷 7，台湾大通书局，第 536～537 页。
⑤ 庄金德纂修《台湾省通志》卷 5《教育志·考选篇》第 2 章《清代之考选》，第 72 页。
⑥ 王元稚：《夜雨灯前录续录》，光绪年间刻本。
⑦ 丘逢甲：《柏庄诗草》，第 41～44 页。

三　京城与福州台湾会馆的创建与历史变迁

同治年间，经时任福州府连江县学训导的台湾县举人魏缉熙①劝捐，在福州南台创建了台湾在省城的首座会馆——台澎会馆。据《澎湖厅志》载："同治初年，训导魏缉熙（台湾人），因澎湖绅士蔡继渐辞退银号领回之项，先挪四千元，就省垣南台买地创建台澎会馆；而以捐题之款归还母银。于是台、澎诸生应乡试者，甫登岸时，得以休息，行李咸称便云。"②

为台湾士子在京城、省城购建台湾会馆，首功当属光绪八年起任分巡台湾道的刘璈。上任伊始，刘璈即于光绪九年正月初六日向省府呈文，其中称，"查台属文风日起，每届应乡试者约八百余名，应会试者二十余人。此外有志科名、困于旅资者，亦尚不少，宾兴未免缺然"。为便利台湾士子参加乡、会试，他拟"先提银一万五千元，即在省城贡院左近，购建台南、北两郡试馆，遴委员绅监造，以为全台乡试士子栖息之所。又提银三千元，函托在京绅友，即在都城购建全台会馆，以备台湾会试举人及供职于京者，藉以居住"。并特地说明："购建省城试馆、京都会馆……等项经费均已支拨。"他认为，试、会馆一旦建成，"此后乡会诸士，托足有方，无烦租赁之费；即平时京职诸员，栖身得所，亦可谋憩息之安。是不特为台人联桑梓之谊，亦可为圣朝庆茅苑之占矣"③。

不料，刘璈拨款购建省城试馆和京都会馆的做法却遭到时任闽浙总督何璟的严厉斥责和彻底否定。同年四月，刘璈在再次呈文中只能称，购建会试馆之事"自应恪遵批谕，未便徇一隅之见……亟应转饬停办，一面驰函省会、京都各绅董，如原购馆屋可退即退，其已购修有成者，设法召变归价"。④ 不过似乎刘璈对自己所作"停办试会馆"的承诺并没有完全信守。光绪十年三月，刘璈在一份呈文中称，省城试馆和京都会馆均"系由培元局绅陆续承领"，台南、北两郡试馆"现已告竣"，而京城会馆"尚未

---

① 民国《福建通志》卷33《选举志13·清举人》，（沈瑜庆、陈衍等纂）民国27年刻本，第6页。
② 林豪纂《澎湖厅志》卷4《文事》，第34页。
③ 刘璈：《禀筹办全台乡会试馆宾兴及育婴济义仓各事宜由》，《台湾文献丛刊第21种·巡台退思录》，台湾大通书局，第111～114页。
④ 刘璈：《申报停办试馆各事宜由》，《巡台退思录》，第115～116页。

报竣"。①

史载，祁征祥于光绪"八年作宰台湾……九年移知闽县。乙酉（十一年）乡试，台南赴试士子往谒，尚礼下情殷，纡尊亲至台湾会馆回拜"。② 这似乎表明福州的台南、北两郡试馆在光绪十一年乡试时已经启用。③ 但据《台湾省通志》，"台士乡试……抵省后，可住宿于福州南台台湾会馆，以候应试"，④ 即台澎会馆亦称台湾会馆。故祁征祥所到台湾会馆是否为新建的台南、北两郡试馆，仍需更多史料证实。再者，两郡试馆仅能供300余名台湾士子居住，⑤ 其余应试士子应仍依祖籍寓于内地各府县的省城会馆，亦可能投亲靠友或自行赁屋居住。

关于购建京城全台会馆之事，光绪十年三月后在刘璈《巡台退思录》及其他文献中再无记载。但1922年6月《北京台湾青年会会刊》特别号发刊词中称"我们台湾原先在这边却有两座台湾会馆"。⑥ 由史料知，这两座会馆分别为坐落于前门外原崇文区大江胡同114号（旧门牌大蒋家胡同127号）的台湾会馆和原宣武区后铁厂胡同的全台会馆。⑦ 台湾会馆与原大蒋家胡同126号的云间会馆（即松江会馆）相邻接。据北京市台联2010年考察，后铁厂胡同新门牌2、4、6号为全台会馆，8号为叙州会馆。⑧ 《宣南鸿雪图志》的"椿树地区重要史迹分布图"亦显示，西河沿以南、后铁厂胡同北口东侧，全台会馆、大隐庵和叙州会馆相邻接。⑨ "光绪甲申仲冬开雕、丙戌季夏毕工"的《光绪顺天府志》则称，"大蒋家胡同……有旌德、松江、吉安、贵州诸会馆；旧有韶州会馆，今废"，"后铁厂，有

---

① 刘璈：《咨覆收支各项善举经费由》，《巡台退思录》，第119～125页。
② 《台南市志》卷6《人物志》，台北成文出版社，1983（据1958年排印本影印），第249页。
③ 汪毅夫：《顺天府乡试与北京的会馆——写给北京台湾会馆的学术报告》。
④ 庄金德纂修《台湾省通志》卷5《教育志·考选篇》第2章《清代之考选》，第24页。
⑤ 黄新宪：《闽台科举考试的历史渊源》。
⑥ 邱士杰：《一九二四年以前台湾社会主义运动的萌芽》，台北海峡学术出版社，2009，第128页。
⑦ 胡春焕、白鹤群：《北京的会馆》，中国经济出版社，1994，第110页。
⑧ 北京市台湾同胞联谊会编著《台湾会馆与同乡会》第2篇《台湾会馆的历史足迹》，第78～80页。
⑨ 北京市宣武区建设管理委员会、北京市古代建筑研究所合编《宣南鸿雪图志》，中国建筑工业出版社，1997，第69页。

叙州会馆，北抵西河沿，有大隐庵，余姚乡祠也"，① 未提及台湾会馆和全台会馆，说明"光绪甲申仲冬（1884 年 11 月）开雕"时，大蒋家胡同的台湾会馆和后铁厂的全台会馆尚未建起。

赴京赶考，入住本籍会馆最为便利。前已指出，丘逢甲于光绪十五年（1889）会试期间住在下斜街某会馆中。而由他当时的另一诗作《琉璃厂》知，其间他还逛过琉璃厂。② 下斜街位于宣武门外大街西侧，而琉璃厂与后铁厂同在大街东侧且相邻近。他不仅未入住全台会馆，甚至在诗作中也未曾提及，亦可推断后铁厂地区此时尚无全台会馆。

光绪三十四年（1908）出版的《详细帝京舆图》在宣武门外标有"全台会馆"，并将"全台会馆，宣武门外后铁厂胡同"列在图注部分福建省各会馆条目中。③ 这与李景铭关于台湾在京城的会馆"光绪二十年甲午起委托福建会馆代管"的记载相吻合。但该图中未标出前门外的台湾会馆。故可认为，全台会馆在光绪二十年（1894）前已建成，最大可能建成于光绪十六年至十九年（1890～1893）间；而台湾会馆光绪三十四年前尚未建成。

刘璈当年的呈文中指明省城两郡试馆位于"贡院左近"，却未说明在京城欲购建的"全台会馆"位于何处，过去一般认为它就是同名的后铁厂全台会馆。但 2011 年，北京市台联在北京市档案局发现了一份 1946 年 12 月时任台湾省旅平同乡会会长梁永禄以全权代理人身份提交要求确认"外一区大蒋家胡同一二七号"台湾会馆产权的声请书。声请书在宅地"所有权取得年月及上首移转情形"一栏中注明系"光绪九、买自李春发"，并附有"全台同乡建造会馆"民国四年附孤红保的县契。④ 这说明早在光绪九年，"全台同乡建造会馆"已买下大蒋家胡同宅地。与光绪九年正月刘璈称"提银三千元，函托在京绅友，即在都城购建全台会馆"、购建事宜

① 光绪《顺天府志·京师志 14》，《坊巷下》，（周家楣、缪荃孙等编纂）清光绪十年刻本，第 3、30～31 页。
② 丘逢甲：《柏庄诗草》，第 41～44 页。
③ 北京市台湾同胞联谊会编著《台湾会馆与同乡会》第 2 篇《台湾会馆的历史足迹》，第 85 页。
④ 北平市地政局第一次土地所有权登记声请书第 53463 号，北京市档案馆 J205 全宗 34 目录 3513 卷。

"系由培元局绅陆续承领"相对照,无论是宅地购于"光绪九年"还是"全台"之称都非常契合。是否可以这样推理:"在京绅友"受"培元局绅"之托,以"全台同乡建造会馆"(依刘璈所题"全台会馆"取名)的名义购置了大蒋家胡同宅地,而后会馆遭闽浙总督严责而停建,再因时局变迁,延至光绪三十四年后方才建成,为区别于已先建成的后铁厂全台会馆,仿照福建会馆又称全闽会馆,而改称"台湾会馆"?这种推测似顺理成章,可能性不能排除。①

至今文献中未发现台湾赴试举子入住京城台湾会馆的记载,但台湾进士许南英光绪三十四年在《戊申入都门感兴》诗之四中称:

> 故土遗黎祖国来,伤心会馆纪全台。
> 天公妒尔名无实,一炬三椽付刦灰(全台会馆于三月间失火)!②

此时他刚任广东三水知县,应是公务进京,拨冗到会馆,见其因失火受损,联想故乡被割让、会馆被托管,有感而发。诗作表明了台湾同胞痛失家乡故土的悲愤和台湾士子对京城台湾会馆的关切。

前已提及,丘逢甲当年赴京会试,系乘船北上,在塘沽下船,再乘车经由天津进北京。又据史载,台湾云林县沙连堡举人林凤池,"同治元年壬戌之变……率诸生立保全局……前臬道宪丁奏奖,以通判补用,赏戴蓝翎。后卒于天津会馆,年四十九岁"。③ 其中所言"天津会馆"应指建在天津的台湾会馆。天津系京城出海通道,当时已成重要商埠,是由水路进京赶考的台湾举子和往来京台的官员、商贾的必经之地。因此,天津建有台湾会馆也在情理之中。唯此仍待进一步史料发掘研究。

清末科举废止后,会馆演变成专为"联桑梓之谊"之地。此时台湾被割让、台湾会馆被托管,来北京的台湾人多居住在闽粤籍会馆中。如连横,1912 年到北京,在清史馆工作,寓晋江邑馆;林焕文夫妇,1922 年带着幼年的林海音来到北京,依夫妇的祖籍先后住过福建永春会馆、晋江邑

---

① 卢咸池:《台湾在京城两座会馆的由来与变迁——文献记载及其分析》。
② 许南英:《窥园留草·戊申入都门感兴之四》,1937 年刊本,第 84 页。
③ 倪赞元:《台湾文献丛刊第 37 种·云林县采访册》沙连堡,台湾大通书局,第 164 ~ 165 页。

馆和广东蕉岭会馆。① 这表明在没有台湾会馆的年代，闽粤籍会馆确是来京台胞的首选。新竹士子郑鹏云早年曾与丘逢甲、汪春源等一同就读于台南海东书院。② 乙未割台后，他于光绪二十三年（1897）欲乘帆船赴福州乡试，遭日军发现截回。后他内渡并参加光绪二十八年（1902）乡试再次落榜，终"家道萧条，因赴福州，管理台湾试馆……坎坷中客死榕城，年五十四岁"。③ 这里所言"台湾试馆"显指台南、台北两郡试馆。

经在京台胞多方努力，台湾会馆于 1937 年"由台湾乡人收回自管"。1941 年初，钟理和夫妇带着刚出生的儿子钟铁民来到北平（后成为台湾著名乡土文学作家），曾在此居住过 3 个月。为此，钟铁民于 2010 年特意题词："先父钟理和到北京第一个落脚的基地，也是婴儿的我北京的第一个家！这就是台湾会馆。"④ 台湾会馆永远是远离故土的台湾同胞在北京温暖的家。

岁月沧桑，福州南台的台澎会馆早已不知所终；北京的全台会馆被托管期间失火，可能因在京台胞无法付出修复费用而丧失其所有权，后演化为民居。前门外的台湾会馆，1937 年"由台湾乡人收回自管"，再经梁永禄 1946 年力争，使台湾省旅平同乡会作为"全台同乡建造会馆"的继承人对会馆的产权终得确认。⑤

光阴荏苒，20 世纪末 21 世纪初的旧城改造浪潮中，北京全台会馆所在后铁厂胡同和福州原台南、台北两郡试馆所在贡院考棚及周边均被整体拆除。在两岸台胞的共同努力和中央、北京市有关领导的关怀下，前门外大江胡同的台湾会馆得以保留并修复重张。今天，它不仅是史上两岸交流的重要见证，而且成为京、台交流的重要平台和台湾历史文化的宣传研究

① 北京市台湾同胞联谊会编著《台湾会馆与同乡会》第 4 篇《在北京的台湾人》，第 184 ~ 190 页。
② 连横著《台湾文献丛刊第 128 种·台湾通史》卷 36《列传 8》，台湾大通书局，第 1033 页。
③ 《新竹县志》卷 9《人物志》，台北成文出版社，1983（据 1957 年修、1976 年排印本影印），第 26 页。
④ 北京市台湾同胞联谊会编著《台湾会馆与同乡会》第 2 篇《台湾会馆的历史足迹》，第 91 ~ 92 页。
⑤ 北京市台湾同胞联谊会编著《台湾会馆与同乡会》第 2 篇《台湾会馆的历史足迹》，第 86 ~ 87 页。

基地。

四　几点结论

由以上论述，可以得出几点简单结论。

1. 明清两朝是我国历史上的科举鼎盛期，也是京城各地会馆最兴盛的时期。北京的会馆首先系各地为来京参加会试的本地举人和来京官员提供栖居之地而创建。在地方上，不少府州县也在省城为参加乡试的本籍士子建有会馆。

2. 清康熙年间起，众多台湾士子赴省城乡试、京城会试。他们渡海应试，较之大陆士子更险更难。且乡试士子需要在省城一次逗留约半年，会试举子为连应恩、正科甚至滞留京城经年。因此他们对省城、京都会馆的期盼更甚于大陆士子。

3. 京城设立台湾会馆之前，台湾参试举子多依祖籍寓于闽粤籍会馆，如漳郡会馆、泉郡会馆、晋江邑馆等。清同治、光绪年间，台湾乡绅先后在福州建立了台澎会馆和台南、台北两郡试馆，在京城建立了全台会馆和台湾会馆，以图"乡会诸士，托足有方，无烦租赁之费……京职诸员，栖身得所，亦可谋憩息之安"。天津当年也可能建有台湾会馆。

4. 会馆是科举文化的一部分。清末科举被废止后，会馆"敦亲睦之谊、叙桑梓之乐"的功能凸显，被延续下来。在今天，研究会馆的创建及历史变迁，对于我们弘扬中华优秀文化、促进民族复兴，有重要启示。

致谢：2017 年 11 月福州"闽台科举文化"学术研讨会期间，台湾文献馆研究员林文龙先生对本文做了精彩点评，并提供了原文所欠缺的凤山旗后亦为官轮启航港及天津亦可能建有台湾会馆等重要史实和相关史料，使本文得以进一步补充完善。谨致以诚挚谢意！

（作者单位：北京大学、北京市台湾同胞联谊会）

文献研究

从《沈阳日记》看多尔衮与昭显
世子的交往

李思莹

摘　要："丙子之役"后，崇德二年（1637），根据清与朝鲜"三田渡盟约"的规定，昭显世子李淐一行在睿亲王多尔衮的护送下入质沈阳。多尔衮与昭显世子长达 8 年的交往过程主要分为入质途中（1637.2 ～ 1637.4）、沈馆时期（1637.4 ～ 1644.4）和入关途中（1644.4 ～ 1645.1）三个阶段。在此过程中，多尔衮与昭显世子建立了良好的私人关系，其交往集中反映了在宗藩体制初建时清、鲜双方由互相警惕到建立互信的磨合发展过程，在政治和外交方面促进了战后两国关系的改善和宗藩体制真正意义上的形成。

关键词：多尔衮　昭显世子　私人外交　宗藩关系

清太宗崇德元年（朝鲜仁祖十四年，1636），皇太极发动"丙子之役"，进攻朝鲜。次年，两国订立"三田渡盟约"，以城下之盟的形式规定朝鲜向清称臣，由此奠定了清鲜宗藩体制的基本框架。根据盟约规定，朝鲜同意派昭显世子李淐等王公贵族子弟到沈阳作人质。在清看来，纳质是臣服的体现，也是迫使朝鲜遵守盟约的保障。通过之后的史实来看，质子在清与朝鲜宗藩关系建立初期具有特殊的纽带作用，而这种纽带作用是通过以昭显世子为代表的一行人与清方人员的具体交往体现的。在世子入质的 8 年间，和硕睿亲王多尔衮是与世子交往最为密切的清方高层人物，他一路陪行世子入质沈阳，在沈馆期间两人始终保持接触，入关途中世子又随多尔衮同行，在交往中彼此逐渐了解，并在某些方面开展互助合作。这种私人交往在清朝与朝鲜宗藩关系建立初期起了特殊的作用。

学术界对昭显世子入质问题的研究主要集中在世子及其辅佐人员到达

沈馆后的宗藩外交活动,① 但对世子入质沈阳途中清、鲜双方的初次交往、松锦之战对清、鲜关系的影响以及世子随军入关的特殊经历则缺乏深入系统的研究,而这些事件中的核心人物则是多尔衮。② 因此,本文拟以《昭显沈阳日记》为基本史料,并将其与《内国史院满文档案》《沈阳状启》《沈馆录》等其他史料进行综合梳理,将多尔衮与世子的交往过程主要分为入质途中(1637.2~1637.4)、沈馆时期(1637.4~1644.4)和入关途中(1644.4~1645.1)三个阶段,分析二者在新时代背景下的互动关系,从而进一步探讨私人外交在清、鲜宗藩关系初建时的特点及其历史作用。

一 入质途中的交往

(一) 多尔衮对朝鲜国王及其世子的安抚

对多尔衮在"丙子之役"中的表现,清史学家孟森做过评价:"多尔衮于征朝鲜时,《朝鲜实录》中载其举动,在满洲中独为温雅得体,固其

---

① 有关昭显世子入质问题的研究成果,参见〔韩〕金龙德:《昭显世子研究》,《史学研究》(第18辑),1964;刘家驹:《清朝初期的中韩关系》,台北文史哲出版社,1986年;〔韩〕韩明基:《丙子胡乱后朝鲜知识层的清朝理解——以昭显世子书筵官金宗一的认识为中心》,《国际韩国学研究》(第1辑),2003年;〔韩〕金文奭:《昭显世子的外交活动》,《儒生文化》2004年第4期;叶泉宏:《沈馆幽囚记(1637-1645):清鲜宗藩关系建立时的人质问题》,《韩国学报》(第18辑),2004年;艾学:《李朝质子在盛京问题的研究——兼谈清初盛京宫廷与李氏朝鲜的关系》,《沈阳故宫博物院院刊》(第4辑),中华书局,2007;石少颖:《仁祖时代朝鲜对后金(清)交涉史研究(1623—1649)》,山东大学博士研究生论文,2008年;王艳春:《李朝质子与清初中朝文化交流——以李朝质子与盛京宫廷为中心》,《中外关系史论文集》(第14辑),甘肃人民出版社,2008;王阳:《清崇德年间朝鲜质子问题研究》,黑龙江大学硕士研究生论文,2010年;郭强、赵兴元:《昭显世子入质期间在协调中朝关系中的作用》,《朝鲜·韩国历史研究》(第12辑),延边大学出版社,2012;石少颖:《从"郑雷卿案"看沈馆朝鲜陪臣的抗清活动》,《韩国研究论丛》2012年第1期;玄花:《沈馆宗藩外交研究(1637—1644)》,吉林大学博士研究生论文,2013年;姜相顺、姜阳:《朝鲜质子陪同官吏姜孝元、郑雷卿案》,《中国边疆民族研究》2015年第12期;王臻:《清朝兴起时期中朝政治秩序变迁研究》,商务印书馆,2017。

② 对于多尔衮朝鲜政策的研究,以往多侧重于多尔衮对朝政策的单方面叙述,很少关注其与以昭显世子为首的朝鲜上层人物的双向互动关系。参见李光涛《多尔衮征女朝鲜史事》,"中央研究院"历史语言研究所专刊之五十七,1970年;刘为:《试论摄政王多尔衮的朝鲜政策》,《中国边疆史地研究》2005年第3期。

资质之美，即天之所以启女真，生才非意想所及也。"① 反映了多尔衮在"丙子之役"中亲善朝鲜的态度和做法。

崇德二年春，清兵遍掠朝鲜八道，所过之处，"闾阎荡残"，"人家皆烧尽，鸡豚鹅鸭绝无所见，只有吠犬，饱人肉而狂走"。② 清兵进占朝鲜都城后，"载箱笼器皿，驱我国（朝鲜）人民，自都城出来者，横亘于路，盖清主令空城以遗我，故留阵城中者，各自搬运所掳而出也"。③ 相比之下，多尔衮攻入江华岛城后的情形则与此大不一样，先是保护了朝鲜国王李倧及群臣的眷属，④ 之后"送人刷还江都被掳人若干"，⑤ 在会见朝鲜国王时，又"设馔饷侍臣"，⑥ 以安定人心。二月初八日，多尔衮携朝鲜国王两质子李㴭、李淏及其家眷撤军还沈阳，国王为其送行。多尔衮和国王有一段对话，从中更可以看出他成熟持重的外交才干和争取人心的政治远见。《李朝仁祖实录》记载：

> 九王（多尔衮）曰："远来相送，实切感谢！"上（李倧）曰："不教之儿，今将随往，愿大王指教之。"九王曰："世子（李㴭）年岁既加于俺，而观其处事，实非俺之所敢指教。况皇帝（皇太极）厚遇之，愿勿虑焉。"上曰："诸子生长于深宫，而今闻露宿累日，疾恙已作，幸于道路使得寝于房堗。"九王曰："谨奉教。万里之别，必费心虑，深恐国王之致伤也。世子虽往，亦必不久还来，幸勿过虑。师行甚忙，请辞焉。"世子、大君（李淏）拜辞而行，上涕泣而送曰："勉之哉！勿激怒，勿见轻。"世子伏地而受。群臣牵裾恸哭，世子止

---

① 孟森：《清史讲义》，中华书局，2010，第 108 页。

② （朝）李肯翊：《燃藜室记述》卷 25《丙子虏乱丁丑南汉出城》，第 568 页。韩国古典综合 DB，http://db. itkc. or. kr/dir/item? itemId = BT#/dir/node? dataId = ITKC_BT_1300A_0260_010_0040，2017 – 11 – 03。

③ （朝）李肯翊：《燃藜室记述》卷 25《丙子虏乱丁丑南汉出城》，第 567 页。

④ 多尔衮在当上辅政王之后说："朝鲜国王因予取江华，全其妻子，常以私馈遗，先帝时必闻而受之。今辅政，谊无私交，不当受。"《清史稿》卷 218《睿忠亲王多尔衮传》，中华书局，1986，第 9024 页。

⑤ 《昭显沈阳日记》（一），仁祖十五年二月初六日，〔韩〕林基中编《燕行录全集》卷 24，韩国东国大学校出版部，2001，第 433 页。

⑥ "上幸西江蚕头，见九王。九王设馔饷侍臣，饥渴之余皆甘食，不食者只申翊圣、李之恒二人而已。"（朝）李肯翊：《燃藜室记述》卷 25《丙子虏乱丁丑南汉出城》，第 569 页。

曰:"主上在此,何敢乃尔",仍曰:"各自珍重。"遂上马而去。①

这真是一幅人情味十分浓厚的惜别画面,多尔衮既是画内人,又好像是画外人,即主即客,朝鲜国王父子的命运,实际上是掌握在他一人的手中,② 但在礼仪上,多尔衮并未以战胜者自居,把朝鲜国王父子视为阶下囚,而是表示自己体会得到朝鲜国王父子"万里之别"的伤感与忧虑,同时许诺对待世子会"厚遇之",并以世子"必不久还来"的乐观态度安慰国王。可见,多尔衮能够意识到清朝和朝鲜宗藩体制初建下相互体谅、化解矛盾的必要性和紧迫性,这关系到清政权的发展。此后,他不仅在言辞上,更在实践层面努力改善战后两国的关系。

(二) 监视与照顾并举

崇德二年二月十六日,清太宗皇太极在多尔衮护送朝鲜国王二子入质沈阳的途中,对其发出诏谕:

> 朕观统兵诸将,皆有懈心。今朝鲜国虽已平,军行宜照常谨慎,不可玩忽,妥加管束。再,朝鲜王之二子,恐有脱逃,宜加意防守,携之以行。再,沿途城邑村堡官民,有迎尔等者,亟宜禁止。再,城邑村堡之人,有立于道旁,与我军俘获者交谈,相认亲戚者,俱行禁止,勿令近前。并晓谕该官等俱令各自归家安居,不得出行道途,恐其诱我军俘获之人逃遁也。再,经过有民之城邑村堡,须遣官率兵护卫,俟后队过毕,收集前来,勿违朕命。③

根据上述内容,再结合原满文诏谕中的"olhoro"(谨慎)、"seremšere"(警惕)、"turiburahū"(恐脱逃)、"tuwakiyame"(防守)④ 等词可以从总体

---

① 《朝鲜仁祖实录》卷34,仁祖十五年二月初八日,(日本)东京学习院东洋文化研究所,1962年,第213页。
② 陈作荣、赵毅:《多尔衮评传》,东北师范大学出版社,1993,第104页。
③ 中国第一历史档案馆:《清初内国史院满文档案译编》(上),光明日报出版社,1989,第249~250页。
④ 〔日〕河内良弘:《内国史院满文档案译注》,京都松香堂书店,2010,第117页。

上看出当时清、鲜关系的紧张与互不信任。皇太极一再叮嘱多尔衮行军途中必须时刻留意朝鲜国王二子以及被俘者，不可懈怠，以防其逃脱。收入《清初内国史院满文档案译编》中的汉译文忠实于原满文诏谕的内容，但个别重要的词汇没有准确译出，如将"akdulame tuwakiyame"笼统译为"防守"。实际上，"tuwakiyame"意为"防守"，确实符合前文所述的含义，但"akdulame"则偏重于"保护"的含义，汉译文没有体现出这一层含义。因此，皇太极对多尔衮下达的实为对世子一行进行"防守"和"保护"的两条命令，而多尔衮则认真地贯彻执行了这两条命令，监视与照顾并举。

一方面，对世子一行进行必要的监视。三月十一日，在行军路程大约达到一半时，多尔衮派人到世子营处询问"一行员役之数"，[①] 对世子一行进行人数统计。四月初三日，大军将要抵达目的地沈阳时，多尔衮再次统计世子一行的人数，[②] 并遣苏拜等向皇太极奏报，[③] 意在执行皇太极"恐有脱逃，加意防守"的命令，借统计人数间接对世子一行进行监视。

另一方面，对世子一行不断安抚并予以妥帖照顾。行军途中，多尔衮不时派人到世子营中问安，[④] 对其始终以礼相待，并积极主动开展交往。《沈阳状启》记载了两人在驻营时会面的场景。二月二十八日午后，多尔衮差人邀见世子。世子到后，多尔衮"起立"，请世子"除拜礼"就座于自己的左前方。世子依其所言，但仍保留一定的礼数，"于坐席俯伏而起"，多尔衮也对世子回礼。"设茶后，仍进馔床，从容款洽而罢"。世子告辞时，多尔衮令从坐人等与自己"起立而送之"。[⑤] 从这些细节可以看出，多尔衮十分谨慎地执行着护送任务，对世子既有礼貌又表露出友好的善意，增加了世子一行对自己的信任，为以后进一步交往打下了良好的基础。

---

① 参见《昭显沈阳日记》（一），仁祖十五年三月十一日，第449~450页。
② 参见《昭显沈阳日记》（一），仁祖十五年四月初三日，第459页。
③ 入质朝鲜国王诸子及大臣诸家口数目参见《清太宗实录》卷34，崇德二年四月甲戌。
④ 参见《昭显沈阳日记》（一），仁祖十五年二月初八日，第433页；仁祖十五年三月三十日，第458页；仁祖十五年三月十九日，第453页。
⑤ 《沈阳状启》，仁祖十五年二月二十八日，《奎章阁丛书》第一，韩国京城帝国大学法文学部，1935年，第6~7页。

（三）礼尚往来、互惠互助

昭显世子"生长于深宫"，如今要"露宿累日"行军，朝鲜国王放心不下，相别时，他曾嘱托多尔衮照顾世子，多尔衮没有让朝鲜国王失望。崇德二年春，清军从朝鲜撤还途中，多尔衮不断向世子提供衣食补给。世子的随行宰臣记载："大概一自发行之后，九王（多尔衮）及马将（马福塔）等颇有款待之意，中路所捉雉獐及牛只，连续送来<u>为白乎弥</u>。"① 而世子也"时或略将行中馈物送之"，② 进行回谢。具体情况如表 1 所示。

表 1　多尔衮与昭显世子礼品互赠③

时间	内容	页码
二月初一日	九王（多尔衮）送毡幕一围	431
二月初四日	九王送人进烹肉及果数种	432
二月初八日	九王送人问候送牛一①只	433～434
二月初九日	九王送雉一	434
二月初十日	九王送獐一	434
二月十二日	世子以文鱼、大口鱼②乾雉等若干送于九王及马夫大	436
二月十六日	九王送獐一	438
二月十八日	世子送米二石、太一石、牛一头、药果一封于九王	440
二月二十三日	九王标下卢施等二人来，世子令宰臣设酒肉以待	442
二月二十六日	九王求鹰于我，新溪守得一，连送之	443
二月二十八日	九王送卢施等人回谢，世子招见，馈酒一杯，给南草以送	444
二月二十九日	世子送粮饼等物于九王，九王受烛三只、海松子数升	444
三月初九日	世子送牛二头、米二石、药果一③封、脯肉一封、烧酒一瓶、枝三一封于九王	449
三月十九日	九王送人问候兼致若干果品，世子使诸宰臣馈酒以送	453
三月二十二日	清人逐獐人我阵中，我人获之。世子送于九王，九王不受	455

---

① 《沈阳状启》，仁祖十五年二月初九日，第 2 页。引文中下划线标注的文字为朝鲜吏读，起敬语的作用，以下引文皆同。朝鲜吏读的具体用法参见《沈阳状启》附录中的《〈沈阳状启〉吏读一览表》，第 31～48 页。

② 《沈阳状启》，仁祖十五年三月十三日，第 9 页。

③ 资料来源《昭显沈阳日记》（一），第 431～459 页。

时间	内容	页码
三月二十五日	九王送獐一	456
三月二十六日	九王送獐一	456
三月二十七日	九王送獐一	457
三月二十九日	世子送米十斗于九王	457
四月初二日	九王送獐一	458
四月初五日	九王送獐一	459

注：①《沈阳日记》作"二"，〔韩〕林基中编《燕行录全集》卷26，第580页。《沈阳日记》是《昭显沈阳日记》的节选本。因朝鲜燕行使的出使日记存在互相抄袭的现象，又多不署名，故难以辨别这两个版本的成书先后。笔者采用《昭显沈阳日记》的内容制表，同时用《沈阳日记》对文字进行校对。

②《沈阳日记》无"鱼"字，第581页。

③《沈阳日记》作"二"，第586页。

从上表可以看出，在礼物互赠方面，多尔衮表现得比世子更为主动，多是他送礼，世子回礼，让世子一行感觉到优待。但若具体分析多尔衮的所送之物，则会发现多集中在猎物类，种类较为单一，反映出清虽然是战胜方，但当时的物质生产并不发达，物资较为匮乏，行军所带粮食并不充足，需要在沿途行猎以获得食物供给。而相比之下，世子所送之物多为米、豆、粮饼等食物，以及药果、酒、蜡烛等生活消费品，种类较为丰富，这在一定程度上可弥补清军行资的匮乏。同时，多尔衮也表现出谦让的态度，并非一味地索取。面对世子的馈赠，他多以"以情馈之，不可不受"，①"此则领情"② 答之，只留下其中的一小部分，"还送其余，曰以供行资云"。③ 由于多尔衮的带头作用，其部下对待朝鲜人的馈赠也有所节制，如"卢施博士处亦有所馈，以九王不受，亦辞之"。④

由于物资匮乏，加之恶劣的行军环境，多尔衮"阵中人马多病"，向朝鲜"请得医官及马医"，"世子命送针医柳达及马医池义国，自此频有所请"。⑤ 客观上看，清鲜双方在初次接触的过程中，已有互惠互利的初步合

---

① 《昭显沈阳日记》（一），仁祖十五年二月十二日，第436页。

② 《昭显沈阳日记》（一），仁祖十五年二月十八日，第440页。

③ 《昭显沈阳日记》（一），仁祖十五年二月十八日，第440页。

④ 《昭显沈阳日记》（一），仁祖十五年三月初九日，第449页。

⑤ 《昭显沈阳日记》（一），仁祖十五年三月初十日，第449页。

作，但这并不意味着此时昭显世子一行对清方警惕、恐惧的心理已有所缓解，他们所作出的示好回应更多是面对清方军事高压迫不得已的表现。

（四）多尔衮对双边事务的处理

虽然清、鲜之间的战争已经结束，但战后遗留问题尚未解决，这些问题的存在是阻碍和制约两国宗藩关系进一步发展的重要因素。此外，清、鲜战争结束，也就意味着新一轮明清战争的开始，如何让朝鲜忠实地履行同盟国出兵参战的义务，这些都是接下来迫切需要考虑的问题。多尔衮在从朝鲜回师的途中就着手处理这些双边事务。

1. 刷还人口、禁止抢掠

清与朝鲜的人口刷送交涉始于崇德二年（朝鲜仁祖十五年）年初。该年一月三十日签订盟约后，清方禁止士兵掠夺朝鲜人口，对违令的士兵加以重罚，且"该管章京、分得拨硕库及小拨硕库一并治罪。劫掠之人，治以重罪，为首一人，斩首示众"。[①] 二月初九日，朝鲜派昭显世子的陪行宰臣与清方交涉放还停战后的被掳人。[②] 然而，实际"刷还"情况并不理想。

虽然多尔衮在朝鲜方面派人交涉之前就已经于二月初六日"送人刷还江都被掳人若干"，[③] 在朝鲜开始进行交涉之后，又于当月二十六日"刷还被掳人十一人"，[④] 但仍然是杯水车薪。清军在撤军之时"遍满道内，抢掠之患，逾往逾甚。孑遗窜伏之民，处处被掳"。世子虽力言于多尔衮，"使之禁断"，而"远处军兵，令有所不行，未能一一刷还。农节方急，顿无耕作之望，所见惨恻，而亦无奈何"。[⑤] 可见，受客观因素和实际能力的限制，世子与多尔衮私人外交的作用是有限的。在战后初期，朝鲜人被掳这

---

① 中国第一历史档案馆：《清初内国史院满文档案译编》（上），第 245 页。"拨硕库"又作"拨什库"，满文转写为 bošokū，汉译为领催，在佐领之下，是八旗军队衙署的低级官员，司文书、饷粮等事务。

② "（仁祖十五年二月）初二日，罢阵后被掳军兵放送事，有旨。初九日，臣等在坡州梨川边祗受与白有在果，臣、臣潢即以有旨内辞缘，往见马将（马福塔），反复开说。"《沈阳状启》，仁祖十五年二月初九日，第 1 页。

③ 《昭显沈阳日记》（一），仁祖十五年二月初六日，第 433 页。

④ 《昭显沈阳日记》（一），仁祖十五年二月二十六日，第 443 页。

⑤ 《沈馆录》，金毓黻辑《辽海丛书》（第 4 册），辽沈书社，1985，第 2764 页；《沈阳状启》，仁祖十五年三月十三日，第 9 页。

一战争遗留问题尚未得到妥善处理，① 清、鲜两国战后的矛盾依然存在，紧张关系在短时间内无法得到根本缓解。

2. 焚船事件

多尔衮在行军途中陆续化解清、鲜两国因"丙子之役"所致的冲突和误解。朝鲜统御使申景珍"不知和事既成，焚清船三十余只，至是清人求还本船"，朝方不得已，于是派水原府使具仁垕来多尔衮营中以实情相告，多尔衮"亦以为然，不复致诘，作蒙书付仁垕以遗小玍"。② 多尔衮并没有因焚船事件向朝鲜追究责任，他想用宽大的态度来缓和当时两国的矛盾，以免两国因误解而造成嫌隙。

3. 第一次朝鲜征兵交涉

自崇德二年至顺治元年（朝鲜仁祖二十二年）期间，清朝在朝鲜共征兵三次，第一次发生在崇德二年二月初二日至四月初八日间，正值多尔衮护送昭显世子入质沈阳之际。当时清军为了攻打皮岛而决定从朝鲜征兵。③ 起初，清军以"五十只船为请"，而一条船的容载量"小或至十数人，多不过三四十"，以此计之，朝鲜最多只需征召二千人。但此后，清将马福塔又要求朝鲜所派军兵"必以一万二千五百名整齐云"。而当时"清兵尚屯西路"，朝鲜民众"虽有孑遗，远远窜伏，不但无处可调，虽合两道之兵，决难充万余之数"。④ 可见，清方的要求显然大大超出了朝鲜实际的征兵能力。

面对清方苛刻的征兵要求，三月初九日，世子派遣宰臣朴篑、南以雄、朴潢三人分两路与多尔衮、硕托进行交涉。⑤ 在交涉之前，他们认为"加减操纵，专在于九王"，"九王若不许减数，且不许前往召将（硕托）处，则亦难违越强行，极为闷虑"，⑥ 担心多尔衮会不同意减免征皮岛的士兵数

---

① 关于后期的人口刷还问题研究，参见〔韩〕朴容玉《丙子乱被虏人刷还考》，《史丛》（第 9 辑），1964 年；全信子：《论清第二次征朝与朝鲜女性俘虏》，《满族研究》2002 年第 3 期；玄花：《沈馆宗藩外交研究（1637—1644）》，第 92～105 页。

② 原书注：小玍即主管水兵者也。《昭显沈阳日记》（一），第 435 页。

③ 参见《清太宗实录》卷 34，崇德二年二月乙酉，第 437 页。

④ 《沈阳状启》，仁祖十五年三月十三日，第 10 页。

⑤ "陪从宰臣一面恳告于九王（多尔衮）前，使之曲通于召退（硕托）处，一面宰臣一员驰告召退将，悉心周旋事，有旨。"《沈阳状启》，仁祖十五年三月十三日，第 10 页。

⑥ 《沈阳状启》，仁祖十五年三月十三日，第 10 页。

量。当三位宰臣于三月十四日来到多尔衮官舍恳求减兵时，多尔衮虽称自己没有权力决定朝鲜出兵人数，"自此减几名，给几名事段，不可指挥"，而且具体情况也不清楚，"当初军兵几名定给事段，未能详知"，① 但是他也认为用50只船根本不可能搭载万人渡海去征皮岛，"五十船容载之外，余军则其能涉海而往乎"，并为朝鲜宰臣指明，"此事非召退（硕托）所管，马夫大（马福塔）一听皇帝分付为之云"，② "此事马夫大主之，当言于夫大"，③ 而且允许他们与马福塔交涉，"往见马夫大相议，好样处之云"。④ 经过宰臣与马福塔的一番交涉，最终将出兵人数减为"五十船容载之数"。⑤ 多尔衮帮助朝鲜减兵成功，使得世子一行对他抱有好感。到达沈阳后，世子以个人名义向多尔衮送礼，以表答谢。⑥

在上述三事件中，虽然多尔衮在"刷还人口、禁止抢掠"中的作用并不明显，但是，在处理焚船事件和朝鲜征兵这些偏重于高层决策层面的事务时，多尔衮公正理智的态度对及时化解清、鲜双方的矛盾起到了良好的效果。而对于世子来说，通过与多尔衮交往，有助于他在代表朝鲜与清朝交涉时疏通关系，使朝鲜处于"勿见轻"的地位。

通过入质途中的初期交往，多尔衮与世子建立了较为良好的私人关系，他们的频繁接触主要体现在安抚与照顾、间接监视、互赠礼物行资和作为本国代表交涉双边事务等方面，其交往则反映了清、鲜双方在宗藩体制初建下的首次磨合过程。

二 沈馆时期的交往

（一）通过礼部的间接交往

崇德二年四月中旬，昭显世子抵达盛京，正式开始了质子生活。起

---

① 《沈阳状启》，仁祖十五年三月十五日，第10～11页。
② 《沈阳状启》，仁祖十五年三月十五日，第11页。
③ 《昭显沈阳日记》（一），仁祖十五年三月十五日，第451页。
④ 《沈阳状启》，仁祖十五年三月十五日，第11页。
⑤ "臣又以马将我国大小事莫不尽心周旋，此后凡干所恳，亦可留念云，则马将极其快诺，有若自任者然为白齐。臣更与兵使相议，则果如马将之言，只足五十船容载之数，则虽定五千之名，而亦多减之云，厥终未知如何，而马将之言如此，故姑为驰启为白卧乎是良尔，诠次善启。"《沈阳状启》，仁祖十五年三月十四日，第11页。
⑥ 参见《沈阳状启》，仁祖十五年七月二十七日，第34页。

初，世子在沈馆的日常活动受到很大的限制，"门禁太严"，且有人"守墙外"，以防世子一行"脱逃"。世子想继续与多尔衮保持联系，但清朝严禁私交，"馆中之于外人相接，乃清人之大禁"。① 六月初一日，世子主动"往见九王，九王设宴以待"。② 之后，多尔衮遣人提醒世子："同行入来，情意自别，所当即请相见，而国法甚严，不得任意。"③ 世子听后，"盛陈酒礼"以谢。但时间一长，清廷对世子的戒备之心逐渐减弱，世子在生活上所受的限制也逐渐减少。其后看守沈馆的清兵"到今尽罢"，馆中之人"切勿拘禁，至于往来市肆，亦为任意为白齐"。④ 于是，世子又开始与多尔衮等诸王进行交往，但在没有皇帝批准的情况下，沈馆人员无法直接接触多尔衮，只能通过礼部间接转达。

即便如此，世子对多尔衮的状况仍格外留心。例如，崇德二年九月十一日，多尔衮从猎场回来后，世子"遣兼文学郑雷卿问安"。⑤ 多尔衮每次出征的经过，世子的侍臣都能详细地记录在状启中。崇德三年九月初八日，多尔衮出征，世子参与送行。⑥ 次年三月二十九日，多尔衮回师，世子又"遣内官问之"。⑦

为了结交多尔衮，世子还试图与他的亲信建立友好关系。比如，世子得知朴仲男⑧"见亲于九王，方为其高山将官，最为用事"，遂"再三送人致问，则渠亦极款谢，且言：'九王凡所谋议无不得参，不可不别为交结，得其欢心。使臣往来之时，本朝虽不必烦为赠馈，送言问讯，以示眷恋之意，则彼必感悦，日后凡事，不无所助'是如为白齐。"对此，沈馆人员向朝鲜国王汇报称，"其言亦或有理，虽有所赠，若不由衙门，方便传送，则必无见拒之理。"⑨

多尔衮也对世子保持应有的礼仪。崇德五年二月初七日午后，多尔衮

① 《沈馆录》，第2787页。
② 《昭显沈阳日记》（一），仁祖十五年六月初一日，第489页。
③ 《沈阳状启》，仁祖十五年六月初六日，第26页。
④ 《沈阳状启》，仁祖十五年六月初六日，第26页。
⑤ 《昭显沈阳日记》（一），仁祖十五年九月十一日，第520～521页。
⑥ 《沈阳状启》，仁祖十六年十月初一日，第114页。
⑦ 《昭显沈阳日记》（一），仁祖十七年三月二十九日，第157页。
⑧ 朴仲男是朝鲜钟城人，1627年丁卯之役时投降后金，当译官。
⑨ 《沈阳状启》，仁祖十七年五月初四日，第170页。

在世子第一次回国归省前设宴款待，至日暮还馆。① 除此之外，多尔衮对世子的两个弟弟——凤林大君李淏和麟坪大君李㴭也表示友好。二月二十一日，麟坪大君首次代质沈阳，持来礼单送于多尔衮家。② 不久，三月初六日，多尔衮"设宴请两大君"，③ 通过这一做法表达自己对麟坪大君入来的欢迎。九个月后，麟坪大君将回朝鲜，十二月初二日，多尔衮在出兵伊州卫的前一天"使其家丁持鞍具、马一匹、貂皮二十令、银子五十两，送于二大君（李㴭）前"，④ 提前为其送行。

（二）多尔衮的政治失意与索马事件

多尔衮与昭显世子的交往以及与朝鲜的关系因其政治上的失意而颇受影响。崇德六年三月，多尔衮"率将士往围锦州，驻营于集代地方。曾私遣每牛录甲兵三人，还家一次；又曾私遣每牛录甲兵五人、每旗章京一员，还家一次；又移军过国王碑，离锦州三十里驻营"。⑤ 清太宗闻后大怒，以多尔衮离锦州远驻，又私遣甲兵归家，降其为郡王，罚银一万两，夺两牛录户口。⑥ 在此次事件中，多尔衮虽然最后无奈挺身认错，自议其罪，不委过于人，但一开始确实也曾想说明情由，为自己辩解。⑦ 被罚之后，心里相当委屈，沉浸在不满和忧伤中，一时无法振作精神，全神贯注地继续与明军作战。虽然在清朝官方史书中，他的这种愤懑并未有所记载，以往学者也没有注意他被罚之后的心理状态，⑧ 但《沈阳状启》从一个侧面反映了他被罚之后的行止，间接流露出他当时的想法。

政治失意后的多尔衮对世子的态度不再像以前那样主动示好、宽容友善，而是变得苛责起来，甚至是刁难。最能体现这一态度转变的就是随后

---

① 《昭显沈阳日记》（一），仁祖十八年二月初七日，第 279 页。
② 《昭显沈阳日记》（一），仁祖十八年二月二十一日，第 310 页。
③ 《昭显沈阳日记》（一），仁祖十八年二月二十一日，第 311 页。
④ 《沈阳状启》，仁祖十八年十二月初六日，第 258 页。
⑤ 《清太宗实录》卷 55，崇德六年三月丁酉。
⑥ 《清太宗实录》卷 55，崇德六年三月丁酉。
⑦ "上（清太宗）遣济尔哈朗代将，传谕诘责，（多尔衮）对曰：'臣以敌兵在锦州、松山、杏山三城，皆就他处牧马。若来犯，可更番抵御。是以遣人归牧，治甲械。旧驻地草尽，臣倡议移营就牧，罪实在臣。'"《清史稿》卷 218《睿忠亲王多尔衮传》。
⑧ 参见周远廉、赵世瑜《皇父摄政王多尔衮全传》，吉林文史出版社，1986，第 117 ~ 118 页。

发生的索马事件。崇德六年四月十六日，多尔衮派朝鲜通事郑命寿到世子馆所，声称"九王阵中马二匹，丁丑年回军时，见失于黄海道地方，追捕贼马之人，付于黄海监司，而马则未及推寻而来。其后，言于馆中，使之状启，而尚无举行之事，更须启知推送亦为白齐。"朝鲜方面听闻后，表示愿"急速处置"。①

经过一番调查，朝方解释说："九王阵中所失马二匹，丁丑年谢恩使入来时，已为征纳缘由，依备边司覆启"，说明已将此事向朝鲜国王进行汇报，并且在丁丑年已有处置措施。但郑命寿不听朝方对事情经过的说明，声称："当初，九王阵中所失者，乃是九王之马二匹，皆是鞑马也。崔政丞入来时持来之马，元非本马，故其时失马者持去。九王之马，则不为来纳，今当以鞑马之价输送是如为白去等"②，认为当时朝鲜持来之马不是多尔衮阵中所失的两匹鞑马，朝方既然找不回鞑马，就应该将马折银偿还给清方。

此后两个月，郑命寿"每日来言九王马事"，朝鲜"措辞辨说，非不详尽"，而清方"顿不回听，一向督责"。朝鲜辩解道："九王阵中所失二匹马段，原来无处推得，而他马征纳，已极未妥，又令倍价再纳，事极无据，情理不明之由，极尽辨说，则答以他马二匹，亦是鞑马，故还给其主，不可以此称冤。"③郑命寿对此"不听起去"，但也觉理亏，解释说，"非我之意也，九王大怒，吾不可传言是如为白乎旀，九王今虽赴阵为白良置，一向催督为白齐"。④可见，郑命寿也觉得多尔衮对朝鲜的催督征纳有些强词夺理，故只得对朝鲜解释说这不是自己的主意，是多尔衮让其为之。因此，多尔衮这一索马之举在清朝内部和朝鲜都是不得人心的。

多尔衮在向朝鲜索要马价之后，又向其索鹰。十一月初二日，清太宗"将送一鹰于世子前"，世子"以难便之意"，以朝方缺乏鹰手而婉拒，但清廷执意让世子接受。⑤多尔衮、豪格等诸王在世子得鹰之后，趁往阙内与其同坐时，"求鹰于世子前"。这正如朝鲜使臣所讥讽的"所谓当以一鹰

① 《沈阳状启》，仁祖十九年四月十九日，第290~291页。
② 《沈阳状启》，仁祖十九年五月二十五日，第302页。
③ 《沈阳状启》，仁祖十九年七月二十四日，第316~317页。
④ 《沈阳状启》，仁祖十九年七月二十四日，第317页。
⑤ 《沈阳状启》，仁祖十九年十一月初二日，第365页。

与之，须以五鹰为报"。① 多尔衮因其政治上的一时失意而迁怒于朝鲜，对其需索过度，这成为清、鲜宗藩关系初建时的不和谐音。

（三）多尔衮复爵后对朝鲜态度的转变

崇德七年二月至四月间，多尔衮率清军"下松山，获承畴，克锦州，大寿复降。进克塔山、杏山，乃隳三城，师还"。② 至此，松锦之战以明军惨败、清军大胜而告终。七月，叙功，复多尔衮和硕亲王爵。③ 值得注意的是，自多尔衮复爵后，他对昭显世子以及朝鲜的态度明显缓和，再无强索之事。

1. 宴请世子，重修旧好

七月初二日，多尔衮设宴，世子、两大君同参，虽然多尔衮临宴"触风不安"，托病不出，但仍命亲信英俄尔岱"代行主人之礼"。④ 这是自崇德五年以来多尔衮对世子的第一次宴请，在过去三年里，他一直忙于对明作战，无暇顾及与世子的交往，此时松锦之战已结束，他便把部分注意力转移于此。

2. 秘密求药于世子

松锦之战艰苦的作战环境和降爵处罚的巨大压力使多尔衮的身体状况严重受损。他曾言："松山之役，我颇劳心焦思，亲自披坚执锐"，"我之体弱精疲亦由于此"。⑤ 崇德八年九月初六日，多尔衮秘密遣人向世子传言：

> 俺荷国王眷爱特深，世子之待俺亦至，其欲生不欲死之意可见。俺有瘤疾，非竹沥难治，而蒙惠得服，便见其效，但此物非此地所产，不得不求之于馆所者，事势则然，而只恐求药之言若或漏泄，则其害岂止涉烦而已。世子若以馆中所用，并与生姜而优数取来，使不

① 《沈阳状启》，仁祖十九年十一月初二日，第365页。
② 《清史稿》卷218《睿忠亲王多尔衮传》。
③ 《清太宗实录》卷61，崇德七年七月丙子。
④ 《昭显沈阳日记》（六），仁祖十五年三月十一日，〔韩〕林基中编《燕行录全集》卷26，第99页。
⑤ 《多尔衮摄政日记·司道职名册》，顺治二年闰六月十二日，北平故宫博物院铅印本，1933年，第22页。

告乏，俺之有求，辄即救济，则其恩轻重，何可报也云云<u>为白乎等用良</u>。①

由上文可见，多尔衮向世子求药的语气甚为恳切，表现出求药心切。面对多尔衮私下的求助，世子"以勉副之意答送"，并吩咐备边司将"上项竹沥、生姜两物，急速措置入送，以为连续应求之地<u>为白乎矣</u>"。② 朝鲜的回应满足了多尔衮的"连续应求"。时值清太宗刚刚去世，多尔衮当上辅政王之际，地位还未稳固，不愿让国内诸大臣知道他身患"痼疾"，担心"求药之言"漏泄，造成政治上的骚动。③ 世子的积极配合给予多尔衮很大的支持和帮助，使他对朝鲜产生信任、依赖之感。

3. 清、鲜私人贸易的活跃

自清太宗去世后，国法渐弛，清朝高层委托沈馆进行的清、鲜私人贸易不再需要转经礼部承办，可自行开展交易。如崇德八年九月，多尔衮及其兄阿济格"以纸地等五六种贸易事，传达于世子前，而都送银子四百两，各遣家丁<u>为白在果</u>"。④ 清朝高层通过世子及其使臣往来这一渠道，从朝鲜采购了大量货物，促进了宗藩贸易的发展，但同时这种频繁的私人贸易也让朝鲜使臣应接不暇，造成了负担，"近观此地事势，则节节顿异，平日一有所忤，便有难处之患<u>为白去</u>"。⑤

4. 护送世子第二次归省

朝鲜国王李倧一直有病在身，多尔衮对其身体情况极为关注。崇德八年十二月十二日，多尔衮得知国王病势加重，"极用动虑"，决定让世子第二次归省。与先前归省不同，世子的护行将"俱是择送有职之人，而其中一人，则右真王（济尔哈朗）家人也"。故朝鲜使臣称，"今此两宫回辕之举，多有周旋之事"，对待同行的清朝官吏，当"拔例款待，得其欢心"。⑥

---

① 《沈阳状启》，仁祖二十一年九月初六日，第607页。
② 《沈阳状启》，仁祖二十一年九月初六日，第607页。
③ 李治亭：《多尔衮死因考》，武斌主编《沈阳故宫博物院院刊》（第2辑），中华书局，2006，第20页。
④ 《沈阳状启》，仁祖二十一年九月十五日，第612~613页。
⑤ 《沈阳状启》，仁祖二十一年九月十五日，第613页。
⑥ 《沈阳状启》，仁祖二十一年十二月十二日，第627~628页。

择送"有职之人"护送世子回朝鲜省亲，目的有二：一是借国王病重之际让世子归省可以"施恩"于朝鲜，二是一旦国王去世，世子可在清廷"有职之人"的帮助下顺利登上王位，避免节外生枝。对于正在紧张筹谋入关征程的清朝来说，大后方朝鲜的稳定极为重要。

　　总结本节内容，虽然昭显世子在沈馆做质子的时间很长，但其与多尔衮的交往起初因朝廷"国法"的限制无法直接展开，两人的问候和礼品馈赠只能通过礼部间接传达。对于多尔衮来说，从朝鲜回师后，他就全力投入对明作战之中，与世子的交往在这一时期不是他政治活动的重点，但他仍然与世子保持一定的接触。在此期间，两人的关系虽然因多尔衮在政治上的失意而发生龃龉，但随着松锦之战的胜利，多尔衮对世子以及朝鲜的态度又趋于正常化。清太宗去世后，多尔衮主政，此时他一方面取代清太宗原来的角色，代表国家继续处理与朝鲜的宗藩关系问题，另一方面仍然保持着与世子私人层面上的交往，这就使得多尔衮与朝鲜的关系既有国家层面上的公开化和程式化，又有私人间的利益诉求和隐密性，这两个方面成为多尔衮摄政时期对朝外交的两大特征。

三　入关途中的交往

（一）世子入关随行始末

　　朝鲜世子随军行动是沿袭清太宗崇德时期的成例，是朝鲜作为清朝战略同盟者地位的象征。顺治元年四月初七日、初八日，昭显世子跟从多尔衮等诸王"以兴师之故告祭帝庙"，受命誓师。① 初九日，多尔衮率领满洲、蒙古、汉军八旗大军正式出发，他让世子一行人"常近行阵中"，距自己的军阵只有"数里许"，② 以便照应与监视。

　　清军一路上的行军十分艰苦，环境极端恶劣，世子一行也历尽艰辛。刚出沈阳城不到一天，便进入"风沙眯目，人莫开睫"的荒野。③ 多尔衮此时的心境与前文所述 7 年前护送世子入质行军大不相同。之前从朝鲜返

① 《昭显沈阳日记》（八），仁祖二十二年四月初八日，〔韩〕林基中编《燕行录全集》卷26，第 479~480 页。
② 《昭显沈阳日记》（八），仁祖二十二年四月初九日，第 536 页。
③ 《昭显沈阳日记》（八），仁祖二十二年四月初九日，第 536 页。

回沈阳的行军是得胜回师，轻松从容，他关照世子的一面比监视显得更突出。而此时，前方吉凶未卜，他的内心甚为焦虑，对世子一行就顾不上了。整个行军过程中，他仅在四月十二日、十七日分别送"二雉""一獐"于世子前。① 但即便如此，他还是在关键时刻给予世子必要的帮助。例如，四月十一日行至辽河，"水深盈丈""船只鲜少未易得济"，世子一行无船，只好"下马久坐河边"，排队等待清军船只接送。多尔衮先渡河后，对世子放心不下，遂"遣两博氏使之护涉，且送小船一只"，世子一行得以"安稳渡河"。②

起初，清军观望关内形势，行军速度较慢，且在途中不时开展围猎活动以补充食物，③ 多尔衮也曾遣人邀世子一同行猎。④ 然而，四月十五日清晨，明辽东总兵吴三桂的信使赶来，向多尔衮借兵以抗击李自成。⑤ 多尔衮先派人"探其言之虚实"，傍晚时分，他最终下定决心，改变行军路线，向山海关进发，并吩咐军队及世子"明日当为倍程"，⑥ 加快行军速度，以抢占先机。世子只得撇下"一行人马之疲残者"，"抄出其可堪致远者随焉"。⑦ 四月二十日，吴三桂又遣使恳请清军"如约促兵以救"。多尔衮"即发驰行促令"，再次加快行军速度。为了跟上清军的步伐，世子只得暂弃辎重，"率轻骑以随，上下颠倒，单骑赶行"。⑧ 赶路的过程中，"一行皆未及打火"，"达夜疾驰，人马饥渴，黄埃涨天，夜色如漆，人莫开眼，咫尺不辨"。⑨ 大战在即，"清兵披甲戒严，夜半移阵，骈阗之声，四面沓至"，阵营中气氛十分紧张。世子一行独聚一处，"坐而终宵，其危怖之状有不可言"⑩，也吃尽了苦头。

四月二十二日平明，清军进逼山海关，吴三桂出城迎降，多尔衮入

---

① 《昭显沈阳日记》（八），仁祖二十二年四月十二日，第538页；仁祖二十二年四月十七日，第543页。
② 《昭显沈阳日记》（八），仁祖二十二年四月十一日，第537页。
③ 《昭显沈阳日记》（八），仁祖二十二年四月十二日，第538~539页。
④ 《昭显沈阳日记》（八），仁祖二十二年四月十四日，第540页。
⑤ 《昭显沈阳日记》（八），仁祖二十二年四月十五日，第541页。
⑥ 《昭显沈阳日记》（八），仁祖二十二年四月十五日，第542页。
⑦ 《昭显沈阳日记》（八），仁祖二十二年四月十五日，第542页。
⑧ 《昭显沈阳日记》（八），仁祖二十二年四月二十日，第546页。
⑨ 《昭显沈阳日记》（八），仁祖二十二年四月二十日，第546页。
⑩ 《昭显沈阳日记》（八），仁祖二十二年四月二十一日，第547页。

关。当时吴三桂和李自成"两阵酣战于城内数里许，庙堂前飞丸乱射于城门"，① 战斗十分激烈。多尔衮为保护世子，令其"倚城底菜圃中墙壁而坐"，与自己所驻处"才隔五六家矣"。多尔衮请世子入见，"坐未定，九王便起，上马曰：'世子亦当随往战所'。世子不得已，黾勉随行，躬擐甲胄，立于矢石之所"，而陪护人员"被甲者只四人"，② 时刻处于危险之中。大败李自成后，初更，多尔衮"还阵于关门五里许战场近处，世子随还，阵外止宿"。③ 宰臣朴宗宁领世子的辎重在后，由于"夜深相失，不及止宿处"，④ 世子一行得不到补给，人马饥困难耐十余天。世子就是在这种鞍马劳顿、颠沛失所中跟随多尔衮的大军抵达了北京城，他亲眼目睹了山海关之战惊心动魄的整个过程，是明清鼎革的重要见证者。

（二）朝鲜在清军入关作战中的出兵与赏赉

自清、鲜宗藩关系初建后，清朝每次对明的重大战役，都会迫令朝鲜协同出兵作战，但朝鲜军的实际作用并不大，一是派出的人数少，二是消极参战，拖延行军时间，甚至到战斗快要结束时才到达战场。以往清朝因为胜多败少，并没有追究朝鲜消极应战的责任。此次入关战役，朝鲜也如旧例陆续派出了军队。

松锦之战结束后，朝鲜留驻锦州的军兵中，有"精炮六十名，火兵三十名，把总二员，哨官二员，合九十四名"。⑤ 顺治元年四月十一日，昭显世子随军入关途中，领兵将南斗烁率朝鲜交替军 600 名从远路赶来加入世子阵中。⑥ 多尔衮下令加速行军后，"交替军兵远路驱驰，亦难一时随行"，他便允许其"差后入来"。⑦ 结果直至多尔衮入京后的第三天，南斗烁才率领交替军入京，并未参加入关作战。另外，驻守宁远卫的 135 名朝鲜炮手的确在山海关决战之时赶到了战场，但"方战之时未及用焉"。⑧

---

① 《昭显沈阳日记》（八），仁祖二十二年四月二十二日，第 548 页。
② 《昭显沈阳日记》（八），仁祖二十二年四月二十二日，第 548 页。
③ 《昭显沈阳日记》（八），仁祖二十二年四月二十二日，第 548 ~ 549 页。
④ 《昭显沈阳日记》（八），仁祖二十二年四月二十二日，第 554 页。
⑤ 《沈阳状启》，仁祖二十一年九月初六日，第 606 页。
⑥ 《昭显沈阳日记》（八），仁祖二十二年四月十二日，第 538 页。
⑦ 《昭显沈阳日记》（八），仁祖二十二年四月十五日，第 542 页。
⑧ 《昭显沈阳日记》（八），仁祖二十二年四月二十二日，第 49 页。

虽然世子所领的朝鲜军在入关作战中实际并未参战，更无从立功，但多尔衮仍念其随行的劳苦不易、颠沛困顿，给予了大量赏赉，以示慰劳。入京一周后，五月初九日，多尔衮"送貂裘、貂衾、锦褥各一袭于世子前"[①]；十八日，"世子陪卫炮手一百三十四名、领兵所率六百名，九王赏赐有差：领将彩缎一百匹，褊将四十匹，军兵各二十匹钱文，则每名六贯分给"。[②] 可见，无论世子本人，还是交替军、陪卫炮手，都得以分享此次入关作战的胜利果实。

（三） 多尔衮进入北京后对世子的安排

顺治元年五月初二日，多尔衮进入北京城，开始了日理万机的摄政生涯。前方有逐鹿中原的大战需要运筹，京畿地区的人心需要安定，城外的八旗军兵需要安置，国家机构百废待兴。在如此"机务日繁，疲于裁应"[③]的时期，多尔衮并没有忽略对昭显世子的妥善安排。

1. 从优安排世子一行的住处

多尔衮进驻武英殿后，令世子驻于"武英殿前廊"，后因"地窄人众"，世子"告于九王，得殿东一室，比前稍宽，且有床桌、器仗矣"。[④]五月十一日，清人又欲"移世子馆所广仁街西路边闾家"，其家舍"结构宏丽而庭除狭隘"，世子一行"人马决不得容接，故清人还报于九王，改定他家"。[⑤] 由于差后入来的朝鲜兵越来越多，现有居所已经无法容纳，世子不断向多尔衮反映难处，多尔衮都欣然采纳。另外，多尔衮总是让世子住在离自己很近的地方，并"分付城外留在员役、军兵等移屯于东西门外九王阵近处"，[⑥] 朝鲜交替军到来后，"亦留屯于九王阵边"，[⑦] 以示优待的同时也便于监督。

2. 准许世子返还沈阳

世子在北京安顿好后，打算把嫔宫等留在沈馆的其余人员接入京来。

① 《昭显沈阳日记》（八），仁祖二十二年五月初九日，第 560 页。
② 《昭显沈阳日记》（八），仁祖二十二年五月十八日，第 563 页。
③ 《多尔衮摄政日记·司道职名册》，顺治二年闰六月初六日，第 15 页。
④ 《李朝仁祖实录》卷四五，仁祖二十二年五月二十三日，第 441 页。
⑤ 《昭显沈阳日记》（八），仁祖二十二年五月十一日，第 560～561 页。
⑥ 《昭显沈阳日记》（八），仁祖二十二年五月初五日，第 558 页。
⑦ 《昭显沈阳日记》（八），仁祖二十二年五月初五日，第 559 页。

五月二十三日，多尔衮许令世子明日返还沈阳，并要求"八月间皇帝（顺治帝）入来时，率嫔宫、大君一时入来云"。① 次日早食后，世子临发，多尔衮又赠送世子的随行员役"彩缎十五匹"。② 世子留沈馆期间，七月初八日，多尔衮"自北京遣人问安于世子前"，且向世子求朝鲜米。世子不忘多尔衮之前的赏赉和此时的关心问候，随即"回谢，送白米四石、粘米十斗"。③

3. 令世子归国永还

清军入关后的战略形势改变了清朝统治者心目中朝鲜的战略地位。对于清朝而言，明朝的瓦解使得朝鲜不再具有战略同盟者的地位，朝鲜开始向传统意义上的藩属国转变。④ 在这样的形势下，朝鲜质子的作用已经结束，归国成为必然。

早在世子返还沈阳期间，朝鲜方面已"呈文以请世子东还"。⑤ 顺治元年九月，顺治帝迁都北京，世子率沈馆人员随行。十一月初一日"祭天坛告登极"后仅10天，多尔衮亲自召集世子、凤林大君，宣布："未得北京之前，两国不无疑阻。今则大事已定，彼此一以诚信相孚。且世子以东国储君，不可久居于此，今宜永还本国。凤林大君则姑留，与麟坪相替往来。"⑥ 次年正月，世子东归。紧接着，清兵渡过黄河，直指南京。多尔衮认为，"既得中原，势将混一，自此事无可疑。世子既令永还，大君亦许东归云"。⑦ 五月，凤林大君也回到朝鲜，至此朝鲜质子全部归国。

世子的永还具有重大意义。首先，最终解决了清、鲜两国自"丙子之役"后的战争遗留问题，清、鲜双方在宗藩体制初建下的磨合过程至此告一段落，在其后多尔衮摄政时期，两国关系进入平稳发展阶段。其次，这也是清朝的朝鲜政策由军事压迫向传统礼治转变的标志之一，促进了战后两国关系的改善和宗藩体制真正意义上的形成。最后，世子归国在朝鲜君

---

① 《昭显沈阳日记》（八），仁祖二十二年五月二十四日，第564页。
② 《昭显沈阳日记》（八），仁祖二十二年五月二十四日，第564~565页。
③ 《昭显沈阳日记》（八），仁祖二十二年七月初八日，第515页。
④ 刘为：《试论摄政王多尔衮的朝鲜政策》，《中国边疆史地研究》2005年第3期。
⑤ 《朝鲜仁祖实录》卷45，仁祖二十二年七月二十七日，第445页。
⑥ 《朝鲜仁祖实录》卷45，仁祖二十二年十二月初四日，第457页。
⑦ 《朝鲜仁祖实录》卷46，仁祖二十三年一月二十六日，第461页。

臣的眼中颇得人心。麟坪大君在坡州迎世子还来后，有诗云："羶酪十年苦，山川千里余。旋车有今日，欢意更何如"。① 表达了对其兄长还来无尽的喜悦之情。顺治二年五月二十五日，世子去世后，朝鲜入京副使对英俄尔岱慨叹道："我世子归还未久，奄忽丧逝，臣民之恸，固不足言，而仰念国王心事，尤为罔极。惟是世子与国王相见而后薨逝，此则不幸之幸，而皇帝之大恩也。"② 可见，朝鲜使臣认为，世子能在去世之前与其父朝鲜国王相见，是值得欣慰的，而这一切皆有赖于清国的莫大恩典，这对于朝鲜君臣心态的调整起到了相当大的作用。

四　结语

多尔衮与昭显世子长达 8 年的交往过程主要分为入质途中、沈馆时期和入关途中三个阶段。在此过程中，多尔衮与世子建立了不错的私人关系，其交往集中反映了清、鲜双方在宗藩体制初建下由互相警惕到建立互信的磨合发展过程，在政治和外交方面促进了战后两国关系的改善。

"丙子之役"标志着朝鲜由明朝的藩属国正式变为清朝的藩属国，但由于此时明朝并未灭亡，朝鲜国内的反清情绪一直存在，尚未真正完成向传统意义上藩属国的转变，此时的朝鲜作为清朝战略同盟国的地位仍然不稳固，而昭显世子入质沈阳正是清朝用来加强对朝鲜控制力的一个重要渠道，以此迫使朝鲜履行战略同盟国的义务。在这一具有浓厚政治压迫色彩的两国关系背景下，多尔衮与世子的私人外交活动必然带有不平等性和局限性。但是，从交往的实际效果来看，世子结交多尔衮，有助于他在代表朝鲜与清朝进行交涉时疏通关系，减少矛盾和误会，减轻朝鲜负担而多尔衮对世子的关照，既有来自朝鲜的物质回报，又能够得到一位改善两国关系、"佐王宣化"的"良翰"，③ 有助于为清鲜宗藩关系的确立涂抹上温情的色彩。

虽然直到康熙二十二年（1683）清朝统一台湾后，伴随着清朝统治的

---

① 〔朝〕李浯：《坡城客馆，候世子回驾，中夜述怀》，《燕行诗》，〔韩〕林基中编《燕行录全集》卷 21，第 423 页。
② 〔朝〕成以性：《燕行日记》，仁祖二十三年五月二十五日，〔韩〕林基中编《燕行录全集》卷 18，第 156 页。
③ 《朝鲜仁祖实录》卷 46，仁祖二十三年六月初四日，第 487 页。

逐渐稳固以及清朝对朝鲜德化政策的持续施行，朝鲜主流意识形态才逐渐转变对清朝的敌对态度，两国关系开始走上正常的发展轨道，① 但随着与清人的直接接触日益增多，在目睹清朝的政治、经济以及社会状况之后，以昭显世子为首的朝鲜人士感受到了清朝的强大和蒸蒸日上的态势，对清朝的印象已经开始改变，在对清意识上也产生了微妙的变化，② 愿以更加积极务实的态度参与到维护两国宗藩关系和平稳定的努力中去。虽然这一转变过程较为漫长，但清朝最终改变了朝鲜的观念，使朝鲜坦然地接受了自己。

（作者单位：东北师范大学历史文化学院）

---

① 参见刁书仁《顺康时期李朝与清朝关系探析》，《吉林大学社会科学学报》2005 年第 2 期；孙卫国：《大明旗号与小中华意识——朝鲜王朝尊周思明问题研究，1637—1800》，商务印书馆，2007，第 403～404 页。
② 参见玄花《沈馆宗藩外交研究（1637—1644）》，第 86～87 页。

朝鲜使臣笔下祖大寿形象的
演变及其原因

孙中奇

摘　要：祖大寿是明末清初的一位重要将领，在明清更替史上，有着重要的影响。明清两代朝鲜使者途经宁远、大凌河、小凌河等地时，都记下了与祖大寿的来往或者评价。从明到清，朝鲜使臣笔下祖大寿的形象也有很大的变化，体现了不同时期朝鲜使者不同的心态。从他们对祖大寿的评价中，可以洞察朝鲜人在明清时期现实与想象交织的历史观，不同的现实交织着不同的想象，正是祖大寿形象演变的原因。

关键词：祖大寿　《朝天录》　《燕行录》　中朝关系

祖大寿（？～1656），字复宇，是明末清初的一位重要将领，明朝曾对辽东祖氏家族颇为倚重，在大凌河之战、松锦决战中两次降清，最后成为清军的重要将领。在明、清更替史上，有着重要的影响。祖大寿仕明之时，就有朝鲜朝天使与其有过交往。至清代，因为祖大寿的家乡宁远、旧日战场大凌河与锦州等地是朝鲜燕行使来华的必经之地，燕行使途经此处，每每会留下诗文，而祖大寿及其家族的故事，也在他们之中流传开来。这些朝鲜燕行使如此多的记载当中，充满了现实与想象的交织。中国学术界对于祖大寿的专门研究不太多，① 尤其是利用朝鲜燕行使

---

① 相关研究成果如张丹卉《明清鼎革之际的祖大寿》，《满学论丛》第四辑，辽宁民族出版社，2014，第272～279页；李洵：《祖大寿与"祖家将"》，《社会科学辑刊》1989年第2、3期，第159～165页；常虚怀《明末将领祖大寿改名问题探源》，《历史档案》2015年第2期，第126～129页；王景泽：《明末的"辽人"与"辽军"》，《中国边疆史地研究》2003年第1期，第28～34页；李鸿彬：《皇太极与松锦大战》，《史学集刊》1987年第2期，第37～45页；阎崇年：《论大凌河之战》，《清史研究》2003年第1期，第48～57页。

臣的记载，① 也不够全面深入；而韩国学术界较少利用《燕行录》等文献进行明清人物个案研究，相关研究也很贫乏，只偶有对祖大寿的评价。② 本文检视相关的资料，梳理朝鲜使臣笔下的祖大寿形象，既可以补充以往研究的不足，亦可借此透视朝鲜燕行使的某种心态。

一　朝鲜朝天使与祖大寿的交往及看法

1628 年，崇祯皇帝即位，重用袁崇焕督师辽东。自从努尔哈赤起兵，辽东战事骤起，后金军在萨尔浒之战大败明军之后，明军只得依靠辽西的防御工事与其周旋，广宁到山海关一代，成为僵持近 30 年的明清战场。祖大寿正是成长在这样的时代与地域下，因其勇猛善战，备受皇帝赞赏，"加都督同知，挂征辽前锋将军印，辖宁镇诸路"，③ 成为镇守关外的一员大将，逐渐成为"祖家军"的核心。随着祖大寿的地位逐渐上升，朝鲜使者也开始注意到这位将领。

明清两代朝鲜使臣的使行路线相对固定，大多数时期是从鸭绿江东侧的义州出发进入中国境内，经辽东进入辽西走廊。明清两代，辽西走廊有几个重镇，每次朝鲜使者几乎都会通过，从北到南依次为：广宁—大凌河—锦州—宁远—山海关，然后入关直赴京城。在这条使行路上，与祖大寿有过交往的第一位朝天使是明崇祯二年（1629）出使的李忔，他留下了《雪汀先生朝天日记》，记录了从崇祯二年七月初八至崇祯三年六月初八之事。从崇祯二年十月二十九日开始，李忔因皇太极进兵北京而滞留山海关，④ 与此同时，

---

① 相关研究成果参见邱瑞中《谁赴松锦吊忠魂——〈燕行录〉的史料价值之七》，《内蒙古师范大学学报》（哲学社会科学版），2008 年第 2 期，第 112~119 页；杨海英：《塔山守将之谜及其他——朝鲜士大夫关于明清争战的历史记忆》，《清史论丛》，2008 年号，第 53~79 页。

② 〔韩〕苏在英：《燕行的山河和燕行使的历史意识》，汪波译，《国际汉学》2016 年第 1 期，第 146~153 页；조영임：《鄭世規의『燕行日記』에대한일고찰》，《고전문학과교육》，2012 年总第 24 期，第 299~342 页；김일환：《燕行錄에나타난 '嘔血臺'의의미연구》，《한국문학연구》，2012 年总第 43 期，第 197~233 页。

③ （清）汪楫辑《崇祯长编》，崇祯元年九月甲戌条，见《明实录·附录》，台北："中央研究院"历史语言研究所，1967 年，第 742 页。（后文所引《崇祯长编》内容均为此版本，故仅表明条目和页数。）

④ 邱瑞中：《燕行录研究》（广西师范大学出版社，2010，第 88 页）云："自崇祯二年十一月二十九日入关……"有误，查原文："（十月）二十九日庚辰，晴，早日过关主事……"（《燕行录全集》卷 13，韩国东国大学出版社，2001，第 52 页。后文所引《燕行录全集》均为此版本，故仅标明卷数和页码。）可见，李忔一行入关乃在十月末，而非十一月。

自十月二十七日开始，后金军已经攻破长城，直逼京师，十一月初四，袁崇焕已经带兵入关追击清军。这就是著名的"己巳之变"，《雪汀先生朝天日记》的特殊价值也体现在这里。这部《朝天录》从一位旁观者的眼光记录了整个"己巳之变"中各个重要人物的事迹，弥补了明代史料的很多缺憾。在日记中，李忔也记载了他与祖大寿的一些直接交往，成为我们了解明代朝天使对祖大寿看法的重要材料。

在袁崇焕带领祖大寿入关追击清军的当天，李忔写道：

> 祖总兵前于韩译之还，至送谕帖；另致殷勤之意，故投文回谢。略曰："昔在倭奴充斥之时，小邦实藉先太爷多算，得以挫强寇而复疆场，东土之人到今颂德而不忘焉。职之登岸也，始闻我老爷懋树肤功，有光前烈。窃深顶戴节镇，稍迁未得一烦垒尉，光瞻神观。适因韩译之回，谨奉谕帖，辞旨勤恳，沿今溯往，感戢刺骨，益信名家风采传之有素，而若李若曹，不独专美于前乘也。逼侧戎马，末由叩谢，歉焉之私！第切下诚，王程乍阻，荣戢遇过，略此伸谢。惟愿迅扫蜂虿，远畅皇威，兼俾观周之价，慰兹淹泊之怀，无任区区仁望之至。"即令家丁回帖曰："不佞数奇，值此厄运，全辽未复，正歉荡平之未能，何当奖诩之？"①

这条史料中提到，在李忔写这封信之前，祖大寿先让朝鲜通事带回一封信，但并没有说明这封信的内容，然而，在赵庆男的《续杂录》中，笔者发现了李忔送回朝鲜的一则状启，②可以找到祖大寿这封信的一点端倪：

> 锦州卫总兵祖大寿，曾从其父承训往来我国，故见瑗倍加殷勤。至送谕帖于臣曰：我辽与贵国，唇齿相倚。自奴贼肆凶，贡途由登。不睹星轺者，十余年矣。韩译来俱认忠敬之心，本镇驻节锦州，未能展地主之义为愧云。且曰：凡事为贵国十分周旋，今番袁爷之来，亦多解释之事云云。大概备奴凡事，督帅倚祖为重，故其子婿弟侄，皆

---

① 〔朝鲜〕李忔：《雪汀先生朝天日记》，《燕行录全集》卷13，第60~61页。
② 状启为朝天使在路途中随时向朝鲜国王上交的报告书。

为将官，武艺俱绝……①

综合两条史料，李忔与祖大寿之间的交往情况逐渐明晰。自皇太极攻破长城，至袁崇焕出兵，中间相隔数日，这段时期，京师已经戒严，祖大寿处于随时准备出征的状态，李忔等人见此情形，无不为形势担心，日记中不断出现"闷郁何言""叹之如何""闷极闷极"等字眼，可以说，此时的祖大寿对朝鲜使臣来说是一种极大的安慰与依靠，他们滞留山海关，若是清军攻克北京，必然会引起整个华北的骚动，朝鲜使臣也难免成为清军俘虏，在生死未卜之际，李忔尤其重视与祖大寿的交往。

从祖大寿的角度来看，他对朝鲜朝天使李忔极其亲密。祖大寿见到李忔派来的通事，当即给他带去回信，并赠送礼物。祖大寿在信中说明了辽东与朝鲜的唇齿相依的关系，慨叹在后金的攻势下，贡道被阻，辽东与朝鲜的联系被割裂，贡使不得不冒死走山东海路，不得尽地主之谊，祖大寿自称有愧于朝鲜使臣。李忔将祖大寿的信转交给朝鲜国王，说明辽东将领与朝鲜之间存在不解之缘。

对于朝鲜使臣来说，祖大寿的另一个重要身份是祖承训之子。李忔的感谢信特别提及："昔在倭奴充斥之时，小邦实藉先太爷多算，得以挫强寇而复疆场，东土之人到今颂德而不忘焉。"也就是说，在万历年间的抗倭援朝战争期间，祖承训曾多次赴朝参战，抗击倭寇，朝鲜人至今仍感恩戴德。他对祖大寿父亲祖承训在壬辰倭乱时期帮助朝鲜抗击日本侵略表示感谢，并强调朝鲜人在二十九年后依然念念不忘祖承训旧恩，将这种感激之情提升到国家的高度，可见，祖大寿的家族与朝鲜有历史渊源，朝鲜始终不忘，增进彼此的尊敬。面对这样的一位无论是历史上还是现实中都对朝鲜使者很重要的将领，李忔对祖大寿寄予厚望，希望祖大寿"迅扫蜂虿，远畅皇威"，恢复以前的朝鲜贡道。其言辞恳切且卑微，充满了一个外邦小国使臣对天朝将领的崇敬之情，而祖大寿对朝鲜使者向来"殷勤"，令李忔等人颇有可信赖之感。祖大寿在朝鲜使臣面前，虽然言辞谦逊，但是也表示了一种当仁不让的决心。

---

① 〔朝鲜〕赵庆男：《续杂录》卷3，己巳。见于"韩国古典综合数据库"，http://db. itkc. or. kr/inLink？DCI＝ITKC_GO_1333A_0030_000_0030_2004_007_XML，2017 年 8 月 29 日 22：14。

"己巳之变"结束之后，崇祯皇帝召袁崇焕、祖大寿、满桂、黑云龙等人平台议事，随后袁崇焕因错综复杂的原因下狱。作为关宁军的主帅，袁崇焕立下大功却被下狱，随即引起了部队哗变，此即关宁兵东溃事件。而东溃部队的统帅即祖大寿，史载"祖大寿率全军东溃，并新至步兵两营，亦有尾之而去者，大约万五千人"，① 甚至有谣言称"大寿且与奴合关宁十万众反戈内向……大寿据关城，则自此以东数十城中断，将割以自王"。② 后世史家也多认为此事为祖大寿谋划，表达对朝廷的不满。但根据姚念慈的分析，祖大寿虽心有不满，但也只是希望朝廷可以还袁崇焕清白，可以给自己和士兵们一个承认，并不希望部队失去控制，只是关宁军士兵在战后深感受辱，对朝廷大失所望。后来督师孙承宗派人送来了袁崇焕手书与皇帝的圣谕，许其功劳，祖大寿感到朝廷的诚心，且时机也已经成熟，便将军心稳定下来。③

《雪汀先生朝天日记》中也记载了此事。事情发生的十二月初，李忔始终关注传言，但他也很难分清孰真孰假，只能够把传言与自己的分析都记下，直到十二月十一日，祖大寿回到山海关，总兵马世龙带着督师孙承宗的信追上祖大寿，与之商议，李忔记载：

> 祖总兵曰：奸臣用事，陷害忠良，我军力战杀贼，而功归于满桂，且不给军粮，故军心愤懑，不得已而还来。今若赦袁爷、斩奸臣以慰军心，且每名银五两，则当还入京师讨贼云云。马总兵即夜回京，未知此举如何。自古奸臣妒贤争功，鲜不败亡者，言之奈何？但朝廷之请还，祖总兵之要君，可谓胥失之矣。④

祖大寿言下之意，他东出山海关是因为皇帝赏罚不公。李忔评价此事为"妒贤争功"，那么到底是谁"妒贤争功"？从他的叙述来看，祖大寿与

① （清）汪楫辑《崇祯长编》，崇祯二年十二月乙卯条，第1599页。
② 钱谦益：《特进光禄大夫左柱国少师兼太子太师兵部尚书中极殿大学士孙公行状》，《牧斋初学集（中）》，上海古籍出版社，1985，第1203页。
③ 相关分析讨论可参见姚念慈《皇太极入关机缘与得失——明金己巳之役若干问题考辨》，《清史论丛》2017年第一辑，社会科学文献出版社，第88~93页。
④ 〔朝鲜〕李忔：《雪汀先生朝天日记》，《燕行录全集》卷13，第86页。

袁崇焕是蒙冤的一方，面对前几日的各种传言，他认为"此是必无事也"，很希望看到袁崇焕与祖大寿都平安归来；后文又说"但朝廷之请还……"，则意味着前一句并非暗指祖大寿，满桂与朝廷内的一些其他人为争功的奸臣。对于祖大寿，他评价为"胥失之矣"，言下之意祖大寿要挟皇帝的做法也不妥。

李忔所讲，也是一家之言。事实上，在皇太极直扑北京之时，明朝内地各路勤王之师也相继赶到，最重要的就是蓟辽督师袁崇焕、大同总兵满桂与宣府总兵侯世禄，在战斗中，"侯世禄、满桂俱屯兵德胜门，世禄退避，桂独战城上，发大炮，误伤桂兵殆尽。桂负创，卧关将军庙"，① 可见满桂战斗英勇，理应受赏。袁崇焕守卫北京的功劳也同样不容怀疑，所以，袁崇焕下狱，满桂受赏，并非因"己巳之变"，而是另有原因。② 这说明李忔的"妒贤争功"的说法是受了误导，他偏听祖大寿一家之言，在祖大寿犯错之时有意无意为他开脱，说明李忔批评祖大寿的言论依然建立在对祖大寿的信任与仰赖基础上。

对比之前祖大寿与李忔的往来信件，在祖大寿毁关东出这件事情上可以看出朝鲜使者冷静评价祖大寿的一面。祖大寿从根本上是一位值得信赖的、优秀的将领，但他并非只是他们想象中那个援朝天将的儿子，也并非可以保佑他们在辽西可以绝对安全的将军，祖大寿也是一位计较个人利益得失的人。在李忔眼中，整个明朝的安危最为重要，祖大寿即便蒙受冤屈，也不应该违抗君命，更不应该见机向皇帝索要好处。后几年的朝天使李安讷刚刚经过山海关，进入永平府，回想起己巳之变后围绕山海关发生的事件，有感而发，留下一首诗："卢龙古县北平城，天府雄藩拱帝京。绝漠羯奴穿汉塞，神州民物坠秦坑。中朝误杀袁经略，上将争传祖总兵。幸赖皇灵同电扫，丘墟满目尚堪惊。"③综合来看，此时的朝鲜使臣笔下的

---

① 《崇祯实录》，崇祯二年十一月庚子条，见《明实录·附录》，台北："中央研究院"历史语言研究所，1962 年，第 69 页。（后文所引《明实录》内容均为此版本，后文仅注页数，页数为单部实录页数。）

② 关于袁崇焕下狱的原因与己巳之变关系的分析，详见孙小云《论袁崇焕与己巳之变》，《安徽史学》1986 年第 6 期，第 31～37 页。曾磊：《己巳之变中的谣言与袁崇焕之死》，《佳木斯大学社会科学学报》2015 年第 3 期，第 155～157 页，前文所参姚念慈《皇太极入关机缘与得失——明金己巳之役若干问题考辨》第 79～88 页，也可参考。

③ 〔朝鲜〕李安讷：《朝天后录》，《燕行录全集》卷 15，第 305～306 页。

祖大寿依然是一个正面形象，虽有瑕疵，但不影响祖大寿是一位颇受朝鲜使臣仰慕与敬重的边关大将的形象。

然而，随着皇太极的步步紧逼，明、后金、朝鲜三方的关系出现了根本性的变化。1631 年，祖大寿负责修建的大凌河城在即将建成之际不得不撤防，皇太极看准时机，趁撤防尚未完成之时，出兵大凌河，包围了祖大寿，祖大寿四次突围，明军四次增援，均不得解围，祖大寿弹尽粮绝而投降。后来，祖大寿设计逃回锦州，史载祖大寿"言妻子在锦州，请归设计诱降守者，遂纵归"。① 此即大凌河之战。1642 年，称帝之后的皇太极发动松锦决战，以图一举消灭明军关外主力，祖大寿固守锦州，再次被围，洪承畴率关内 13 万大军救援不得，在清军占领松山之后，洪承畴投降，进而固守锦州的祖大寿也投降清军。经此一战，明朝关内关外精锐尽失，面对李自成与皇太极的双重夹击，不久灭亡。在这两次战役中，祖大寿都以被围投降收场，明亡有他一分责任。对于一直对明奉行"事大主义"政策的朝鲜王朝来说，明朝的灭亡是一件"天崩地解"的大事，这也成为清代朝鲜燕行使挖苦讽刺祖大寿的主要原因。这两次投降之间，祖大寿依然仕明，地位有增无减，却再次投降，清朝燕行使对此最为重视。在 1631 年至 1642 年间朝天使关于祖大寿的记载，成为全面考察其评价的重要材料。因 1637 年朝鲜不敌入侵的清军投降清朝，从此无法出使明朝，最后一部《朝天录》也终止于 1636 年，关于祖大寿的记载少之又少，除了上文李安讷诗外，最后一位出使明朝的书状官李晚荣记载：

> （十月）二十九日……有父老四五辈，会坐铺舍，见译官，呼与语曰……则老人等曰："当狱兵来掠之时，祖大寿等三十总兵，率兵二十余万，跟随敌后，不一交战。"此意祖大寿其子在沈中，故以不战市（示）恩云。②

---

① 《御批历代通鉴辑览》卷114，武英殿刻本，第 17 页。

② 〔朝鲜〕李晚荣：《雪海遗稿》卷 3；韩国民族文化推进会：《韩国文集丛刊续编》第 30 册，（首尔）景仁文化社，2006，第 81～82 页。李晚荣的《崇祯丙子朝天录》被收在最新的《燕行录丛刊增补版》内，2001 年《燕行录全集》内并漏收，故此处用《韩国文集丛刊续编》中所收《雪海遗稿》版本。（后文所引《韩国文集丛刊》及《韩国文集丛刊续编》均为此社出版，故仅标明册数、出版时间与页码。）

与路边老人的偶尔谈话，使之了解到祖大寿对待清军南下抢掠的纵容态度，率领大军但无所作为。史料中虽找不到祖大寿消极抗清的直接证据，但《清实录》中祖大寿的心态变化明显。如"至闻明崇祯皇帝，遣官至锦州，凡三调祖大寿未往。因系其妻孥于狱，复召之，大寿乃行。滨行，大寿云：我虽竭力为国，其如不我信何……我观时事若此，是满洲国皇帝得天下之时无疑也"。[①] 这证明祖大寿对后金态度已发生了变化，路边老人之言不会是空穴来风。虽然多数时间祖大寿积极抗清，但这种言论的存在，也显示明朝百姓已对祖大寿失去信心，当是他第一次投降给这种信心带来的打击。朝鲜使者分析，因为其子祖可法在沈阳做人质，祖大寿消极抵抗清军以报清军对其子的不杀之恩。朝鲜使者的分析与思考表明祖大寿在朝鲜人心中形象的崩塌，且不说之前"惟愿迅扫蜂虿，远畅皇威"的期盼，因被清军抓住把柄，连明朝子民也无法保护，这无疑已是一个不合格的边防将领了。

综合李忔、李晚荣等人与祖大寿的交往及评价，晚明朝天使笔下的祖大寿形象演变特点有二。一是大凌河战前的祖大寿是一位颇受朝天使敬重的将领，是东征援朝时期有功之臣祖承训之后，因明朝"再造藩邦、重整河山"之恩，朝鲜人对祖大寿敬重有加。他在宁远、锦州等地战功赫赫，颇受朝天使信任，虽不十全十美，却也是朝鲜人心目中可靠的中兴人物。二是大凌河战后，祖大寿屈膝投降，虽又逃脱，清白名声已遭怀疑，用国家利益交换私利，正直英武形象大受打击。葛兆光在《想象异域》[②] 一书中，反复提到朝鲜燕行使对中国观感的现实与想象交错的特征，朝天使又何尝不是呢？李忔出使之前，了解的仅仅是作为祖承训之子的辽东大将形象，当他接触到真实的祖大寿时，毁关东出的记忆已难以磨灭；而李晚荣心中的祖大寿想象，又比李忔多了一层投降的印记，故在听到路旁老人的描述后，会不经意间联想到他降清并留子为质之事，只是没有机会洞察"现实"而已。想象由此变成现实，被记录下来；祖大寿的形象逐渐发生了变化，融入朝鲜使者在明清鼎革后对明朝的无限想象与对清朝的诸多批判中。

---

① 《清太宗实录》卷 17，天聪八年二月戊辰条，中华书局，1985，第 267 页下栏。
② 参见葛兆光《想象异域——读李朝朝鲜汉文燕行文献札记》，中华书局，2014。

二 朝鲜燕行使对祖大寿的形象塑造与评价

祖大寿在松锦决战中最终投降清军，皇太极命"分降众隶汉军八旗，大寿遂隶正黄旗，仍官总兵，赐赉优渥"。[1] 虽有军职，但祖大寿不曾为清军陷一城拔一池，1644年，清军攻克北京后，祖大寿被从盛京送至北京，后于北京去世。对于祖大寿的评价，乾隆皇帝的一首诗非常有代表性：

> 凝谨寒更烽候朝，鸠工何暇尚逍遥。
> 若非华表留名姓，谁识元戎事两朝？[2]

乾隆帝从一个统治者的角度，总结了祖大寿的一生，认为他仕明时风光一时，但正是彰显他功绩的石坊，却成为后人讥笑他的把柄。对于叛臣祖大寿，乾隆帝出于弘扬忠君爱国精神的目的，要在历史上加以否定，故下诏修《清史列传》时，将祖大寿编入《贰臣传》之中，对祖大寿的评价也就此盖棺论定。

乾隆帝的诗是在见到祖氏石坊时有感而作。在宁远城十字街中，赫然矗立着两座"祖氏石坊"，也有人称为"祖氏牌楼"，北面为祖大乐石坊，南面为祖大寿石坊，两座石坊相隔数十步，时隔四百余年，至今仍存于兴城古城之中。祖大寿石坊建于1631年大凌河之战之后，估计在1632年初完工，[3] 相传是崇祯皇帝为表彰祖大寿功绩而建，[4] 只是明末几部《朝天

---

[1] 王钟翰点校《清史列传·祖大寿传》，中华书局，1987，第6476页。
[2] 转引自沐雨《兴城祖氏石坊》，《辽宁大学学报》，1984年第4期，第97页。
[3] 大凌河之战爆发于1631年7月，但祖氏石坊落成的具体时间，明、清两代实录未见记载，《清史列传》也不曾有说明，笔者所掌握的朝鲜人记载中也未曾有一处将石坊落成时间精确到月份者。清康熙《锦州府志》《宁远州志》、民国《兴城县志》也均未有精确到月份的时间记载。但根据《明实录》记载："进祖大寿少傅左都督，大寿守大凌城被围，日久食匮，援兵不赴，遂以城降，既而逃归。"（《崇祯实录》，崇祯四年十二月庚午条，第142页。）既然祖大寿进少傅、左都督是在大凌河之战之后，那么刻有"钦差经理辽东挂征辽前锋将军印总兵官左军都督府左都督少傅祖大寿"字样的祖大寿石坊也应该在大凌河之战之后才可能动工。
[4] 据沐雨《兴城祖氏石坊》一文称，这座石坊是崇祯皇帝为表彰祖大寿守边功绩而建。但笔者认为，祖大寿的"诈降"在当时已经不是秘密，因辽东军务急缺人才，崇祯皇帝不得不用如此重赏来拉拢人心。

录》中都不曾详细记载这座石坊，① 从清朝开始，对祖氏石坊的描写与议论在燕行使中逐渐流传，1832 年出使的金景善还特意作了一篇《祖家两牌楼记》，对其外形有详细描写：

> 城东门有两重，其间可里许。外门曰宁安，内门曰东安。城皆颓夷，门扇亦破。城中四街，对立牌楼，相距百余步。楼皆三檐，门亦三。前坐石狮子，长数丈。楼柱大可二抱，而高五六丈。其余梁栋檐椽窗槛薨桷，皆以白石之莹腻如玉者，层层架起，不资尺寸之木，雕镂之工，殆若神造，此即祖家牌楼，世所称燕行奇观之一，今见信然。一是祖大寿楼，立于崇祯辛未，高可十余丈，最上层内外扁[匾]，皆大书玉音②二字。第二层前面，刻元勋初锡，后面刻登坛骏烈。下层列书四世职衔。楼柱前面刻俪句曰：松槚如新，庆善培于四世。琳琅有赫，贲永誉于千秋。后面曰：桓赳兴歌，国倚干城之重。丝纶锡宠，朝隆铭鼎之襃。一是祖大乐楼，立于崇祯戊寅，高比大寿楼少逊。最上层内外扁[匾]玉音二字，第二层前后面刻四世元戎少傅，第三层前面刻廓清之烈，后面刻忠贞胆智，下层职衔，左右柱皆神将之像。此外两楼所书细字亦多，而年久漫漶，不可辨，大抵皆颂美之辞也。镂起草木禽兽兵马战斗之状，皆工巧入神，计其工费，殆不可量……③

在燕行使者的笔下，祖大寿石坊高耸入云，金碧辉煌，镌刻着崇祯皇帝对于祖大寿的褒奖与赞美，所雕图画再现了祖大寿在抗清前线的英勇形象，朝鲜使者每每到这里都难以控制自己的思明之情，祖大寿也成了燕行使心目中与袁崇焕并立的宁远标志。围绕祖大寿、石坊及石坊旁祖大寿的故居，燕行使的评论，多从清军入关说起。

---

① 1636 年朝天使金堉所作《朝京日录》，仅描写祖氏石坊外表，并无论述。参见〔朝鲜〕金堉：《朝京日录》，《燕行录全集》卷 16，第 465 页。
② 经笔者实地考察，第一层并非"玉音"二字，而是"王音"二字，有一种说法认为这是祖大寿之意，意为"我本无能，全倚四世先人的庇佑"。另一种说法认为，制作石坊的石匠觉得祖大寿大凌河之战投降，好比玉有瑕疵，所以改"玉"为"王"。
③ 〔朝鲜〕金景善：《燕辕直指》，《燕行录全集》卷 71，第 66～71 页。

1644 年，作为人质被留在清军的朝鲜王子麟坪大君随多尔衮入关，路过经历战争不久的宁远城，麟坪大君的随行人员记录下城内祖大寿故居的样子：

> 世子过祖大寿、祖大乐旧居，范文程亦偕往周览。两人家其结构宏杰，甲于城中，重门复室，金壁炫耀，甃砖石砌，雕刻奇形，文垣粉墙，穷极华丽。而大寿之家，尤为侈奢。或云中原巨室之家过于此者多矣，而我国则确至尊之居，不能如是，其华奢，其黩货，取怨以致覆败之说，殆不虚矣。①

朝鲜人笔下的祖大寿旧居极其奢侈宏伟，为朝鲜未见，又听说中原巨室多如此，由此判断，明代败亡与压榨普通百姓有极大关系。祖大寿在这里成为朝鲜人总结明朝败亡原因的引子，被当作鱼肉百姓、作威作福的明朝贪腐官员中的一员，与明朝灭亡有直接联系。麟坪大君因与清朝高层交往多，成为清初中朝关系的重要见证者，一生多次来往于汉城、北京，1656 年到北京，留下著名的《燕途纪行》，对祖氏石坊的描写是：

> 若使当时裹尸马革，可以流芳百世，而渠乃畏死，以污其名，天下过客一观此楼，无不唾骂。欲留芳名之物，反作唾骂之资，惜其四世元戎之号……宁锦俱有两祖大厦，亦极奢侈，而大寿所居倍焉，手握貔貅，威镇龙沙，贪虐军民，为此奢丽，其不欲死于王事，盖可想矣。两祖败亡，不亦宜乎？大寿不死锦州，老毙燕山，大乐贪生，松山战殁，南服有生必有死，孩提所知。一时贪生，隳厥家声，诚可谓千古罪人。②

麟坪大君站在祖大寿雄伟壮丽的石坊下，感受到的是祖大寿"手握貔貅，威镇龙沙，贪虐军民"的形象。貔貅是中国古代的一种神兽，因有口无肛，而被认为是吸纳四方钱财的象征。麟坪大君认为祖大寿居功自傲，

① 〔朝鲜〕作者不详《西行日记》，《燕行录全集》卷 28，第 393 页。
② 〔朝鲜〕李㴭：《燕途纪行》，《燕行录全集》卷 22，第 92 页。

在军事重地克扣军饷，压榨百姓，为自己建立"功德牌坊"，故而不够忠心，私欲必使之"不欲死于王事"。故在见到祖氏石坊前，麟坪大君只是觉得祖大寿投降可叹可恨，之后则认为其不忠，贪生怕死、屈膝投降也并非怪事。

此后祖大寿贪虐的形象，在朝鲜广为流传。康熙中叶，中国各地动荡基本平定，朝鲜正值孝宗、显宗、肃宗三朝，孝宗完善了北伐论与尊周论，权尚夏等士人建立万东庙祭祀明神宗与崇祯皇帝，肃宗时又建立起大报坛祭祀明神宗，整个朝鲜充满着尊明贬清的意识，[1] 尤其着重纪念明神宗东援朝鲜，此时已无人纪念东征将领祖承训之子祖大寿，他无功受禄的形象经一位又一位的燕行使描写逐渐固化、加深。1685 年廷议中，朝鲜左议政南九万向肃宗陈情，不要恩赏太滥：

> 昔大明高皇帝，命徐达北征中原，及其凯还，其赏不过白金五百两。至崇祯年间，祖大寿无尺寸功，而月赐百万金，帑藏空虚，终无补于宗国之沦亡。[2]

南九万将祖大寿与明朝开国大将徐达做对比，虽赏赐数目不可尽信，但朝鲜士人认为明初将领立功大而赏赐不多，到明末将领军功不大却赏赐更多。恩赏过滥就是明朝灭亡原因之一，故恩赏不能解决王朝所面临的实际问题。祖大寿在南九万的眼里是一位明朝灭亡的推动者，在国家危难之时未立寸功，无功受禄。前面几则关于祖大寿石坊的史料，也都证实朝鲜使者将明末代表祖氏权势的旧宅、石坊等，均视为祖氏欺压军民的物证。

除宁远外，大小凌河也是 1644 年后燕行使的必经之地。他们在这里留下了诸多慨叹，面对曾经的古战场都会想起祖大寿的屈膝投降，愤恨不已又无可奈何：

---

① 参见杨雨蕾《燕行与中朝文化关系》，上海辞书出版社，2011，第 241 页。

② 《朝鲜肃宗实录》卷 16，肃宗十一年七月戊寅条，汉城：韩国国史编纂委员会影印版，第 39 册，1981 年，第 39 页。（后文所引《朝鲜王朝实录》均为此版本，故仅标明册数与页码。）南九万 1684 年出使北京，留下《甲子燕行杂录》，可惜的是其中并没有对沿途所见的详细记载，但是想必南九万路过宁锦地区的古战场时也会有所感慨。

　　沙场白骨几人收，大小长河咽不流。

　　莫向锦州回首望，荒城犹带昔年羞。①

　　燕行使来来往往的大凌河、锦州城，在多年之后都是普通的河流与居民点。在此生火做饭，与人交谈，他们不觉得特别，可一旦回忆起宁锦战事，锦州及大凌河白骨嶙峋、血流成河的景象又会浮现眼前。祖大寿在这两次战斗中，虽然表现英勇，却都以投降收场，"废垒寒云莽不收，元戎屈膝古今羞"。②这才是燕行使路过大小凌河时最惨痛的回忆。

　　1645年，刚刚定都北京的清朝还在南下继续追击着明朝与农民军的残余势力，麟坪大君作为正使又一次出使北京，随行的书状官成以性留下一部《燕行日记》，此时，辽西、冀东战场仍一片破败。天朝覆灭，清朝南征北战，正有一统寰宇之势，朝鲜人无法接受，每每路过旧战场，看见满目疮痍，必然触目伤心。经过小凌河时，他如是记录：

　　宿小凌河边，新经战场，触目伤心。组（祖）大寿以孤军抗大敌，累次大捷，清兵每出万，不千还，其战壮矣。内官用事，天子不知士马饥困，仍遂被围。今观外围之形势，坑堑三重，周回百里，飞鸟亦难越，然犹数年支撑，粮尽遂屈，其守亦坚矣。既能战又能守，而何独不能死耶？尔非明朝老将乎？③

　　可见，在朝鲜人心目中，祖大寿勇猛善战，用兵如神，可"以孤军抗大敌"，只因"内官用事，天子不知士马饥困"，才被包围而不利。即便如此，朝鲜人仍然觉得祖大寿"其守亦坚"，几乎满足了朝鲜人对于"良将"的所有幻想。只因其不能以身殉国，投降夷狄，即打碎了先前所有的赞美。成以性的反问颇为辛辣，"尔非明朝老将乎？"祖大寿的投降，推翻了良将形象，枉为明朝老将，不仅可惜、可悲，甚至可恨。1645年的正使麟坪大君只留下一部《燕行诗》，但在1656年的使行中，对祖大寿有多处

① 〔朝鲜〕南龙翼：《燕行录》，《燕行录全集》卷23，第166页。
② 〔朝鲜〕李淯：《燕行诗》，《燕行录全集》卷21，第545页。
③ 〔朝鲜〕成以性：《燕行日记》，《燕行录全集》卷18，第146～147页。

评论：

> 城是总兵祖大寿初降虏处，……虏探祖将入城，不意进逼，筑长围三月，粮尽出降。虏如得天上人，款待太厚，而竟未免夷城屠民之惨，大寿愤恚，诱以吕文焕古事，逃入锦州，时人谓其智，后又屈膝。到今观之，前日之降，亦由其心之不忠矣。[①]

> 老祖之受困锦州也，虽未歼贼，足可以溃围一战，而安坐观望，任其事去，顾以四世元戎忝厥，祖负皇恩，甘心降虏，终至骽节，纵归黄泉，其不愧于蒙兵乎？[②]

麟坪大君所言祖大寿的事迹，未必准确，如战后并未发生屠城之事，祖大寿也未因此逃入锦州，但此记载证明了朝鲜人对祖大寿看法的转变。原以为祖大寿虽然投降，却没有放弃大明子民，效仿吕文焕[③]之事，实为逃回锦州。但他第二次投降却直接反转了朝鲜人的基本看法：若其原本效忠明朝，松锦之战即应殉国，再次投降，证明了祖大寿原本就不忠于朝廷。蒙古人在朝鲜人心目中，向来比满人更为野蛮，[④] 但在松锦之战中，有部分随祖大寿抗清的蒙古兵被认为忠勇："蒙兵素善战，以赤手相搏，还夺弓剑。崇朝鏖战，纵未得生，亦能搏杀数千铁骑，如此忠勇，华人所罕，骸骨秖今堆积于锦州东川边。"[⑤] 当时蒙古与满洲早已联姻，身为汉将的祖大寿变节投降，比起这些肯为大明牺牲的蒙古勇士，更使燕行使痛心疾首。

到了 19 世纪，明清鼎革已经过去了 200 年左右，祖大寿在朝鲜的主流评价中变化不大。洪奭周为朝鲜中后期士大夫，长于经史，精于性理之

---

① 〔朝鲜〕李湆：《燕途纪行》，《燕行录全集》卷 22，第 82～83 页。

② 李湆：《燕途纪行》，《燕行录全集》卷 22，第 87～88 页。

③ 吕文焕（？～1299 年），南宋著名将领，与元军在襄阳对峙 6 年，后因孤立无援，投降元朝，作为伯颜部下，成为攻取临安的向导，被视为汉奸。详见《宋史·度宗本纪》、《元史·世祖本纪》《元史·伯颜列传》。

④ 相关研究参见师存勖《试论"燕行录"中蒙古人消极形象之成因》，《青海民族研究》，2011 年第 1 期，第 115～119 页，本文则引用了麟坪大君的《燕途纪行》中将蒙古军队与祖大寿相对比的材料，用朝鲜人本来就歧视的蒙古人的善战，来讽刺祖大寿的贪生怕死。

⑤ 李湆：《燕途纪行》，《燕行录全集》卷 22，第 87 页。

学，官至左议政，一生两次出使清朝，纯祖三年（1803 年）是作为书状官，纯祖三十一年（1831 年）则以正使身份出使清朝，从某种角度看是对中国明清历史的实地怀古。他第一次出使的《北行录·渡大凌河记》载：

> 祖大寿以孤军守城，当十万方生之敌，十三月而不下，其雄勇亦有过人者，虽末路力诎，竟不免为降俘。而其咄嗟羞愤之气，犹尚有数百年而不散者欤？余谓大寿固猛将，既力诎而降矣，则其气已索然消沮，又安能数百年不散而为此也？方大寿守城时，积骸为垒，酾血为池，是皆忠义愤冤之鬼也。及大寿欲降，诸将皆靡然从风，惟副帅何可刚言不可，大寿令斩之，可刚含笑，不一言而死。此其烈烈之气，尤足以终宇宙而贯今古，岂直数百年止哉？今宁远城中，有祖家四世牌楼，巍然当空，而不闻有为一间庙宇以祀何将军者。呜呼！又何以泄神人之愤冤哉？①

洪奭周两次肯定祖大寿是一员猛将，但其行为与猛将身份形成反差，"而其咄嗟羞愤之气，犹尚有数百年而不散者欤"。"咄嗟羞愤"这四个字直接表现出三层意思："咄嗟"乃叹息之意，祖大寿投降，屈了名将气节，毁了祖家名声，害了大明江山，令人叹息；"羞"则说明祖大寿投降不知廉耻，有何颜面再见崇祯皇帝与大明子民；"愤"则代表洪奭周对祖大寿投降的行为感到愤怒。洪是性理学大师，本就有尊周思明思想，对叛明投清向来不齿。此外，洪奭周将祖大寿与其部将何可纲进行对比，说祖大寿投降给人的悲愤耻辱之气数百年不散，令人不快，而何可纲誓死不降的刚烈气概则可流芳千古，突出何可纲，贬低祖大寿。此外，宁远城有金碧辉煌的祖氏石坊，却无人纪念何可纲，因而愤愤终究是清朝天下，再次将祖大寿置于无颜境地。

燕行路上的宁远城与大小凌河，或与祖大寿贪婪暴虐的形象相关，或常常勾起朝鲜使臣关于祖大寿两次投降的回忆，两者之间也没有明显的分界。如：

---

① 〔朝鲜〕洪奭周：《渊泉先生文集》卷 2，《韩国文集丛刊》第 293 册，2002，第 442～443 页。

> 征辽第宅半颓倾，门巷荒凉草树平。
>
> 等是人生终有死，李陵何事误家声。①

　　申晸是 1680 年 6 月出使北京的副使，此诗是途经宁远时所作。他将李陵与祖大寿相比，值得深思。李陵是西汉著名将领，出兵匈奴，深入塞北，终因寡不敌众，被俘投降，汉武帝又错杀李陵全家，李陵虽心向汉却不能返，终客死匈奴。申晸以李陵暗指祖大寿。李陵在历史上的评价受司马迁《史记》影响，多被认为是一位悲剧英雄。但因没有殉国，在将尊周思明、北伐大义看作正义的清初朝鲜人看来，却不值得赞颂。申晸看祖大寿也是一样，无论真降假降，终究还是叛国，"等是人生终有死"，为何非要选择后者？充满了对祖大寿投降的无奈与愤恨。

　　从申晸这首诗引申出另外一则材料，更可洞察朝鲜人对祖大寿的看法。1704 年，申晸好友李颐命作为正使出使清朝，李颐命当读过申晸的《燕行录》，在即将出使前，留给申晸一篇文章，《送申圣与·赴燕序》直言："公乃大书降将之石楼曰：'李陵何事误家声'。此其气可以愧死中国衣冠之裔，而必不磨灭无传矣。"②认为申晸诗中所表达的情感，可令甘心降清的汉人羞愧致死，且可流传于后世永不磨灭。从中可以看出朝鲜人对祖氏有代表性的评价是，祖氏不仅自误家声，而为汉人甘心受清朝统治，也误了 300 年天朝的名声。而祖大寿就是清代汉人的一个缩影，代表叛变、投降、屈辱，相反，朝鲜人则继承了明朝的衣冠、文化等可以代表文明的东西。

　　以上《燕行录》记载中，朝鲜士人始终认为祖大寿是一员功勋卓著的猛将，但因其降清而身败名裂。一方面，猛将投降令人可悲可叹，关外精锐尽失，功勋化为乌有；另一方面，屈辱变节，投降北虏令人可气可愤，直接为明朝灭亡留下了祸根。清代朝鲜人笔下的祖大寿形象脱胎于明代的边陲猛将，这一身份反使其投降变节成为无骨汉人的代表，受尽唾骂与讽刺。祖大寿常被与西汉李陵、南宋吕文焕作对比，作为功勋卓著的优秀将

---

① 〔朝鲜〕申晸：《燕行录》，《燕行录全集》卷 22，第 454 页。
② 〔朝鲜〕李颐命：《疏斋集》卷 10，《韩国文集丛刊》第 172 册，1996 年，第 252 页。

领，在与异族政权争战中投降变节，历史评价纷繁复杂。在朝鲜人心目中，祖大寿在一定程度上继承了乃父祖承训援助朝鲜之功，故对其感恩备至，寄望于平复全辽，重开贡道，对其降清更是倍觉可惜。

晚明《朝天录》，不乏记录明代官员索贿及军备废弛。从赵宪听到"今之为官者，宁有不要钱者乎？"的气愤，① 到最后一任朝天使金堉所见椴岛"大治宫室，极其宏侈……军兵不得休息，颇有怨讟"②，均是如此。但祖大寿作为重要的军事将领之一，在朝天使的记载中，找不到有关他克扣军饷、虐待士兵、权势倾人的记载。与上面清代燕行使记载的内容大相径庭。燕行使带着心中"神州陆沉，华夏腥膻"的心情出使，祖大寿的形象由明至清也出现了大变，根本原因还是朝鲜使者视清为夷狄。正因如此，燕行使会放大明代的好及清代的坏，充满了外国人在特殊文化思想支配下的历史想象，从而产生了史实上不正确但在文化心态上"正确"的记载。祖大寿的个人形象与历史评价的变化，就是这个大的"现实与想象"交错的一个缩影。在此文化心态下，祖大寿因降清成为"由夏变夷"之人，而朝鲜人则是"由夷变夏"，以"夏"贬"夷"，尤其是背叛了"华夏"的"夷"，也就再平常不过了。正如清代《燕行录》中充斥着的对满人的偏见、对皇帝的偏见、对汉族士人的偏见一样，祖大寿形象由明到清变化的原因，也是如此。

三 金昌业的祖大寿感知与其他侧面印象

金昌业（1658～1721），字大有，号稼斋，是当时朝鲜望族安东金氏的后裔。因其家族显赫，从明至清，金氏家族共有17人出使过中国，不少人留下了诗词散文，这对金昌业的影响很大。金昌业虽生于官宦世家，但天性淡雅，颇有东晋陶渊明的风范，"莴苣喜土肥，下种春雨宜。此物登我盘，细葱必相随"。③ 即便在家族掌控朝政之时也不曾入仕。他学识渊博，对中国颇有向往之情，所以，康熙五十一年（1712，朝鲜肃宗三十八

① 参见〔日〕夫马进《赵宪〈东还封事〉中所见的中国情况报告》，《朝鲜燕行使与朝鲜通信使》，上海古籍出版社，2010，第26页。
② 参见孙卫国《朝鲜王朝最后一任朝天使——金堉使行研究》，张伯伟编《"燕行录"研究论集》，凤凰出版社，2016，第314页。
③ 〔朝鲜〕金昌业：《老稼斋集》卷2，《韩国文集丛刊》第175册，1996，第41页。

年）11 月 3 日，长兄金昌集以谢恩兼冬至使遂行使节正使赴京，金昌业以子弟军官身份随行，踏上了他的燕行之路。

和其他的燕行使者一样，在《老稼斋燕行日记》中，少不了对祖大寿的批判，在宁远见到祖大寿石坊时，金昌业也觉得"当时是建虏闯贼方充斥于东西，而大寿辈不以裹尸为心，方事此役，竟其务胜，其与古人何以家为者异矣"，并发出了"与奴贼百战于凌河之间，功亦不少，而毕竟身为俘虏，坠其家声，惜哉"①的感叹。但是与杨海英所言②不同的是，整体来看金昌业对祖大寿的评价与描写，多了许多燕行录中不曾见过的正面形象。比如，通过李惟亮转述以前通事所见："水路朝天时，至觉华岛下陆到此城，胡兵适至，祖大寿单骑出城，持一枪向东而去，见其勇气。"随后评论："虽三国时赵子龙何以如此，闻之亦令人发动。"③ 转述中云"水路朝天"当指从铁山嘴坐船到觉华岛，在宁远城上岸时的路线，自 1629 年后，官方贡道不曾改变，这期间又有多次朝天使经过，虽然难以确认这位老翻译是哪次出访的随行人员，但可确认祖大寿是这段时间明朝东北防线上的重要将领。1631 年大凌河之战，史载祖大寿曾"诈降"，后返回锦州。1642 年松锦决战，祖大寿被围锦州，最终降清。从 1631 年至 1642 年间，祖大寿与皇太极保持着默契，留在盛京的子侄受到清朝的照顾；他对崇祯皇帝也敬而远之，不敢进京。或许他与明清两方面都有联系，单骑迎清军的故事，恰可证明其与皇太极的默契。若非如此，当年朝鲜译官眼中所见的祖大寿依然是以一当百的猛将，康熙年间的金昌业明明了解祖大寿所有的事迹，也将祖大寿的这种形象与赵云相比，并且"闻之亦令人发动"，不得不说金昌业没有单一的否定祖大寿，至少对其投降之前的形象予以充分肯定。

在归途中途经小凌河，金昌业回想起祖大寿守锦州被围投降之事，评论道：

---

① 〔朝鲜〕金昌业：《老稼斋燕行日记》，《燕行录全集》卷 32，第 447～449 页。
② 杨海英在《塔山守将之谜及其他——朝鲜士大夫关于明清争战的历史记忆》中说道："朝鲜使臣的历史认识有着不变的特点——那就是崇尚英雄，痛恨降臣，尤其是数世元戎却不为守边死战的祖氏老将。"见《清史论丛》，2008 年号，中国广播电视出版社，2008，第 79 页。
③ 〔朝鲜〕金昌业：《老稼斋燕行日记》，《燕行录全集》卷 32，第 450～451 页。

祖大寿守锦州，以奴之长于攻城，而终不能克。及松山陷，然后遣大乐，诱以降之，皇朝以锦委大寿兄弟，使遏长驱之虏，及其被围逾年，兵尽饷绝，有朝暮必陷之势，而终不救，遂致俱没，可胜痛哉！弃师之责，有所归，大寿之降，未可深诛。息庵以大寿兄弟，似襄阳吕文焕事，信然矣，然文焕为蒙古人乡（向）导，终覆宋朝，大寿则未闻为虏用，然则视文焕，罪宲有间矣。①

"大寿之降，未可深诛"，金昌业站在祖大寿的角度分析了松锦大战时的态势，被围数年，援军不到，军事上的失败并不能归结于祖大寿。金昌业还提出，把祖大寿比作南宋的吕文焕，有其合理性，但不完全准确。麟坪大君的《燕途纪行》中就提到祖大寿对皇太极说会学吕文焕助清军拿下锦州，金锡胄（即文中所指息庵）也说："与宋朝吕文焕、文德兄弟守襄阳事绝类。"②可见朝鲜人素来喜欢对比祖、吕二人，金昌业却看出最重要的不同：即吕文焕成为蒙古将领，成为进兵临安、灭亡南宋的先锋，而祖大寿则不曾为清朝出力。金昌业对祖大寿的评价由以前的全面否定变为部分否定，其早年为明朝立有军功，投降清朝，虽然令人扼腕叹息，却也情有可原。不为清朝出力，说明祖大寿深知有愧，无颜面对世人。这样的祖大寿形象相对立体，在众多讽刺与谩骂中甚为难得。

金昌业在出使期间为了进一步了解祖大寿的事迹，还曾经留下一段笔谈记录。与金昌业笔谈的是宁远当地的一位文人，名为王宁潘，金昌业记载说："曾见宋兄日记，汉儿王宁潘年十四，颇为端秀，已读四书云。"③后来，金昌业找到王宁潘，与其寒暄："丁丑奏请使行书状宋公曾相见乎？"答："曾见过。"④ 也就是说，这位姓宋的朝鲜书状官在丁丑年出使。查《朝鲜历代燕行使臣一览表》，⑤ 1697 年为丁丑年，崔锡鼎为正使奏请

① 金昌业：《老稼斋燕行日记》，《燕行录全集》卷 33，第 337～338 页。
② 〔朝鲜〕金锡胄：《捣椒录》，《燕行录全集》卷 24，第 55～56 页。
③ 〔朝鲜〕金昌业：《老稼斋燕行日记》，《燕行录全集》卷 32，第 452 页。
④ 〔朝鲜〕金昌业：《老稼斋燕行日记》，《燕行录全集》卷 32，第 452 页。
⑤ 此表见于徐东日《朝鲜朝使臣眼中的中国形象》（中华书局，2010）附录。徐东日有注，指明该表引自〔韩〕林基中《燕行录研究》，韩国汉城：一志社，2002，第 12～29 页。

兼陈奏使出使北京，书状官为宋相琦，留有《星槎录》，金昌业所见当是此书，1697 年王宁潘 14 岁，金昌业 1712 年再来，王宁潘已经 29 岁。二人谈天说地，涉及吴三桂与祖大寿驻防宁远，谈到祖大寿下落时，金昌业问祖大寿松山被擒，王宁潘则说"松山被执是寔，后又逃回"。后又阵亡等等，与史实不符，应是将两次被擒记混。随后，金昌业又问："明末塔山守将、杏山守将，皆殉节云，是否？"答："殉节二字可知，但此寔事，而未敢枉谈。"金昌业认为："答所示亦然。但为人臣，各为其主致忠者，乃天地之常经，有何可讳乎？然既恶闻，则抹之，勿论是非。为臣死国，乃节也，答不是二字不知，但二人殉节之寔事，不知也。"为进一步确认王宁潘关于祖大寿与殉节武将的记忆，金昌业追问：

> "松，杏，塔三处城壁残破，比他特甚，自古传言坚守致此。所闻如此，故偶及之。祖将之事，所示亦与俺闻有异，未可知也。杏塔事，设或不知。祖将既是此处人，其始末，左右宁或不知乎？"
>
> 答："松，杏，塔三处之事，何必再三究问？但今你欲赴京，吾欲读书，先生必然等俟，何暇谈此乎？"

说到此处，王宁潘"色忽变，虽强勉为答，而额汗如水，见之可哀"。[1] 二人终止了笔谈。金昌业说"所示亦与俺闻有异"，也就是说在他的心中原本是有一个清晰的历史脉络的，这段笔谈，可以说是金昌业与王宁潘历史知识的一次碰撞，正如吴政纬所说："18 世纪的中国、朝鲜在历史文本的表述与诠释，已分道扬镳，因此历史问答的鸡同鸭讲，或重心偏颇，可谓其来有自。"[2] 朝鲜人在思明思想的影响下，形成了一套独特的历史观。这种历史观扎根于明清之际的史实，与清朝士人的历史观迥异。从他们的笔谈中，可以一窥金昌业与其他燕行使说法不同的原因。金昌业的问题主要围绕两个方面：一是祖大寿及其后人下落问题，二是关于松山杏山塔山守将殉节之事。在"明知故问"的前提下，金昌业不是想了解什么

---

① 以上笔谈内容均见于金昌业《老稼斋燕行日记》，《燕行录全集》卷 32，第 455～457 页。
② 吴政纬：《眷眷明朝——朝鲜士人的中国论述与文化心态 1600—1800》，台北：独立作家，2015，第 187 页。

历史事实,而是为了了解清朝士人如何看待祖大寿投降之事,将松山等地武将与祖大寿对比。因为王宁潘拒绝回答,谈话不欢而散。他之所以这么问,是出于一种想要更多了解中国的目的,跳出朝鲜视角下的历史叙述观察中国,这是他与前文所述的燕行使最大的不同,前文燕行使的叙述多沉浸在思明情怀中,没有跳出朝鲜视角,故而片面地得出了祖大寿胆小贪婪的形象。

与金昌业相似的是,在他身后几十年,一批被后人称为"北学派"思想家的朝鲜士人出使中国,带回了更多详细的中国论述。1765 年随行出使的洪大容,1780 年随行出使的朴趾源,1778 年随行出使的朴齐家,都是有代表性的北学派士人,思明思想没有完全消失,但也看到更多清朝的优点。北学派的诞生使朝鲜王朝对清代的态度多有改观。可惜的是,他们的作品对祖大寿的评论不多。洪大容的著名笔谈《乾净衕笔谈》也无围绕祖大寿的内容,他在《湛轩燕记》中,只留下了一句"问祖大寿兄弟事,答曰:事犯时讳不敢言"。[①] 金昌业是早于北学派士人冷静思考现实中国的人,回顾北学派兴起的历程,朝鲜王朝中期党争繁杂、民怨四起,社会亟待改革,朴趾源等人醒悟必须正视这个正处于"康乾盛世"的中国。而金昌业一直以来清心寡欲,不问政事,家族多燕行使者,使他对中国有着浓厚的兴趣,能带着一种开阔眼界的态度来到清朝,与北学派士人观察中国的视角不谋而合,这也是为何祖大寿形象在他的笔下能够与众不同,真实立体得多。

其实,相对客观的祖大寿记载在朝鲜王朝的记述中并不少见,只是这些记述中的祖大寿不是主角。如关于朝鲜义士李士龙的事迹,1790 年,黄景源记载:

> 清人与祖大寿战,至于松山,朝鲜兵居前,清兵居后。清人爱朝鲜兵善用炮,恐伤之,匿马鞍下,下令曰:炮中有赏。于是,人人争欲中,独士龙去铅而发,一发无中者。清人怒,立牵士龙欲刃之,士龙不动,清人纵而诚之曰:若复如是邪,若发而中,有厚赏。士龙再发,又无中者。清人愈怒,然犹不斩,及三发,又无所中,然后乃斩

① 〔朝鲜〕洪大容:《湛轩燕记》,《燕行录全集》卷 42,第 102 页。

士龙头，以徇其军。大寿谍知士龙不忍攻明为所杀，乃大书旗上曰："朝鲜义士李士龙"，以风其军，虽清人望见其旗，亦为之动容。①

这个故事在尹行恁《硕斋稿》、②朴趾源《热河日记》③等文献中屡见不鲜。其中祖大寿是个在心理上配合朝鲜的人，他给的"朝鲜义士"称号，成为祭祀李士龙一直沿用的称号，说明对于尚在明军的祖大寿，在朝鲜记载中成了李士龙这个思明符号的肯定者，没有被抹杀。此外，朝鲜孝宗在沈阳做人质的时候，曾看见祖大寿"常着环于拇指，环肉相合无痕，仍命昼夜常着，毋敢暂解"。并以此要求朝鲜将士们"自兵判以至将臣，必皆常著角指，以为先率之地"。④此事出自朝鲜正祖的《弘斋全书》，《朝鲜王朝实录》亦有记载⑤。在此祖大寿成为孝宗告诫朝鲜将士日夜匪懈操练武艺的榜样，即便此时他已投敌。可见，当祖大寿成为朝鲜人直面的对象时，是以批评与慨叹为主，但当祖大寿站在侧面时，英勇的明朝将军形象依然存在。

四　结语

综上所述，祖大寿的形象在朝鲜使者的笔下处于不断变化中。晚明时期李忔笔下的祖大寿是援朝抗倭名将之子，与朝鲜关系密切，值得依靠与信赖。大凌河之战诈降之后，李晚荣的描写使原来的正义形象发生动摇，明清鼎革后，燕行使们经过宁远祖氏石坊与大凌河小凌河古战场时，都不免要对祖大寿的屈膝投降、贪生怕死进行批评，慨叹明朝的灭亡，有祖大寿一分罪行，并给他加上鱼肉百姓、贪赃枉法的形象，祖大寿基本被否定。在诸多的燕行使中，唯有金昌业相对客观地分析了祖大寿的相关历史问题，站在朝鲜人的角度，给出了一个中肯的评价。

历史上人物评价往往因时、因人而异，但真实发生的历史是确定的。

---

① 〔朝鲜〕黄景源：《江汉集》卷9，《韩国文集丛刊》第225册，1999，第33页。
② 见〔朝鲜〕尹行恁《硕斋稿》卷19，《韩国文集丛刊》第287册，2002，第349～350页。
③ 见〔朝鲜〕朴趾源《燕岩集》卷15，《韩国文集丛刊》第252册，2000，第330页。
④ 〔朝鲜〕李祘：《弘斋全书》卷30，《韩国文集丛刊》第262册，2001，第496页。
⑤ 见《朝鲜肃宗实录》卷16，肃宗十年十二月丁未条，第39册，第21页。

祖大寿的事迹在被不同年代的人评价时，掺杂了不同的想象成分。而燕行使者在看到新的真实时，又会添加新的想象。当掺杂了想象的历史，经由《燕行录》这一文献在朝鲜不断传播时，祖大寿的形象也就成了多层现实与想象的结合体。对朝鲜王朝有深远影响的思明观念，也可以说是这种现实与想象交错形成的产物。在思明观念下，祖大寿的投降被无限放大，本不属于他的污点也被他所承担，而这些又都来源于燕行使们在中国的见闻，当时所见是现实，但经过思明观念的处理，想象也就诞生了。

（作者单位：南开大学）

读史札记

乾隆丙辰"博学鸿词科"拾遗

李立民

20世纪90年代，中国第一历史档案馆发表了一些关于乾隆丙辰博学鸿词科的档案资料，[①]笔者曾据此撰有《乾隆丙辰博学鸿词研究》一文。[②]近日，通过研读相关文献，又发现了一些有关乾隆丙辰科的遗留问题，以作为对前文的补充。

一 丙辰科荐举征士的人数问题

雍正十一年四月，胤禛下谕拟开博学鸿词科，但因诸大臣观望迟回，任意延缓，始终未能付诸实施。雍正十三年十一月，乾隆帝即位不久，便再下谕旨，催促大臣继续荐举博学鸿词之士。据亲膺是科之选的袁枚称："乾隆丙辰，召试博学宏词，海内荐者二百余人。"[③]李富孙亦云："是科内外荐举共二百六十七人。"[④]但据《清实录》所载：乾隆元年九月，"御试博学鸿词一百七十六员于保和殿"。[⑤]那么，各省荐举的人数与最终参加御试的人数为何有所出入？在对相关的史料进行梳理后，笔者认为大致有以下几方面的原因。

其一，御试前有"先行考试"者。如梅枚、许佩璜等人，因下文有详细论述，此不赘言。

其二，因吏部审核未通过而不得与试。各省督抚确定荐举人选后，还须将所荐诸征士之姓名、籍贯、履历等列单送呈吏部审批。这一环节中，

---

① 参见王澈选编《乾隆元年荐举博学鸿词史料（上）（下）》，《历史档案》1990年第3、4期。
② 详见《清史论丛》2015年第一辑。
③ 袁枚：《随园诗话》卷5，清乾隆十四年刻本。
④ 李富孙：《鹤征后录·凡例》，清嘉庆十五年漾葭老屋刻本。
⑤ 《清高宗实录》卷27，乾隆元年九月，第9册，第590页。

即有被吏部驳回，不得令其参加廷试者。如宋照，字谨涵，号喜墨，江南长洲人。据《词科余话》云：宋照"以撰文忤宪皇帝意革职，放还田里。同年，阁学桐乡吴公荐，复来京，部驳不得与试"。① 又如太仆寺卿蒋涟举荐江南元和人邵岷，邵岷原系武生，蒋涟误将其履历写为附生，吏部复议曰："今太仆寺卿蒋涟既称从前所保附生邵岷实系武生，与荐举之例不符，应不准其考试。"② 还有因推荐人非三品以上官员，而将其所推荐的博学鸿词之士驳回不准与试。如秀水祝维诰，字宣臣，由奉天府丞王河举荐，吏部复议曰："查奉天府府丞系在京正四品，虽有兼摄学政之责，但例应会同该府尹合词具题。今并未会同该府尹，与例不符，应毋庸议。"③

其三，因个人的一些客观原因而未能与试。有丁忧未试者，如金虞，字长孺，浙江钱塘人，由工部尚书涂天相荐举，"旋丁外艰，不与试"。④ 有病故未试者，如杜诏，字紫纶，号云川，江南无锡人。由大学士嵇曾筠荐举丙辰鸿词，"未及试，病卒"。⑤ 有因病辞试者，如靖道谟，湖北汉阳人，由兵部侍郎王士俊举荐，"以疾辞"。⑥ 还有因行程而迟至者，如王照，字晋三，浙江仁和人，由内阁学士姚三辰荐举，"丙辰九月后始来京师"，⑦ 故未能与试。

此外，金德瑛、曹秀先、金门诏、全祖望四人已经参加了乾隆元年四月的殿试，并赐予了进士身份，这四人又恰被荐举了博学鸿词，故这四人可免于参加九月在保和殿的御试。

可见，各省总计荐举的人数中包含了先行考试、吏部驳回不与试、病故未试及丁忧未试等情况。因而，乾隆丙辰科赴京参加御试的实际人数与各省总计荐举的人数有所差异。

事实上，各省究竟举荐了多少鸿博之士，时人所云，亦有出入，如李

① 杭世骏：《词科余话》卷4，清乾隆道古堂刻本。
② 第一历史档案馆：《大学士张廷玉等为参劾太仆寺卿蒋涟荐武生为博学鸿词事题本》，乾隆元年九月初一日。
③ 第一历史档案馆：《大学士张廷玉等为奉天府丞王河荐举博学鸿词与例不符事题本》，乾隆元年九月二十六日。
④ 杭世骏：《词科掌录》卷12，清乾隆道古堂刻本。
⑤ 杭世骏：《词科掌录》卷13，清乾隆道古堂刻本。
⑥ 李富孙辑《鹤征后录》卷4，清嘉庆十五年漾葭老屋刻本。
⑦ 杭世骏：《词科掌录》卷5，清乾隆道古堂刻本。

绂云一百八十余人，杭世骏云一百八十四人，戴璐云一百九十三人，① 各家所载不能一致，或因诸家耳目所及，难免有所遗漏。以搜罗最广的《鹤征后录》为例，其书特设有"不就试"一目，即专载已为各省所荐，但个人因故不往试者。然如钱塘金农，据《清史列传》载："乾隆元年，举博学鸿词，不就。"② 又祁门马曰琯，《清史列传》云："乾隆元年，举博学鸿词，不赴试。"③ 以上二人，《鹤征后录》俱失载于"不就试"一类中。今各省总计荐举的确切人数，已不得详考，但大致范围当在《鹤征后录》所载 267 人左右。

二 御试前的"先行考试"数例

经过严格的验查、呈报后，各省征士们相继赴京，准备参加御试。据《清实录》所载，御试的时间是乾隆元年九月，但至乾隆元年二月，就已有一百余人先行至京。如何解决先至京诸征士的衣食问题，乾隆帝也有所考虑。乾隆元年二月曾下谕旨："内外臣工所举博学鸿词闻已有一百余人，只因到京未齐，不便即行考试。其赴考先至者，未免旅食艰难，著从三月为始，每人月给银四两，资其膏火，在户部按名给发，俟考试后停止。"④ 除此而外，乾隆帝还在保和殿御试之前，又有"先行考试"者数例，这也是以往史书所不见记载者。

在诸征士中，除了各地生员外，还有一些在职官员，"先行考试"者主要针对的就是这些地方官员。他们原本因公务进京引见，又恰逢被举荐博学鸿词须赴京参加御试。在经先行引见后，若继续留京等待乾隆元年九月御试，则势必会对其所管辖的地方事务造成影响，故乾隆帝允许其在保和殿御试之前"先行考试"。

如梅枚，字功升，江西南城人，康熙辛丑进士，官河南仪封知县，由河东总督王士俊举荐乾隆丙辰科博学鸿词，"适报最，入觐，遂先试"。⑤

---

① 分别参见李绂《穆堂类稿》、杭世骏《道古堂文集》、戴璐《藤阴杂记》。
② 王钟翰点校《清史列传》卷71《文苑传》2，中华书局，1987，第5867页。
③ 王钟翰点校《清史列传》卷71《文苑传》2，第5867页。
④ 《清高宗实录》卷13，第9册，第383页。
⑤ 李富孙：《鹤征后录》卷5，清嘉庆十五年潢葭老屋刻本。

《词科掌录》亦云："梅功升任仪封令，平越王公所荐。召入先试，卷封内阁。"① 再如云南省云龙州知州徐本仙，湖北蕲水人，康熙庚子举人，由兵部侍郎王士俊举荐。又安徽省池州府学教授陈以刚，字烛门，江南天长人，康熙壬辰进士，由安徽巡抚王纮荐举。二人于乾隆元年二月赴京，在先行引见被封"卓异官"后，乾隆帝下旨曰："徐本仙、陈以刚俱准其卓异注册，伊等既经保荐博学鸿词，著照梅枚之例，先行考试，将试卷封贮，令回原任照例升用。"② 又如许佩璜，字渭符，江南江都人，官河南卫辉府管河通判，由河东总督王士俊举荐。乾隆元年三月，许佩璜因题补开封府北岸河务同知，故先行入京引见。乾隆帝下旨曰："开封府河务同知员缺，著拟正之许佩瑛〔璜〕补授。许佩瑛〔璜〕既经保举博学鸿词，著照梅枚之例，交与内阁先行考试，再赴新任。"③《词科余话》亦云："渭符以开封通守奉诏之京，特旨先试，即归汴州。"④ 据此，则至少在乾隆元年二月，诸征士中就有先行考试者。清廷将其试卷先行封存，待保和殿御试结束后再一同阅卷。但对于这些"先行考试"者之考试的题目是否与乾隆元年九月保和殿御试一致，因缺乏相关的记载，今不得其详，姑且存疑待考。

上文已有所述，乾隆丙辰科在各省举荐阶段，就已开"严苛"之风，其后的御试一百七十余人中，仅取15人，尚不及康熙己未科之半，故是科颇受时人訾议。然在御试前，乾隆帝对先至之征士给予银两资助，并允许一些在任官员"先行考试"，这在一定程度上体现了乾隆帝对丙辰词科的"人文关怀"。

三 有关"滥举"问题

与一般科举考试有所不同，清代博学鸿词科仅设廷试，凡欲参选者，无论已仕、未仕，首先必须经官员保举才有可能获得廷试资格。可见，

---

① 杭世骏：《词科掌录》卷15，清乾隆道古堂刻本。
② 第一历史档案馆：《吏部奏为云南云龙州知州徐本仙等先行考试后回原任升用本》，乾隆元年二月初六日。
③ 第一历史档案馆：《吏部请对已保举博学鸿词许佩璜先行考试再赴新任》，乾隆元年三月初五日。
④ 杭世骏：《词科余话》卷2，清乾隆道古堂刻本。

"保举"是清代博学鸿词科中至关重要的一个环节。乾隆丙辰科在大臣保举的环节中存在"滥举"的现象。

乾隆帝谕旨下发后，诸臣纷纷着手保举事宜。然而我们注意到，乾隆丙辰科有些大臣荐举的是高官亲属或其子弟，存在着"夤缘荐举"的乱象。如由宗人府左宗正多罗慎郡王允禧所保举的李锴、长住二人，李锴为"大学士索额图之介婿",① 长住为"大学士查郎阿妹婿",② 而顺天府府尹陈守创举荐的甘禾，则为时任兵部尚书甘汝来之子。③

还有些大臣荐举的是其旧知故友。如朱稻孙，为朱彝尊之孙，由詹事府詹事王奕清保举，稻孙"游京师，太仓相公荐修《春秋》，故与宫詹有旧，遂举之"。④ 甚至，还有大臣直接保举其族属参选者，如户部侍郎陈树萱保举的陈长镇，为其族人，"陈树萱生平所知廷臣外僚，岂竟无一二人足膺保举，而必于族党中求之耶？陈树萱向系卑鄙钻营之流，人人共知"。⑤

以上大臣所荐举者，或为高官子弟，或为其故知亲友，有"滥举"之嫌。这又与乾隆元年开设博学鸿词科的社会环境不无关联。

保举是我国古代选拔官员的一个重要途径。在清前期官员的选举制度中，保举也常常被统治者视为有效选拔人才的一种方式。有清一代，科举考试被视为抡才大典，也成为选举官员的主要方式。这种通过考试的方式，虽然能够在一定程度上体现公平性，但也会遗漏诸多特殊的有才之士。而保举官员中的举荐者和被举荐者之间往往都十分熟悉，对被举荐者的才能也有所认知。可见，保举是科举考试选拔官员制度的一项有益补充，但保举制度也存在"夤缘瞻徇"的弊端。尤其是在康熙中叶以降，表现得特别明显。

康熙二十五年闰四月，广西按察使缺，吏部侍郎胡简敬，保举其乡人江南淮扬道高成美拟正，康熙帝以本地方人推举本省官员，"必致瞻徇滋

---

① 杭世骏：《词科掌录》卷6，《清代传记丛刊》第15册，第277页。
② 杭世骏：《词科掌录》卷6，《清代传记丛刊》第15册，第277页。
③ 杭世骏：《词科掌录》卷15，《清代传记丛刊》第15册，第654页。
④ 杭世骏：《词科掌录》卷17，《清代传记丛刊》第15册，第770页。
⑤ 《清高宗实录》卷4，雍正十三年十月上，第9册，第213页。

"弊"，对其严加申饬。① 康熙三十六年谕大学士等曰："观九卿凡保举人员，非系师友，即属亲戚，是皆汉人相沿恶习。"② 雍正初年，孙嘉淦官国子监祭酒时，"乃瞻顾私情，将亲弟孙扬淦荐用为监丞。孙扬淦行事乖张，士论不服，以致孙嘉淦声名大损"。③ 可见，在乾隆元年以前，"夤缘荐举"现象便在保举者的门生故吏、旧知亲友间不断蔓延。

乾隆帝即位后，对当时大臣保举的这一社会环境，亦有所认知："向来荐剡多属夤缘，朕深悉其弊。今番特令诸臣各行保举，惟冀痛洗积习，以展丹忱。"④ 但是，要"痛洗"积习，不能仅寄希望于大臣的"自觉"之心，相关完备、有效的监管机制，尤不可或缺。

康熙末年，一些本应具有监察职责的科道官员，对大臣的"夤缘荐举"视而不见，"乃或因系某大臣保举，或因系某大臣门生故旧，彼此瞻徇情面，并不题参"。⑤ 至雍正末年，更进而演变成一种官场积习。雍正帝曾针砭时弊道："大凡荐举之典，臣工得以行其私者，往往踊跃从事，争先恐后；若不能行其私，则观望迟回，任意延缓，其迹似乎慎重周详，其实视公事如膜外也。"⑥ 相关大臣职责的缺失，不足以制约"夤缘荐举"的产生，⑦ 那么，作为最高统治者的乾隆帝能否做到有效地监管呢？

早在雍正十三年二月，雍正帝复诏催促大臣速行保举博学鸿词时，便不无担心地告诫诸臣道："倘因朕此旨而遂冒滥以行其私，亦难逃朕之鉴察。"⑧ 雍正帝已执掌权柄十余载，在吏治方面经验丰富，若果真有"冒滥以行其私"的大臣，的确难逃雍正帝的"鉴察"。然此时的乾隆帝即位不

① 《清圣祖实录》卷126，康熙二十五年闰四月，第5册，第340页。
② 《清圣祖实录》卷179，康熙三十六年正月，第5册，第921页。
③ 《清世宗实录》卷126，雍正十年十二月，第8册，第651页。
④ 《清高宗实录》卷4，雍正十三年十月上，第9册，第213页。
⑤ 《清圣祖实录》卷269，康熙五十五年六月，第6册，第643页。
⑥ 《清世宗宪皇帝上谕内阁》，李富孙辑《鹤征后录》卷首，《四库未收书辑刊》二辑，第23册，第646页。
⑦ 虽然诸臣在确定拟选博学鸿词后，还须以"题本"形式上奏内阁，由部阁大臣复审。但是，部阁大臣在复审中多倾向于对应举者履历的政治审查（凡有缘事革职者，不准与试）。因此，部阁大臣的复审也并不能对诸臣是否徇情保举，进行有效的监督。
⑧ 《清世宗宪皇帝上谕内阁》，李富孙辑《鹤征后录》卷首，《四库未收书辑刊》二辑，第23册，第646页。

满一年，"一切政务，多未谙练"，① 在用人上，"于诸臣之才学品行，未能深知"，② 甚至对"南省督抚，并各大员，优劣品行，朕实不知"。③ 与乃祖乃父相比，经验与阅历的缺乏，使此时的乾隆帝难以在大臣保举博学鸿词的环节中掌控全局。不良社会环境的影响，再加之缺乏有效的监管机制，是导致乾隆丙辰科在保举环节中屡现"夤缘荐举"的重要原因。

乾隆丙辰科保举环节中的"滥举"现象，对丙辰博学鸿词的选任产生了消极影响。"滥举"引起了阅卷大臣张廷玉、鄂尔泰的警觉，"两中堂以保举多有滥觞，取额遂隘"。④ 乾隆元年十月，由大学士鄂尔泰、张廷玉等确定了乾隆丙辰科所取15人之名单。次年，又补试选取四人。对此，时人有云：丙辰科"天子临轩亲试之，执事者犹持严重之意，仅以十五卷上御览。盖取数隘，视己未（笔者按：即指康熙己未博学鸿儒科）四之一耳。己未三取一，今十不能得一也"。⑤

取额之隘，使许多学有所长之士未能入选。商衍鎏先生云："张廷玉主试事，托慎重之名，苟绳隘取，如淹通经史之桑调元、顾栋高、程廷祚、沈彤、牛运震、沈炳震，文章诗赋之厉鹗、胡天游、刘大櫆、沈德潜、李楷，他如裘日修、钱载等，皆一时续学能文者，俱未入选，颇失士林之厚望焉。"⑥ 人才的任意遗落也使得乾隆丙辰科的社会影响不及康熙己未科深远。沈廷芳云："国朝己未科，有汤文正之正己化物，李天生之孝谊纯备，乔石林之直言去国，施愚山之学行醇雅，毛西河、朱竹垞、徐花隐之问学淹洽，汪钝翁、陈迦陵、潘稼堂、李石台之才藻炳焕。之数公者，实堪追配古人，故足重也。"⑦ 而乾隆丙辰科则罕有与汤斌、毛奇龄、朱彝尊等诸贤相媲美者，"乾隆朝的丙辰博学鸿词科，只不过是康熙己未词科的余音嗣响"。⑧

尽管"滥举"事件对乾隆丙辰科之选任产生了消极影响，但另一方

---

① 《清高宗实录》卷2，雍正十三年九月上，第9册，第171页。
② 《清高宗实录》卷5，雍正十三年十月下，第9册，第233页。
③ 《清高宗实录》卷5，雍正十三年十月下，第9册，第254页。
④ 杭世骏：《词科余话》卷5，《清代传记丛刊》第15册，第1011页。
⑤ 李富孙辑《鹤征后录》卷12，《四库未收书辑刊》第二辑，第23册，第757页。
⑥ 商衍鎏：《清代科举考试述录》，百苑文艺出版社，2004，第175页。
⑦ 沈廷芳：《隐拙斋文集》卷37《词科同年录序》，《清代诗文集汇编》第298册，第509页。
⑧ 张宪文：《清康熙博学鸿词科述论》，《浙江学刊》1985年第4期。

面，也促使乾隆帝采取措施，加强了对乾隆初年保举制度的建设。如乾隆元年四月，命各省督抚保举贤良方正时，规定"吏部会同九卿、翰詹科道，公同验看，众论相符，带领引见，候旨简用"。① 加强了相关的监察机制，以形成对督抚保举人才的制约；更进而明确规定了对"滥举"者的惩罚措施与追查机制："倘所举不实，被访察题参，除本人斥革外，其滥行出结各官，照滥举匪人例，分别议处，受财者以枉法论。"② 又如乾隆二年三月，谕保举道府等官，规定"著于各省道府官内，令督抚藩臬，各据所知，保举一二员，或二三员，俱各密封具奏，不得会同商酌"。③ 特别强调了以"密封"保举的形式上奏。这在一定程度上，既可以避免保举人因碍于人情世故而不得不徇私滥举的行为，同时，"密封"保举的形式只有乾隆帝与保举大臣二人知晓，便于乾隆帝的明察暗访，从而有利于乾隆帝对保举全局的掌控。

四　雷同试卷与"文理荒谬"试卷评述

乾隆元年九月，清廷御试各省所荐之博学鸿词于保和殿。据相关档案资料记载，在御试后的评卷阶段，大学士张廷玉、鄂尔泰发现了两份雷同试卷及五份"文理荒谬"试卷。这一事件也同样为现有史书所遗，今笔者对其略做评述。

据鄂尔泰奏曰："臣等奉命阅看博学鸿词试卷，除拟取一、二等卷进呈，并文义平庸及平通者不取外，查有两卷，其诗文系全首雷同，显有情弊，而文理亦属陋劣，应请开拆弥封，查出姓名，将本生及保举之员一并交部议处。又查有五卷，文理荒谬，俚鄙不堪，似此谫劣之人，何得滥膺鸿博之荐？在本生意躁妄进，不自知其分量，情尚可恕。至内外大员，当兹国家抡才盛典，理宜倍加慎重，而乃草率苟且，轻忽滥举，咎实难辞。应请敕部查明保举之员，照例议处，以示惩戒。"④ 该奏折后附有"博学鸿词试卷中诗句雷同及文理荒谬者名单"如下：

---

① 《清高宗实录》卷16，乾隆元年四月上，第9册，第436页。
② 《清高宗实录》卷16，乾隆元年四月上，第9册，第436页。
③ 《清高宗实录》卷39，乾隆二年三月下，第9册，第701页。
④ 第一历史档案馆：《大学士鄂尔泰等为请敕部查明滥举博学鸿词之员事奏折》乾隆元年十月初二日。

诗句雷同二卷：王霖，浙江绍兴府举人，内阁学士兼礼部侍郎吴家骐保；徐廷槐，浙江绍兴府进士，礼部尚书任兰枝保。

文理荒谬五卷：车文，河南开封府拔贡生，左都御史孙嘉淦保；邱迥，江南淮安府岁贡生，江苏巡抚顾琮保；阎式鑛，河南开封府举人，原任巡府王士俊保；沈永［冰］壶，浙江绍兴府廪生，太仆寺卿蒋涟保；方辛元，江南江宁府监生，户部仓场侍郎吕耀曾保。

对两份雷同的试卷，时人杭世骏云："山阴王霖雨丰，康熙乙酉举人，阁学桐乡吴公所荐。试日，与会稽徐笠山联席。笠山不工为排律，即用其诗，为考官所纠。"① 认为徐氏有意抄袭。但另一方面又称：徐氏"为人自佳士，文章峭刻清厉，诗亦摧落凡近"。② 则其态度又在模棱两可间。今据相关档案所载，王霖在御试时先将命题拟完草稿后，开始着手誊录，"时已更余，烛光之下，既苦目力短视，又恐深夜匆忙，实不及检点。草稿缮写完卷，既而遗落草稿一纸，亦不及寻觅，匆匆而出"。③ 又据徐廷槐所供称，其廷试草稿写完后，"誊清之时，于赋题多写一'为'字，仓惶惊悸，刨刮涂改，心神瘝懒，痰气上升，怔忡复发，转辗不宁。随欲出位交卷，拾有字纸一张，见系诗稿，糊涂誊入，以图完卷，实系一时病体昏愦所致"。④ 徐廷槐所称的"怔忡"是一种心脏疾病，类似今日严重的心律不齐。对于王、徐二人的口供，大学士张廷玉并无异议："窃思草茅下士，幸入殿廷考试，守卫森严，又值天寒日短，悉心起稿誊真尚且不暇，何敢有徇情作弊之事？且考试之时，各尽所长，岂不知雷同他人，必至败露，自误功名？虽属至愚，万不出此。"⑤ 今考清人商盘云："墨汀（徐廷槐之号）为予庚戌同年友，……试鸿博，以'山鸡舞镜诗'雷同被议。其实，

① 杭世骏：《词科掌录》卷13，清乾隆道古堂刻本。
② 杭世骏：《词科掌录》卷5，清乾隆道古堂刻本。
③ 第一历史档案馆：《大学士张廷玉等为查明试卷雷同及议处滥举博学鸿词之员事题本》，乾隆元年十一月初十日。
④ 第一历史档案馆：《大学士张廷玉等为查明试卷雷同及议处滥举博学鸿词之员事题本》，乾隆元年十一月初十日。
⑤ 第一历史档案馆：《大学士张廷玉等为查明试卷雷同及议处滥举博学鸿词之员事题本》，乾隆元年十一月初十日。

墨汀非不能诗也。观其《轩辕台篇》，虽太白何让焉？"① 又《鹤征后录》载，徐廷槐著有《墨汀诗草》，方粲如称徐廷槐为"才士"，赞其作诗"高骋复厉，一涤滓窳"。② 则徐廷槐亦晓排律，颇有诗才，不至贸然抄袭。况且王霖为举人，徐廷槐为进士，进士抄袭举人，于情理不通。档案中所载徐廷槐在考场因发病而失态之说，当属实。

尽管如此，清廷对二人的惩罚却并未姑息。事情原委查实后，乾隆帝下令，将徐廷槐革去进士身份，将王霖"照不行详慎例，于出仕日罚俸一年"。③ 这从一个侧面，反映了清廷对丙辰科考试的重视，体现了这次考试的公平性。

对于五份"文理荒谬"的试卷，清廷虽然仅对保举五人的有关官员做出了处罚，但仍有两个问题有待厘清。其一，这五人是否皆为俚鄙谫劣之士。其二，清廷评判"文理荒谬"的依据是什么。

清廷认为车文等五人"滥膺鸿博之荐"，称其"俚鄙""谫劣"云云，言辞甚重。那么，这五人学行究竟如何？邱迥，字尔求，江南山阳人。其父邱象升，康熙乙未进士，"与弟象随以诗文名于时"，④ 时人誉为"淮南二邱"。邱迥自幼承庭训，同里张养重、刘水心诸宿老尝馆于其家，迥"目染耳濡，见闻殚洽"，⑤ 又年少好学，得游于经学大师阎若璩门下，"讲求经义"。⑥ 此后，又相继从游于王士祯、汪琬、朱彝尊门下，"学益深邃"。⑦ 其家居桐园，藏书过万卷。尤工于诗，"自汉魏六朝及唐宋元明诸大家，皆能穷其旨趣。故其所作，本之性情，幹以风骨"。⑧ 其应乾隆丙辰科时，年已近七旬，之所以被目为文理荒谬、俚鄙谫劣之士，盖因其"试卷涂抹过多，为考官所纠，置劣等"。⑨ 再如沈冰壶，"考证文史，学识颇

① 商盘：《越风》，清嘉庆十六年刻本。
② 李富孙辑《鹤征后录》卷6，清嘉庆十五年漾葭老屋刻本。
③ 第一历史档案馆：《大学士张廷玉等为查明试卷雷同及议处滥举博学鸿词之员事题本》乾隆元年十一月初十日。
④ 钱仪吉：《碑传集》卷44《侍讲邱公象升传》，载周骏富编《清代传记丛刊》第108册，第486页。
⑤ 李富孙辑《鹤征后录》卷10，清嘉庆十五年漾葭老屋刻本。
⑥ 徐世昌著陈祖武点校《清儒学案》，河北人民出版社，2008，第1366页。
⑦ 李富孙辑《鹤征后录》卷10，清嘉庆十五年漾葭老屋刻本。
⑧ 李富孙辑《鹤征后录》卷10，清嘉庆十五年漾葭老屋刻本。
⑨ 杭世骏：《词科掌录》卷13，清乾隆道古堂刻本。

为拔俗"。① 著有《抗言在昔集》，"皆咏古七言绝句，而多考证文史，与他家咏古评论事迹得失者又别"。② 此外，车文"湛深经术，博综汉宋，诸经皆有论著"。③ 至于方辛元、阎式鑴二人，则因相关记载的缺乏，今不得详考。

以上五人中，至少有三人的学识与其在此次考试中的成绩不甚相符，我们不能仅仅通过这次考试来断定其为"俚鄙谫劣"之士。实际上，乾隆丙辰科所举荐的百余"博学鸿词"之士，都先已经过各省大员的考核，前文已有所述，堪称各地学者之代表。在这些征士中，每人才识固然有高下之分，但也不至于沦落为不通文理的俚鄙下士。诚如福格所云："凡应荐之士，无论取落，皆非村儒俗士侥幸得名者可比也。"④ 那么，上述诸征士在学识与考试成绩间为何相差如此悬殊？这或许与清廷评判的依据有关。

关于清廷对"文理荒谬"的评判依据，我们从沈冰壶在丙辰科被斥落的原因中，或可略窥一斑。沈冰壶，字玉心，号梅史。据《鹤征后录》云：沈氏"得膺荐牍，及廷试，最后纳卷，被斥落。或言其史论中欲黜蜀帝魏，及进金元而黜南宋，当事恶其偏谬故也"。⑤ "黜蜀帝魏"之说，自陈寿撰《三国志》以魏为正统，习凿齿撰《汉晋春秋》始以"尊蜀黜魏"而驳之。⑥ 宋司马光撰《资治通鉴》，复"黜蜀帝魏"，而朱熹编定《通鉴纲目》又以习凿齿为是，"然后正、伪分而统纪明"。⑦ 清廷科举考试中，向以程朱理学作为维护纲常伦理的统治思想，而沈冰壶在史论中却与朱子正统史观"背道而驰"，其遭斥落，在所难免。至于其"进金元而黜南宋"，则更是触犯了清廷大忌。金于南宋，清于明，皆是异族入主中原。尽管清人以"金源即满洲也"自居，⑧ 但在清廷看来，其与金朝最大的不

---

① 王钟翰点校《清史列传》卷71《文苑传》，中华书局，1987，第5871页。

② 纪昀：《钦定四库全书总目（整理本）》卷185《集部·别集类存目12》，第2589页。

③ 李时灿：《中州先哲传》卷28《文苑》6，民国间刻本。

④ 福格：《听雨丛谈》卷4，中华书局，1984，第80页。

⑤ 李富孙辑《鹤征后录》卷11，清嘉庆十五年漾葭老屋刻本。

⑥ 纪昀：《钦定四库全书总目（整理本）》卷45《史部·正史类》，《三国志》条，中华书局，1997，第622页。

⑦ 罗璧：《罗氏识遗》卷2，《碧琳琅馆丛书》本。

⑧ 《清高宗实录》卷295，乾隆十二年七月，中华书局，1985，第12册，第863页。

同在于，金"俘人之主，帝人之臣"，① 失"义"在先，而清廷自进军山海关，败走李自成后，是为大明"雪君父之仇"的"义军"，② 其以"德"占有大明之天下，而非凭借"强夺"，故清廷认为"我大朝岂肯效尤金人者乎？"③ 则清廷之所以在金与南宋的关系上"义正词严"，追本溯源，仍是在寻求一种现实社会中"正统"观念的支持。沈冰壶"进金元而黜南宋"的史观与清廷所谓的"大义"又相乖剌。

可见，乾隆丙辰科十分注重对这些征士们在思想上的控制，其对"文理荒谬"问题的评判中掺杂了清廷一贯所宣扬的"正统"的价值取向。从这个角度说，清廷评判的"文理荒谬"问题，已经远远超出了"学识"范畴而别有一番意味。

五　对一等资格刘纶的争议

经过御试以及评卷环节后，乾隆元年十月，由大学士鄂尔泰、张廷玉等确定了乾隆丙辰词科所取 15 人之名单，即：一等刘纶、潘安礼、诸锦、于振、杭世骏五人，二等杨度汪、陈兆仑、刘玉麟（刘藻）、沈廷芳、夏之蓉、汪士锽、陈士璠、齐召南、周长发、程恂十人。次年，又补试选一等万松龄一人，二等朱荃、洪世泽、张汉三人。19 人中，时人存有异议的是对一等刘纶的质疑。这事关本次制举的公平与否，故有必要对此加以考论。

刘纶，字如叔，号绳庵，江南武进人，廪生。由礼部侍郎兼江苏学政张廷璐举荐乾隆丙辰博学鸿词科，授编修。据福格云："丙辰一科，刘纶荐自张廷璐，而拟试题出于其兄大学士张廷玉之手，刘又年甫逾冠，一时未录未荐之士乃谓出于宿构，造作歌词。"④ 当时，有士人以刘纶为张廷玉之弟张廷璐所荐，因而认为刘纶先已知晓廷试题目，预先拟就。对于这种推测，笔者认为颇值得推敲。

首先，张廷玉只是阅卷人，而非出题人。夏之蓉有记乾隆丙辰词科之诗云："传餐中使切，命膳大官频。宫锦纹何丽，藤笺色最珍。诏从丹陛

---

① 《清高宗实录》卷 988，乾隆四十年七月，第 21 册，第 177 页。

② 《清高宗实录》卷 988，乾四十年七月，第 21 册，第 177 页。

③ 《清高宗实录》卷 988，乾隆四十年七月，第 21 册，第 177 页。

④ 福格：《听雨丛谈》卷 4，中华书局，1984，第 80 页。

出，书借紫泥匀。"其诗下注曰："自康熙己未试博学鸿词，距今垂六十载，时与试者，月给膏火费，故事，给札体仁阁下。上以雪后，特命保和殿考试。题皆御笔朱书，试卷进呈，钦定甲乙等十有五人。"① 其所云"题皆御笔朱书"，则考试题目乃出自乾隆帝本人。又据《清实录》所载："御试博学鸿词一百七十六员，于保和殿。命大学士鄂尔泰、张廷玉、吏部侍郎邵基阅卷。"② 则张廷玉仅为阅卷人之一，无从得知考试题目。

其次，从刘纶廷试前后的表现来看，在御试之前，刘纶先经过了江苏省的考试选拔。据江苏巡抚顾琮上疏曰："兹准江苏督学臣张廷璐荐举刘纶、刘鸣鹤，并据布政使张渠详举陆桂馨呈送前来。经督、学二臣与臣先后出题面试，皆学问充裕，文词雅赡。"③ 虽然刘纶廷试时"年甫逾冠"，但在廷试现场则表现甚佳。据汤大奎曰："大学士刘文定公，武进学廪生。年二十六，举鸿词科，擢第一。廷试'五六天地之中合赋'，诸征士不解所出，多瞠目缩手，公独挥翰如飞。桐城张文和公故睨公卷，对众朗吟，始共得题解。诗题'山鸡舞镜'，有句云'似拟投林方戢戢，可能对语便关关'，一时传诵。时吴郡沈归愚宗伯亦以诸生赴召试，未第，眺首曰：'吾辈头颅如许，乃不如一白望后生，得不愧死！'"④ 刘纶之所以在廷试有如此表现，源于其自幼便承先人之教，为学"求其原于经，畅其支于诸史百家"。⑤ 在刘纶通籍后的从政中，也颇有建树。乾隆十六年，被派望勘查土默特两旗现状，刘纶建言在塔子沟添设巡检一员，"驻扎该旗适中之三座塔，分管两旗地方"⑥，以弥补机构设置之不足。乾隆十九年西征准噶尔时，其在内廷值军机，"一切办治无误"。⑦ 其一生为官"趋走禁籥，昕夕顾问"，⑧ 深为乾隆帝所倚重。至卒后，乾隆帝"命皇子临其丧，赠太子太傅，祀贤良祠"。⑨ 据此，刘纶得官确实是才尽其用，非徒具虚名的泛泛

---

① 夏之蓉：《半舫斋编年诗》卷4《纪恩诗四十韵》，乾隆三十六年刻本。
② 《清高宗实录》卷27，乾隆元年九月，第9册，第590页。
③ 第一历史档案馆：《署江苏巡抚顾琮为续举博学鸿词事题本》，乾隆元年七月二十五日。
④ 汤大奎：《炙砚琐谈》卷上，清乾隆五十三年赵怀玉亦有生斋刻本。
⑤ 钱陈群：《绳庵内外集·序》，清乾隆三十九年用拙堂刻本。
⑥ 刘纶：《绳庵内外集》卷12，清乾隆三十九年用拙堂刻本。
⑦ 赵尔巽：《清史稿·刘纶传》，中华书局，1977，10461页。
⑧ 钱陈群：《绳庵内外集·序》，清乾隆三十九年用拙堂刻本。
⑨ 赵尔巽：《清史稿·刘纶传》，第10462页。

之辈。

最后，张廷玉曾屡次主试事，从无失职，深得乾隆帝信赖。廷玉"秉钧既久，有自危之心"，① 故而平时处事一向谨小慎微。尤其是本次丙辰制举，昭示朝廷内外，影响甚大。当时，张廷玉与鄂尔泰之间渐成各自党派，彼此间稍有失职，即有言官弹劾。若在如此众目睽睽之下"泄题"给刘纶，张廷玉当深知其中之利害关系。况且，张廷玉与刘纶素昧平生，仅是在阅卷时，"喜其文颖锐，读其诗至'可能相对语关关'句，曰：'真奇才也。'擢第一"。② 而同是由张廷玉三弟张廷璐举荐的刘鸣鹤，其六弟张廷瑑举荐的马朴臣等人，却均"与试未用"，张廷玉若真泄题，又为何"厚此薄彼"？

综上，笔者认为时人有"泄题宿构"之议，恐属无稽之谈。

六　余论

清人记叙乾隆丙辰词科的著述，主要有杭世骏《词科掌录》《词科余话》，李富孙《鹤征后录》等。民国时期，袁丕元又著《清代征士记》。三书中，唯杭世骏亲膺是科之选，故其所述，多有依据。然杭书"略而不详，其选入词馆与放还田里既不分晓，且取者十数人，未取者八十余人，行事撰著，均不见于录，览者不无遗憾"。③ 李书搜罗颇富，但诸如钱塘金农、祁门马曰璐等人，均偶有失载。袁书撰述最晚，可补以上两书之缺略。该书有民国二十三年石印本传世，今藏于国家图书馆。然该版本刊印粗劣，尤其于人名一项，讹误颇多。如杨度汪作"杨度"，黄世成作"万世成"，郑长庆作"邓长庆"，刘斯组作"刘斯祖"，吴龙见作"吴见龙"，饶允坡作"饶允城"，沈炳谦作"沈谦"，等等，不一而足。可见，相关的文献整理工作，还有待今后学者们的扎实开展。

（作者单位：中国社会科学院历史研究所）

---

① 英和：《思福堂笔记》卷下，清道光十七年刻本。
② 徐珂：《清稗类钞·考试类》，中华书局，2010，第712页。
③ 李富孙辑《鹤征后录·自序》，清嘉庆十五年漾葭老屋刻本。

史家与史评

康乾盛世的冷思

——读《中国何以落后挨打——问责康雍乾》

吴四伍

近 40 年来，清史研究取得了令人瞩目的成就，从史料发掘到专业领域拓展，从私人成果著述到国家学术集体工程，整体进入一种类似管理丛林的高水平状态。要消化前人的研究成果，把握特定领域资料，或深耕细作、或另起炉灶，对于后人来说，都不可谓不是一种严肃的挑战。幸好，我们的身边从来不缺乏榜样的力量。王戎笙先生最新出版的《中国何以落后挨打——问责康雍乾》一书（以下简称《问责》），以难得的大视野、大手笔、大思维，重新思考清史的"康雍乾盛世"，寻找近代中国之所以落后挨打的根源，读来让人心潮澎湃。

治大国如烹小鲜，治国和治学往往殊途同归。学术研究中，最为重要的，往往不是热情，而是理性。因为历史的犄角旮旯，固然可以等待有闲人窥视，但是对于大多数世人来说，他们更关注的是影响历史大进程的关键节点与核心因素，更关心的是与当下乃至未来息息相关的重要命题。近代中国何以落后挨打，这是一个再平常不过的主题，却也是世人心中最为看重的问题。这一问题何以此时重提，背后的深刻时代背景与学术背景，却不得不做一番交代。自孟森、萧一山以来，对于清朝的整体评价始终不高。但自 20 世纪 80 年代以来，中外赞扬 18 世纪清朝繁盛的思潮迅速汇聚，"康乾盛世"的口号弥漫学界。具体来说，不管中外，不知出于何种原因，总有一些人将 18 世纪的中国，即《问责》中的"康雍乾盛世"，加以自我的想象，给世人一幅经济繁荣、国家强盛、人民安康的单一面向，而对于其致命的缺陷、糟糕的影响却淡而化之，或置之不顾。

近 10 年来，此种风气有增无减，学人论证康雍乾时期的国力、文化、军事等积极面向往往不遗余力，虽有一些学者对 18 世纪的复古思想进行揭露，如夏明方教授《十八世纪中国的"现代性建构"——"中国中心观"主导下的清史研究反思》系列文章的思考，但整体反思康雍乾带给中国历史的消极影响，却寥寥无几。① 造成此种不良研究格局的原因很多，排除某些学人的特意为之以外，有三点因素值得重视。一是对传统的误读，认为传统文化的自应是跟过去历史的整体全盘挂钩，却不能正确认识到，继承传统的最好方法是取其精华去其糟粕。他们分不清传统社会中的主次，不能正确看到康雍乾时代留给我们的精华和糟粕。二是对国外学人的盲目跟随，教条式理解"中国中心"，不能看到康雍乾发展诸多面向的内在深刻矛盾，往往沉浸在自己的研究小园地，孤芳自赏，自言自语。三是没有能力站在整个清代的高度全盘分析，他们更多平面化、格式化看待康雍乾时代，或高估其经济发展总量，或宣扬其文化成果数量，而对其治理方式、权力体系无力深入认识，最终陷入盲人摸象的尴尬境地。

重新聚焦"中国何以落后挨打"，并非简单的重复旧调，更不是哗众取宠，而是关注康雍乾时代留给我们的最为重要的精华，同时也自然去除那些糟粕。诚如《问责》谈到"专制主义中央集权可以在政治、军事、经济、文化方面创造业绩，但无法解决封建制度本身难以解决的种种矛盾，反而由于专制政治压抑了解决这些问题的探索与追求精神"（第73页）。康雍乾时代在经济发展的总量，文化成果著述的数量，专制政治统治的效率方面，的确创造了前所未有的业绩，但是其背后的更大代价是广大人民的饥寒交迫、文人们的胆战心惊、官员们的唯唯诺诺。如果不想拣了芝麻丢了西瓜，那么我们最应该重视的就是康雍乾时代对创新机制的破坏与打击，关注康雍乾时代的科技文化管理策略、国家统治策略、外交战略等，《问责》正是着力解决这一点。

一 教育文化战略的"请君入瓮"

将时代最优秀的人才赶进科场，同时辅以惨绝人寰的"文字狱"震慑，使得他们只能角力科场，皓首穷经，碌碌无为，这就是康雍乾时代的教育策略。诚然，清代科举制度的发展，从考试的参与人数、官员的培养

---

① 夏明方：《十八世纪中国的"现代性建构"——"中国中心观"主导下的清史研究反思》，《史林》2006年第6期。

数量，考试管理的程序体系，取得了前所未有的成绩，《问责》作者曾有专论，姑且不表。但是，科举制度及教育策略对国家竞争力的损害，才是《问责》最为关注的重点。"一个国家民众的素质、民族的精神、社会的进步，都依赖发达的教育"（第 47 页）。在《问责》作者看来，清朝统治者着力推行科举制度，最重要的目的并非发展传统文化，创新教育，而是笼络人心、培养服务于自己统治的奴才。对于科举制的改造，成为朝廷的大事。康熙帝强化科举考试的命题内容，将其锁定于四书五经之中。雍正帝要求考官命题必须别出新意，乾隆帝颁布了标准的应试参考书。可以说，从命题试卷内容，到考场搜检，再到评卷放榜，可怜的士人们，最终成为一场思想控制盛宴中的残羹冷炙。

对于科场中侥幸过关的士人，清朝统治者也不敢掉以轻心，他们通过制造大量的"文字狱"，不仅给广大士人带来了巨大的身心痛苦，更是给人们的思想自由、文化创新精神以致命打击。乾隆帝寻章摘句，肆意打击，书生胡中藻的简单诗句"一把心肠论浊清"，被斥责为"加浊字于国号之上，是何肺腑？"此种行径，给全国士人无疑套上一个沉重的枷锁，又何以奢谈文化创新？正是对思想的严密控制，固然有利于统治者的愚民政策实行，却禁锢了所有士人的视野，束缚了他们的创新能力，即使西方传教士的到来，也没有打开中国士人封闭的心理，它直接为后来的落后挨打埋下了真正的隐患。

乾隆帝不仅控制当代士人的思想，同时力图斩断文化的传承。他同意臣子们的编纂巨著，征收全国书籍，同时更重要的目的是寓禁于征，销毁传统书籍，尤其是对自己统治不利的书籍，达到长久控制人们思想的目的。据学人统计，乾隆朝追缴出书版 10 万片以上，禁毁书籍 4000 余种。今日留存的《四库全书》的皇皇大作，蔚为可观，诚为难得的文化典籍，但其产生背后对清代知识的毁灭，文化的摧残，显然是不能忽视的。像《天工开物》如此优秀的科技著作，也只能事后从国外辗转回国，劫后重生。乾隆朝文化政策的导向，对于士人的打击，对于传统文化的健康发展，其消极方面显然是主流，是值得重视的。

二　科技战略的"有家无国"

科技是社会发展的最大推动力，自然成为今日人们的共识，但是在清代，情况却远非如此。清朝科技政策的失误是造成中国在世界发展中落后的最直接因素。中国何以落后挨打，最表面的原因就是科技的落后。但是，事物本身更为复杂，科技落后的原因又是什么呢？

除了强调教育文化策略上的禁锢以外，《问责》更强调国家科技管理政策的失误，这种失误又是有着深刻的阶级原因，主要是统治阶级的自私。康熙年间，英、德、法等国纷纷成立科学院，中国却成立编辑天文算法书的蒙养斋，两者有着本质的区别，前者是发展科学，后者是某种皇帝个人喜好意义上的玩弄科学。康熙帝是清朝皇帝中对西方科技知识最感兴趣的人，但是他学习西方知识，了解近代科技，并非为了发展近代科技，而是"技压群雄"，希望自己能够高人一等，显示自己"断人之是非"的能力，炫耀自己天生才俊。对于真正意义上的科技书籍，他不仅不鼓励翻译传播，而是设法禁止，尤其是禁止其流向民间。

世界之间的联系加强很难以个人的意志为转移，尽管清朝皇帝希望掩耳盗铃，但是西方传教士的到来，还是开启了中西方交往的步伐。康熙帝也不得不承认西方传教士知识和技术的先进，钦天监的掌管自南怀仁历法争论事件后，始终为西方传教士所主导，就是明证。可是西方传教士带来的大量先进的科技书籍和仪器，却只能深锁宫中，成为皇帝的玩物，而不是大众生活的日常用品。南怀仁在康熙二十年（1681）就做出了蒸汽驱动的玩具，但是康熙帝始终将其放置宫中，作为玩物而已。雍正帝、乾隆帝他们同样对自动玩具兴趣盎然，但对于发展科技却是完全不顾。

三　军事战略的"重旗轻汉"

清朝统治的显著特征是以武治国、旗汉分明。清朝陆军的强大跟特定的八旗制度紧密相连。在明清易代的战争中，八旗兵既精于骑射，又齐心协力，利用火炮，以区区几十万人，问鼎中原，统治全国。清初八旗兵的战斗力是值得肯定的。但是，八旗兵的战斗力并没有得到很好的维持。

《问责》最为关注的是，清朝八旗兵的战斗力因为体制、将领和管理等原因日渐衰退，但是朝廷对此却苦无良计。他们一方面相信骑射传统，希望保持原有的强劲战斗力，不惜以木兰围猎、昆明湖操练等名目，进行训练；另一方面他们在八旗子弟成长方面多设栅栏，如科举考试先考骑射，驻防八旗到京师考试等，总之，保持八旗的骑射能力，武功为上，这是康雍乾时代的陆军发展总的策略。然后，《问责》指出，围猎跟战争有着本质的区别，训练带来的后果往往是落后的掩盖。特别是，众多八旗将士得到丰厚奖赏后，成家立业，尽享荣华，"雄心尽向峨眉老"，原有勇往直前的锐气、血战到底的决心一去不返，八旗子弟更是提笼架鸟、纸醉金迷。与之相随的是，八旗一直为国家所供养，人口日增，花费愈广，八旗竟为生计所累。自康熙发现八旗生计艰难，到雍正着力解决，再到乾隆勉强维持，八旗成为清朝发展最为沉重的包袱之一。八旗兵不仅战斗力江河日下，在后来的战争中难见身影，如乾隆末年清军镇压白莲教起义，曾想把京营八旗中最精锐的健锐营和火器营调往前线，结果是军纪涣散，无功而返；更重要的是八旗生计成为国家财政的重要累赘，也极大地影响了八旗整体的士气和统治能力。归根结底，清朝统治者囿于统治私心，始终不敢放弃八旗军制，即使再溃烂，也要尽力维持，始终坚持军队发展重心是有旗无汉，最终换来的是军队的更加腐败。腐败的军队，即使有再好的武器，也不能避免挨打的命运。

实际上，清军武器的演进，也体现其陆军重旗轻汉的发展策略。清朝最为锐利的武器是火炮。清军的火炮始终为八旗兵所垄断。值得注意的是，军事科技是决定近代国家战争胜负的关键因素，清朝对于军事科技的发展也显示其狭隘、自私的一面。清朝定鼎中原的过程中，八旗兵对于明朝火炮的威力是十分熟悉的。他们的成功正是将火炮和骑射的结合，在学习火炮的基础上，发扬骑兵的优势。康雍乾时代的军队，他们更多地将火炮交给自己最为信任的八旗，对于民间的火铳等加以禁止。康雍乾时代正是世界军事史上冷兵器向火器过渡的关键时期。清军为了巩固自己统治的需要，在军队内部强调旗汉之别，垄断火炮，只准八旗使用。从短时期来看，垄断火炮有利于巩固清军的军事优势，但是放置于世界范围内，无异于自我束缚，自断利器。

更为甚者，清朝一直害怕建立和发展水师。由于清初，清军对于对郑成功等海军作战的数次失利，康熙帝更是形成了某种心理的恐惧。清朝采取了守株待兔的消极防守思想，实施"禁海"和"迁界"政策，以牺牲沿海地区乃至全国经济的代价，换来一时的苟安，造成清朝国防战略上长期的"有海无防"局面，才使得后来的鸦片战争中海战一塌糊涂。《问责》特别讨论了造船技术，因为清朝统治者担心民众的造反，禁止民间建造大船。造成的结果是乾隆末年的造船和航海技术，还停留在康熙初年的水平，整整地延误了200年。而在这200年中，西方的造船和航海技术一日千里，中国的落后挨打就是这样层而成累的。可以说，康雍乾时代，清朝对于海洋发展的恐惧，对于海军建设的忽视，深层次心理都是对汉人发展的恐惧，是统治者有意为之的一种策略，也是军事战略中"重旗轻汉"的延伸。

就是在康雍乾时代，西方的殖民扩展与海洋发展，获得了前所未有的成绩。只要我们拉长历史观察时段，拓宽历史观察视野，清朝统治者为了一姓之私，为了统治阶级的狭隘利益，在更大的范围内，给中华民族带来了无法弥补的灾难，这种灾难在军事斗争上表现最为直接，最为明显。

四 外交策略中"有脸无识"

面子是中国人特别看中的东西，因为与之相连的是身份、地位和尊严。对于面子的理解，本身也反映了个人乃至国家的认识水平。该书特别讨论康雍乾时代的外交策略，对于其"有脸无识"、盲目虚荣的无知自大的外交策略给予了揭露。

事实上，在近代鸦片战争中惨遭侵略之前，清朝跟西方的外交也不是完全封闭，只是一些重要机遇被无端放弃。《问责》选取了1792年的马戛尔尼访华和1816年的阿美士德使团来华两件大事，分析清朝官员和帝王在接待外国使团中，最为看重的是礼仪，是自己的虚荣，而不是试图了解对方的意愿，以及对方实际的势力和目的。无论是马戛尔尼还是阿美士德，中方官员都要求对方下跪，作为外交的基本条件，自然遭到了西方势力的拒绝，也造成了中西健康交往的延误。《问责》还观察到，即使清朝真正落入被西方殖民者痛打的时候，他们念念不完的还是条约文本中双方国王字眼的位置高下。当清朝已经耻辱到丧权辱国的境地，统治者最在乎的还是颜面何在！早知今日，又何必当初。

对于康雍乾时代统治者外交策略的反思，并不是刻意否定这种"皇家脸面"维护的必要性，而是要反思其对于整个世界的理解，以及与来访者的深入了解。如果来访者并非清朝统治下无奈的安顺的子民，你又有何理由要求他跪地叩见呢？传教士的优秀，士人的优秀，都不应该只是清朝统治者自己豢养的对象，而是社会发展的核心力量。正是对自己特定狭隘利益的维护乃至固守，也正是这种深层的"老子天下第一"的自大心理，才使得清朝失去了一次次走向世界、追赶西方的机会，最终造成了挨打的落后局面。

五　余论

平心而论，此书为王戎笙先生近九旬高龄时的精心制作，诸多论点曾有阐述，如《清代前期历史中的几个问题》《从承德避暑山庄看康雍乾三世的忧患意识》等。① 囿于精力、时间，许多重要问题未能深入，给人浮光掠影之感，如西方科学院和蒙学斋的比较等，诚为遗憾，但《问责》却是第一次整体性视角长时段观察康雍乾时代的另一面，着力展示其特定扼杀创新力量，阻碍社会发展的关键面相。其核心思想尤其值得时人重视，择要论之。

一是立足中西互动的全球性大视野。《问责》在第一章不惜笔墨，阐述西方地理大发现的具体过程，意在梳理参考坐标，全面审视康雍乾时代的历史业绩。如果不从经济总量、文化水平等简单的社会面向出发，该书更关注启动和制约社会创新的关键要害，阐释清代科举及其教育文化政策的急功近利与短视。西方不仅是康雍乾时代发展的背景，更是无时不在的坐标，是整个全球观察体系的一部分。无论是西方中心还是中国中心，切实观察中西互动，才是了解和比较中西发展的起点所在。对于清朝的《四库全书》，该书特意提到几乎同时的法国《大百科全书》，中西知识体系的建构与稳定，跟时代的整体发现密切相关，而不仅是文本本身，更是社会政策、文化实践的产物。

二是书写清代历史纵横捭阖的大手笔。《问责》以康雍乾时代的全景为研究对象，不限一城一池，而是提纲挈领，从社会创新动力的文化教育策略，到影响社会发展的科技管理，再到关系统治基本格局的军事战略，以及关系中西直接互动的外交战略，全方位地展示康雍乾时代不为人知、却关系甚大的另一面。作者秉承马克思主义的优良传统，在充分肯定康雍乾时代发展业绩的同时，从更为长时段的视角，观察其给后世带来的极为不利的影响。最为突出的是，作者十分珍视民间创新机制的发展，无论是

---

① 王戎笙：《明清史事管窥》，故宫出版社，2013，第 27~66 页。

民间士人的出路，还是民间科技的发展，都因为清朝统治者的个人私欲，或是因为考虑特定的统治集团利益，最终或被阻断，或被扼杀。无论是火炮，还是造船技术，以及西方的科技，在康雍乾时代几乎整整地停滞 200年，这是中西发展史上何等的悲哀。

三是聚焦关系中华民族长期发展的真问题。与当下史学碎片化的大潮相比，《问责》更愿意关注人们常论却不能深思的真问题。不管是火炮、造船还是西方科技在康雍乾时代的发展演变，都可以大书特书。即使是康熙帝与西学的关系，以及西学在康雍乾时代的发展，都是极为值得思考的地方。但是，该书将更多的精力聚焦于影响时代发展的核心要素与关键力量上。不管是科技还是教育，背后都是政治因素的笼罩，尤其是清朝专制统治的控制。如果不看到这一点，就无法理解西方的科技只能在清朝的宫廷内开花，更无法了解清朝民间造船的停止，乃至民间科技创新活力的扼杀与消磨。无论是士人们披星戴月、呕心沥血的科场竞争，还是费尽心力，伤痕累累的官场内斗，中华民族最为优秀的人士因为可恶的专制统治，多少才华精力最终白白消耗，换来的只是近代中国挨打落后的局面，这才是历史思考的最为动人之处。

（附原书信息：王戎笙著《中国何以落后挨打——问责康雍乾》，社会科学文献出版社，2017）

（作者单位：中国社会科学院历史研究所）

"种瓜"何以"得豆"

——读《种瓜得豆：清末民初的阅读文化与接受政治》

王士皓

一

张仲民教授的《种瓜得豆：清末民初的阅读文化与接受政治》出版后，在学界引起了一定的反响。这个书名就很有新文化史的意味，刘文楠以《"启蒙"的讽刺剧》为题介绍该书时，指出从"这一反讽式的书名中，我们大致可以猜到作者选择的叙事原型不会是一部高歌猛进的浪漫剧"。

这里所谓的讽刺剧、浪漫剧，以及二者之间的悲剧、喜剧，是借用戏剧理论对历史书写的一种描述。其实，在一个巨变的历史时期，浪漫剧和讽刺剧几乎是同步上演的，而其中的分别，除了书写的角度外，还有一个非常重要的因素，即时间的截取。写到前一年可能还是浪漫剧，但过了一年就可能会成为讽刺剧。该书作者选取了自甲午战争之后，到民国初年（大致以 20 世纪 20 年代为限）这一各种思潮交织变化最为明显的时段，向我们展示了期间"不那么精英的社会阶层乃至普通大众的阅读实践与有关的受众接受情况"（第 6 页），而他们在阅读实践所面对的则主要是知识精英阶层所译介和倡导的新观念、新术语、新小说、新戏剧等。倡导者所预期和努力的方向，在接受者那里没有实现，甚至完全相背，即是该书所说的"种瓜得豆"。

王汎森先生在该书的序言中指出，"过往针对学术思想、学科术语和新词汇的研究较为偏重在精英阶层，比较忽略受众的反应。然而，新名词或新概念的铸造虽往往出于精英之手，却是透过各色的大众媒介如报刊、小说、戏曲、教科书等，经由各种管道传播至普罗大众那里才发挥作用"

（序言第 2 页）。这段平实而又有深度的文字概括了该书所关注的内容及大致的研究方向。

应该说明一点，概念史和新文化史都为认识和研究历史提供了一种新的可能视角与方法，概念史所关注的大多也是那些能够沟通精英阶层与普通大众的政治和文化概念。但是，如何沟通？特别是从接收者或者受众的角度来观察和研究，这恐怕还是新文化史更为擅长的领域。因此，王汎森先生上述表述还是十分中肯和公允的。作者以明显具有新文化史标签的"阅读文化"和"接受政治"为切入点，细致探讨了具体的沟通过程，最后得出了"种瓜得豆"的结论。

二

该书正文除引言和结语外，分为六章，分别是：清季启蒙人士改造大众阅读文化的论述与实践、"淫书"的社会史、"黑格尔"的接受史、"古腾堡"的接受史、世界语的接受史和五四新文化运动的在地化（按："在地化"指在地方实现的过程或表现的状态）。

第一章可以视为该书的总论，从总体上探讨了清末启蒙人士改变大众阅读习惯、提升大众阅读品位的努力和这种努力最终的失败。而失败的主要原因在于"清末主张新小说与戏曲改良的启蒙人士，他们一般并不太在乎小说、戏曲本身的艺术价值如何，看重的依然是其文以载道的特质——对现实的影响、感化作用，借小说、戏曲来影射比附现实，把其看作政治的婢女，为现实服务的工具，忽略了文学作品最重要的艺术特征，夸大了小说、戏曲等文类的社会作用"（第 50 页）。此外，在启蒙者和受众之间，还有一个漫长的中间环节，这个环节很大程度上不受启蒙者控制而受市场的调节。因此，许多具有启蒙意义的观念、术语和艺术形式，被出版商等市场主体利用，淡化甚至完全去除了启蒙效果，成为迎合大众娱乐消遣的工具。

从第二章到第六章可以视为五个个案研究。从"淫书"的社会史、到"黑格尔""古腾堡"及世界语的接受史，再到五四新文化运动的在地化，这种编排顺序，不知是作者有意为之还是巧合，基本上是按照阅读的影响力或者受众的数量范围来进行的。

"淫书"的社会史一章是最具有大众性的。清末知识精英在宣扬启蒙，试图用现代性观念来改造大众阅读文化时，是极力反对"淫词小说"等淫书的。然而，当他们编译或撰写基于现代医学的生殖卫生书籍时，却被反对者认定为"淫书"加以攻击。不管编译者的初衷是什么，也不管反对者的批评是什么，读者的反应却是大相径庭的。但是，清末大规模生殖卫生书籍的出版，尽管"难以避免被滥用的情况，但它们也鲜明体现出一种新的性文化及阅读文化之建构态势"（第 134 页），不仅"对当时的身体观、生育观、性文化影响匪浅"，而且"开启了以后更大规模讨论的先河"（第 135 页）。

接下来的三章分别探讨了两个西方人物"黑格尔""古腾堡"以及世界语的接受史。虽然都是讨论接受史，但作者的视角还是略有不同。"黑格尔"一章偏重于作为思想资源的黑格尔对当时知识分子的作用，"古腾堡"一章则比较强调历史书写与民族主义对历史记忆塑造的影响，世界语一章则向我们展现了一段世界语在中国的乌托邦之旅。

相较而言，"古腾堡"接受史一章可能会有更多的读者感兴趣，因为它有一个中国的参照对象——活字印刷。作者也是以此为参照，探讨了晚清以来关于"古腾堡"的三种书写模式：第一种仅就古腾堡印刷术本身来书写；第二种将其与中国印刷术相比较，但并未涉及二者有无渊源的问题；第三种则进一步将中国印刷术视为其源头，通过"古腾堡"的书写重新塑造了毕昇活字印刷术的意义。第三种书写方式，无疑在中国是最有现实影响意义的，而这种意义，正是通过"以时间差距来弥补空间错位，以历史中介的传播可能表征实际达到的传播效果"（第 245 页）的叙事模式实现的。然而，作者的反思并未就此结束，因为无论这种叙事模式的主观意愿如何，实际上都是对"古腾堡"印刷术作用的抽象化理解，反而"严重忽视和大大低估了木板印刷技术在中国与近代欧洲所起的巨大作用及产生的社会效果，无形中也夸大了古腾堡印刷术的意义"（第 245~246 页）。

五四新文化运动的在地化一章，主要以一个具体的地方知识分子舒新城为例，探讨五四新文化运动从北京、上海等中心地点蔓延到地方时，地方知识分子是如何理解和接受，以及在地知识分子的"二手传递"，又对这场运动产生了何种影响。正如作者所述，"本人无意为已经非常思想史化和意识形态化的五四研究添砖加瓦"（第 315 页）。当然，这一个案所展现的"种瓜得豆"效果相对前几章来说不是那么明显，让我们从这本总体上批判基调的书中看到一丝乐观的色彩。

该书的最后一部分是结语，但这部分并不是简单罗列了前面几章的主要观点（当然，作为标配，也有这样一段必要的总结），而是探讨了一个更深层面的"种瓜得豆"现象——虽然梁启超等重要启蒙人物在革命与立宪之中选择了保守的立场，但是他们开启民智的文字及其呼唤科学理性的报刊媒介，却在推动近代中国日益走向激进的道路上起到了不可估量的作用。

三

新文化史强调对文本的深度解读，往往伴随着对简单的、线性的历史意义的破解，这一点读者可以从该书的字里行间感受到。阅读这样一本新文化史的著作，我个人倾向于首先按照作者的论证逻辑去扩展认识历史的视角，而不是生硬地打断作者的逻辑链条，在作者的逻辑之外加以评判。毕竟，基于新文化史视角所建构的历史，并不寻求一种绝对的终极真理。因此，对于该书，我更为关注的是作者的论证方法及其论证中的一些细节。

第一，该书主要讨论的是清末民初阅读文化中受众一端的内容，这需要对"接受者"有一个明确的界定。我们再引用一次作者的表述，"不那么精英的社会阶层乃至普通大众的阅读实践与有关的受众接受情况"（第6页）。这个表述虽然并不文雅也略显冗长，但我认为是准确恰当的。如果没有这一界定，我们很可能把"接受者"局限于普通大众。但经过作者对受众的概括，从看"淫书"的普通大众，到"黑格尔""古腾堡"及世界语的"接受者"（主要是一般知识分子），再到在地化研究中的舒新城，都可以纳入其中了。诚然，如果读者对作者有一定的了解，大概会知道作者对该书的大部分内容已有了很多前期的成果，但是作者在整合这些内容于一本书时，对"接受者"的界定显然为篇章结构的搭建奠定了坚实的基础。

第二，作者在结语部分着重论述了梁启超在清末民初阅读文化中的作用，谈及梁启超自然绕不开《新民丛报》。作者在这一部分的论述中也大量使用了《新民丛报》的材料，不过作者注意到了一个需要说明的问题——梁启超在戊戌变法失败后就是清政府的通缉犯，流亡日本后创办的《新民丛报》在国内是一份禁刊，那么《新民丛报》在清末时期在国内的传播影响又是如何实现的呢？作者没有回避这个问题，而是通过时人的文集和其他报刊材料，适时地点出了《新民丛报》在国内的翻印情况、传播途径和范围。除了专门的《新民丛报》传播史研究，相较于很多研究大而化之地谈论《新民丛报》在清末的影响力，作者的这一处理显然会让我们对此有一个更为深入和接近历史实际的认识，也使作者关于梁启超及其《新民丛报》在清末民初的作用的论述有了更强的合理性。

第三，该书的着眼点是清末民初阅读文化中的"接受者"，如何才能较为准确地把握"接受者"的反应呢？我们知道，在当今的全媒体网络时代，若获知"接受者"的反应，似乎不是一件难事。但是，在清末民初时期，"接受者"的反应，特别是普通大众的反应，却没有留下太多的文字记录。当然，这主要是指"淫书"的社会史一章的情况。因此，作者使用了小说等非传统史料作为补充，较为完整地建构了普通大众的阅读接受史。新文化史研究经常会用到非传统史料，但是，作者使用这些材料并非刻意求新，而是在可控的范围内谨慎地寻找非传统史料和传统史料的对应依据。例如，在小说《最新女界鬼蜮记》和《官场维新记》中提到的"淫书"，都是当时的实际出版物或者是和实际出版物有着可以确认的映射关系。在这个范围内使用非传统史料，比泛泛地使用更能体现出其在历史研究中的参考价值。

当然，该书的某些论述还有一定的继续探讨的空间。这里也仅就作者本身的逻辑链条而言，所谓"种瓜得豆"，显然指的是阅读提供者的"瓜"和阅读接受者的"豆"，但是该书的个案中，并非每一个阅读提供者的"瓜"都具有作者所预设的启蒙初衷。那么，即使是"接受者"对此有误读，甚至在误读——无论是有意还是无意——的基础上所形成的历史记忆，是否一定能用"种瓜得豆"来总结呢？对此，我个人也无法提出一个没有逻辑缺陷的表述，只是提出一个疑问而已。此外，该书的副标题是"清末民初的阅读文化与接受政治"，对大多数读者而言，"接受政治"（reception politics）是一个陌生的词语，尽管在引言部分具有特定语境的上下文关联中有"亦即近代中国的知识如何再生产问题"的表述，尽管在第四章中有专门一节的题目就是"接受政治"，但是作者并未在书中对此做出一个明确的定义，由此可能使读者产生误解，以为会指与政权运作相关的"政治"。

对于清末民初那段复杂而又动荡的历史，后人自然会有很多后见之明，不过作者通过对当时阅读接受者的深度描述，告诉我们作为精英阶层的启蒙者似乎并没有太多的先见之明。

（附原书信息：张仲民著《种瓜得豆：清末民初的阅读文化与接受政治》，社会科学文献出版社，2016）

（作者单位：中国社会科学院历史研究所）

征稿启事

《清史论丛》创刊于1979年，由中国社会科学院历史研究所清史研究室主办，是国内清史界历史最为悠久的学术刊物。数十年来，虽历经风雨，海内外学术界一直以各种方式对敝刊给予支持，使我们葆有办好《清史论丛》的热情和动力。因改版需要，《清史论丛》现向海内外同仁征集文稿，凡专题研究、文献研究、读史札记、书评、综述等类撰述均欢迎投稿。来稿将经匿名评审，刊出后会致送稿酬。

征稿要求：

1. 请提供打印文本和电子文本，且自留底稿。

2. 稿件请附内容摘要（200字以内）、关键词及英文标题，注释格式参照《历史研究》和《中国史研究》。

3. 稿件请附作者简历及联系方式。

4. 打印文本请寄至：北京建国门内大街5号、中国社会科学院历史研究所清史研究室《清史论丛》编辑部，邮编：100732。电子文本请发至 qshlc@ sina. cn。

《清史论丛》编辑部

图书在版编目（CIP）数据

清史论丛. 二零一八年. 第一辑 / 中国社会科学院
历史研究所清史研究室编. -- 北京：社会科学文献出版
社，2018.6
ISBN 978 - 7 - 5201 - 2827 - 8

Ⅰ.①清…　Ⅱ.①中…　Ⅲ.①中国历史 - 清代 - 文集
Ⅳ.①K249.07 - 53

中国版本图书馆 CIP 数据核字（2018）第 109761 号

清史论丛（二〇一八年第一辑）

编　　者 / 中国社会科学院历史研究所清史研究室

出 版 人 / 谢寿光
项目统筹 / 宋月华　张倩郢
责任编辑 / 张倩郢

出　　版 / 社会科学文献出版社·人文分社（010）59367215
　　　　　　地址：北京市北三环中路甲 29 号院华龙大厦　邮编：100029
　　　　　　网址：www.ssap.com.cn
发　　行 / 市场营销中心（010）59367081　59367018
印　　装 / 三河市东方印刷有限公司

规　　格 / 开　本：787mm × 1092mm　1/16
　　　　　　印　张：21.25　字　数：339 千字
版　　次 / 2018 年 6 月第 1 版　2018 年 6 月第 1 次印刷
书　　号 / ISBN 978 - 7 - 5201 - 2827 - 8
定　　价 / 89.00 元